L'ÉVOLUTION DE L'HUMANITÉ

Dirigée par HENRI BERR

LA FORMATION

DU

PEUPLE GREC

Avec sept cartes dans le texte

PAR

A. JARDÉ

ANCIEN MEMBRE DE L'ÉCOLE D'ATHÈNES
PROFESSEUR D'HISTOIRE AU LYCÉE LAKANAL

LA RENAISSANCE DU LIVRE

78, BOULEVARD SAINT-MICHEL, PARIS

L'ÉVOLUTION DE L'HUMANITÉ

SYNTHÈSE COLLECTIVE

PREMIÈRE SECTION

———

III. — LE MONDE ANTIQUE
LA GRÈCE
ET LA CIVILISATION HELLÉNIQUE

I

L'ÉVOLUTION DE L'HUMANITÉ

SYNTHÈSE COLLECTIVE

Dirigée par HENRI BERR

LA FORMATION
DU
PEUPLE GREC

Avec sept cartes dans le texte

PAR

A. JARDÉ

ANCIEN MEMBRE DE L'ÉCOLE D'ATHÈNES
PROFESSEUR D'HISTOIRE AU LYCÉE LAKANAL

LA RENAISSANCE DU LIVRE
78, BOULEVARD SAINT-MICHEL, 78, PARIS

1923

LE "MIRACLE" GREC

*Le « miracle » grec? Depuis le jour où elle est venue sous
la plume de Renan, cette formule saisissante a été sans cesse
reproduite et souvent discutée. Ceux-là seuls l'écartent qui
craignent que « miracle » ne soit compris dans le sens que
la mystique chrétienne prête à ce vocable. Le miracle, au
sens mystique, c'est ce qui se produit, non pas sans cause, —
rien ne naît de rien, — mais sans cause d'ordre naturel, ce
qui échappe au déterminisme. Il est bien évident que si l'on
devait entendre par « miracle grec » l'apparition irration-
nelle d'un phénomène historique de première grandeur : la
civilisation hellénique; s'il s'agissait, avec ce mot, de
renouveler le genre d'interprétation historique dont Saint
Augustin a donné le modèle dans sa* Cité de Dieu *et Bossuet
dans son* Discours sur l'Histoire universelle, *il faudrait rejeter
un terme compromettant pour la science.*

*Mais le mot est parfaitement légitime si on lui maintient
son sens propre et étymologique d'objet digne d'admiration.
Il implique même quelque chose de plus : l'inattendu, le surprenant. Le « miracle », sans doute, ne doit pas être inter-
prété d'après une philosophie de l'histoire providentialiste;
mais il exclut, d'autre part, une philosophie de l'histoire
rigoureusement logique, à la façon des idéalistes allemands.
Le miracle implique la contingence. C'est un ensemble de*

contingences favorables, c'est un concours exceptionnel de circonstances heureuses qui sert la logique dans le cas d'un peuple « miraculeux », — comme dans le cas du « génie » et du « chef-d'œuvre ». On commence par constater le miracle : on peut chercher ensuite à l'expliquer.

*
* *

Le « miracle » grec n'est pas niable. Tous ceux qui ont connu la Grèce ont prié, à leur façon, sur l'Acropole. Tous ceux qui ont étudié ses œuvres ont proclamé la dette de l'humanité. « Il y a eu, sur le globe, un petit coin de terre... où, sous le plus beau ciel, chez des habitants doués d'une organisation intellectuelle unique, les lettres et les arts ont répandu sur les choses de la nature comme une seconde lumière, pour tous les peuples et pour toutes les générations à venir » : de ces paroles d'Ingres (1) on trouverait le commentaire dans tout ce qui a été écrit sur la Grèce. Th. Gomperz parle de l' « extraordinaire splendeur intellectuelle dont ce coin de terre béni entre tous a été le siège », — et surtout Athènes, « la glorieuse Athènes, couronnée de violettes », comme disaient les poètes. « Que l'humanité serait pauvre s'il n'y avait pas eu d'Athènes ! » (2).

---

(1) *Citées par Lechat, au début d'un petit volume exquis sur* la Sculpture grecque, *p. 5. En épigraphe de son grand ouvrage sur* les Penseurs de la Grèce, *Th. Gomperz, lui, reproduit ces lignes de sir Henry Sumner Maine :* « *C'est à un petit peuple... qu'il a été donné de créer le principe du progrès. Ce peuple fut le peuple grec. Excepté les forces aveugles de la nature, rien ne se meut dans cet univers qui ne soit grec par son origine.* » « *Peuple privilégié* », « *enfants prodiges* », « *fils des dieux* » : *ainsi parle des Grecs Caro-Delvaille dans un livre récent sur* Phidias ou le Génie grec.
(2) Th. Gomperz, *t. II, p. 31. Cf.* Maurice Croiset, la Civilisation hellénique, *t. II, conclusion, et particulièrement les dernières lignes* «... (Le dernier mot de cette étude ne peut être que l'expression d'un sentiment d'admiration et de reconnaissance pour cette petite nation de l'antiquité à laquelle nous devons tant »); Lechat, *livre cité, conclusion* (« La Grèce ancienne demeure très près de nous par tout ce qu'elle a introduit d'éternel dans le fond même de la civilisation humaine. Pour la plupart des inventions de son esprit, elle pouvait à chaque fois répéter : κτῆμα ἐις ἀεί. En art comme en

Nulle part, dans l'antiquité, l'individu humain n'a eu une valeur plus grande, et nulle part n'a été organisée une vie sociale qui, par le jeu même de la loi, comportât davantage le plein développement de l'individu. A Athènes, disait Thucydide, « on apprécie un homme, en vue du service public, moins d'après sa condition que d'après sa valeur propre ». C'est là qu'est née la démocratie : on ne peut dénier à Athènes le mérite de l'avoir « expérimentée » la première, « d'avoir illustré pour ainsi dire quelques-uns de ses meilleurs aspects et, par là, d'avoir donné à l'avenir un exemple utile, un enseignement fécond » (1).

Créatrice d'humanité, de liberté, la Grèce l'a été aussi, incomparablement, de beauté et de savoir.

Ailleurs, l'art avait été surtout réaliste, impressionniste : ici le poète, l'artiste se jouent dans un monde idéal d'images (2). Riche en éléments divers, la religion des Grecs a surtout ce caractère distinctif d'avoir été maniée, pénétrée, transformée par l'imagination poétique. Elle a pu se mêler d'autant plus intimement à toutes les activités de l'homme et, au lieu de peser sur lui, favoriser le développement de toutes ses facultés. En s'humanisant ainsi, la religion a humanisé la nature : elle y a introduit peu à peu une notion de loi, née de la vie sociale, qui allait rejoindre l'intuition de loi, née de la vie pratique, de l'adaptation aux phénomènes.

Chez les peuples dont les volumes antérieurs ont étudié les antiques civilisations, les intelligences, « utilitaires par essence », continuaient, dans le même sens, le progrès mental

littérature, en tout ce qui est du domaine de la pensée et de la raison, nous sommes ses héritiers et continuateurs à jamais : elle a dressé à l'humanité son cadre définitif » p. 146); C. JULLIAN, La conversion du Monde à l'Hellénisme, dans la Revue Bleue, 15 avril, 6 et 20 mai 1922.

(1) M. CROISET, ouvr. cité, t. I, p. 88.

(2) « La Grèce a inauguré l'art proprement dit, l'art généralisateur, non pas fait pour les seuls yeux et les seules intelligences des Grecs L'Égypte avait eu l'art égyptien; avec l'art de la Grèce commence vraiment l'art humain » (LECHAT, ouvr. cité p. 143).

que nous avons vu se produire au cours de l'évolution animale et atteindre des résultats remarquables chez l'hominien. « Tous ces laborieux, cultivateurs, fondeurs, architectes, sculpteurs, accomplissent une œuvre matérielle, qui reste engagée dans la glèbe qu'on retourne, le bronze qu'on martèle et qu'on ajoure, l'argile qu'on pétrit et qu'on vernisse, la syénite et le jade polis comme des miroirs. En face de ces praticiens, les races aryennes pensent, ou du moins pensent davantage ; elles ont une aptitude singulière à lier des représentations.... » (1). *Le concept, « ce mécanisme d'ordre mental et presque affranchi du système musculaire », apparaît au premier plan de la vie de l'esprit ; et il se produit quelque chose de nouveau : le jeu des idées, la pensée pour le plaisir de comprendre, et non plus seulement pour la commodité immédiate de l'action* (2).

Sans doute le jeu des idées a ses risques. La pensée qui s'y livre peut, tout comme l'imagination émue, s'écarter plus ou moins des données positives nées de la représentation et appliquées dans les techniques (3). *Peu à peu, cependant, elle dégage ces éléments positifs ; elle les intègre de plus en plus dans la spéculation, pour la lester ; elle finit même, attachée fermement au réel, par créer la technologie et la science* (4).

(1) H. OUVRÉ, Les formes littéraires de la Pensée grecque, *p. 2.*

(2) *« L'excès de sérieux conduisait l'animal à prendre ce qui le sert dans les choses pour la réalité des choses ; et, cherchant à les soumettre, il s'était mis au contraire dans leur dépendance. Pour réparer cette erreur, il fallait, sans doute, qu'un grain de fantaisie et de rêve vînt modérer dans une espèce la fureur d'attention ordinaire de l'animal à ses fins pratiques »* (PRADINES, Principes de toute Philosophie de l'action, *p. 121, cité par* ROUSTAN, la Science comme instrument vital, *dans la* Rev. de Mét. et de Mor., *sept. 1914, p. 626*). *Cf.* R. LENOIR, la Mentalité primitive, ibid., *avril-juin 1922, p. 219.*

(3) *Voir* L. WEBER, le Rythme du Progrès, *et* Bull. de la Soc. franç. de Philosophie, *févr.-mars 1914. Cf. nos* Avant-Propos, *t. II, p. XIV, t. III, p. XXII.*

(4) *Voir* ESPINAS, les Origines de la Technologie ; *cf. R.* LENOIR, *art. cité, p. 220.*

Ce développement prodigieux de l'individualité et de la pensée est d'autant plus intéressant qu'il aboutissait à des problèmes nouveaux, — et qui depuis lors restent posés pour l'homme. La réflexion a ses avantages, et elle a ses inconvénients. Réfléchir sur la vie, c'est en apercevoir toutes les misères, les laideurs et les contradictions : l'élan vital se trouve ainsi brisé ou ralenti (1). Par contre, la réflexion peut écarter les éléments nuisibles ou contestables qu'ont introduits dans la vie humaine le jeu spontané des activités diverses, les appétits collectifs et individuels. L'évolution de l'humanité, c'est la civilisation qui se développe, et c'est la civilisation qui se critique. Plus de réflexion peut guérir les maux que la réflexion entraîne.

*
* *

En consacrant à la Grèce six volumes de cette section, nous croyons ne lui avoir donné que sa juste part.

Le premier et le dernier volumes tracent les grands cadres historiques. Ils analysent les contingences diverses, de lieu, de race, d'individus, et relèvent les circonstances de toutes sortes qui ont concouru à l'organisation des cités grecques, créé, puis fait rayonner la civilisation hellénique.

Trois volumes sont destinés spécialement à caractériser le génie grec : le rôle de la religion, de l'art, de la philosophie, leurs relations, le développement de la spéculation et les origines de l'esprit expérimental y sont étudiés avec la préoccupation de préciser l'apport de la Grèce — son apport décisif — à cette logique mentale dont nous suivons les progrès depuis

(1) Voir Gomperz, *ouvr. cité,* t. II, chap. 1. Quand, par des voies diverses, « *la philosophie athénienne s'infiltre dans le judaïsme* », c'est elle qui « *provoque le doute, l'esprit de recherche, le scepticisme, dont sont imprégnés l'Ecclésiaste et Job* » : voir R. Kreglinger, la Religion d'Israël, p. 250.

les débuts du langage, aux premières lueurs de la préhistoire.

*Avant celui qui doit montrer l'expansion « hellénistique »
de la civilisation grecque, — du fait de l'impérialisme macédonien, — l'avant-dernier volume mettra en relief ce qu'il y
avait d'original dans la Cité grecque; il montrera pourquoi
ses institutions ont été tout à la fois si fragiles et si fécondes
pour l'avenir.*

*Notre effort, ou au moins notre intention, vise — on le
sait — à décomposer l'histoire en ses éléments essentiels. Ce
n'est pas simplement d'après la chronologie, d'après la commodité de l'exposition, c'est d'après la causalité — dans la
mesure du possible — que nos volumes et leur contenu s'ordonnent. Et si l'on nous dit que l'agencement des matières,
ici, ne s'écarte pas très sensiblement des modalités traditionnelles, nous répondrons que, sans doute, la réalité historique a toujours imposé, plus ou moins, une certaine disposition des choses; mais que nous la reprenons, cette
disposition, pour l'ajuster mieux aux choses, et surtout pour
la justifier d'un point de vue pleinement explicatif.*

*
* *

*A la suite des volumes consacrés aux civilisations de
l'Orient, notamment de celui qui reconstitue la curieuse, la
brillante civilisation égéenne, le présent volume pousse
aussi loin qu'il se peut faire l'explication du miracle grec.*

*Avec le relief que donnent les images intérieures nées de
la vision directe, A. Jardé évoque le « paysage » de la Grèce.
Il montre les avantages du milieu, tempéré et divers, suffisamment fertile, — mais* qui exige l'effort humain. *Et il
confirme d'une façon bien intéressante les idées exprimées
par Lucien Febvre :* « Il faut renoncer, dit-il à son tour, à
un déterminisme géographique, qui prétendrait expliquer par
le milieu la civilisation grecque. Dans ce même pays où les

*conditions naturelles restent les mêmes, toute la vie se
transforme dès que les peuples changent. De l'étude du pays
qui nous a appris de quoi il était capable, il nous faut passer
à celle des peuples,* qui ont su faire de ces possibilités des
réalités (1). »

*Le chapitre relatif aux origines aboutit à quelques hypo-
thèses sages sur les migrations primitives. Si A. Jardé
s'applique à différencier les diverses populations de la Grèce,
de ces différences il cherche surtout la cause dans l'action
du « temps », dans le « déroulement des faits ». Peut-
être un ethnographe insisterait-il davantage sur les caractères génériques des premiers occupants. Mais Jardé est,
veut être* historien : *c'est dans les actions et réactions de la
géographie et de l'histoire, par suite dans l'activité humaine,
qu'il voit le facteur essentiel.* « *Pour expliquer les peuples, il
faut faire intervenir l'histoire elle-même. Influence du milieu
ou qualités innées ne sont pas négligeables, mais les unes et
les autres se combinent diversement selon l'évolution historique de chaque groupe, et c'est à travers le temps, dans la
suite des événements qu'il faut voir se former et se développer
les peuples (2).* »

*Dans quelle mesure le morcellement géographique est-il
intervenu ? Dans quelle mesure certaines* tendances *particulières, un individualisme inné ?* A. Jardé renonce donc à se
prononcer; *mais il constate que le caractère essentiel de
l'histoire grecque, c'est la juxtaposition de petits États à la
fois en étroit contact et parfaitement distincts. L'intensité de
vie résulte, ici, d'une part, de la valeur propre de ces petites
individualités collectives; d'autre part, des rapports, des
échanges, du besoin commun d'expansion, des liens économiques, et aussi — à la différence de l'expansion phéni-*

____

(1) *P. 71. Cf. le tome V et notre* Avant-Propos, *p. XIV.*
(2) *P. 4; cf. p. 100.*

cienne — des liens moraux, que nouent les cités de la Grèce
avec les îles voisines et jusqu'aux rives de cette mer « qui ne
sépare pas, mais qui unit » (1).

L'individualisme grec est si puissant qu'il fait surgir une
civilisation admirable, mais qu'il empêche la concentration
politique. On songe — mutatis mutandis — à cette Allemagne
du XVIIIe siècle, des débuts du XIXe, où les États pullulent et
ont une vie indépendante, mais où les cours, parfois minus-
cules, et les Universités cultivent, non sans éclat, une littérature et une philosophie nationales. Ici et là l'unité se crée
du dehors : la Macédoine a été la Prusse de la Grèce. Et
Jardé a raison de dire qu'avec la formation du peuple grec,
l'histoire grecque est véritablement finie. Une histoire nouvelle va commencer. L'unité politique, en recouvrant l'unité
de civilisation, agira sur elle. Une civilisation hellénistique,
essentiellement assimilatrice et où se fondront les « barba-
ries », se substituera à la civilisation hellénique : et plus
tard, pour qu'il opère à l'état pur et produise une renaissance,
il faudra retrouver l'hellénisme proprement dit.

Par l' « intelligence » dans son sobre exposé, par la
pénétrante intelligence qui, du passé, saisit les ressemblances
avec la vie moderne, apparemment si différente, sans en méconnaître les différences profondes, A. Jardé projette une vive
lumière sur ce rapide, ce magnifique développement de la
Grèce.

HENRI BERR.

-(1) Ad. Reinach, dans l'Hellénisation du Monde antique, p. 13.

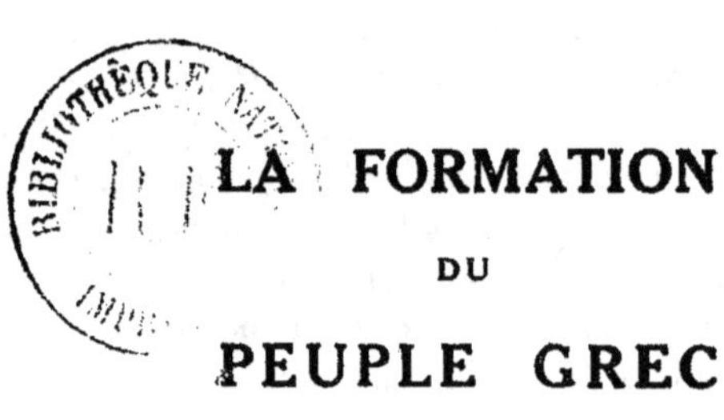

LA FORMATION

DU

PEUPLE GREC

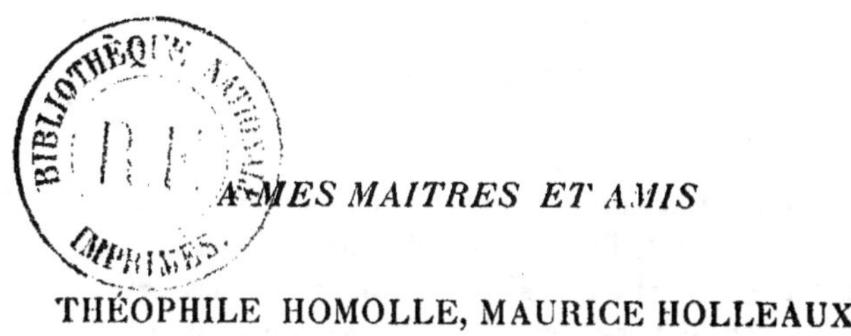

A MES MAITRES ET AMIS

THÉOPHILE HOMOLLE, MAURICE HOLLEAUX

Anciens Directeurs
de l'École française d'Athènes.

LA FORMATION DU PEUPLE GREC

INTRODUCTION

Il n'est personne à qui l'histoire grecque n'apparaisse comme
un chapitre nécessaire de l'histoire de l'humanité. Les démocraties modernes — à tort ou à raison — voient dans les Grecs
des précurseurs et admirent en eux ceux par qui le type du
citoyen est apparu dans le monde et qui ont du premier coup
donné un incomparable éclat aux idées de liberté et de patrie.
Plus justement encore, nous devons nous reconnaître rede-
vables aux Grecs des formes supérieures de notre activité
intellectuelle, science, art, littérature.

Ainsi nul ne contestera l'intérêt et l'utilité que garde l'étude
de la civilisation grecque sous toutes ses formes, institutions
sociales et politiques, vie religieuse ou économique, activité
scientifique et philosophique, lettres et arts. Mais, à regarder
de près l'histoire proprement dite — j'entends la suite des
événements politiques, diplomatiques ou militaires — on
éprouve quelque malaise et l'on peut se demander si cette
histoire nous importe aujourd'hui et si elle doit tenir une place
notable dans l'histoire universelle. Ce sont, dans l'État, des
intrigues aussi compliquées que mesquines, mettant en jeu les
intérêts et les vanités plus que les idées, des rivalités de personnes, grands hommes de petite ville, qui s'en tiennent à
l'horizon borné de leur minuscule cité ; ce sont, d'État à État,
des disputes sans fin pour des questions sans intérêt ou des

1.

territoires sans valeur. Les manœuvres et les roueries d'Alcibiade et de Nicias pour faire retomber l'ostracisme sur Hyperbolos ont-elles plus de grandeur où plus de portée que les intrigues électorales au sein de quelque obscur conseil municipal? Et, dans la dispute qui, pendant cinq siècles, oppose Priène à Samos pour la possession d'un bois de chênes et d'un terrain couvert de ronces (1), ne serait-il pas aisé de retrouver le burlesque héroï-comique de la *Secchia rapita*? Nous ne devons pas nous laisser duper sur l'importance relative des événements par la valeur des historiens qui les rapportent. Un philosophe comme Thucydide sait tirer du fait le plus particulier l'élément général qui lui donne une valeur psychologique : dans les révolutions de Corcyre — bien peu intéressantes pour l'histoire du monde — il montrera tout le jeu des passions humaines (2) et par là son œuvre est bien une « acquisition pour toujours » (3). Mais qu'un honnête homme, écrivain aisé mais penseur médiocre, comme Xénophon, raconte les événements, et ceux-ci vont trop souvent apparaître plats et ennuyeux. La chute de Sparte est aussi dramatique et a eu pour les Grecs autant de conséquences que la chute d'Athènes, et Épaminondas, « le premier des Grecs » (4), mérite de retenir l'attention plus qu'Alcibiade ; et cependant c'est la guerre du Péloponnèse qui, de par Thucydide, reste le centre de l'histoire grecque.

Quelque réserve qu'il soit légitime de faire sur l'intérêt général et présent de l'histoire des cités grecques, on ne peut cependant la passer sous silence. Car, sans elle, il est impossible, je ne dirai pas de résoudre, mais de bien poser et de discuter le problème, d'une portée universelle, que soulève le génie hellénique. Un peuple de quelques milliers d'hommes, qui s'était à l'origine cantonné, à l'extrémité méridionale de la péninsule des Balkans, sur un territoire dix fois moins étendu

(1) **V**, p. vi sq. — (2) Thc., III, 70-85. — (3) Thc., I, 22.
(4) Cic., *Tusc.*, I, 2, 4.

que la France et qui n'a su maintenir sa prospérité et sa splendeur que trois ou quatre siècles, est un de ceux qui, par leur civilisation, ont influé le plus sur le développement de l'humanité tout entière : c'est le « miracle grec ». Mais la science historique n'admet pas le miracle. Sans doute le génie d'un peuple est non moins difficile à expliquer que le génie d'un homme. Mais si elle ne peut fournir de solutions indiscutables, la science historique doit du moins chercher des explications et confronter les hypothèses. D'où les Grecs ont-ils tiré ou reçu les qualités intellectuelles et morales qui les font supérieurs aux autres peuples de l'antiquité, l'intelligence éveillée et pénétrante, claire et précise (1), le sens de la mesure (2), l'amour de l'indépendance et l'individualisme, l'optimisme aimable et souriant ? Pourquoi cette race, physiquement belle, saine et vigoureuse, a-t-elle été une race d'artistes et de penseurs ?

Sur un cas aussi typique, d'autant plus facile à étudier qu'il est limité dans le temps et dans l'espace, les théoriciens devaient s'affronter (3). Pour les uns (4), l'homme s'explique par le milieu : c'est au climat méditerranéen que le Grec doit aussi bien sa sobriété et sa vigueur que son amour des idées claires ; c'est le pays qui l'a doté de ses qualités intellectuelles et de ses goûts artistiques ; la nature est pour lui « une conseillère d'élégance, une maîtresse de droiture et de vertu » (5). Pour les autres, le milieu n'a aucune influence : dans une même région, les peuples se sont succédé sans se ressembler. « Que l'on ne vienne point me parler, dit Hegel, du ciel de la Grèce, puisque ce sont des Turcs qui habitent maintenant où autrefois habitaient les Grecs (6). » Les qualités de l'homme sont quelque chose de primordial qui

----

(1) Hdt., I, 60. — (2) Arstt., *Pol.*, VII, 4, 6.

(3) Brunhes, Du caractère propre et du caractère complexe des faits de géographie humaine. *Ann. de géog.*, XXII (1913), p. 1-40.

(4) XLVI, II, p. 102, 104, 105. — (5) Renan, *Saint Paul*, p. 205.

(6) Cité par Brunhes, p. 2 ; cf. XLI, p. 67.

tient à la race. Il y a eu une race grecque, dotée de caractères propres, et plus la race est restée pure, plus elle a conservé ses qualités : l'Attique n'a plus produit de grands hommes du jour où l'introduction des étrangers et des affranchis dans la cité a abâtardi la race (1).

Est-il besoin de dire que toute théorie absolue est fausse ? La réalité historique, infiniment plus complexe, ne se laisse pas enfermer dans des formules simplistes. Il est impossible de séparer les Grecs du pays où ils ont vécu; si le milieu n'a pas créé les qualités des Hellènes, il les a favorisées et développées. D'autre part, la notion de race est trop obscure pour fournir des explications claires. Dès la plus haute antiquité, il n'y a pas physiologiquement de race pure, mais des mélanges de races et de peuples. S'il existait une race grecque exactement définie, comment expliquer la diversité des peuples grecs ? Car, s'il est des traits communs à tous, il est autant de différences. Ioniens efféminés ou Spartiates énergiques, Athéniens subtils ou Béotiens épais, tous sont-ils une même race, dont on ne saurait alors affirmer l'unité, ou faut-il supposer autant de races que de peuples ? Milieu ou race sont des explications incomplètes ou insuffisantes.

Pour expliquer les peuples, il faut faire intervenir l'histoire elle-même. Influences du milieu ou qualités innées ne sont pas négligeables, mais les unes et les autres se combinent diversement selon l'évolution historique de chaque groupe, et c'est à travers le temps, dans la suite des événements qu'il faut voir se former et se développer les peuples. D'Athènes à Sparte les différences de milieu et de population n'étaient pas telles qu'on n'ait pu *a priori* supposer deux peuples semblables, deux civilisations identiques. Il n'en a rien été cependant ; Athènes et Sparte, analogues sans doute à l'origine, se sont de plus en plus différenciées au cours de leur histoire. La croyance

____

(1) GALTON, *Hereditary Genius*, p. 340 sq.

à un déterminisme qui fait de tout le développement historique un enchaînement nécessaire de causes et d'effets, rend
l'explication non point aisée et simple, mais au contraire difficile
et compliquée. C'ést l'action combinée du pays, des hommes
et des événements — parmi lesquels il y en a de purement
fortuits — qui a fait de chaque peuple grec ce qu'il était. Car,
avec des milieux analogues et des populations parentes, la
Grèce a connu la plus grande variété d'États et de peuples.
Si nous devons serrer de plus près le problème, ce n'est pas
le génie grec qu'il faut expliquer, mais les génies particuliers
des différents peuples.

Ici une nouvelle question se pose. Pour divers que les Grecs
aient été, ils ont assez de traits communs pour qu'ils se soient
reconnus dès l'origine comme les membres d'une même famille.
Et cependant la Grèce, tant qu'elle sera indépendante, ne
réussira jamais à réaliser son unité, à fondre en un grand État
les petits États qui la morcellent. Elle en restera toujours au
régime de la cité, c'est-à-dire de l'État réduit à une ville et à
sa banlieue. D'où vient cette incapacité ? De nouveau les mêmes
réponses s'opposent, soit qu'on explique le morcellement
politique par le morcellement géographique, soit qu'on considère l'individualisme comme un trait inné et irréductible du
caractère grec. De nouveau aussi nous devrons faire intervenir les données historiques : c'est l'histoire qui nous montre
les deux tendances en lutte, les tentatives d'union nationale et
les réactions égoïstes des cités; c'est elle qui nous apprend
comment les circonstances ont fait l'unité de la Grèce, malgré
les Grecs, par la conquête macédonienne.

Plus que l'histoire des diverses cités, c'est la conquête macédonienne, unifiant la Grèce et hellénisant le monde oriental,
qui intér·sse l'histoire universelle. Les petits États grecs,
enfermés dans leur politique égoïste, étaient incapables
d'exercer en dehors d'eux une influence profonde et durable.
La Grèce d'Asie, dont les places de commerce ont vu se mêler

les populations en une foule cosmoplite de marins et de marchands, a pu éveiller à la civilisation non seulement la Grèce propre, mais tous les peuples barbares, de la lointaine Tartessos à la mystérieuse Colchide. Il y a eu une Méditerranée ionienne, dont les traces subsistent dans les civilisations postérieures (1). Mais la conquête perse a arrêté le développement de l'Ionie, si bien que l'influence ionienne a été de bien courte durée. Après l'Ionie, Athènes, par le rayonnement de son génie, plus encore que par son prestige politique, a pensé imposer sa civilisation à la Grèce entière. Mais l'action directe d'Athènes est encore plus limitée que celle de l'Ionie et dans l'espace et dans le temps ; elle se maintient seulement parce que la civilisation attique est un des éléments importants de la civilisation hellénistique, comme le dialecte attique est le premier fonds de la κοινή.

En réalité la vraie Grèce, la Grèce du ve et du ive siècle, n'a agi sur l'humanité que très tardivement. La Renaissance, qui s'est remise à l'étude des écrivains grecs, ne connaît encore le temple grec que d'après Vitruve et la statuaire grecque que d'après les copies romaines. La Révolution française croit imiter la république romaine et lui emprunte son vocabulaire. C'est seulement avec l'arrivée des marbres d'Égine en 1812 à Munich, des sculptures du Parthénon en 1816 à Londres que se révèle l'art grec, et ce sont seulement les démocraties modernes qui ont pu chercher, sinon des exemples, du moins de lointains précédents dans l'Athènes de Périclès. Le plus souvent et le plus longtemps, c'est par l'intermédiaire des Romains gagnés eux-mêmes à la culture grecque, que l'hellénisme a agi. Or la Grèce, que les Romains ont connue, ont imitée et ont fait connaître aux peuples qui l'ignoraient encore, c'est la Grèce des successeurs d'Alexandre, la Grèce hellénistique, c'est-à-dire une Grèce où « les » peuples grecs s'étaient

(1) L, II, p. 584 sq.

confondus pour former « un » peuple grec, où les différences individuelles avaient fini par s'effacer au sein d'une civilisation commune.

C'est sur la formation de cette civilisation commune, de ce peuple grec — on ne peut dire nation grecque, car l'unité de civilisation ne s'est pas accompagnée d'un véritable sentiment national — que doit porter l'effort de l'historien lorsqu'il songe à « l'évolution de l'humanité ». Après avoir vu comment se sont, sous de multiples influences, constitués les États et les peuples grecs, nous devons chercher comment le monde grec, à travers les à-coups des guerres étrangères ou civiles, a fini par atteindre sinon à une unité politique, du moins à une unité morale. Ainsi justifierons-nous le plan, en apparence paradoxal, de notre ouvrage qui n'arrête l'étude de la formation du peuple grec qu'au jour où l'histoire de la Grèce elle-même est close.

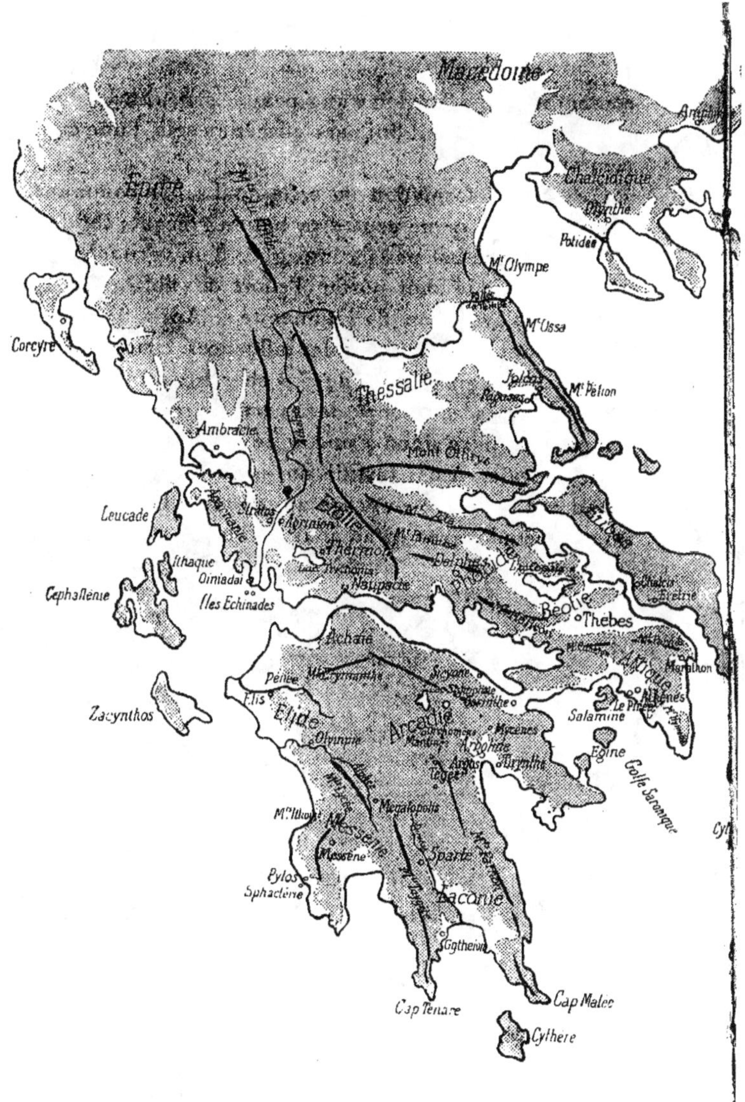

Macédoine
Anthémonte
Chalcidique
Olynthe
Potidée
Épire
Mt Olympe
Pelas
Mt Ossa
Corcyre
Thessalie
Iolcos
Pagasae
Mt Pélion
Ambracie
Mont Othrys
Leucade
Stratos
Agrinion
Étolie
Euripe
Ithaque
Thermon
Mt Parnasse
Delphes
Oiniadai
Lac Trichonis
Naupacte
Phocide & Locride
Béotie
Cephallénie
Iles Echinades
Chalcis
Erétrie
Achaïe
Thèbes
Attique
Pénée
Mt Cyllène
Sicyone
Marathon
Eleusis
Corinthe
Athènes
Elis
Zacynthos
Olympie
Arcadie
Mantinée
Mycènes
Salamine
Orchomène
Argolide
Tirynthe
Egine
Argos
Tégée
Golfe Saronique
Mt Ithome
Mégalopolis
Messène
Messénie
Sparte
Pylos
Sphactérie
Laconie
Gytheion
Cythère
Cap Ténare
Cap Malée
Cythère

La Tr
Les parties hachurées représentent

Thrace
Byzance
Propontide
Abdère
Thasos
Samothrace
Sestos
Cyzique
M'Athos
Imbros
Abydos
Phrygie
Lemnos
Tenedos
Halonnesos
Lesbos
Mytilène
Skyros
Phocée
Magnésie
Sardes
Chios
Smyrne
Clazomène
Téos
Ionie
Colophon
Lébédos
Éphèse
Méandre
Andro.
Samos
Priène
Céos
Ténos
Cap Mycale
Milet
Syros
Myconos
Délos
Icaria
Palmos
...os
Sériphos
Naxos
Halicarnasse
Siphnos
Paros
Calymna
Doride
...élos
Amorgos
Cos
Cnide
Sikinos
Nisyros
Pholegandros
Astypalaia
Thera
Rhodes

RE GRECQUE.
es hauteurs supérieures à 200 mètres.

PREMIÈRE PARTIE

LE PAYS

CHAPITRE PREMIER

LA TERRE

I

Qu'on aborde les côtes de la mer Ionienne ou celles de la mer Égée, qu'on descende du nord par la voie de terre et qu'on suive, à travers bassins et défilés, de la Macédoine à l'isthme de Corinthe, la route de toutes les invasions, toujours et partout la Grèce apparaît comme un pays montagneux. La montagne occupe près de 80 p. 100 du continent grec et plus encore des îles.

La complexité du relief rappelle les vicissitudes géologiques (1). Le monde grec n'est plus que les débris d'un ancien continent, l'Égéide des géologues. La partie la plus ancienne en est constituée par des massifs cristallins, comme celui dont les fragments se retrouvent en Thrace et en Macédoine et celui qui occupait la région des Cyclades. Sur ces noyaux rigides sont venus se mouler aux temps primaires des plis hercyniens, au début des temps tertiaires des plis pyrénéens. L'Égéide se trouvait sur une des lignes de moindre résistance du globe, dans la zone des Méditerranées : aussi fut-elle

(1) Cartes dans **LII** et **LIII**.

morcelée par une série de dislocations et de fractures, les
massifs firent place à des fosses marines, les bassins d'effondrement coupèrent les lignes montagneuses. Enfin un abaisse-
ment d'ensemble du continent égéen transforma en golfes d'anciennes vallées, en presqu'îles et en îles d'anciennes chaînes.

La fragmentation de l'Égéide est relativement récente (1).
Les Anciens en avaient-ils quelque soupçon lorsqu'ils racontaient le déluge de Deucalion ou lorsqu'ils plaçaient aux
temps mythiques l'ouverture de la vallée de Tempé (2)?
L'activité volcanique, dont ils étaient journellement les
témoins, suffisait à leur démontrer l'instabilité du sol grec.
Au milieu du troisième siècle, sur la côte du golfe Saronique,
une éruption, accompagnée de lueurs et d'exhalaisons méphi-
tiques, fait surgir une montagne de plus de mille mètres ; la
mer s'échauffe et une source thermale jaillit, dégageant de
l'acide carbonique presque pur (3). En 197, au milieu du cratère ruiné dont les îles de Théra et de Thérasia forment les
rebords, apparaît, après quatre jours, l'îlot de Hiéra (4). Les
exhalaisons qui grisaient la Pythie delphique, la flamme qui
brûlait sur le Mosychlon de Lemnos, les sources thermales
sulfureuses, celle des Thermopyles, celle d'Aidipsos, où se
soigna Sylla (5), celle des Nymphes Anigrides, en Triphylie,
qui passait pour guérir les dartres et la lèpre (6), sont
autant de manifestations du volcanisme.

Comme aujourd'hui, le sol grec était sans cesse ébranlé et
les observations étaient assez nombreuses pour fournir à
Démétrios de Kallatis la matière d'un ouvrage spécial (7).
En 464, c'est la Laconie et le Taygète qui tremblent ; à Sparte,
les maisons auraient enseveli sous leurs ruines les citoyens
occupés à sauver leurs meubles, si le roi Archidamos n'avait

(1) **LV**, p. 1089. — (2) Str., IX, 5, 2. — (3) Str., I, 3, 18 ; Paus., II, 34, 1.
(4) Str., I, 3, 16 ; Plut., *M.*, 399 C ; Sen., *Q. N.*, II, 26 ; Plin., *H. N.*, II, 202 ;
IV, 70 ; **LVII**.
(5) Str., IX, 4, 2 ; X, 1, 9 ; Arstt., *Meteor.*, II, 366 a.
(6) Str., VIII, 3, 19. — (7) Str., I, 3, 20.

eu la présence d'esprit de les appeler à lui en faisant sonner
l'alarme par les trompettes ; le nombre des victimes fut si
élevé — 20 000, dit-on, — que les Hilotes crurent la race
spartiate anéantie et profitèrent du désastre pour se
révolter (1). En 373, ce sont les villes d'Achaïe, Hélikè et
Boura, qui sont détruites par un tremblement de terre
accompagné d'un ras de marée (2), comme l'avaient été en 426 les
villes de Locride (3). En 225, c'est Rhodes qui est éprouvée : le
colosse est renversé, les murs et les arsenaux détruits ; de
tous les points du monde grec, villes et souverains envoient
des vivres, des matériaux de construction, des ouvriers, de
l'argent pour réparer le désastre et secourir les sinistrés (4).
Combien d'autres accidents ont passé inaperçus ou ne sont
connus que par une brève mention (5) ! Certaines régions,
comme la Béotie, la Locride, l'Eubée, l'Étolie, la Laconie,
étaient à tout moment secouées. Il n'est presque pas d'année
de la guerre du Péloponnèse où Thucydide ne signale des
mouvements du sol (6).

Les phénomènes volcaniques apparaissaient aux Grecs
comme l'expression de forces mystérieuses et divines. Ce sont
des signes précurseurs d'événements notables. Délos s'agite
au début des guerres médiques (7) comme au début de la
guerre du Péloponnèse (8). La terre et la mer tremblent à la
veille de Salamine (9). Parmi les faits qui lui semblent
dénoncer l'importance de la période qu'il étudie, Thucydide
n'a garde d'omettre les nombreux et violents tremblements
de terre (10). Les secousses sont attribuées à l'action de
Poseidon. Il est le dieu qui « de son levier soulève violemment

(1) Thc., I, 101 ; Paus., I, 29, 8 ; Ds., XI, 63, 1-7 ; Plut., *Cim.*, 16.
(2) Str., I, 3, 10 ; VIII, 7, 2 ; VIII, 7, 5 ; Paus., VII, 24, 6 ; 24, 12 ; 25, 4 ; 25, 8 ;
Ds. XV, 48.
(3) Thc., III, 89 ; Str., I, 3, 20 ; Ds., XII, 59, 2.
(4) Str., XIV, 2, 5 ; Pol. V, 88-90.
(5) Hdt., V, 85 ; Xén., *Hell.*, IV, 7, 4 ; Paus., II, 7. 1.
(6) Thc., III, 87 ; IV, 52 ; V, 45 ; V, 50 ; VIII, 6 ; VIII, 41. — (7) Hdt., VI, 98.
(8) Thc., II, 8. — (9) Hdt., VIII, 64. — (10) Thc., I, 23.

la terre et la mer salée » (1) ; c'est lui qui a ouvert la vallée de
Tempé (2), qui a fait surgir des flots les Sporades (3), qui,
dans la lutte contre les Géants, a détaché de Cos le rocher
devenu l'île de Nisyros (4). C'est pour avoir violé l'asile de
Poseidon au cap Ténare que Sparte est détruite en 464 (5), et
la ruine d'Hélikè en 373 est également un châtiment infligé
par le dieu (6). C'est en l'honneur de Poseidon Asphalios que
les Spartiates entonnent le péan pendant un tremblement de
terre (7), et c'est à lui que les Rhodiens consacrent un sanctuaire sur l'îlot de Hiéra qui vient de surgir des flots (8). Le
culte de Poseidon se localise dans les régions fréquemment
secouées, golfe Maliaque, golfe Saronique, golfe de Corinthe,
Phocide, Béotie, et Strabon ne s'étonne pas de le voir honoré
dans des régions continentales, à Apamée de Phrygie, par
exemple, parce que le pays est souvent ébranlé par les
secousses sismiques (9).

Fragmentation des chaînes plissées à la structure compliquée et affaissement du continent ont pour conséquence
l'extrême richesse d'articulation du pays, par suite l'extrême
variété des formes et des aspects. Gagnons le faubourg de
Delphes où se tenait l'assemblée des Amphictyons et replaçons-
nous au point d'où Eschine montrait aux délégués les
Amphisséens cultivant la plaine sacrée (10). Devant nous,
c'est la plaine, toute plantée d'oliviers, et, au delà, la mer,
par où arrivaient les pèlerins, dessinant à l'intérieur des terres
un golfe profond mais assez étroit pour qu'on voie se profiler
à l'horizon les montagnes du Péloponnèse. A gauche, ce sont
les croupes dénudées du Kirphis, où une maigre végétation
nourrit les troupeaux de moutons et de chèvres, tandis qu'au

---

(1) Ar., *Nub.*, 568. Cf. Il., XI, 751 ; XIII, 43 ; Od., I, 74 ; Soph., *Tr.*, 502 d : P.
I, I, 76 ; *P.*, VI, 50.
(2) Hdt., VII, 129. — (3) Call.. *Del.*, 30-35. — (4) Str., X, 5, 16 ; Apd., I, 6, 2.
(5) Thc., I, 128 ; Paus., IV, 24, 6 ; VII, 25, 3. — (6) Str., VIII, 7, 2.
(7) Xén., *Hell.*, IV, 7, 4. — (8) Str., I, 3, 16. — (9) Str., XII, 8, 18.
(10) Eschn., *Ctes.*, 118.

pied le Pleistos déroule un mince filet d'eau au milieu d'un
large lit de graviers. En arrière, le mur resplendissant des
roches Phédriades, coupé par la brèche d'où jaillissent les eaux
de Castalie et démantelé par les secousses qui continuent à
projeter sur les ruines de Marmaria les mêmes pluies de
rochers qui, disait-on, avaient mis en fuite Perses ou Gaulois.
Et, avec les Phédriades, on devine, si on ne les voit, « les invio-
lables cimes du Parnasse » (1), avec leurs pâturages alpestres
et leurs forêts. Ainsi sur un petit espace — il n'y a pas à vol
d'oiseau vingt kilomètres du golfe de Kirrha au sommet de la
montagne — se juxtaposent tous les éléments du paysage
grec, la mer et la montagne, les olivettes et les forêts, les
maquis et l'alpage, les torrents desséchés et les « sources
argentées » (2), les crevasses et les éboulis, et l'on est tout prêt
à voir dans ce petit canton, sinon l'ὀμφαλός, le « nombril » de
la terre habitée, du moins un microcosme où se reflète toute la
complexité du monde grec.

Multiplicité d'aspects et juxtaposition de contrastes, voilà ce
qui fait le pittoresque et la beauté du paysage grec, et voilà
aussi ce qui y détermine les caractères de l'activité humaine,
car c'est là ce qui assure la multiplicité des cultures, la multiplicité des ressources, la multiplicité des genres de vie. Il n'est
pas d'État grec dont l'économie puisse se résumer en un mot ;
dans la même cité vivent, côte à côte, des marins, des laboureurs, des pâtres. La civilisation grecque résulte de cette
infinie variété des groupements humains dans la variété
infinie des cadres géographiques.

II

LES CARACTÈRES DE LA MONTAGNE GRECQUE.

Pays montagneux, la Grèce n'est cependant pas un pays de
hautes montagnes. Même en entassant le Pélion sur l'Ossa, les

(1) EUR., *Ion.*, 86. — (2) EUR., *Ion.*, 95.

Titans n'arrivaient pas à s'élever beaucoup au-dessus de
3 500 mètres. Les altitudes sont moyennes. Les plus hauts
sommets restent en dehors du vrai pays grec, ceux de l'Olympe
(2 985 mètres), ou du Pinde, le Tymphrestos (2 319 mètres)
et le Korax (2 512 mètres). Dans la Grèce centrale, le point
culminant, le Parnasse, atteint bien 2 459 mètres, mais
l'Hélicon n'en a que 1 527 et les montagnes de l'Attique se
tiennent entre 1 000 et 1 500. Dans le Péloponnèse, seul le
Taygète dépasse 2 400 mètres, le Cyllène et l'Érymanthe
dépassent de peu 2 000 mètres, le Ménale, le Lycée, le Parnon
n'y parviennent pas. De hauteur modérée, sous un ciel peu
humide, les montagnes grecques n'ont ni neiges éternelles,
ni glaciers ; aucune d'elles ne peut être le château d'eau
d'où naissent les grands fleuves. Jamais elles n'atteignent à
la grandiose majesté des massifs alpestres.

Si aujourd'hui la montagne laisse presque partout apparaître
le rocher, dans l'antiquité elle était beaucoup moins dénudée.
Les chaînes du Péloponnèse en particulier étaient couvertes de
bois de chênes ou de conifères, peuplés de sangliers et de cerfs.
Outre les forêts, la montagne porte des pâturages que fréquentent en été les troupeaux montés de la plaine. Jamais elle n'offre
l'aspect sauvage et les solitudes farouches des hautes cimes.
Lorsque, dans les *Bacchantes* (1), Euripide décrit le Cithéron,
il nous fait voir surtout des vallons verdoyants et gazonnés,
baignés d'eaux vives, ombragés de chênes et de pins, une nature
souriante et aimable, qui ne semble pas le cadre approprié aux
fureurs tragiques des Ménades.

Peu élevée, la montagne grecque n'est pas un obstacle à la
circulation. D'une vallée à l'autre, des cols s'ouvrent qui mettent en communication les cantons de la montagne. Le site
de Delphes, par exemple, marque le centre d'un réseau routier.
C'est d'une part la voie qui coupe du nord au sud la Grèce

____

(1) Eur., *Bacch.*, 38, 677-678, 1048, 1051-1052, 1084.

centrale : partie de Lamia, elle traverse la plaine du Spercheios, puis remonte le cours de l'Asopos pour franchir, entre
l'Œta et le Kallidromos, le défilé des roches Trachiniennes;
elle atteint la haute vallée du Céphise béotien, et là se divise :
l'un des chemins — celui par lequel Philippe gagne Élatée —
s'en va en Phocide et en Béotie, l'autre contourne à l'ouest le
Parnasse et, par un col situé à mille mètres d'altitude, descend
sur Amphissa et la plaine de Krissa. C'est, d'autre part, la voie
gagnant la Béotie : remontant le ravin du Pleistos, elle franchit, par 260 mètres d'altitude, le seuil qui sépare le Pleistos
du Platanias et arrive au fameux carrefour qui vit tuer Laios,
la σχιστὴ ὁδός, d'où divergent trois voies, celle que suivait la
Pythaïde athénienne (1) par Daulis et Chéronée, celle qui, par
Lebadeia, gagne directement Thèbes, enfin celle qui, par
Ambryssos, rejoint le golfe de Corinthe à Antikyra. De même
à travers le Péloponnèse circulent de nombreuses routes,
d'Argos à Mantinée, de Tégée à Sparte par Sellasie, de Sparte
à Mégalopolis par la haute vallée de l'Eurotas.

Il ne faut pas assurément exagérer la valeur de ces voies de
communication. La Grèce n'a jamais connu les belles routes de
poste, qui seules rendent possible l'unification d'un grand empire,
telles les routes royales d'Asie ou les voies romaines (2). Bien
qu'on eût déjà mesuré certaines distances (3), on ne s'était pas
donné la peine de les indiquer le long des routes. Les hermès
que les Pisistratides avaient fait dresser sur les chemins ruraux
de l'Attique ne sont pas comparables aux bornes milliaires.
Peu de routes étaient aménagées et construites. La voie carros-
sable d'Athènes à Éleusis (4), pavée par endroits de gros cailloux irréguliers, taillée en partie dans le roc, avec ses travaux
d'art, le pont de marbre sur le Céphise, la passerelle établie
pour les piétons sur les lacs Rheitoi, les ornières artificielles
qui facilitaient le roulement des chars, était une exception

(1) Str., IX, 3, 12. — (2) Str., V, 3, 8. — (3) Hdt., II, 7.
(4) CXVII, p. 123 sq.

qu'expliquait l'importance des processions, et d'ailleurs ne
mesurait même pas vingt-cinq kilomètres. La plupart des voies
n'étaient que des sentiers, grimpant sans lacets sur le flanc des
montagnes, escaladant les pentes raides comme de vrais esca-
liers entaillés dans le rocher (1). Mais ces sentiers et ces pistes
suffisaient pour une active circulation de piétons et le plus souvent étaient même accessibles aux mulets et aux chevaux. Nombreux étaient les voyageurs, ambassadeurs et théores, pèlerins
gagnant les grands sanctuaires, marchands convoyant une
petite caravane d'animaux de bât. Malgré la commodité de la
voie maritime, on préférait éviter certains trajets trop longs
ou difficiles et les voies terrestres coupaient au plus court à
travers les isthmes : du golfe de Corinthe au golfe d'Argos, la
route prenait par Cléonée et Mycènes; d'Eubée les convois de
blé pour Athènes prenaient la voie de terre plutôt que de doubler le cap Sounion. Aussi ces routes bien fréquentées deman-
dent-elles à être surveillées : l'État athénien a élevé des forteresses sur toutes les voies d'accès de l'Attique : Éleuthère sur
la route de Béotie, Phylé et Panakton sur la route directe de
Thèbes par Drymos, Décélie sur la route d'Oropos.

III

LE MORCELLEMENT GÉOGRAPHIQUE ET LES FRONTIÈRES POLITIQUES.

Ainsi, même par voie de terre, les Grecs pouvaient sans trop
de peine communiquer les uns avec les autres. Cependant les
chaînes suffisent pour délimiter des régions géographiquement
distinctes. Rien de plus caractéristique, par exemple, que les
pays de Phocide et de Béotie se décomposant en un chapelet
de bassins effondrés, séparés les uns des autres par des seuils
moins élevés que les montagnes voisines et réunis par des val-

____

(1) Paus., VIII, 6, 4.

lées d'érosion, bassins de Lilaia, d'Élatée, de Chéronée, du lac Copaïs, de Thèbes, de Tanagra.

De cette compartimentation géographique, il est classique de rapprocher le morcellement politique de la Grèce et d'expliquer celui-ci par celle-là. La nature aurait tracé le cadre dans lequel se serait constitué chaque État, et, ajoute-t-on, cette nécessité géographique était telle que jamais les Grecs ne réussirent à y échapper et à passer à un stade supérieur d'organisation.

Que cette remarque contienne une part de vérité, nul ne le niera. On sait bien que l'absence de frontières nettes nuit à la formation d'une nationalité, qui ne sait en quelque sorte où s'accrocher au sol, et qu'au contraire des limites précises aident la nation à se préciser elle-même. Mais il ne faut pas exagérer le déterminisme géographique. A l'époque classique, un État grec est presque toujours formé de plusieurs contrées qui se sont trouvées réunies soit par un accord aboutissant au synécisme comme en Attique, soit par la conquête comme c'est le cas de la Messénie annexée à l'État spartiate. L'État ainsi formé ne s'ajuste qu'à demi au cadre géographique. On le voit dépasser ce qui semble ses frontières naturelles : les Athéniens cherchent à s'étendre au delà du Parnès (1), soit qu'ils disputent à la Béotie la plaine fermée de Drymos (2), soit qu'ils veuillent mettre la main sur le territoire d'Oropos que leur livrera Philippe ; les Spartiates cherchent à enlever aux Argiens la Thyréatide au delà du Parnon le long de la côte (3). D'autre part, certaines plaines qui sembleraient être le cadre naturel d'un État n'ont jamais réussi à faire leur unité : la Béotie ou l'Arcadie sont toujours restées divisées en cantons et les obstacles qui isolaient ces cantons les uns des autres étaient bien moins ardus que ceux qui séparaient l'une de l'autre les plaines de l'Attique.

(1) PLAT., *Criti.*, 110 d-e.
(2) DEM., *Leg.*, 446 ; MILCHHŒFER, *Karl. v. Attika*, p. 15. — (3) HDT., I, 82.

La notion de frontière varié avec les formes de vie. L'idée de la frontière moderne, c'est-à-dire d'une ligne conventionnelle où vient s'arrêter la souveraineté de l'État, est inconnue de l'antiquité grecque. La ligne douanière n'existe pas : les marchandises peuvent être taxées à l'entrée ou à la sortie des ports, elles peuvent acquitter des droits de circulation (1) ou des droits de marché, elles ne sont pas arrêtées par des postes de douaniers échelonnés aux limites du territoire. La ligne de défense militaire, comme toujours, n'a rien à voir avec la frontière de l'État : les forts qui gardent l'Attique occupent des positions stratégiques en arrière de la frontière. La notion même de la souveraineté territoriale est inconnue; la cité ne commande qu'aux citoyens, et là où s'arrêtent les terres des citoyens, qui seuls peuvent être propriétaires fonciers, là s'arrête en même temps le territoire de l'État. Les bornes qui séparent le champ du citoyen du champ de l'étranger sont en même temps les poteaux frontières de l'État (2). La guerre ne débute pas par une violation de frontière, mais par un acte de brigandage, vol des troupeaux ou pillage des récoltes.

Dans de telles conditions, la frontière n'a pu se fixer que peu à peu. A l'origine, la cité, c'est un point facile à défendre, une acropole autour de laquelle s'étend le terrain d'exploitation que cultivent les citoyens. Au delà des champs cultivés, propriété privée des familles, s'étendent les terrains vagues, les espaces que la nature du sol ou de la végétation laissent inoccupés et ouverts à tous, les régions montagneuses, les marécages, les forêts. Ces régions qui ne sont pas appropriées à la propriété individuelle, que l'on considère comme étant « au bout du monde», ἐσχατιαί, servent de territoires de pacage où chacun peut mener ses troupeaux. Sur ces confins voisinent les citoyens de divers États. Le Cithéron voit arriver chaque printemps les troupeaux qui ont passé l'hiver dans les étables de Corinthie ou de

_____

(1) **II**, IX, 2, n° 521, l. 17-18. — (2) PLAT., *Leg.*, 842 e.

Béotie et qui séjourneront six mois sur les hauteurs : c'est là
que le berger de Laios, le roi de Thèbes, rencontre le berger de
Polybos, le roi de Corinthe, et lui remet le petit Œdipe. Mais
toutes les rencontres ne sont pas aussi amicales. Entre bergers,
des querelles s'élèvent pour la possession des meilleurs her-
bages. Sur les flancs du Parnasse, Phocidiens et Locriens se disputent les pâturages ; le peuple qui se croit victime des empié-
tements du voisin se venge en enlevant le bétail et, si parfois
le différend peut se régler par une transaction ou un arbitrage,
souvent aussi le rapt des troupeaux provoque la guerre (1).

Pour éviter ces conflits, le plus sage était de mettre fin à
l'indivision et de délimiter exactement la part de chacun, c'est-
à-dire les territoires de chaque cité. C'est alors que se fixe la
frontière. Sans doute les conflits subsistent, car lorsqu'une cité
se sent la plus forte, elle n'hésite pas à empiéter sur les cités
voisines. « Jusqu'où, demandait-on, s'étendent les frontières de
la Laconie ? — Jusqu'où porte ma lance, » répondait Agésilas (2).
Mais le principe est de régler l'attribution des territoires
contestés et d'en confier la délimitation à une commission
d'arbitres, envoyés par une ville étrangère : les deux cités
s'engagent à respecter les décisions rendues, et nombreuses
sont, à travers toute l'histoire grecque, les inscriptions qui
relatent ces arbitrages et ces délimitations (3). Le travail
s'achève par la pose de bornes frontières ; Pausanias a vu les
stèles gravées en caractères archaïques qui marquaient la frontière entre Psophis et Thelphousa (4).

Les frontières ainsi délimitées étaient-elles naturelles ou artificielles ? Comme nos frontières modernes, elles combinent les
deux éléments. Bien que le plus souvent les fleuves ne soient
qu'une frontière douanière ou stratégique, ils ont plusieurs

---

(1) **XII**, XXV (1912) p. 147. — (2) PLUT., *M.*, 210 e.
(3) P. ex. **XI**, XXV (1901), p. 337 ; **XXVIII** (1908), p. 212 ; II, IV, 926 ;
V, 1430 ; V, 1431.
(4) PAUS., VIII, 25 1.

fois servi de ligne de démarcation. De même qu'en Asie Mineure l'Halys sépare les Mèdes et les Lydiens, l'Achéloos sépare les Étoliens et les Acarnaniens (1), l'Asopos les Platéens et les Thébains. On prend encore comme points de repère certains éléments du cours, par exemple la source (2) ou un confluent. Plus facilement encore la montagne, qui est un obstacle, peut marquer une séparation (3). Dans la délimitation du territoire contesté entre Épidaure et Corinthe (4), les seuls points de repère indiqués sont des sommets, comme si la frontière suivait une ligne de faîte, et des expressions comme ᾧ ὕδωρ ῥεῖ εἰς..., fréquentes dans les traités de délimitation des cités crétoises (5), semblent nous conduire à la notion banale dans les frontières modernes de la ligne de partage des eaux. A côté de ces données géographiques, on en a de purement conventionnelles : c'est, par exemple, un sanctuaire (6), un autel sur une route (7), des statues (8). Lorsqu'à travers des champs cultivés (9) ou dans un vallon boisé (10) rien n'arrête le regard, on se contente de planter des bornes pour jalonner la ligne. Que l'on prenne en exemple le bornage des villes de Phtiotide (11), on y retrouvera tous les points de repère naturels ou artificiels, cours d'eau et montagnes, sanctuaires et bornes frontières, sans qu'aucun type l'emporte sur les autres.

Ainsi les cités grecques ne sont pas de simples unités géographiques. La nature sans doute a marqué à peu près les emplacements des peuples, mais l'homme est intervenu pour préciser les contours par des lignes purement conventionnelles. Ce qui est vrai, c'est que les États grecs sont toujours

---

(1) **XXVIII**, 1905, p. 56 sq.
(2) Paus., VIII, 26, 8 ; cf. **XI**, XXV (1901), p. 344-5.
(3) P. ex. Str., IX, 1, 11 ; IX, 3, 15 ; Paus., VIII, 22, 1. — (4) **II**, IV, 926.
(5) **IX**, 5016, l. 11 ; 5077, l. 51, 61, 63 ; **XI**, XXXIV (1910), p. 331.
(6) Paus., VIII, 34, 6. — (7) Paus., VIII, 11, 1. — (8) Paus., VIII, 35, 2.
(9) Paus., VIII, 54, 7. — (10) **XI**, XXV (1901), p. 338-9.
(11) **XI**, XXV (1901), p. 338-9.

restés de faible dimension. Quelles que soient les raisons de
ce fait — et nous aurons bien des fois à y revenir, car c'est là
le trait le plus saillant de toute l'histoire du monde grec, — la
petitesse des États a marqué son empreinte sur l'esprit grec.
Ce qui frappe comme une nouveauté, nouveauté qui différen-
cie la république grecque de l'empire oriental, c'est l'amour du
citoyen pour la cité, le patriotisme. Or ce sentiment a été sinon
engendré, du moins développé par la médiocre étendue de
l'État. Le territoire national n'est pas pour le Grec, comme
pour les modernes, une abstraction dont on ne réalise la figure
qu'au moyen de cartes géographiques. Il est une réalité
concrète et vivante : le citoyen en connaît tous les aspects, tous
les recoins ; il peut souvent du haut de l'Acropole embrasser
d'un seul coup d'œil toute la cité jusqu'aux frontières qu'indique à l'horizon un cercle de montagnes (1). Tous les sentiments qui nous attachent au pays natal, souvenirs d'enfance,
visions familières, le Grec les rapporte à la cité tout entière ; en
luttant pour elle, il lutte réellement pour ses foyers. Dans
ce cadre restreint, toutes les parties sont si rapprochées qu'il
ne peut pas être question de provincialisme ou de centralisa-
tion. Il n'y a pas de différence, à plus forte raison pas d'opposition entre la « petite patrie » et la « patrie » tout court.

(1) On songe, en présence des cités grecques, à la définition dédaigneusement
ironique que donne Saint-Simon (éd. Boislisle, III, p. 23) de la principauté de
Monaco : « la souveraineté d'une roche du milieu de laquelle on peut, pour ainsi
dire, cracher hors de ses étroites limites ».

CHAPITRE II

LES EAUX

I

« Tout État et même toute installation humaine est l'amalgame d'un peu d'humanité, d'un peu de sol et d'un peu d'eau (1). » Cette eau nécessaire à la vie est une résultante du climat. Il y a longtemps qu'Hippocrate notait pour la première fois l'influence du climat sur le caractère des peuples. Quelque abus qu'on ait pu faire de cette théorie, il n'en reste pas moins que le climat est un des éléments qui, directement ou indirectement, conditionnent la vie humaine. Le Grec n'aurait pas été le Grec sans le climat dont jouit la Grèce (2).

Pouvons-nous juger du climat d'autrefois par celui d'aujourd'hui (3)? Lorsque les Anciens affirmaient que le climat était devenu plus rude (4), ils se fondaient moins sur des observations météorologiques que sur la croyance vague à un âge d'or mythique. Nous avons heureusement d'autres moyens d'information. On a bien prétendu, non sans quelque raison, que le déboisement avait contribué à accentuer la sécheresse des pays grecs. Mais le déboisement n'a qu'une influence locale. Le climat résulte de données beaucoup plus générales, en particulier des pressions barométriques. Les Anciens ont eu l'idée de la pesanteur de

(1) Brunhes, *Géographie humaine*, p. 76.
(2) Cf. Chateaubriand, *Itinéraire de Paris à Jérusalem* (éd. Garnier, V, p. 115) ; Renan, *Saint Paul*, p. 203.
(3) **XXXI**, p. 123 sq. — (4) Th., *Vent.*, II, 13.

l'air, mais ils n'ont rien noté de précis à ce sujet et ne semblent
pas en avoir tiré de conclusions météorologiques (1). On peut,
il est vrai, négliger cette lacune : la pression peut être considérée comme un des éléments permanents du climat, puisqu'elle
dépend de conditions invariables, position du lieu par rapport
à l'équateur, répartition des terres et des mers. Elle est liée
aussi à la température : or, sur ce point, on peut affirmer que
rien n'a changé depuis l'antiquité. Les observations faites sur le
palmier dattier permettent d'atteindre à une extrême précision.
En effet, des différences à peine sensibles dans la moyenne des
températures suffisent pour modifier profondément le développement des fruits. Entre 17 et 18°, les dattiers donnent des fruits,
mais qui ne mûrissent pas ; de 18 à 19°, les dattes sont presque
mûres, mais non mangeables ; de 20 à 21° elles mûrissent, mais
restent encore de qualité inférieure à celles des pays plus chauds.
Or Théophraste nous apprend qu'en Grèce le palmier dattier
donne des fruits, mais qui ne mûrissent pas (2), qu'à Chypre
les dattes sont mangeables sans être tout à fait mûres (3). Il en
est encore de même et on en conclura que, depuis l'antiquité
jusqu'à nos jours, la température moyenne n'a pas varié, pas
même d'un degré (4). Enfin la permanence du régime baro-
métrique est confirmée par l'étude des vents, qui sont les
mêmes aujourd'hui qu'autrefois. En dépit de quelques variations locales, le climat n'a donc pas changé, et les données pré-
sentes peuvent servir à compléter les indications fournies par
les Anciens.

La Grèce appartient à ce qu'on appelle la zone tempérée
chaude (5). Les étés sont chauds, sans être brûlants, les hivers
doux. La moyenne annuelle oscille entre 16° en Thessalie, où le
climat est plus continental, et 19° dans les Cyclades où il est plus

<hr>

(1) **LXI**, I, p. 17. — (2) Th., *H. P.*, III, 3, 5. — (3) Th., *H. P.*, II, 6, 7.
(4) **LXI**, I, p. 82-85.
(5) Sur le climat de la péninsule des Balkans, Th. Fischer, Die sudeurop.
Halbinsel, p. 136 sq.

maritime; Athènes et Sparte ont la même moyenne de 17°7 (1). Les Anciens, qui n'avaient aucun moyen de mesurer la température, l'appréciaient d'après les impressions des sens (2) ; leurs données, même vagues, concordent avec les nôtres. Les hivers rigoureux, où le vent du nord amoncelle la neige (3), les hivers tardifs (4), à plus forte raison les gelées d'été (5) sont notés comme exceptionnels. L'hiver est généralement doux et coupé en janvier par une série de beaux jours, les ἀλκυόνειοι ἡμέραι (6). L'été arrive de bonne heure. Les automnes sont longs et ensoleillés (7). Le trait qui pour les Anciens caractérise le climat grec, c'est l'égalité de la température, εὐκρασία τῶν ὡρῶν (8) : la Grèce, disait Hérodote, a en partage les saisons de beaucoup les plus tempérées (9).

Plus importantes que la température étaient aux yeux des Grecs les précipitations atmosphériques. « Seules les Nuées sont des déesses, dit Aristophane, tout le reste n'est que sornette (10). » C'est qu'en effet les pluies sont d'autant plus désirées qu'elles sont rares et peu abondantes. La région occidentale reçoit plus d'eau que la région orientale (11) : tandis que Corfou en recueille 136 centimètres, Sparte n'en a que 77, Delphes 59, Athènes 41, Théra 31 (12). L'impression de sécheresse s'avive du fait que cette faible quantité d'eau se répartit en un petit nombre de jours de pluie, 98 par an à Athènes (13). La différence entre les saisons est très marquée. L'hiver est la saison pluvieuse : à Athènes, les pluies d'hiver représentent 78 p. 100 du total (14). L'été est la saison

(1) LIX, *passim*. — (2) Arstt., *Meteor.*, I, 341, a.
(3) Eur., *Cycl*, 329 ; Sch., Ar., *Ach.* 220 ; Alciphr., III, 40, 1 ; II, 27, 1.
(4) Thc., IV, 6.
(5) Plut., *Dem.*, 12 ; Ferguson, *Hellenistic Athens*, p. 123, n 2.
(6) D. Chr., VI, 2 ; Arstt., *H. A.*, V, 8 ; Ar., *Av.*, 1594 ; El., *N. A.*, I, 36.
(7) Xen., *Vect.*, I, 2 ; Philstr., *V. Ap.*, IV, 17 ; A. Gel., *N. A.*, I, 2, 2.
(8) Plat. *Tim.*, 24 c ; *Epin.* 987 d ; Eur., *Erechth.* fr. 1, v. 15-16.
(9) Hdt., III, 106. — (10) Ar., *Nub.*, 365. Cf. Hdt., II, 13 ; Th., *C. P.*, II, 1, 3.
(11) LX, p. 426 sq. — (12) LIX, *passim*. — (13) LIX, p. 71 — (14) LIX, p. 71.

sèche. Fréquemment juillet ou août ne donnent pas une goutte d'eau. L'on a en moyenne une cinquantaine de jours consécutifs sans pluie, et, dans une année d'exceptionnelle sécheresse, on est arrivé à 119 jours, de fin mai à fin septembre (1). Les très rares pluies d'été sont des pluies d'orages, souvent accompagnées de grêle, précipitant en brèves et violentes averses des trombes d'eau (2) : deux heures d'orage ont donné une fois jusqu'à 63 centimètres d'eau (3), si bien que les pluies orageuses d'été peuvent paraître une calamité au même titre que les tourmentes de neige d'hiver (4). La violence de la pluie est telle que, même si par extraordinaire elle se prolonge (5), l'eau ruisselle sans pénétrer dans le sol et sans humecter la terre (6). La sécheresse est un fléau redouté, et l'on sait les ardentes prières des Athéniens à Zeus pour qu'il pleuve « sur les champs et les plaines (7) ».

La sécheresse a comme conséquence la limpidité de l'atmosphère. Au point du jour, il n'est point rare de voir les vapeurs matinales courir à la surface du sol, mais, dès que le soleil monte, la buée se dissipe et l'air devient d'une absolue pureté. A Athènes, l'année compte 180 jours clairs, 80 sans aucun nuage (8). Cette qualité remarquable de l'air avait déjà frappé les Anciens. C'était un lieu commun que d'attribuer à la légèreté de l'atmosphère et à la luminosité du ciel attique l'acuité des sens et la finesse d'esprit des Athéniens (9). Dans le chœur de *Médée* qui célèbre les mérites d'Athènes, Euripide nous montre les Athéniens « nourris de la plus illustre sagesse et marchant avec délices dans l'air le plus limpide » (10). Dans cette atmosphère transparente et lumineuse, les objets même

---

(1) **LIX**, p. 72. — (2) Hdt., VIII, 12 ; Alciphr., II, 3, 1 ; Thc., VII, 79.

(3) **LIX**, p. 73. — (4) Pd., fr. 107. — (5) Alciphr., II, 10, 2.

(6) Plat., *Criti.*, 111 d.

(7) M. Ant., V, 7 ; Paus., I, 24, 3 ; Alciphr., II, 33, 1. — (8) **LIX**, p. 93.

(9) D. Chr., VI, 87 ; Arstd., *Panath.*, 97, 5 ; Phot., p. 241 (éd. Bekker) ; Cic., *Fat.*, IV, 7.

(10) Eur., *Med.* 825-830.

lês plus éloignés se détachent avec une absolue netteté ; le profil des montagnes se dessine avec la rigidité des lignes architecturales. L'œil, et, par l'œil, l'esprit, s'habitue à la plus extrême précision. Rien de vaporeux, d'estompé, de vague comme dans les pays du Nord. La poésie de la brume et du mystère, les fantômes qui s'évanouissent dans la nuée, le romantisme germanique ou le symbolisme scandinave, tout cela est inconnu des Hellènes. Il n'y a pas plus de brouillard dans la pensée grecque que dans le paysage grec.

II

Les eaux courantes et la circulation souterraine.

La chaleur et la sécheresse du climat grec déterminent le régime des eaux courantes.

Les cours d'eau de la Grèce sont de maigres rivières dont bien peu méritent le nom de fleuves. Le Pénée thessalien ou l'Achéloos, qui roulent des eaux assez abondantes, sont des exceptions. Le plus grand nombre ressemble à l'Eurotas, traînant un mince filet d'eau au milieu des bancs de sable et des buissons de laurier-rose. Un grand fleuve est pour les Grecs un vrai prodige. Hérodote, énumérant les curiosités de la Scythie, considère comme également merveilleux les fleuves, l'immensité de la plaine et une empreinte miraculeuse du pied d'Héraklès (1).

Le régime est très irrégulier. On ne manque pas de dire d'un cours d'eau qu'il est permanent (2), car beaucoup ne sont, comme en Attique le Céphise et l'Ilisos (3), que des torrents. En été, c'est la sécheresse absolue (4) ; mais qu'un orage se produise, et alors de véritables fleuves dévalent des montagnes, roulant violemment des eaux limoneuses, emportant les ponts et ravageant les campagnes (5). Le Pénée était, comme aujourd'hui, sujet à de dangereux débordements (6),

(1) Hdt., IV, 82. — (2) Hdt., I, 145. — (3) Str., IX, 1, 24. — (4) Il., XIII, 138. (5) Il., XI, 492-495 ; V, 87-91 ; Alciphr., II, 10, 2. — (6) Str., IX, 5, 2.

et l'on avait dû contenir par un quai l'Ilisos lui-même (1).

La nature des rivières grecques leur interdit de rendre service à l'homme. Elles ne sont pas navigables : on cite comme une exception l'Achéloos, que l'on remontait jusqu'à Stratos (2), et c'est un fait notable qu'un fleuve porte des navires à 10 stades, moins de 2 kilomètres, de son embouchure (3). Loin d'être des chemins qui marchent, les cours d'eau grecs sont des obstacles à la circulation. En temps de crue, ils sont infranchissables : en 432, les Thébains sont retardés dans leur expédition contre Platée par une crue de l'Asopos (4), et, en 369, arrêtés dans leur marche sur Sparte par un débordement de l'Eurotas (5). Torrents, ils ont profondément creusé des gorges étroites au fond desquelles ils coulent et qui à elles seules sont de réels obstacles : en 426, les Athéniens de Démosthènes ont une peine énorme à circuler à travers les gorges d'Étolie (6), et de même, à la bataille de Délion, en 424, les mouvements des deux armées sont gênés par les ravins (7). Fleuves travailleurs, ils entraînent des boues et des limons (8) : les alluvions de l'Eurotas ont comblé le fond du golfe de Laconie, celles de l'Achéloos ont réuni à la côte les îles Échinades (9). Boueuses, les eaux des rivières ne sont pas potables. Ainsi les cours d'eau de Grèce ne sont utilisables ni pour l'alimentation, ni pour la circulation. Les villes n'ont aucune raison de s'installer sur leurs rives.

La complexité des chaînes et des effondrements qui divise le pays en bassins plus ou moins fermés, l'insuffisance de précipitations qui n'a pas permis la formation de puissants cours d'eau expliquent que le réseau fluvial soit inachevé. Dans les régions qui ne communiquent pas directement avec la mer, les eaux gagnent les points les plus bas et s'étalent en lacs et

---

(1) **CX**, p. 189. — (2) Tнc., III, 7 ; Str., X, 2, 2. — (3) Paus., IV, 34, 1.
(4) Tнc., II, 5. — (5) Plut., *Ages.*, 32. — (6) Tнc., III, 98.
(7) Tнc., IV, 96. — (8) Alciphr., II, 10, 2.
(9) Hdt., II, 10 ; Tнc., II, 102 ; Str., I, 3, 18 ; X, 2, 20.

en marécages. Les hautes terres d'Arcadie, par exemple, forment un ensemble isolé, où l'on peut distinguer sept bassins (1). Les eaux de Phocide et de Béotie se concentrent dans la dépression où le lac Copaïs occupe une superficie d'environ 250 kilomètres carrés (2).

A la circulation superficielle incomplète se substitue la circulation souterraine. Dans les calcaires fissurés s'ouvrent des abîmes où s'engouffrent les eaux, tantôt grottes assez spacieuses pour que les animaux s'y mettent à l'abri et y cherchent la fraîcheur, tantôt simples fissures du sol et suçoirs qui absorbent les eaux (3). Ce sont les *catavothres* de la Grèce moderne. Les Anciens avaient déjà remarqué les pertes de fleuve (4) : les fleuves des Enfers appartenaient à cette catégorie de cours d'eau, et l'idée d'une circulation souterraine était si naturelle qu'on ajoutait foi aux légendes les plus invraisemblables comme celle de l'Alphée s'en allant jusqu'à Syracuse mêler ses eaux à celles de la fontaine Aréthuse (5). Les eaux, après avoir fait sous terre de longs circuits, finissent par sourdre au pied des montagnes en sources abondantes, régulières et claires (6). Les Anciens, qui n'ignoraient pas ce fait, considéraient les sources du Ladon comme l'exutoire du lac Phénée (7) et faisaient venir celles de l'Érasinos du lac Stymphale (8).

La circulation souterraine est instable. L'eau s'engouffre dans les catavothres : les pluies sont-elles plus abondantes, l'écoulement n'est plus assez rapide. Les catavothres du Copaïs (9) sont insuffisants l'hiver : aussi les eaux commencent-elles à monter après les premières pluies d'automne et atteignent leur niveau le plus élevé en février ou mars (10). Plus graves sont les variations irrégulières et imprévues. Qu'une secousse sismique modifie les passages souterrains,

---

(1) **LXIII**, p. 11. — (2) **XCIV**, p. 88-90. — (3) **LXIII**, p. 17.
(4) Arstt., *Meleor.*, 350 b-351 a. — (5) Str., VI, 2, 4.
(6) Carte de la circulation souterraine en Arcadie dans **LXII**.
(7) Str., VIII, 8, 4. — (8) Str., VIII, 6, 8. — (9) **LXIII**, p. 1-9 ; **XCV**, p. 135.
(10) **XCIV**, p. 44.

que les graviers ou les sables, entraînés par les eaux, rétré-
cissent le passage ou que simplement l'entrée se trouve
obstruée par des débris, arbres, plantes, cadavres d'animaux,
et aussitôt les eaux, ne trouvant plus d'issue, envahissent les
parties basses du bassin jusqu'au jour où brusquement
l'obstacle cédera, et bien vite le sol gagné par les eaux sera de
nouveau asséché. De là d'incessantes variations de niveau et
de continuels dangers pour les riverains. L'histoire ou la
légende de villes englouties est un thème familier aux géo-
graphes de l'antiquité : aussi bien autour du lac Copaïs (1) que
du lac Phénée (2), on citait les villes disparues. Aux temps
classiques, le lac Stymphale venait baigner la ville qui, au
début de l'ère chrétienne, en était éloignée de 5 stades.
Les travaux exécutés sur l'ordre d'Hadrien asséchèrent la
plaine : la rivière Stymphalos, qui s'engouffrait directement
dans le catavothre, ne débordait qu'en hiver et ne formait même
alors qu'un petit marécage. Mais le moindre engorgement de
l'émissaire pouvait faire réapparaître l'ancien lac : Pausanias vit
ainsi se reconstituer un lac de 400 stades qui disparut en un
jour, dès qu'on eut curé le catavothre (3). Les travaux exécutés
au lac Copaïs par Cratès (4) avaient sans doute pour objet autant
d'assurer un écoulement régulier des eaux que de dessécher la
plaine.

La question de l'écoulement des eaux posait un problème.
En droit civil, l'eau crée des servitudes ; nul ne peut écarter
de son champ les eaux qui dévalent du champ supérieur (5).
Les mêmes servitudes pouvaient exister pour les cités.
L'exemple le plus connu est celui de Mantinée et de Tégée (6).
La plaine de Mantinée est en contre-bas de celle de Tégée, et les
eaux vont de l'une à l'autre. Si les Tégéates les retiennent, la

----

(1) Str., I, 3, 18 ; Paus., IX, 24, 2. — (2) Paus., VIII, 14, 1.
(3) Hdt., VI, 76 ; Str., VIII, 8, 4 ; Paus., VIII, 22, 3.
(4) Str., IX, 2, 18 ; **XCV**. — (5) Plat., *Leg.* 844 c ; Dem., *Callicl.*, 18 19.
(6) **CI**, p. 39 sq.

Mantinique souffre de la sécheresse ; si au contraire ils veulent
se débarrasser chez leurs voisins de leur excédent d'eau, il
leur suffira de peu de travaux pour inonder le territoire de
Mantinée, et les Mantinéens auront bien du mal à se défendre,
même en creusant à travers la plaine un fossé de dérivation.
L'eau est entre les deux villes un prétexte constant de conflit
et de guerre (1). Elle peut devenir aussi une arme de combat.
Inonder le pays ennemi est une pratique qu'on faisait remonter
aux temps mythiques : Héraklès avait inondé Orchomène en
fermant les issues du lac Copaïs (2). C'est la manœuvre
qu'en 418 Agis renouvelait contre Mantinée (3) et qu'en 369
Iphicrate songeait à tenter contre Stymphale (4).

Il est difficile de dire si la présence des marécages avait
une influence sur la santé publique. La légende d'Héraklès
tuant les oiseaux du lac Stymphale était interprétée comme le
symbole de travaux de desséchement qui avaient fait disparaître les miasmes émanés des marais. Pourtant le paludisme,
s'il n'était pas ignoré des Grecs d'autrefois, ne semble pas avoir
fait parmi eux les mêmes ravages que parmi les Grecs d'aujour-
d'hui. Il est problable que l'extension des cultures et les
travaux hydrauliques empêchèrent le développement de la
malaria. Comme sur les côtes d'Italie, c'est le recul de la civilisation qui, les champs laissés en friche et les travaux de
drainage abandonnés, est responsable du mal.

L'importance des sources était considérable. Seules elles
fournissaient l'eau potable, et les Grecs, grands buveurs d'eau,
appréciaient en véritables gourmets les qualités de chacune
d'elles (5). Elles sont d'autant plus estimées qu'elles sont
rares. Cette rareté des sources prédispose à la vie urbaine. Dans
les régions montagneuses plus arrosées, la population pouvait

____

(1) Thc., V, 65. — (2) Paus., IX, 38, 7. — (3) Thc., V, 57 ; V, 65.
(4) Str., VIII, 8, 4.
(5) « En Grèce et dans le Levant, j'ai trouvé de véritables hydromanes. »
Bartholdy, *Voyage en Grèce*, I, p. 169.

vivre plus dispersée en petits villages. C'est la présence d'une
source qui est le plus souvent à l'origine des villes (1), et à la source
se rattachaient les souvenirs légendaires les plus vénérables. C'est
à Mycènes la source Perseia (2), à l'Acrocorinthe la fontaine
Pirène, qui avait jailli sous le sabot de Pégase (3), à Thèbes la
source d'Arès où Kadmos avait tué le dragon (4). Pour qu'une
ville puisse grandir, il faut qu'elle soit bien dotée en sources. A
Athènes, la première agglomération, établie sur l'Acropole,
utilisait les eaux de la fontaine Clepsydre, qui, bien que variant
de débit, était permanente (5). Vers le sud-est, une nappe,
assez abondante pour que la légende ait placé là les dernières
eaux du déluge, alimentait la source Callirhoé et fournissait
l'eau nécessaire au premier quartier construit au pied de la
forteresse, qui, avec ses vieux sanctuaires, restera la ville
aristocratique (6). A l'ouest, un quartier neuf s'élève, qui lui
aussi a ses sources : les eaux qui suintent à la base de la
colline de la Pnyx sont, avec celles des collines voisines,
recueillies dans un bassin creusé dans le roc (7). Mais de très
bonne heure les besoins d'eau dépassent le débit des sources.
Pisistrate fait construire le premier aqueduc, qui va chercher
les eaux dans la vallée supérieure de l'Ilisos, à 4 kilomètres de la ville, pour les amener dans un grand réser-
voir (8). Les travaux d'adduction d'eau et la construction des
fontaines se multiplient au vi⁰ siècle : c'est à Mégare l'aqueduc
de Théagénès (9), à Samos celui de Polycrate (10).

Les eaux vives, les sources qui désaltèrent le passant et entretiennent les ombrages, impriment aux lieux qu'elles rafraîchis-
sent un caractère divin. Les Nymphes des eaux sont populaires et partout honorées. Les Muses, avant d'être les inspira-

(1) Arstt., *Pol.*, VII. 10, 2. — (2) Paus., II, 16, 6. — (3) Str., VIII, 6, 21.
(4) Paus., IX, 10, 5.
(5) Ar., *Lys.*, 913 ; Sch., Ar., *Lys.*, 913 ; Hsch., s. v. κλεψίρρυτον ὕδω .
(6) Thc., II, 15. — (7) XVII. XVI (1892), p. 440 ; XIX (1894), p. 504.
(8) CX, p. 186. — (9) Paus., I, 40. 1 ; XVII, XXV (1890), p. 23-53.
(10) Hdt., III, 60 ; Arstt., *Pol.*, V, 1313 b ; XVII, IX (1884), p. 165-191.

trices des poètes, sont des divinités des eaux qui se plaisent dans
le vallon de l'Hélicon aux sources multiples. Les sources de
Léthè et de Mnémosynè ont contribué au succès de l'oracle
de Trophonios (1) et Delphes a dû à Castalie et à Cassotis
autant qu'aux crevasses du sol d'être reconnu par les hommes
pour une demeure des dieux.

III

LA VÉGÉTATION.

Du climat dépend le monde végétal, « intermédiaire entre
les deux principaux cycles de phénomènes géographiques,
ceux du monde inanimé et ceux du monde vivant » (2).

Comme le climat et avec le climat, la végétation varie selon
les régions et selon les altitudes (3). La Grèce orientale a une
autre flore que la Grèce occidentale (4), et, rien qu'en Attique,
on distingue la zone du littoral, celle de la plaine, celle des
collines et celle des sapinières (5). Dans l'ensemble, la végétation
de la Grèce est celle des pays méditerranéens (6). Elle est déter-
minée par le fait que la période de végétation est très longue,
l'humidité faible, la lumière intense. Les plantes s'adaptent à
la sécheresse ; les espèces herbacées ont des bulbes ou des
tubercules ; les arbres gardent toute l'année des feuilles vertes,
luisantes et vernissées.

La formation dominante est la forêt, mais une forêt qui tend
à s'éclaircir et à présenter la forme buissonneuse. Dans la Grèce
de 1884, les forêts couvraient une superficie de 820 000 hectares,
soit de 12 à 13 p. 100 de la surface totale (7). La proportion
était sensiblement plus forte dans la Grèce centrale que dans

(1) PAUS., IX, 39, 8.
(2) VIDAL LABLACHE., *La géogr. polit.*, *Ann. de Géog.*, VII, p. 102.
(3) **LXIV**, p. 37. — (4) **XCIII**, p. 401. — (5) **CVI**, *passim*.
(6) GRISEBACH, *Die Vegetation der Erde*, I, p. 231 sq. ; **XXXI**, p. 147-155.
(7) **LXVI**, p. 39-40.

le Péloponnèse. Mais l'état présent n'est plus celui d'autrefois. Le déboisement, commencé dès l'antiquité, a dénudé bien des régions. Ainsi la route de Mantinée à Tégée traversait un bois de chênes, le Pélagos, dont il ne reste plus trace (1). Aux temps les plus anciens, les montagnes étaient entièrement boisées et ce sont elles qui ont gardé le plus longtemps encore leur parure de forêts, le Pélion, l'Œta, le Parnasse, le Cithéron, l'Hélicon.

Les essences sont nombreuses. Théophraste cite presque tous les arbres que nous connaissons en Europe. Avec les arbres varient les aspects du paysage. Dans les vallées, le long des cours d'eau, s'élancent les peupliers : Héraklès, disait-on, avait rapporté le peuplier blanc du pays des Thesprotes, et c'était le seul bois dont on pouvait user à Olympie pour les sacrifices (2). L'arbre qui semble inséparable du paysage grec, l'arbre par excellence de la vallée et des eaux courantes, c'est le platane (3). Les sculpteurs des reliefs hellénistiques (4) se sont plu à en détailler la structure, la puissante frondaison de larges feuilles découpées, les fruits épineux, le tronc noueux souvent creusé par les années au point que le voyageur peut s'y loger et s'y endormir (5). Le développement de son feuillage en fait l'arbre de choix pour les promenades publiques : Cimon en fait planter sur l'agora d'Athènes, et le terrain où s'exercent les jeunes Spartiates est ombragé de platanes, tout comme à Athènes le Lycée et l'Académie (6). C'est l'arbre consacré par la tradition : on montre à Delphes celui qu'a planté Agamemnon (7), en Arcadie celui à l'ombre duquel Ménélas a passé la revue de ses troupes (8); bien mieux, Gortyne possède celui qui a abrité les amours de Zeus et d'Europe (9). Plus illustre à nos yeux est celui qui entendit les conversations

---

(1) PAUS., VIII, 11, 1 ; CI, p. 55 — (2) PAUS., V, 13, 3 ; 14, 2.

(3) IL., II, 307. Rivières tirant leur nom du platane : PAUS., VIII, 39, 1 ; IX, 24, 5

(4 LXV, pl. I, XLVI ; XI, XXVIII (1904), pl. VII. — (5) PAUS., VII, 22, 1.

(6) PLUT., *Cim.*, 12; PAUS., III, 14, 8 ; PLIN., *H. N.*, XII, 9.

(7) TH., *H. P.*, IV, 13, 2. — (8) PAUS., VIII, 23, 4. — (9) TH., *H. P.*, I, 9, 5.

de Socrate et de Phèdre, ce bel arbre large et élevé, au pied
duquel l'herbe touffue invite les promeneurs à s'étendre, que
rafraîchit une source claire et qu'embaument les senteurs de
l'agnus castus (1).

Dans la montagne, c'est le chêne qui règne. Nombreux sont
les lieux-dits qui lui ont emprunté leur nom (2). Le Cithéron,
l'Hélicon, le Parnasse, les montagnes d'Arcadie et celles d'Épire
en sont couverts. On n'était d'accord ni sur le nombre des
espèces, ni sur les noms à leur donner (3). Une des plus notables
est le chêne à glands doux, φηγός, dont les Arcadiens primitifs tiraient leur nourriture et dont le fruit figure sur les
monnaies de Mantinée (4). Avec les chênes, ce sont les conifères
qui dominent, les ifs, les cyprès, dans les parties hautes les
sapins, un peu partout les pins, le pin pinier, πίτυς, le pin
maritime, πεύκη, avec deux variétés, où l'on pense reconnaître
le pin Laricio et le pin d'Alep (5).

La forêt grecque n'a rien de sauvage, ni de mystérieux. Elle
n'a ni la fougue exubérante de la forêt vierge, ni l'imposant
silence de la haute futaie. Elle s'égaie du bruissement des
insectes et du chant des oiseaux. Elle est sans cesse animée par
l'homme, par les bergers qui paissent leurs troupeaux à l'ombre
des grands arbres, par les charbonniers qui viennent y couper
l'yeuse et l'érable (6). La forêt du Cithéron, où s'ébattent les
Bacchantes (7), forêt de chênes, de sapins et de pins, tapis-
sée de lierre et de salsepareille, n'inspirera jamais l'horreur
mystérieuse que les légions de Germanicus éprouvèrent en
pénétrant dans la forêt hercynienne (8).

Au reste l'humidité est insuffisante pour que la forêt soit

(1) PLAT., *Phœd.*, 230 b-c.
(2) HDT., VIII, 33; IX, 3¹; THC., III, 24; VIII, 31; STR., X, 1, 4; PAUS.,
X, 3, 2.
(3) TH., *H. P.*, III, 8, 2.
(4) PAUS., VIII, 1, 6 ; CI, p. 55. — (5) TH., . *HP.*, III, 9, 1 ; IX, 2, 5.
(6) AR., *Ach.*, 181, 666. — (7) EUR., *Bacch.*, 684, 685, 702, 703, 1052.
(8) TAC., *Ann.*, I, 61.

étendue et épaisse. Elle est coupée de clairières, et, l'homme
ajoutant ses ravages aux défauts de la nature, le pays se déboise
et la forêt fait place au taillis buissonneux, au maquis. C'est
une association de nombreuses espèces appartenant aux familles
les plus diverses, mais ayant toutes des analogies de structure,
en particulier les feuilles persistantes, coriaces et luisantes.
Çà et là, isolés ou en petits bouquets, surgissent des arbres,
comme l'yeuse et le chêne-liège. Au-dessous se pressent les
arbustes, les myrtes, les arbousiers, les lauriers, les lentisques,
les bruyères arborescentes, les oliviers sauvages. C'est à
l'olivier sauvage qu'Héraklès avait demandé le bois de sa
massue (1) et c'est de son feuillage qu'était tressée la couronne
des vainqueurs aux jeux olympiques (2). Ailleurs on a surtout
des sous-arbrisseaux épineux comme le nerprun, auquel le
dème attique de Rhamnonte doit son nom. Enfin, comme la
forêt, le maquis est coupé de clairières émaillées de fleurs,
plantes bulbeuses, narcisse, asphodèle, jacinthe, safran, ou
labiées odorantes, menthe, thym, serpolet. Ce sont ces fleurs
que butinent les abeilles et auxquelles le miel de l'Hymette
doit son arome.

Le maquis tient une grande place dans la vie grecque. Plus
encore que la forêt, il est le domaine des bergers. Tandis que
les bœufs trouvent dans la montagne l'ombrage des forêts et
l'herbe des vallons, les moutons et les chèvres, qui se contentent de peu, se plaisent dans les buissons du maquis : ils y
broutent le cytise qui passait pour donner plus de lait aux
brebis (3). Le maquis est aussi un territoire de chasse. La forêt
reste le domaine du gros gibier. Les fauves, qui, aux temps
héroïques, infestaient le pays et requéraient « les conseils des
dieux et la force des héros » (4), ont à peu près disparu : le lion,
le léopard ou la panthère ne se rencontrent plus, rarement

(1) PAUS., II, 31, 10. — (2) PAUS., V, 15, 3 ; V, 7, 7 ; VIII, 48, 2.
(3) ARSTT., *H. A.*, III, 522 b ; PLIN., *H. N.*, XIII, 130.
(4) AD. REINACH, **XXIX**, s. v. *Venatio*.

encore, qu'en Macédoine et en Thrace (1); seul l'ours continue
à hanter toutes les montagnes. Dans la forêt, on poursuit surtout le sanglier et le cerf : l'abondance du gros gibier est pour
le grand chasseur qu'est Xénophon le principal attrait de son
domaine de Scillonte (2). Le maquis est plutôt le domaine du
petit gibier, de celui qui a sa place sur toutes les tables.
C'est le lièvre, si activement chassé en Attique qu'au vᵉ siècle
il y était devenu rare, mais qui pullulait dans les îles au point
d'y être un danger public et de nécessiter l'organisation de
grandes battues (3); c'est la perdrix, que l'on prend avec des
filets où les attirent des chanterelles (4); ce sont tous les
petits oiseaux, grives, cailles, alouettes, que menacent les nombreux pièges de l'oiseleur.

C'est dans les plaines, si peu étendues qu'elles soient, que se
concentre l'activité humaine, parce que là seulement sont les
sols fertiles. Les prairies y sont très rares : à peine en ren-
contre-t-on au fond des vallées les plus humides. Dans les
pays d'élevage, comme la Thessalie ou l'Argolide, les chevaux
sont lâchés dans les champs après la moisson et s'y nourrissent
de chaume plus que d'herbe. L'élevage du bétail n'est guère
possible que dans les alpages de la montagne. Les plaines sont
surtout occupées par les guérets : livrée à elle-même, la terre
y porte les mêmes plantes que dans les clairières du maquis. Au
printemps, dans les friches et les jardins, s'épanouit une brillante floraison; le tapis velouté des violettes et des narcisses
cache le sol, et, sur le bleu du ciel, les arbres en fleur mettent
des taches violentes, le rouge des grenadiers et la neige des
amandiers. Moment exquis, mais fugitif. Brusquement l'été
arrive et brûle tout; sur la terre surchauffée, l'air vibre
et tremblote; la poussière saupoudre les arbres et fait encore
plus blanc le pâle feuillage des oliviers; la vie semblerait dis-

(1) Hᴅᴛ., VII, 125 ; Xᴇɴ., *Cyn.*, XI, 1 ; Pᴀᴜs., VI, 55.
(2) Xᴇɴ., *An.*, V, 3 ; Pᴀᴜs., V, 6, 6. — (3) Aᴛʜ., IX, 400 d.
(4) Xᴇɴ., *Mem.* II, 1, 4.

parue sans le chant des cigales. C'est la région des plaines que
le travail humain a le plus transformée, celle où les cultures
laissent le moins de place à la flore naturelle : c'est le royaume
des céréales, de la vigne et de l'olivier, création de l'homme
plus que présent de la nature.

Comme le sol, comme le climat, la végétation grecque se
caractérise par la diversité : c'est sur un petit espace, une grande
variété d'espèces et de formations, capable de fournir à
l'homme, s'il sait les exploiter, des ressources suffisantes pour
tous les besoins de la vie.

CHAPITRE III

LA MER

I

Lorsque l'avant-garde des Dix-Mille eut gravi le mont
Téchès, les premiers arrivés apercevant au loin la mer se
mirent à pousser des cris ; Xénophon, croyant à une attaque,
accourait avec les cavaliers en toute hâte, d'autant que les cla-
meurs redoublaient. « Bientôt on entend les soldats crier : « La
mer ! La mer ! » et s'encourager les uns les autres. Alors tout le
monde accourt, arrière-garde, équipages, cavalerie ; quand on
est arrivé au sommet de la montagne, tous, généraux, officiers,
soldats s'embrassent les uns les autres en pleurant (1). » Pour
ces Grecs perdus dans le continent asiatique, apercevoir la
mer c'était déjà revoir la patrie.

Ce qui en effet constitue la Grèce, c'est l'union étroite de la
mer et du continent. Qu'on prenne l'ensemble constitué par
le monde grec, on est frappé de la grande étendue des mers
par rapport aux terres. La construction géologique du continent
a pour conséquence la pénétration réciproque de la terre et de
la mer. Pas un point de la mer Égée n'est à plus de 60 kilomètres
du continent, pas un point de la Grèce à plus de 90 kilomètres
de la mer. L'Arcadie était considérée comme le pays continental par excellence (2), et pourtant un convoi parti de Mantinée ne mettait qu'une journée de marche pour atteindre le

(1) Xen, *An.*, IV, .— (2) Paus., VIII, 1, 3 ; Plin. ,*H. N.*, IV, 20.

golfe d'Argos, une et demie pour arriver au golfe de Laconie, deux ou trois pour gagner les côtes de Messénie, d'Élide ou d'Achaïe (1).

Ainsi le vrai centre de la Grèce, c'est la mer Egée, et c'est aux côtes articulées que l'on reconnaît les vrais pays grecs. A mesure qu'on va du sud au nord, les dislocations tectoniques, et par suite les indentations littorales sont moins accusées. Mais en même temps l'on va vers des régions de moins en moins grecques. La Thessalie, malgré le golfe de Volo, la Macédoine, malgré le golfe de Salonique et la presqu'île de Chalcidique, ne le sont qu'à demi, l'Épire massive, — le « Continent », ἤπειρος, — ne l'est plus du tout.

Les articulations de la côte sont dues en majeure partie aux fractures et aux effondrements. Le canal d'Atalanti appartient à la même zone de cassures que la vallée du Spercheios ; le bras de mer au sud de l'Euripe est une vallée submergée continuant le bassin de Tanagra. Depuis les temps géologiques, les modifications du littoral ont été peu importantes. La théorie qui affirmait un mouvement général d'affaissement du continent (2) semble contredite par les faits, et l'on peut tenir pour certaine la fixité du niveau de la Méditerranée durant toute la période historique (3). Les modifications observées sont dues à des phénomènes purement locaux, soit activité volcanique comme dans la presqu'île de Méthana, soit travail d'alluvionnement comme celui de l'Achéloos réunissant à la côte les îles Échinades et comblant le port d'Oiniadai, ou celui du Spercheios transformant par ses apports le fond du golfe Maliaque et le défilé des Thermopyles.

Le dessin du littoral n'est pas partout identique. Si la Grèce est tournée vers l'est, c'est en partie en raison du tracé du rivage. Du côté de l'ouest, les côtes ne présentent pas la même richesse de découpures et d'abris. La côte du Péloponnèse est

(1) CI, p. 69. — (2) **LXVIII ; LXIX**. — (3) **LXX**.

faite d'une série d'arcs à faible courbure presque rectilignes. Aucun port important ne pouvait s'y établir. Il faut redescendre vers le sud pour retrouver derrière l'îlot de Sphactérie une belle rade capable d'abriter une grande flotte. Vers l'est au contraire, les golfes et les presqu'îles sont multiples, les anses se creusent, offrant partout des abris. C'est là, en particulier autour du golfe Saronique, que se groupent tous les ports, toutes les grandes places de commerce de la Grèce classique.

C'est aussi de ce côté-là que la mer est semée du plus grand nombre d'îles. Les îles de l'ouest, lambeaux de plissements parallèles à ceux du continent, semblent en quelque sorte collées à la terre. Elles sont une annexe des pays voisins plus qu'une transition entre ceux-ci et le dehors : Ulysse a des domaines à la fois sur le continent et à Ithaque (1). Les îles de la mer Égée sont au contraire comme les piles d'un pont jeté entre l'Europe et l'Asie. La mer se décompose en grands bassins assez profonds que séparent des plateaux, comme celui qui porte les Cyclades, ou des plissements comme celui qui, par Cythère, la Crète, Carpathos et Rhodes, prolonge jusqu'en Asie les chaînes du Péloponnèse. Nulle part peut-être la pénétration réciproque des terres et des mers n'est plus complète que dans ce bassin égéen ; nulle part les communications ne furent plus faciles.

Ce qui aide encore les rapprochements, ce sont les qualités de l'atmosphère. L'air, où ne flotte nulle brume, est d'une transparence telle que les objets apparaissent de très loin avec tous leurs détails et semblent ainsi tout proches. Lorsqu'on arrive de la haute mer, c'est-à-dire de l'ouest, les terres grecques sont visibles du large à de très grandes distances. Par beau temps, les montagnes se voient de plus de cinquante milles de la côte ; le plus haut sommet de Céphallénie est visible de quatre-vingts milles (2). A plus forte raison, au milieu

(1) Od., XIV, 96-108. — (2) LXVII, p. 36.

des Cyclades, ne perd-on jamais la terre de vue. Iles, îlots,
écueils, caps et montagnes, autant d'amers pour guider le navigateur ; golfes, rades, calanques, autant d'abris pour le recevoir.

II

LES COURANTS ET LES VENTS.

Toutes les mers connues des Grecs ne répondaient pas également à leurs goûts. La mer Noire, au ciel bas, aux côtes
inhospitalières, sans île, apparaissait comme une région
étrange. On avait beau se concilier les éléments en usant de
vocables de bon augure ; on continuait à éprouver au sortir
du Bosphore, à l'entrée de cette « mer hospitalière », πόντος
εὔξεινος, les mêmes épouvantes qu'avaient connues les Argonautes et qui arrêtèrent quelque temps les hardis marins
de Milet. Du côté de l'ouest, le climat ou le ciel ne surprennent
pas, mais là aussi la mer est la haute mer, où l'on hésite
quelque peu à s'aventurer. Il semble que, passé le cap Malée,
il faille perdre tout espoir de retour (1), et la mer Adriatique
passe pour si dangereuse qu'on fait grand honneur à un Man-
tinéen d'avoir, lui terrien, traversé à deux reprises une mer
que les gens de la côte hésitent à parcourir même une seule
fois (2).

La mer grecque entre toutes, c'est sans conteste la mer
Égée, l'Archipel. C'est une mer peu agitée. Comme toute la
Méditerranée, elle n'a pas de marée. Sauf sur les côtes de
Crète où l'on observe des montées de 10 à 20 centimètres,
ou dans le détroit de l'Euripe où les flots de marée en se ren-
contrant déterminent le fameux courant dont la cause échappa,
disait la légende, à la perspicacité d'Aristote, le niveau d'eau
est plus influencé par le vent que par la marée (3). Il n'y a pas

(1) STR., VIII, 6, 20. — (2) XI, XX (1896), p. 119 ; cf. LYS., fr. 1.
(3) LXVII, p. 24-25.

non plus de forts courants. Le seul qui ait une réélle action
est celui du Bosphore (1). Dans la mer Égée, les courants,
irréguliers en direction et en force, portent généralement au
sud (2). Dans la région méridionale de l'archipel, un courant
porte à l'ouest au cap Malée, puis, longeant la côte occidentale
se dirige vers l'Adriatique (3). Prolongé par le courant qui
côtoie l'Italie méridionale et vient battre la côte orientale de
Sicile, il est la route naturelle vers la Grande Grèce et la
Sicile (4).

Les anciens semblent d'ailleurs s'être préoccupés assez peu
des courants. Pour eux, ce sont les vents qui sont les meilleurs
auxiliaires des navigateurs, ce sont eux qu'observent et qu'es-
saient d'expliquer les météorologistes grecs (5). Dans les mers
grecques, le régime des vents est favorable à la navigation. Ce
n'est pas que la mer Égée ignore les gros temps. La mauvaise
saison dure du commencement de novembre à la fin de
février (6). A Poseidon est consacré un des mois d'hiver —
c'est le ποιτρόπιος des villes ioniennes, le ποσειδεών de Delphes,
— parce qu'alors la fureur du dieu est le plus redoutable. C'est
le moment où les coups de vent brusques et parfois très violents
soulèvent la tempête (7). Ce sont le plus souvent des vents du
nord (8), parfois des vents du sud (9), en particulier avant
l'équinoxe de printemps.

Mais dès qu'arrivent les beaux jours, on peut songer à prendre
la mer. C'est en avril et mai, dit un dicton moderne (10), que
les femmes de marins deviennent veuves. Dès l'époque d'Hésiode, les plus hardis s'embarquent au printemps (11). Les vents
qui prédominent alors soufflent du sud : ce sont les λευκόνοτοι,
que les anciens considéraient comme des vents régulièrement
périodiques (12).

(1) Arstt., *Meteor.*, II, 354 a; **LXV** I, p. 9-11. — (2) **LXVII**, p. 4.
(3) **LXVII**, p. ?. — (4) **CXXX**, p. 328. — (5) **LXI**, I, p. 111.
(6) Thc., VI, 21. — (7) **LXVII**, p. 15. — (8) Alciphr., I, 1, 1.
(9) **CXXX**, p. 535-536. — (10) Mommsen, *Neugriech. Bauernregel*, p. 49.
(11) Hes., O., 663 sq. — (12) Arstt., *Meteor.*, II, 362 a; Th., *Vent.*, II, 11.

Avec l'été, s'établissent des vents réguliers, les fameux
étésiens, ἐτησίαι (1). Ils soufflent du nord ou nord-est (2),
s'apaisant un peu vers le soir, fraîchissant le matin. Le ciel
est clair, l'horizon embrumé ; les sommets des montagnes se
couvrent de nuages gris foncé, qui annoncent la persistance
du vent durant plusieurs jours (3). Le régime des vents d'été
s'annonce à la fin de mai. Ce sont d'abord les « précurseurs »,
πρόδρομοι, qui durent une huitaine de jours, puis les étésiens
se mettent à souffler et ils continuent sans interruption jusqu'en septembre. Ils rendaient les plus grands services. Non
seulement leur régularité rythmait le va-et-vient des voyages,
mais on leur attribuait d'heureux effets hygiéniques : c'est,
disait-on, parce que les étésiens n'avaient pas soufflé en 430,
que la peste avait pu se répandre dans Athènes (4). Faut-
il s'étonner que Posidonios les ait appelés un présent des
dieux ? (5).

L'équinoxe d'automne est souvent marquée par des tempêtes.
C'est le moment où il convient de rentrer. Au début de septembre, le convoi qui vient du Pont Euxin se tient prêt à
franchir les détroits (6). Il est recommandé aux gens de mer
de revenir à temps pour boire le vin nouveau (7).

Autant que les vents de haute mer, les vents côtiers importent aux marins. Bien avant qu'Aristote et Théophraste aient
noté le phénomène (8), les navigateurs avaient remarqué l'al-
ternance de la brise de terre et de la brise de mer. La brise de
terre se lève vers onze heures du soir, et la brise de mer
pénètre dans les golfes vers dix heures du matin pour tomber
au coucher du soleil (9). Télémaque sait qu'il faut attendre la
nuit pour s'éloigner d'Ithaque et arriver au petit jour sur la

(1) **LXI**, 1, p. 123 ; **LXXII**, p. 9 sq. : **LVIII**, p. 570 sq.; **XXX**, s. v.
Elesien.
(2) La déviation vers l'ouest est déjà notée par Aristote, *Meteor.*, II, 365 a.
(3) **LXVII**, p. 15. — (4) Ds., XII, 58, — (5) Cic., *Nat. Deor.*, II, 131.
(6) Dem., *Pol.*, 1 07-1203. — (7) Hes., *O.*, 674. — (8) **LVIII**, p. 565 sq.
(9) **LXVII**, p. 10.

côte du Péloponnèse (1). Les vents côtiers peuvent être violents :
ce sont des vents locaux qui dispersent la flotte athénienne au
soir de la bataille des Arginuses. Les plus dangereux sont les
vents de chute, rafales qui tombent brusquement d'une terre
élevée et couvrent d'écume la mer qui apparaît toute blanche.
Durant peu, mais très violents, ils sont redoutables aux
bateaux à voile (2). Le bandit Skiron, jetant les voyageurs du
haut des rochers sur la grève, pourrait bien être la personnification d'un vent de chute de la côte mégarienne (3).
L'armée spartiate, traversant la montagne entre Creusis et
la côte, perd beaucoup d'animaux de bât, précipités à la mer
par le vent (4), qui est particulièrement impétueux en ces
parages (5).

La mer grecque, c'est la mer bleue, la mer calme que ride
à peine un souffle léger et régulier, c'est la mer où voguent
les gracieux cortèges des Néréides, c'est la mer où se jouent
les dauphins, les dauphins voués à l'Apollon crétois, patron
des navigateurs, les dauphins amis et protecteurs de l'homme.
Elle provoque les mêmes sensations et éveille les mêmes idées
que la montagne grecque. Pas plus que l'Hymette ne rappelle
le Mont Blanc, l'Archipel ne ressemble à l'Atlantique. Si l'un
n'a pas la majesté des cimes inaccessibles, l'autre n'a pas
l'immensité. L'impression de solitude sans bornes n'est jamais
donnée par les mers grecques, qui sont contenues dans de justes
limites et comme humanisées.

La mer, pas plus que la montagne, n'éveille chez le Grec
l'idée d'infini : c'est là même une notion tout à fait étrangère
à la pensée grecque. Les méditations devant l'infiniment grand
et l'infiniment petit, le vertige métaphysique du Pascal des
Pensées, voilà qui eût été incompréhensible pour un philosophe grec. Pour lui, l'infini c'est l'indéfini, et l'indéfini c'est

---

(1) **LXXX**, I, p. 66 sq. — (2) **LXVIII**, p. 17. — (3) **XXXIII**, p. 382.
(4) Xen. *Hell.*, V, 4, 17 — (5) Paus., IX, 32, 1.

ce qui est informe et monstrueux. Platon peut croire à la
survie de l'âme, mais il se refuse à lui attribuer l'éternité, car
il ne voit la perfection que dans un espace déterminé et dans
un temps fini. La poésie de l'infini, comme la poésie du
mystère, ne trouve aucun écho dans l'âme grecque.

CHAPITRE IV

LE TRAVAIL HUMAIN

I

L'EXPLOITATION DU SOUS-SOL.

La nature avait doté la Grèce d'avantages et de ressources variées, mais ces ressources, pour être mises en valeur, exigeaient un effort continu. Comparée aux grandes régions de vie facile, Égypte ou Mésopotamie, la Grèce apparaissait comme un pays déshérité : « la Grèce, dit Hérodote, a sans cesse comme compagne la pauvreté » (1). Mais les Hellènes étaient industrieux et actifs, « jamais leurs affaires ne sont en meilleur état que lorsqu'ils sont réduits à tirer tout d'eux-mêmes et de leur industrie » (2). Voyons donc ce que l'homme a su faire en Grèce des ressources naturelles.

Le sous-sol fournissait les matériaux de construction (3). L'argile, dont il existe de nombreux gisements, sert à fabriquer les tuiles des toits et les briques des murs. Si l'emploi de la brique cuite n'apparaît qu'à l'époque romaine, les murs de briques crues, qui, renforcés par des chaînages de bois, sont d'un usage commun aux temps primitifs, se rencontrent fréquemment encore aux temps classiques dans les habitations privées ou dans l'architecture militaire. La belle construction appareillée, dans laquelle les carreaux sont posés à joints vifs, n'exige ni chaux, ni plâtre. Dans la construction non appareillée, les moellons sont liés par un simple mortier de terre et de

______

(1) Hdt., VII, 102. — (2) **XCI**, p. 108.
(3) **XXIX**, carte des mines et carrières, s. v. *Metalla*.

sable et masqués par des enduits stuqués, faits de chaux et de poussière de marbre (1). Les pierres sont d'ordinaire prises sur place. Les maisons d'Athènes sont construites avec le calcaire dur, débité en petits éclats, des collines voisines de l'Acropole ; celles de Délos sont faites de moellons grossièrement taillés dans les schistes et les granits de l'île. Les tufs calcaires, πῶρος, furent longtemps recherchés (2) pour la facilité avec laquelle ils se travaillent ou pour leur faible poids qui les faisait placer de préférence à l'étage (3). Même pour les grands monuments on cherche à éviter les difficultés et la cherté des transports, et l'on emprunte les blocs nécessaires aux carrières les plus voisines. A Olympie, on se contente, pour le temple de Zeus, d'un calcaire coquillier si médiocre qu'on en doit cacher les défauts sous un stuc blanc, parce que l'extraction s'en fait à une heure seulement des chantiers de construction. A Athènes, les carrières de Kara, qui ont livré un travertin dur très en faveur au vi[e] siècle, sont à environ six kilomètres de la ville ; celles du Pentélique, d'où proviennent les marbres du Parthénon et des Propylées, à seize kilomètres.

Entre tous les matériaux, le plus beau, le plus noble est le marbre. On le trouve en de très nombreux points, et les carrières n'en furent pas toutes exploitées en même temps. Aux marbres de couleur tachetés et veinés, qui commencèrent à avoir la vogue à l'époque hellénistique, les Grecs des temps classiques préfèrent le marbre blanc. Les plus célèbres étaient ceux des îles, en particulier le Naxos et le Paros, marbres brillants à gros grains, et plus encore les marbres de l'Attique. Exploitées surtout à partir du ve siècle (4), les carrières du Pentélique, au nombre d'une trentaine, ont fourni environ 400 000 mètres cubes de la plus admirable matière, un marbre au grain fin et serré, d'une extrême pureté qui le

(1) **XXIX**, s. v *Tectorium*. — (2) **XLVII**, VII, p. 319.
3) **XI**, XXIX (1905), p. 45, 490 ; XXX (1906), p. 488, 520.
4) **XEN.**, *Vect*, I, 4 ; STR., IX, 2, 23.

rend presque translucide et capable d'acquérir à l'air une
patine chaude et dorée. L'excellence des marbres grecs a puissamment aidé au développement de l'art. Les architectes ont
pu tailler dans le marbre, compact et résistant, les grands
éléments qui permettent la construction à plates-bandes ; les
sculpteurs travaillent avec prédilection, dans les Cyclades ou
à Athènes, une matière qui se prête à toutes les finesses du
métier, à la précision minutieuse des détails comme au fondu
du modelé.

Outre les matériaux de construction, le sous-sol fournissait
aux Grecs les métaux utiles ou précieux. Les minerais de
cuivre, qui sont fort répandus et faciles à travailler (1), ont alimenté la plus ancienne industrie métallurgique. L'Eubée
était le principal centre d'extraction du cuivre : Chalcis est
la « ville du bronze » (2). Les minerais de fer sont eux aussi
très répandus, mais l'extraction du métal est une opération difficile qui suppose déjà de grands progrès techniques (3). On
les trouvait en Laconie, en Béotie, en Eubée, dans la plupart
des Cyclades ; toutefois aucun des gisements grecs ne donne
de minerais de belle qualité.

Comme métal précieux, l'argent tient le premier rang. Au
viie et au vi[e] siècle, c'est Thasos et Siphnos qui sont les deux
foyers de production les plus importants : avec la dîme des
revenus des mines, les Siphniens font élever leur trésor à
Delphes (4). Mais ces mines sont supplantées par celles du Laurion dont la grande activité commence vers la fin du vi[e] siècle
et qui atteignent au rendement maximum après la découverte
en 483 des gisements de Maronée. Les procédés de recherche,
d'abord purement empiriques, se perfectionnèrent peu à peu
avec l'observation raisonnée des conditions géologiques, et les
prospecteurs athéniens acquirent une telle sagacité que les
sondages d'essai, méthodiquement préparés, donnaient rare-

<hr>

(1) **LXXIII**, I, p. 360. — (2) STR., X, 1, 9 ; ST. BYZ., s. v. Χαλκίς.
(3) **LXXIII**, I, p. 359. — (4) HDT., III, 57-58 ; PAUS., X, 11, 2 ; **CVIII**, p. 133.

ment de mécomptes. Les établissements métallurgiques groupent rationnellement les uns auprès des autres chantiers d'extraction et ateliers pour le traitement du minerai, de façon à éviter les pertes de temps et les travaux inutiles. Les puits descendent à des profondeurs qui varient entre 70 et 120 mètres jusqu'aux contacts géologiques où sont déposés les minerais. De là part tout un réseau de galeries, les unes étroits boyaux où le mineur, couché plus souvent qu'accroupi, procède à l'abatage, les autres plus spacieuses où circulent les porteurs, toute une ville souterraine avec ses rues, ses carrefours et ses places. Au voisinage des puits sont établis les mortiers et les meules où l'on broie le minerai, les laveries qui séparent suivant la densité les éléments broyés, les fours de fusion et de coupellation. Les anciens ne tiraient du minerai que le plomb et l'argent ; encore leurs procédés n'étaient-ils pas assez parfaits pour extraire tout le métal précieux : les sociétés qui de nos jours ont repris l'exploitation se contentèrent, au début, de travailler à nouveau les scories antiques incomplètement épuisées. Cependant, telles quelles, les mines du Laurion étaient aux yeux des anciens un trésor inestimable. Athènes, qui possède cette «source d'argent» (1), lui doit pour une grande part sa prééminence financière et économique.

L'or provient de régions qui sont sur les confins du monde grec, Thasos, la Macédoine, la Thrace, où les principales mines sont celles de Skaptè Hylè et du mont Pangée (2). Découvertes peut-être et exploitées d'abord par les Phéniciens (3), les mines d'or attirèrent bientôt les Grecs qui vinrent établir des colonies dans les parages septentrionaux de la mer Égée. Toutefois l'or reste un produit rare et en quelque sorte

(1) Eschl., *Pers.*, 238.
(2) Hdt., VI, 46-47 ; VII, 112 ; Thc., I, 100 ; IV, 105 ; Arstt., Aθ. πολ., 15 ; Str., XIV, 5, 28.
(3) Hdt., VI, 47.

exotique. Le monnayage de toutes les cités grecques ne
connaît que l'étalon d'argent ; les pièces d'or sont frappées
par les souverains étrangers, le roi de Perse ou le roi de Macédoine.

II

La mise en valeur du sol.

Le sol était dans l'ensemble moins favorable que le sous-sol.
Pays montagneux et rocheux, la Grèce n'offrait qu'une faible
superficie de terres cultivables.

Les meilleurs sols y sont constitués par les alluvions récentes,
dépôts lacustres ou fluviaux. Qu'on regarde une carte géologique de la Grèce centrale (1) et l'on voit les taches blanches
qui indiquent les alluvions dessiner nettement les plaines : en
Attique les plaines d'Éleusis, de la Mésogée, de Marathon, les
plaines de Béotie, en Phocide la vallée du Céphise, la vallée du
Spercheios, les alentours du lac d'Agrinion. Ce sont des sols
analogues, formés de limons et d'argile, avec une quantité
variable de chaux, d'une couleur allant du brun clair au noir,
qui constituent les terres à céréales de la Thessalie et celles de
l'Arcadie. Les cultures peuvent aussi prospérer sur les schistes
argileux, les marnes, les sables limoneux tertiaires : en Messénie,
par exemple, aux plateaux crayeux du sud-ouest, qui portent
de maigres champs d'orge et quelques rares oliviers, s'opposent nettement les sables limoneux de la plaine, couverts
de vignobles et d'olivettes, les premiers presque déserts, les
seconds attirant toute la population. Moins favorisés sont les
sols pierreux, qui manquent d'humus ; ils peuvent être encore
utilisés pour les plantations : dans la plaine d'Argos, au pied
des montagnes, là où les limons se mélangent de pierres, les
blés font place aux oliviers. Quant aux régions montagneuses,
elles restent en dehors de la zone cultivable ; toutefois elles

(1) **XCIII**, pl. VI.

pouvaient être dans l'antiquité un peu plus fertiles qu'aujour-
d'hui, les forêts moins clairsemées contribuant à retenir la
terre.

Ce qui frappe dans la répartition des terrains de culture en
Grèce, c'est leur caractère sporadique. Il n'y a pas là, comme
dans l'Europe centrale, des zones ininterrompues de cultures.
Ce n'est pas encore le type proprement désertique, mais on s'en
rapproche, et les régions cultivées sont déjà de véritables oasis.
Tout naturellement les hommes se groupent dans ces petits
cantons cultivables. Plus encore que la compartimentation due
au relief, le morcellement des terres cultivables a contribué
au morcellement politique. Le territoire dont chaque État
a besoin pour assurer ses subsistances est borné et forme une
petite unité isolée de l'unité voisine. Un second caractère non
moins notable, c'est que les terrains de culture ne peuvent
conserver leur valeur que par une occupation continue et un
travail incessant de l'homme. Dans les pays régulièrement et
abondamment arrosés, le sol peut rester inculte pendant des
années sans se détériorer ; dans les pays secs, au contraire, il
se dégrade rapidement. Que les circonstances historiques
entravent l'activité humaine, et la fertilité de la terre va diminuant : si les pays grecs semblent plus secs et plus stériles
aujourd'hui qu'autrefois, ils le doivent non pas à des variations
de climat, mais aux périodes de barbarie qu'ils ont connues
depuis l'antiquité classique.

Les Grecs ont dû remédier par d'incessants travaux aux
défauts du sol qu'ils occupaient. En pays de montagne, la dé-
clivité est un obstacle à la culture. Il suffit d'un orage pour
entraîner au fond de la vallée le peu de terre végétale qui en
couvrait les pentes, et il faut aller rechercher cette terre et la
rapporter à dos d'homme au point d'où elle est partie. Les
murs de soutènement empêchent ces glissements. La culture
en terrasses, caractéristique des pays méditerranéens, était
pratiquée par les Grecs. A Délos, de nombreux murs de

soutènement, aujourd'hui inutiles, remontent aux temps où les domaines du dieu étaient en pleine valeur (1).

Le cultivateur grec sait aussi apporter à la terre les éléments fertilisants qui lui font défaut. Peut-être les Grecs ont-ils entrevu l'usage des engrais chimiques. Théophraste signale pour la culture des choux l'emploi du nitre (2). Mais c'est là un fait exceptionnel, et l'on s'en tient aux amendements les plus simples qu'a signalés l'expérience journalière. On utilise comme engrais les composts faits des boues des fossés (3) et les détritus de tous genres, même les déchets de vieux cuirs (4). On brûle et on enfouit les mauvaises herbes (5). On retourne le champ planté d'abord de légumineuses (6). L'engrais naturel le plus commun est le fumier. Son emploi remonte à la plus haute antiquité, si l'on veut retrouver dans la légende d'Héraklès nettoyant les écuries d'Augias un souvenir du temps disparu où l'on ne savait que faire du fumier et où l'on s'en débarrassait en le jetant dans les fleuves (7). Les agronomes grecs étudient en détail la composition des fumiers et la valeur propre à chacun d'eux, les saisons où doivent se faire les fumures, les quantités que réclame tel ou tel sol. Le bail d'Amorgos spécifie avec soin la quantité de fumier que le preneur devra chaque année épandre sur les domaines de Zeus Témé-nitès (8).

Dans les bassins fermés, c'est contre l'eau que l'agriculteur grec doit lutter. Non contents d'assurer l'évacuation des eaux en curant soigneusement les émissaires, les Grecs ont entrepris de grands travaux de desséchement : au temps d'Alexandre, l'ingénieur Cratès dresse tout un programme de travaux, qui

(1) **LVI**, p. 119, fig. 58 ; p. 204, fig. 107.
(2) Th., *C. P.*, II, 5, 3 ; III, 17, 8 ; VI, 10, 9. — (3) **II**, II, 1055, 1059.
(4) Th., *H. P.*, II, 7, 4 ; VII, 5, 1 ; *C. P.*, III, 17, 5 ; V, 15, 2.
(5) Xen., *Œc.*, XVI, 12 ; XVIII, 2 ; Plat., *Leg.*, VIII, 843 e ; Th., *C. P.*, III, 20, 8.
(6) Th., *H. P.*, VIII, 9, 1.
(7) Roscher, *Trait. d'écon. polit. rur.*, p. 83, p. 131.
(8) **II**, XII, 7, 62, l. 20-22.

restèrent d'ailleurs inachevés, pour gagner à la culture les terrains occupés par le lac Copaïs (1), Une inscription d'Érétrie (2) nous a conservé le contrat passé par la ville avec un entrepreneur pour le desséchement d'un marais voisin : des canaux de dérivation recueillent les eaux et les amènent dans un bassin fermé d'une vanne ; le terrain asséché est loué pour dix ans à l'entrepreneur. Les conduites d'eau, qu'on rencontre si souvent dans les domaines, sont des tuyaux de drainage (3).

Les eaux captées peuvent servir à arroser les terres. On ne manque jamais, dans un état de lieux ou dans une inscription hypothécaire, de mentionner les eaux qui dépendent du fonds (4). Déjà dans Homère le paysan dirige à travers son verger les eaux d'une source et débarrasse les canaux d'irrigation de tout ce qui peut les obstruer (5). Les cultivateurs d'Érétrie peuvent retenir au printemps les eaux du bassin en fermant la vanne et les relâcher plus tard pour irriguer leurs terres (6). Les baux des domaines de Dionysos à Héraclée interdisent aux preneurs de saigner les fossés ou d'y pratiquer des barrages pour dériver les eaux sur leurs propriétés (7) Dans ses *Lois.* — Platon confie aux agronomes le soin de veiller à l'écoulement et à la répartition des eaux pluviales (8).

Toutefois l'irrigation n'a jamais pris en Grèce l'importance qu'elle a dans les pays plus secs. La quantité d'eau tombée et la proximité des montagnes assurent aux plaines, même les plus sèches, assez d'eau pour qu'un système complet d'irrigation ne soit pas indispensable. La preuve en est qu'à Érétrie, loin d'utiliser toute l'eau pour arroser les terres, on oblige l'entrepreneur à faire passer les canaux de dérivation par des terrains non susceptibles de culture et à se détourner soigneusement

(1) Str., IX, 2, 18. — (2) **X**, I, p. 144 sq.
(3) Il, II, 1.60 ; **X**, I, p. 74, l. 52, 56.
(4) **X**, I, p. 66, § 8, l. 19 ; II, II, 1138. — (5) Il., XXI, 257-262.
(6) **X**, I, p. 153-4 ; cf. Xen., *An.*, II, 4, 13. — (7) **X**, I, p. 207, l. 130-131.
(8) Plat., *Leg.*, VI, 761, a-b ; VIII, 844 e.

des champs cultivables (1). L'usage de l'irrigation n'a donc pas
influé sur le développement de la Grèce. Les plus anciennes
civilisations sont nées dans les régions arides ou semi-arides (2) :
cela tient à la fertilité exceptionnelle et durable du sol, aux difficultés que présente le défrichement des forêts, mais aussi à
l'obligation d'établir des ouvrages hydrauliques pour l'irrigation et d'en régler l'usage. L'irrigation suppose une coopé-
ration nécessaire de tous les habitants, une organisation
sociale avec des lois et des règlements qui établissent les droits
et les devoirs de chacun. La Grèce était encore un pays barbare
quand déjà la civilisation s'était développée dans les pays irri-
gués, Égypte et Chaldée. L'usage en commun d'un réseau
d'irrigation crée entre tous les riverains des liens nécessaires.
Au contraire le Grec, dans son coin de terre, peut se suffire à
lui-même et n'a pas besoin de son voisin. Ce sont là des conditions agricoles qui n'ont pu que maintenir et développer l'individualisme, c'est-à-dire l'un des traits les plus marqués du caractère grec, l'un de ceux qui apparaît comme dominant toute
l'histoire grecque.

III

LE TRAVAIL AGRICOLE.

L'agriculture resta toujours aux yeux des Grecs l'occupation
principale et la principale source de revenus. « Si tu veux acquérir la richesse, dit Phocylide, cultive avec soin un champ
fertile ; on dit qu'un champ est une source d'abondance » (3).

L'économie primitive en Grèce, comme en de nombreux
pays, était surtout pastorale. Les rois d'Homère possèdent de
nombreux troupeaux de bœufs et de porcs que leurs esclaves font
paître dans les forêts. La majeure partie du pays est boisée ; les

(1) **X**, I, p. 144, l. 2 .
(2) HILGARD, *North American Review*, CLXXV (1902), p. 209-215.
(3) PHOCYL., fr. 7.

céréales, épeautre, orge, froment, n'occupent que de faibles espaces. Mais peu à peu les cultures gagnent à mesure que la
forêt s'éclaircit. L'exploitation de la forêt répond à divers besoins.
Les arbres fournissent le combustible : le domaine de Phaïnippos
donnait de quoi charger de bois six ânes journellement (1) ; les
Acharniens fabriquent le charbon avec l'yeuse et l'érable de la
montagne (2). L'industrie métallurgique fait une grande consommation de bois, si bien que le Laurion est plus vite déboisé
que les autres montagnes de l'Attique (3). La forêt donne les
fortes pièces des lourdes charpentes, dont le temple dorique
nous a laissé le souvenir. Enfin les Grecs cherchent dans la
forêt ce dont ils ont de plus en plus besoin et qu'ils vont quérir
au loin, le bois de construction pour les navires. A la fois pour
se procurer les matériaux ligneux et pour étendre la culture
des céréales, les Grecs déboisent les hauteurs ; Platon rappelle
le souvenir des siècles lointains où les hautes futaies revêtaient
les montagnes de l'Attique qui, de son temps, ne donnent plus
que de quoi nourrir des abeilles (4). A mesure que la forêt
recule, l'élevage devient plus difficile et le gros bétail se fait
plus rare. De l'âge héroïque aux temps classiques, l'alimentation se transforme : aux héros d'Homère, grands mangeurs de
viande, s'opposent les Grecs du v⁰ siècle, sobres végétariens,
mangeurs de pain et de légumes.

L'extension des céréales se trouva à son tour arrêtée par le
développement de cultures plus riches, celle des arbres fruitiers.
Elle débuta de très bonne heure : pour Thucydide, c'est une
caractéristique des périodes primitives et préhistoriques que de
ne pas pratiquer les plantations (5). Déjà Laerte sait le profit
qu'on retire des cultures arbustives (6) et les vergers d'Alki-
noos font l'admiration du poète (7). Mais les plantations s'éten-
dirent plus encore lorsque, avec le développement du commerce,

(1) Dem., *Phaen.*, 1041. — (2) Ar., *Ach.*, 181, 666.
( ) **CVIII**, p. 11 ; cf., à Chypre, Str., XIV, 6, 5. — (4) Plat., *Criti.*, 111 c.
(5) Thc, 1, 2. — (6) Od., XXIV, 205 sq. — (7) Od., VII, 112-122.

les produits agricoles devinrent l'objet d'échanges internationaux et que l'introduction de l'économie monétaire permit de
transformer en espèces sonnantes les excédents de plus en plus
considérables des récoltes. Il y eut alors intérêt à remplacer le
blé par des denrées plus recherchées et par suite plus rémuné-
ratrices, comme le vin et l'huile. Solon et Pisistrate encouragent
en Attique les plantations d'oliviers et de vignes pour alimenter de leurs produits le commerce extérieur d'Athènes. Ainsi
dès le vi⁰ siècle s'achève l'évolution de l'économie rurale
grecque, qui est désormais en possession de ses cultures caractéristiques.

Les plantes nourricières de la Grèce, blé, vigne, olivier, sont
diverses d'origine. L'olivier se trouve à l'état sauvage en Grèce;
le blé et la vigne, originaires peut-être l'un de Mésopotamie,
l'autre du Caucase, ont été introduits de si bonne heure dans
le monde méditerranéen qu'on peut les dire plantes préhistoriques. Ces plantes diffèrent non moins par leur constitution
physique. Mais elles se rapprochent par des traits physiologiques,
qui expliquent leur adaptation aux régions tempérées chaudes
à étés secs. Toutes, froment, vigne, olivier — et l'on y pourrait
joindre le figuier et les autres arbres fruitiers, — peuvent aller
chercher l'humidité profondément dans le sol et profitent des
étés chauds et secs pour élaborer le gluten dans la graine et le
sucre ou les substances aromatiques dans le fruit. L'originalité
de l'agriculture grecque est dans cette association d'espèces vé-
gétales, dans cette combinaison des champs et des plantations (1).

Il serait intéressant de pouvoir établir dans quelle proportion
se mélangent les deux éléments. Aux temps héroïques (2)
comme aux temps historiques (3), lorsqu'un domaine rural est
offert en récompense par l'État, il comprend en égale quantité
les terres arables et les plantations de vignes et d'oliviers. La

(1) Vidal Lablache, *Les genres de vie* (*Ann. de Géog.*, XX, p. 294).
(2) Il., IX, 579-58⁰. — (3) Dem., *Lept,*, 491 ; Plut., *Arist.*, 27.

propriété de l'Athénien Phainippos, qui a plus de 40 stades
(7 kilomètres) de tour, produit 1000 médimnes (520 hectolitres)
de céréales et 800 métrètes (310 hectolitres) de vin ; de plus, elle
comprend des espaces boisés d'où chaque jour un convoi de
six ânes emporte à la ville du bois de chauffage (1). A prendre
pour le blé et le vin des rendements moyens, on peut penser
que les terres cultivables y représentaient environ 25 p. 100 de
la superficie totale, et que les champs de céréales occupaient
environ 89 p. 100 des terres cultivables. Ce sont des chiffres analogues que nous obtenons à Héraclée dans les domaines de Dionysos, où les terres cultivées représentent environ 33 p. 100 de la
surface, et dans ceux d'Athèna, où les champs de céréales représentent 89 p. 100 du terrain cultivé (2). Les proportions ont d'ailleurs varié avec les contrées et avec les époques. Dans les régions
basses, au voisinage des côtes, ce sont les cultures arbustives
qui l'emportent ; dans les pays plus élevés, de 400 à 1500 mètres
d'altitude, il n'y a guère d'autre culture que celle des
céréales. D'autre part, l'espace cultivé continue à s'étendre. Sans
doute les circonstances historiques peuvent entraver le travail
des champs : à Abydos, les terres restent incultes à cause des révolutions (3) ; en Sicile, avant Timoléon, le pays est ruiné par les
dissensions intestines et les guerres entre cités (4). Mais en général les cultures gagnent sur les friches et les forêts. Le bail de
Gambreion impose au preneur de défricher une terre inculte (5).
Une loi chypriote donne en pleine propriété et exempte de toute
redevance le terrain déboisé et défriché (6). De nombreux baux
prescrivent au locataire de planter des vignes ou des oliviers :
c'est d'ailleurs une excellente opération si l'on en juge par
l'exemple d'un client d'Isée qui réussit à doubler ainsi la valeur
de sa propriété.

Comme dans toutes les économies encore peu développées,

(1) Dem., *Phœn.*, 1040, 1045. — (2) **X**, I, p. 193 sq.
(3) Arstt., *Œc.*, II, 1348. — (4) Ds., XVI, 8´. — (5) **X**, I, p. 257.
(6) Str., XIV, 6, 5.

le cultivateur grec cherche à avoir sur son fond tout ce dont
il a besoin. Ses champs, ses vignobles et ses olivettes, ses moutons et ses bœufs, ses bois lui donneront de quoi se nourrir, se
vêtir, se construire une demeure et se fournir d'outils et
d'ustensiles. C'est le régime de l'αὐτάρχεια, dans lequel chaque
domaine se suffit à lui-même, sans rien demander, ni rien donner en échange au domaine voisin. Toutefois l'essentiel de la
culture est de fournir le pain quotidien : aussi les céréales
tiennent-elles partout la première place. Ce sont presque exclusivement le froment et l'orge.

Les Grecs connaissaient de nombreuses variétés de froment;
mais leurs classifications se fondent non sur des caractères
botaniques, mais sur des particularités de culture ou d'emploi,
et les descriptions qu'en donnent les agronomes sont si peu
précises qu'il nous est impossible aujourd'hui de les identifier.
L'espèce la plus répandue est un blé d'hiver, blé dur aux
épis barbus, à la paille pleine ou demi-pleine. Le froment est
la céréale nécessaire à la nourriture humaine : c'est à l'usage
du pain qu'on reconnaît les peuples civilisés (1). Mais, bien
qu'elle soit considérée comme moins nutritive (2), l'orge
occupe plus d'espace encore, non seulement parce qu'elle sert
aussi à la nourriture des animaux, mais surtout parce qu'elle
est une plante rustique qui vient dans presque tous les sols et
ne craint pas les terres légères, calcaires ou siliceuses. En 329,
la production de l'Attique en céréales a été d'environ 192 000 hectolitres (3), dont environ 28 000 de froment, soit à peu près six
fois plus d'orge que de froment, et, en tenant compte du rendement plus élevé pour la première que pour le second, on a à
peu près cinq fois plus de terres ensemencées en orge qu'en froment. La proportion varie selon les régions : dans cette même
année, à Lemnos les champs d'orge sont de trois à quatre
fois plus étendus que les champs de blé; à Imbros, les seconds

(1) **LXXVI**, p. 17-8. — (2) Arstt., *Probl.*, XXI, 927.
(3) II, II, 83 c b ; **XI**, VII (1883), p. 387 ; VIII (1883), p. 194.

sont presque le double des premiers, tandis qu'à Salamine on n'a semé que de l'orge.

On voudrait savoir ce qu'était la production des céréales, mais avec des données rares et incertaines, il n'est pas possible de construire des statistiques précises et exactes. Il ne faut pas prendre au sérieux les doléances des paysans de la comédie qui se plaignent de récolter moins qu'ils n'ont semé (1), mais il ne faut pas davantage croire aux rendements merveilleux que l'on attribue d'ordinaire aux pays lointains et peu connus (2). Il faut s'en tenir à des rendements moyens, presque médiocres, et l'on est sans doute assez près de la vérité en supposant une récolte de dix à douze hectolitres à l'hectare. C'était pour l'ensemble de la Grèce une production bien faible. Si en effet on calcule que la consommation était d'environ trois hectolitres de grains par an et par tête, que les terres arables ne représentaient guère que de 25 à 30 p. 100 de la superficie totale et qu'encore, avec l'assolement biennal qui est de règle, la moitié de ces terres est chaque année en jachère, on arrivera à cette conclusion que la récolte était déficitaire dès que la densité de population dépassait de 40 à 60 habitants par kilomètre carré. Assurément ces chiffres n'étaient pas toujours atteints : il semble bien qu'au milieu du ve siècle la Laconie et la Messénie comptaient un peu moins de 40 habitants par kilomètre carré ; à plus forte raison les régions montagneuses, moins fertiles et moins cultivées, n'atteignaient-elles pas à la même densité. Mais le minimum indiqué est vite dépassé dès qu'on a une agglomération urbaine : en Attique, les évaluations les plus faibles donnent au moins, au ve siècle, 90 habitants par kilomètre carré (3), et il est probable qu'il ne faut pas reculer devant les chiffres de 200 à 240 par kilomètre carré (4).

(1) Men., fr. 4 ; Philem., fr. 4, 6. Cf., Lgs., III, 30.
(2) Hdt., I, 193 ; Th., *H. P.*, VIII, 7, 4 ; Str., XV, 3, 11 ; XVI, 1, 14.
(3) XLII, p. 100. — (4) CIX, p. 273-293.

C'est bien en Attique que l'agriculture grecque apparaît avec les traits les plus accusés : d'une part la culture des céréales est insuffisante à nourrir la population qui doit faire venir le blé du dehors, d'autre part les vignobles et les olivettes donnent des produits abondants et excellents qui s'exportent et se vendent bien. Il y aura tendance à accroître les plantations qui donnent des revenus supérieurs et à se fier pour le blé aux fournitures de l'étranger. Mais cette situation n'est pas sans danger. La question des subsistances est, à Athènes, une préoccupation constante. C'est une de celles qui doivent retenir l'attention de l'homme d'État (1) et elle est inscrite chaque mois à l'ordre du jour de la première assemblée (2). Toute une série de lois assurent le ravitaillement du marché et protègent le consommateur contre l'accaparement et la spéculation. Il est interdit à tout marchand domicilié en Attique de porter du blé ailleurs qu'à Athènes (3), interdit de consentir un prêt à la grosse aventure sans que l'emprunteur s'engage à ramener un chargement de blé ou d'autres denrées utiles (4), interdit d'acheter à la fois plus de cinquante mesures de blé (5). Les *épimélètes de l'emporion* veillent à ce que les deux tiers du blé débarqué au Pirée soient dirigés sur la ville et qu'un tiers seulement puisse être réexporté (6); les *silophylaques* surveillent les cours pour que le blé soit toujours cédé au plus juste prix et qu'un rapport convenable existe entre le prix des grains et celui de la farine, entre celui de la farine et celui du pain (7). D'autre part, la politique extérieure d'Athènes vise les régions productrices de céréales, l'Égypte, la Sicile, le Pont Euxin. C'est pour avoir des grains qu'elle soutient les Égyptiens révoltés contre la Perse après la seconde guerre médique, qu'elle organise l'expédition de Sicile. En Russie, elle

(1) Xen., *Mem.*, III, 6. — (2) Arstt., Aθ. πολ, 43, 4.
(3) Dem., *Phorm.*, 918 ; *Lacrit.*, 941 ; Lycurg., 27.
(4) Dem., *Lacrit.*, 941. — (5) Lys., *Frum.*, 5.
(6) Arstt., Aθ. πολ., 51, 4. — (7) Arstt., Aθ. πολ., 51, 3.

entretient des relations de bonne amitié avec les petits souverains de Crimée, qui ont accordé aux marchands athéniens le privilège de charger les premiers et l'exemption des taxes d'exportation. Surtout elle se préoccupe de maintenir libre la route du blé : toute la lutte entre Athènes et Philippe gravite autour de la possession des détroits, c'est-à-dire de la voie par où les convois de céréales, sous la protection de la flotte athénienne, viennent de la mer Noire au Pirée.

La question des subsistances est particulièrement grave à Athènes, mais elle existe dans presque tous les États grecs. La Grèce, incapable de se nourrir, dépend en partie de l'étranger. C'est une question qui, pour n'avoir été indiquée par les historiens grecs qu'en passant, n'en est pas moins une des raisons déterminantes de la politique étrangère des cités grecques.

IV

L'EXPLOITATION DE LA MER.

Il semble impossible de concevoir la vie grecque sans activité maritime. Et cependant les Hellènes ont été d'abord des terriens. Le mot de « mer », que possède le groupe nord-occidental des langues indo-européennes, est inconnu du grec. Lorsque les Hellènes ont voulu désigner la mer, ils ont créé des mots figurés et ont dit « l'élément salé » ἅλς, ou la « surface plane » πέλαγος, ou le « chemin » πόντος (1). Mais bien vite les Hellènes se mirent à exploiter la mer. Non seulement le pays les y invitait, mais ils y rencontraient des peuples navigateurs, si familiers avec les choses de la mer qu'on disait proverbialement, en parlant de ceux qui feignent de ne pas connaître ce qu'ils savent le mieux : « Le Crétois ignore la mer » (2). Parler des dangers de la mer et des risques de la navigation semble de bonne heure ne plus être qu'une formule littéraire (3).

(1) **XLV**, p. 16. — (2) Str., X, 4, 17. — (3) Alciphr., I, 3, 1.

La mer fournit aux Grecs d'importantes ressources. Sans parler de la pourpre qu'à la suite des Phéniciens les Grecs pêchaient en particulier sur les côtes de Laconie (1), ou des éponges qu'on allait chercher sur les rives de l'Hellespont et sur celles de Lycie (2), la mer fournit des denrées alimentaires. D'abord le sel. Les premiers Hellènes, chasseurs et pasteurs, se nourrissant de viande et de lait, pouvaient se passer plus facilement de sel, et l'on parlait d'un temps où l'usage n'en était pas connu: c'est pourquoi, disait-on, on offrait aux dieux de la farine non salée. Mais lorsque les céréales furent devenues la base de l'alimentation, le sel apparut comme un produit de première nécessité. On le récoltait sur presque toutes les côtes et on savait en distinguer diverses qualités : le sel de l'Attique et de l'Eubée était un sel assez doux et très soluble que l'on préférait pour la table ; le sel de Mégare (3), plus âpre, convenait mieux aux salaisons.

Les Grecs sont fort amateurs de salaisons. Ils ne connaissent d'ailleurs pas d'autre procédé de conservation des denrées périssables. On sait faire des conserves salées de légumes et de fruits, mais surtout on fait mariner les poissons dans la saumure. La pêche est une des grandes ressources alimentaires. Dans toute ville grecque, le marché aux poissons est un des coins les plus fréquentés ; c'est là que le rival de Cléon médite ses grandes opérations d'accaparement de condiments pour les sardines (4), et les comiques ne tarissent pas sur les roueries des marchands qui cherchent à vendre comme frais les poissons pêchés depuis longtemps (5). On consomme une multitude de poissons, surtout les sardines, les anchois, les thons ; on y joint les poulpes et les calmars, les huîtres et tous les *frutti di mare*. Il n'est pas un point

<hr>

(1) **XXIX**, s. v. *Purpura* ; **LXXX**, I, p. 415, sq.
(2) **XXIX**, s. v. *Spongia*. — (3) Ar., *Acharn.*, 760.
(4) Ar., *Eq.*, 676-679. — (5) Ath., VI, 225 c.

de la côte où l'on ne trouve des pêcheurs, mais il est des
ports où la majorité de la population vit de cette occupation :
c'est par exemple Tarente et plus encore les villes de la
Propontide et des détroits, Cyzique et Byzance (1). Là s'organise la grande pêche pour capter les bancs qui descendent
de la mer Noire par le Bosphore. Dès que les guetteurs ont
signalé l'arrivée des thons, tous les pêcheurs barrent le passage avec des filets (2) et halent les poissons qu'on assomme
à coups de gaffe (3). Tout ne peut être consommé sur-le-
champ : une grande partie est mise dans la saumure. Byzance
est un des centres de fabrication de salaisons. Tous les pays
riverains de la mer Noire préparent les conserves d'esturgeons
et de thons, les fameux ταρίχη ποντικὰ, dont Olbia est le
grand marché (4).

Avant tout, la mer est pour le Grec la voie principale de
communication. Les progrès de la navigation ont été continus.
A l'origine, les Grecs d'Homère usent du même vaisseau
que les Égéens : c'est une barque non pontée, à la proue
relevée et à la poupe plus basse, marchant à la voile et à la
rame, dirigée avec un gouvernail primitif fait de deux rames
à l'arrière. Ces petits bateaux sont des embarcations légères,
promptes à chavirer et incapables de transporter beaucoup
de voyageurs et beaucoup de marchandises. Aussi se risque-
t-on peu à affronter la haute mer : on suit le plus possible
les côtes et on passe du continent à une île, et d'une île à
l'autre, en réduisant au minimum les trajets maritimes, quitte
à allonger les portages. Troie commande le passage qui va
de la mer Égée à la Propontide en évitant les vents et les
courants contraires des Dardanelles (5), Mycènes la route
qu'empruntent les voyageurs entre le golfe de Corinthe et le
golfe d'Argos.

(1) ARSTT., *Pol.*, IV, 1291 b. — (2) ALCIPHR, I, 20, 1-2.
(3) **XXIX.** s. v. *Piscatio*, p. 491.
(4) STR., III, 2, 6 ; VII, 6, 2 ; ATH., III, 116 a-121 e.
(5) **LXXVII** *bis*, p. 466, 468 ; **LXXX**, I, p. 81.

Le bateau de l'époque classique garde la silhouette générale de celui d'autrefois. Mais il gagne en sécurité parce qu'il est ponté, et il augmente soit son tonnage, soit sa vitesse. On distingue en effet deux types de navires, les « bateaux ronds », qui sont les bâtiments de commerce, et les « bateaux longs », qui sont les vaisseaux de guerre. Les premiers sont plus larges, plus ventrus pour recevoir plus de marchandises ; ils arrivent à porter en poids 10 000 talents, ce qui correspond à une capacité de 250 à 260 tonnes ; la coque en est pesante pour faire contrepoids à l'effort du vent sur la voilure, car ils marchent uniquement à la voile pour réduire la dépense qu'occasionnent les rameurs, et ils ne portent que quelques rames dont on se sert pour tourner le bateau au vent, mais qui ne suffisent pas à le faire marcher. Les seconds, qui recherchent surtout la vitesse et l'aisance d'évolution, se développent en longueur de façon à aligner sur leurs bords le plus grand nombre possible de rameurs, la voile ne servant ici que d'auxiliaire. Le nombre de rameurs est encore accru par la disposition des bancs superposés. Au vaisseau long portant vingt-cinq rameurs à chaque bord, dont les Phocéens passaient pour s'être servis les premiers chez les Grecs (1), se substitue peu à peu la dière, dont on attribuait l'invention aux marins d'Érythrées (2), mais que connaissait déjà le rédacteur du *Catalogue des vaisseaux* (3), et qu'on pense reconnaître sur des vases du Dipylon (4), puis la trière dont l'usage est répandu parmi les marines grecques par les Corinthiens (5), si même ils ne l'ont pas inventée (6).

En même temps que les vaisseaux se transforment, il faut améliorer les abris et les ports. Les premières embarcations étaient assez légères pour qu'on les mît à sec sur le rivage dès

(1) Hᴅᴛ., I, 163. — (2) Pʟɪɴ., *H. N.*, VII, 207. — (3) Iʟ., II, 510.
(4) **XXV**, XIX (1899), pl. VIII ; **XXIX**, s. v. *Navis*, fig. 5265, 5266 ; **XXXVII**, I, p. 275.
(5) Tʜᴄ., I, 13. — (6) Hᴅᴛ., II, 59.

qu'on s'arrêtait le soir. Aussi préférait-on les plages de sable,
sur lesquelles il est facile de haler les barques : le plus ancien
port d'Athènes est la plage du Phalère. Mais lorsque les
navires eurent un plus grand tirant d'eau, on ne songe plus
à les tirer à terre à chaque escale; on adopte alors les ports
en eau profonde : pour les trières athéniennes s'aménagent les
rades de Munychie et du Pirée. L'installation d'un port comporte des quais avec bornes d'amarrage, des môles pour protéger de la houle du large, des cales sèches (νεώσοιχοι) pour
les navires qui ne prennent pas la mer. Si les aménagements
les plus complets datent des temps hellénistiques, dès le
ɪvᵉ siècle, le Pirée, avec son port marchand et son port militaire, son môle et ses quais bordés de portiques et de halles,
ses loges de trière et son magasin à agrès, a tous les organes
essentiels d'un grand port.

Avec un matériel plus perfectionné et des abris mieux amé-
nagés, on peut risquer les longs voyages. Ce n'est pas que
l'on ait renoncé complètement aux anciennes pratiques. La voie
de terre est encore en bien des cas préférée à la voie de mer :
Oropos reste, comme le Pirée, une des échelles d'Athènes et
reçoit les blés de l'Eubée qui prennent la route de Décélie,
plutôt que d'aller tourner le cap Sounion, pour gagner du
temps et réduire les frais (1). Le cap Malée continue à être tenu
pour un obstacle redoutable, surtout dans la mauvaise saison : les Athéniens craignent de ne pouvoir ravitailler en hiver
leurs troupes devant Pylos (2).

Plutôt que de rechercher la ligne droite, on continue à
suivre les côtes et à passer d'île en île, d'autant que les escales
fréquentes permettent en cours de route de prendre des pas-
sagers ou de charger des marchandises. Dans la mer Égée, la
route du nord va vers Chios et Lesbos, la route du sud vers
Samos. Pour aller d'Athènes en Égypte, on traverse la mer

(1) Dɪᴄᴇᴀʀǫ., 7 ; Tʜᴄ., VII, 28 ; VIII, 95. Cf. Éʒidaure par rapport à
Argos, Tʜᴄ., V, 53. — (2) Tʜᴄ., IV, 27.

Égée et l'on va toucher à Rhodes, à Phasélis, à Chypre, aux ports phéniciens : c'est dans les eaux de Chypre, que les Lacédémoniens guettent les convois qui amènent les blés d'Égypte à Athènes (1). Les Péloponnésiens usent d'une voie plus directe par Cythère et la Crète, d'où l'on gagne soit la Cyrénaïque, soit le delta du Nil. La route du Pont, de même, s'écarte peu des côtes : du golfe Saronique, on double la pointe de l'Attique, et on emprunte l'Euripe où l'on s'arrête à Oropos (2), à Chalcis (3), à Histiaia (4); on touche la Thessalie au port de Pagases (5), puis on longe la Macédoine et la Thrace, abordant à l'occasion aux ports de Potidée, d'Olynthe, d'Eion, échelle d'Amphipolis, et on atteint l'Hellespont; les courants et les vents contraires obligent souvent à relâcher à Sestos ou à Abydos; enfin Byzance est la dernière escale avant de pénétrer dans le Pont Euxin.

En même temps que la technique des constructions navales et l'aménagement des ports, la science de la navigation a fait des progrès. Les observations scientifiques ont corrigé l'empirisme primitif. Si certains croient encore pouvoir par des formules magiques agir sur les vents (6), les navigateurs ont appris, en étudiant le régime, à utiliser ceux qui sont favorables (7) et à éviter ceux qui sont contraires (8). On recueille avec soin les renseignements dont peuvent avoir besoin les gens de mer : Timosthénès, navarque de Ptolémée II, écrit en dix livres un traité sur les ports, qui, comme nos Instructions nautiques, donne toutes les indications utiles sur les distances, le régime des vents. les mouillages (9). Les traversées sont plus rapides. Au vᵉ siècle, un navire peut faire environ 230 kilomètres en vingt-quatre heures, soit neuf à dix kilomètres à

---

(1) Thc., VIII, 35. — (2) Thc., VII, 28; VIII, 95; Dicearq., 7; Str., IX, 2, 6.
(3) Dicearq., 29. — (4) Xen., *Hell.*, V, 4, 56.
(5) Xen., V, 4, 56,; Str., IX, 5, 15; Hermipp., ap. Ath., I, 27 f.
(6) Paus., II, 12, 1; Hsch., s. v. 'Ανεμοκοῖται. — (7) Thc., II, 84.
(8) Hdt., VII, 168; Dem., *Phil.*, I, 48; *Chers.*, 93.
(9) Str., IX, 3, 10; XCXXIV, p. 153.

l'heure (1). Du Pirée, on gagne Éphèse en deux jours (2),
Lampsaque en quatre, Byzance en cinq, Odessos en huit (3).
On met trois jours et deux nuits pour traverser le Pont dans
sa plus grande largeur (4). Le courrier qui annonce à Sparte la
victoire d'Aigos Potamos a fait le trajet en trois jours (5).
La route de mer est d'autant plus fréquentée que les
prix de passage sont peu élevés : il n'en coûte que deux oboles
pour passer du Pirée à Égine, que deux drachmes pour aller
d'Attique en Égypte ou sur les côtes du Pont (6). Le fret est
également à bon marché : les frais de transport des tuiles de
Corinthe à Eleusis ne représentent que 4 p. 100 du prix
d'achat (7). Même lorsque les prix semblent très élevés, ils
restent insignifiants si on les compare aux frais de transport
par terre : un bloc de tuf, dont la taille dans la carrière a coûté
61 drachmes, paie pour le fret du port de Léchaion à celui de
Kirrha 224 drachmes, soit environ 370 p. 100, et 420 drachmes
pour le transport, par la route, du port à Delphes, soit environ
690 p. 100 (8). Le trajet maritime est d'une quarantaine de
milles, le trajet terrestre d'une quinzaine de kilomètres.

Les voyages maritimes deviennent ainsi de plus en plus
aisés et de plus en plus fréquents. Il n'est pas un Grec qui
ne soit prêt à entreprendre les plus longues traversées.
La mer est, autant que le continent, la patrie du Grec, et l'on
comprend le mot de Platon, comparant les hommes aux
grenouilles groupées autour d'une mare (9).

V

La nature et l'effort humain.

Les pays grecs étaient sans conteste un milieu propice au

(1) Hdt., IV, 86 ; cf. Thc., II, 97 ; Lycurg., 70 ; **LXXX**, I, p. 87.
(2) Cf. Thc., III, 3. — (3) **LXXVII**, p. 260, carte n° 1.
(4) Hdt., IV, 86. — (5) Xen., *Hell.*, II, 1, 30.
(6) Plat., *Gorg.*, 511 d. — (7) **II**, II, 834 b, l. 71-73.
(8) **XI**, XXVI (1902), p. 57. — (9) Plat., *Phœd.*, 109 b.

développement de la civilisation. Aux avantages généraux qu'offrent tous les pays tempérés, la Grèce ajoute son extrême diversité. A chaque page de notre étude, c'est sur ce caractère de variété que nous avons insisté, variété du sol et des paysages, variété du climat, variété de la flore et des cultures. Même variété par suite dans la vie des populations : aux multiples aspects de la nature correspondent les multiples aspects de l'activité humaine. Il n'est pas un peuple de Grèce qui puisse se ramener à un type uniforme. Partout on trouve mélangées, dans des proportions d'ailleurs variables, les diverses formes du travail. Le contact incessant de groupes humains dont les qualités comme les occupations s'opposent et se complètent, ne pouvait que susciter la curiosité et éveiller l'intelligence de tous.

Mais si, en Grèce, la nature aide l'homme, il faut plus encore que l'homme s'aide lui-même. Le progrès est en fonction des efforts faits par l'homme pour maîtriser la nature. En Égypte, la conservation et la distribution de l'eau ont de bonne heure créé des liens sociaux ; mais le tellah égyptien pouvait se reposer sur la crue du fleuve et la fertilité du limon ; bercé par le rythme régulier des inondations, il s'endort dans la nonchalance d'une vie trop facile, si bien que la civilisation égyptienne semble s'arrêter aussitôt que née et, sans en exagérer la fixité, elle reste à peu près la même du haut empire memphite à l'occupation romaine. Tout au contraire, le Grec est obligé de lutter sans cesse pour maintenir les conquêtes qu'il a faites sur la nature. Qu'il néglige un instant les multiples travaux d'appropriation, et c'est la civilisation qui recule. Le sol qu'on laisse inculte se dégrade ; les terres que ne retiennent plus les murs de soutènement sont entraînées par les eaux torrentielles ; les bas-fonds, dont les canaux de drainage cessent d'être entretenus, redeviennent des marécages où sévit la malaria. La nature abandonnée à elle-même rendrait bientôt le pays inhabitable.

Il faut donc renoncer à un déterminisme géographique, qui prétendrait expliquer par le milieu la civilisation grecque. Dans ce même pays où les conditions naturelles restent les mêmes, toute la vie se transforme dès que les peuples changent. L'action de l'homme tient ici une place prépondérante. De l'étude du pays qui nous a appris de quoi il était capable, il nous faut passer à celle des peuples, qui ont su faire de ces possibilités des réalités.

DEUXIÈME PARTIE

LES PEUPLES

CHAPITRE PREMIER

LES RACES ET LES PEUPLES

I

Les données légendaires.

« Les nations ne conservent pas plus que les individus le souvenir de leurs premiers jours » (1). Sur l'histoire primitive des pays qui devinrent la Grèce, les Grecs eux-mêmes ne savaient rien. Ils se contentaient des récits mythologiques où les aventures des mortels se mêlaient aux aventures des dieux. Lorsque les légendes avaient été recueillies dans des œuvres comme les poèmes homériques, que leur mérite littéraire imposait à la connaissance et à l'étude de tous les Grecs, elles paraissaient indiscutables. Thucydide, lorsqu'il étudie rapidement la Grèce primitive (2), puise dans Homère les données de son argumentation ; et pourtant il fait un louable effort de reconstruction, en utilisant, pour l'interprétation des textes, tout ce que lui fournissent les sciences auxiliaires de l'histoire, géographie, ethnographie comparée et même archéologie. Aristote, lorsqu'il veut tracer le tableau de l'Athènes primitive (3), cherche à reconstituer les institutions anciennes d'après celles de son temps et relève les survivances comme indices où

(1) L. Ménard, *Hist. gr.*, I, p. 54. — (2) Thc., I, 2-12.
(3) Arstt., Αθ. πολ., 1-3.

témoignages de ce qui existait autrefois. Ainsi l'histoire des temps primitifs dans Thucydide ou Aristote n'est qu'un travail de reconstruction, tout aussi hypothétique que celui des érudits modernes. Ce serait se tromper étrangement que d'invoquer comme un témoignage historique ce qu'ils disent de la Grèce de Minos ou de l'Athènes présolonienne.

A défaut d'une histoire écrite par les anciens, les modernes ont pensé pouvoir utiliser les légendes et, par un travail patient d'exégèse, retrouver sous les ornements mythiques la trame historique. Ces tentatives de reconstitution, pour ingénieuses qu'elles soient très souvent, semblent vouées à l'insuccès.

La plus ancienne histoire grecque prend volontiers la forme de généalogies. Les grandes familles avaient intérêt à dresser la liste de leurs aïeux et à faire remonter leur origine à un héros ou à un dieu. Dans Homère, les guerriers se vantent de leurs ancêtres (1) et Hésiode construit sa *Théogonie* comme un poème généalogique. Les premiers logographes ne font que suivre les poètes : Acousilaos, Phérécyde, Hécatée écrivent des généalogies. Comme Hésiode, Acousilaos débute par le chaos pour arriver ensuite aux dieux, puis aux héros et aux hommes. De ces généalogies mythiques, on a cherché à extraire des données historiques, en remarquant que les anciens avaient voulu traduire par la parenté entre les héros les affinités de peuples et de races. Ainsi Hellen, père de tous les Grecs, a trois fils, Aiolos, Doros et Xouthos et de ce dernier naissent Achaios et Ion. C'est là sans aucun doute la division traditionnelle en Éoliens, Doriens, Achéens et Ioniens, et, si Achaios et Ion sont frères, c'est l'indice de l'origine commune des Achéens de l'épopée et des Ioniens de l'âge classique. De même, si Aiolos a pour fils Magnès (2), éponyme des Magnètes, et pour filles Tanagra (3) et Arnè (4), qui donnent leur nom à des villes béotiennes, c'est l'indication que les

(1) Par ex. IL., XIII, 447-453; XXI, 84-86. — (2) PAUS, VI, 21, 11.
(3) PAUS., IX, 20, 1. — (4) PAUS., IX, 40, 5.

Thessaliens et les Béotiens sont de race éolienne. Ainsi comprises, les généalogies mythiques nous instruiraient sur les
parentés ethniques,

Si le héros personnifie le peuple, les aventures du héros
seront la traduction mythique de l'histoire du peuple. Thésée
héros de Marathon, est l'auteur du *synécisme*, qui a créé l'État
athénien : si l'on traduit la légende en histoire, on dira que le
mouvement unitaire, commencé avec la tétrapole marathonienne, s'est achevé lorque celle-ci se fut annexé les autres
villages de l'Attique (1). De même on interprétera les voyages
des héros par des migrations de peuples. Le retour des Héraclides, rentrant à Argos d'où les a chassés Eurysthée, n'est
autre chose que l'invasion des Doriens dans le Péloponnèse :
Pausanias emploie indifféremment pour parler de ces faits la
terminologie mythique ou historique.

On a cherché encore à dégager des données historiques du
déplacement des légendes elles-mêmes. Que le même mythe ou
le même culte se retrouve en divers points de la Grèce, et on
conclura que l'un ou l'autre ont été transportés par un peuple
déterminé qui a laissé ainsi des traces de ses migrations. L'expansion du culte d'Héraklès, que l'on considère comme le héros
dorien par excellence, marquera les progrès de l'invasion
dorienne. La dispute d'Apollon et d'Héraklès pour la possession
du trépied prophétique (2), ou la réorganisation par Héraklès,
qui de son pied mesure le stade (3), des jeux établis en l'honneur de Pélops (4), symbolisera l'installation des Doriens dans
les sanctuaires de Delphes et d'Olympie, d'où ils éliminent les
anciens occupants. Si l'on croit reconnaître en Thessalie la
première Argos où a régné Agamemnon, qu'on retrouve à
Chéronée comme objet de culte le sceptre d'Agamemnon et
qu'on recueille enfin la tradition homérique d'Agamemnon
roi de Mycènes, on n'aura pas de peine à imaginer un peuple

(1) **XXIX**, s. v. *Tetrapolis*. — (2) Paus., VIII, 37, 1 ; X, 13, 7.
(3) A. Gel., *N. A.*, I, 1. — (4) Paus., V, 8, 3 ; VIII, 48, 1.

parti de Thessalie, séjournant quelque temps en Béotie et s'établissant finalement en Argolide, qui aurait emporté avec lui le culte de son héros ou plutôt de son dieu, Zeus Agamemnon (1).

Voilà quelques-uns des aspects sous lesquels se présente l'utilisation des données mythiques. Les érudits qui se sont livrés à ces recherches ont dépensé infiniment de talent et parfois, par l'accumulation des hypothèses et l'ingéniosité des rapprochements, ils entraînent l'adhésion de leurs lecteurs. Il faut cependant savoir résister à la séduction des beaux systèmes et soumettre à un examen attentif leur argumentation.

Il importe d'abord de ne pas oublier que tout récit transmis simplement par la tradition orale se transforme rapidement, de telle sorte qu'il est impossible d'y reconnaître les faits authentiques. Polybe déjà avait noté l'incertitude des traditions qui passent de bouche en bouche pendant plusieurs générations (2). Les ethnographes modernes, qui pensent avoir déterminé expérimentalement la valeur de la tradition orale, estiment que « le souvenir d'un fait historique ne se maintient chez les collectivités ne faisant pas usage de l'écriture que pendant une durée de cinq à six générations, soit 150 ans en moyenne et 200 au maximum » (3). Comme un intervalle plus considérable sépare les événements rapportés par la légende et les plus anciens écrivains, nous pourrions écarter *a priori* tous les récits mythiques sans plus ample examen.

L'incertitude de la tradition s'accroît avec les variantes sans nombre que présente une même légende. Jamais, dit Pausanias, les Grecs ne sont d'accord sur un récit mythique (4). Comment les exégètes modernes seraient-ils plus heureux pour se reconnaître au milieu de ces données contradictoires ? Ainsi Euripide donne pour la descendance d'Hellen un tableau généalo-

(1) **CXVIII**, p. 29. — (2) Pol., IV, 2.
(3) Van Gennep, *La formation des légendes*, p. 163. — (4) Paus., IX, 16, 7.

gique tout différent de la vulgate (1) : pour lui, Ion est fils
d'Apollon, et de l'union de Xouthos et de Créuse sont nés
Doros et Achaios. Il est facile ici de trouver la raison des modifications apportées au thème traditionnel : le poète athénien
veut accorder aux Ioniens une origine divine, qui légitimera
la prétention d'Athènes à dominer la Grèce, et du même coup
rejeter dans l'ombre les Doriens, qui ne sont plus les descendants d'Hellen qu'à la deuxième génération. Mais, dans bien
des cas, aucune explication ne vient nous guider. Comment,
par exemple, choisir entre les diverses ascendances de Téménos,
l'éponyme des rois d'Argos ? La tradition courante en fait un
Héraclide, mais, à Stymphale, on le disait fils de Pélasgos (2),
à Psophis, fils de Phégeus, lui-même apparenté à Pélasgos (3).
D'un côté on le tiendra pour un héros dorien, de l'autre pour
un vieux héros national d'Argos, et on conclura, ou bien à la
persistance en Argolide d'une population indigène, ou bien à
l'ascendant pris sur les indigènes par les envahisseurs doriens.

Le mythe, d'ailleurs, représente-t-il vraiment une tradition
orale et des souvenirs populaires ? Le plus souvent il semble
être d'origine savante et il fut imaginé pour rendre compte de
faits dont on ne trouvait pas la véritable explication. Le héros
éponyme n'a pas donné son nom au peuple ou à la ville,
mais il a été créé d'après le nom du peuple ou de la ville : quel
intérêt à noter par exemple que Rhodo a eu d'Hélios trois fils,
Camiros, Ialysos et Lindos (4) ? La légende ne trouve pas sa
confirmation dans les faits observés à l'époque classique, car
elle a pu être imaginée précisément pour expliquer ces faits.
Ainsi les temps classiques connaissent deux Achaïe, celle de
Phtiotide et celle des côtes méridionales du golfe de Corinthe,
et d'autre part les poèmes homériques font des Achéens les
sujets d'Agamemnon et de Ménélas : ne serait-ce pas pour
rajuster ces diverses données qu'on a créé l'histoire des migra-

(1) Eur., *Ion.*, 1575 sq. — (2) Paus. VIII, 22, 2.
(3) Paus., VIII, 24, 10. — (4) Pd., *O.*, VII, 71-74.

tions achéennes ? Les Achéens, venus de Phtiotide, s'installent avec Pélops dans le Péloponnèse, puis, chassés de
Laconie par les Doriens, ils cherchent refuge au nord-ouest de
la péninsule, d'où ils chassent les Ioniens vers l'Asie. Les
ressemblances constatées entre les dialectes chypriote et
arcadien ont pu donner cours à la légende d'Agapénor de
Tégée colonisant Paphos (1). Le groupement des villes
ioniennes et des villes achéennes en douze cités a fait supposer
que les Ioniens étaient partis d'Achaïe (2). Les détails singu-
liers que l'on retrouve à la fois dans le costume des Lydiens
et dans celui des Étrusques ont fait croire que ces derniers
étaient venus par mer d'Asie Mineure en Italie (3).

Toutes ces ressemblances, notées par les anciens, ont leur
intérêt et elles peuvent fournir des arguments à telle ou telle
thèse. Nous devons à notre tour les retenir et en tenter l'explication. Mais nous n'avons pas à tirer argument de la tradition
légendaire qui n'ajoute absolument rien aux faits constatés.
Vouloir reconstruire l'histoire primitive des peuples grecs
d'après les légendes mythologiques, c'est entreprendre un
travail dont les résultats ne pourront jamais être qu'hypothétiques. Le seul intérêt de la légende est de nous apprendre
comment les Grecs des temps classiques se figuraient leurs
origines ; il ne faut rien lui demander de la réalité des faits.

II

LES DONNÉES LINGUISTIQUES.

La répartition des Grecs en groupes ethniques, que traduit
la généalogie des fils d'Hellen, a eu pour principe dans l'antiquité le groupement des parlers locaux en familles linguistiques. Pour les anciens, race et langue se confondent.
Déjà l'auteur des vers interpolés de l'*Odyssée* sur les villes

____

(1) Paus., VIII, 5, 2 ; VIII, 53, 7. — (2) Hdt., I, 146. — (3) Hdt., I, 94.

crétoises (1) fait de la diversité des langues l'indice de la diversité des peuples, et Strabon fonde sur les dialectes son classement des ἔθνη (2). Les linguistes modernes, mieux armés par la grammaire comparée, ont poussé plus loin l'étude des parlers grecs, et, à côté des trois groupes reconnus par les anciens, ionien, éolien et dorien, ils en ont distingué un quatrième, l'arcado-chypriote.

Les trois dialectes qui composent ce dernier groupe, l'arcadien, le chypriote et le pamphylien, ont entre eux des ressemblances qui permettent d'affirmer leur dérivation d'une même langue commune. Cette langue commune pourrait bien être la plus ancienne des langues grecques parlées dans les Balkans. Disloquée par les invasions, elle n'a pu se maintenir que dans des régions qui, soit par leur isolement dans la montagne comme l'Arcadie, soit par leur éloignement comme Chypre ou la Pamphylie, ont perdu contact avec les autres pays grecs, où les envahisseurs imposaient de nouveaux parlers (3).

L'ionien, à l'époque historique, est parlé en Eubée, dans les Cyclades, à l'exception des îles du sud, sur les côtes d'Asie Mineure d'Halicarnasse à Phocée, enfin dans les colonies de Chalcidique, du Pont, d'Italie, de Gaule qu'ont fondées les villes d'Eubée et d'Asie Mineure (4). Il faut y joindre Athènes : bien que le dialecte attique garde une physionomie plus archaïque, il est évidemment de même origine que l'ionien d'Asie (5). Le groupe ionien est remarquable par son unité. Sans doute on peut noter des diversités régionales : les villes d'Eubée n'ont pas exactement le même parler que les villes d'Asie, et chez celles-ci Hérodote connaît quatre dialectes (6). Mais, si la langue parlée maintient des formes locales, la langue écrite les ignore. Civilisés de bonne heure, liés les uns aux autres par de

____

(1) Od., XIX, 172. — (2) Str., VIII, 1, 2. — (3) **XLV**, p. 87-90.
(4) **XLV**, p. 76. — (5) **XLV**, p. 79, 87. — (6) Hdt., I, 142.

multiples relations commerciales ou intellectuelles, les
Ioniens ont su bien vite la valeur d'une langue commune,
comprise et parlée de tous. Cette langue, fixée par l'usage
officiel est une langue de civilisation, la première en date
dans le monde grec, et, adoptée par les écrivains, elle donnera la première prose littéraire (1).

Les dialectes éoliens se répartissent en trois groupes, l'éolien d'Asie, parlé sur les côtes d'Asie. Mineure, de Phocée à
l'Hellespont, connu pour nous presque uniquement par le
parler de Lesbos, le thessalien, dont les nombreuses variétés
se ramènent à deux types, celui de Thessaliotide et celui de
Pélasgiotide, et le béotien, qui, au contraire, a une réelle
unité. L'éolien ne constitue pas un ensemble très unifié.
Telle forme se rencontrera seulement dans le thessalien et le
béotien, telle autre dans le béotien et l'éolien, telle autre
dans le thessalien et l'éolien. Il n'y a pas de traits communs
aux trois groupes. Le thessalien semble occuper une situation intermédiaire entre le béotien et l'éolien d'Asie (2).

Les dialectes de l'ouest sont généralement réunis, mais leur
groupement est factice. On a tort de les appeler doriens.
Les anciens réservaient à ce terme un sens plus restreint et
plus précis, et au contraire donnaient au terme d'éolien plus
d'extension que les linguistes modernes. Pour Strabon, tous les
peuples au nord de l'isthme, à l'exception des Mégariens, des
Athéniens et des Doriens de Doride parlent éolien (3). En fait,
les parlers occidentaux se divisent en deux groupes, celui du
nord-ouest qui comprend la Phocide, la Locride, l'Étolie, l'Acarnanie, l'Épire et, dans le Péloponnèse, l'Élide, et le groupe
dorien proprement dit, qui comprend le Péloponnèse, à l'exception de l'Arcadie et de l'Élide, les Cyclades méridionales
et la Crète, l'extrémité méridionale de la côte d'Asie Mineure
et les colonies fondées par des cités grecques de langue

____

(1) **XLV**, p. 78, 234. – (2) **XLV**, p. 92-96. – (3) Str., VIII, 1, 2.

dorienne, comme Byzance, Cyrène ou Syracuse. Entre ces deux groupes, il y a assurément d'assez grandes ressemblances, mais les particularités communes à l'un et à l'autre sont simplement des survivances du grec commun d'où ils sont issus et non des innovations qui leur soient propres : aussi est-il impossible d'affirmer entre eux une parenté plus étroite. Bien plus, les parlers doriens eux-mêmes, tout en présentant le même aspect général, n'ont aucun trait qui soit à la fois commun à tous et étranger aux autres dialectes, si bien que la linguistique seule serait incapable d'établir l'unité des langues doriennes (1). Les dialectes doriens, parlés par des populations rurales plus ou moins fermées les unes aux autres, sont restés des parlers locaux ; il n'y a guère qu'en Sicile et en Grande Grèce que la prose dorienne a pu se hausser, comme en Ionie, à la dignité de langue de civilisation et de langue littéraire (2).

De tous les faits recueillis par les linguistes, du classement qu'ils ont établi, que peut-on tirer pour l'histoire et en particulier pour l'histoire primitive des peuples grecs ? D'abord l'étude du grec apporte-t-elle quelque renseignement sur les plus anciennes populations de la péninsule et des îles ? Le grec possède un grand nombre de mots qui ne s'expliquent pas par l'indo-européen et qui ont donc été empruntés à des langues d'un autre type. Comme il en est très peu que l'on puisse à coup sûr reconnaître pour sémitiques (3), il faut bien admettre que les Hellènes les ont ou bien recueillis au cours de leurs migrations, ou bien reçus des populations du monde égéen (4). Jusqu'à l'époque historique, il a subsisté à Chypre, en Crète, à Lemnos, des langues, qui, n'étant ni indo-européennes ni sémitiques, représentent les idiomes préhelléniques (5). Mais de ceux-ci nous ne savons rien (6), et les quelques indications que fournit l'étude des noms de lieu —

(1) **XLV**, p. 98-104. — (2) **XLV**, p. 240. — (3) **XLV**, p. 52.
(4) **XLV**, p. 59-60. — (5) **XLV**, p. 48. — (6) **XLV**, p. 47, 55.

pour la plupart en Grèce inexplicables par le grec, — ne permettent pas d'aboutir à des conclusions certaines (1). On peut, sans erreur, affirmer que la langue parlée par les Égéens a eu une grande influence sur la formation du grec (2), mais on doit s'en tenir à cette affirmation générale, sans pouvoir rien préciser des cas particuliers.

Du moins le grec est-il plus riche en données sur les populations de langue indo-européenne ? Où et quand ont vécu les peuples qui parlaient l'indo-européen commun ? on l'ignore (3), et on ignore de même où et quand de ce tronc commun s'est détaché le rameau qui est constitué par le grec commun. Si les linguistes renoncent à confirmer ou à infirmer le rapprochement fait par les anciens entre le thrace et le phrygien, ils affirment du moins que le thrace n'est pas proche du grec, ce qui laisse croire que Thraces et Hellènes étaient depuis longtemps séparés et que les migrations helléniques ont suivi les routes occidentales des Balkans (4).

Il est non moins malaisé de définir avec exactitude les relations des dialectes grecs entre eux. On a, semble-t-il, avec l'ionien d'une part, le groupe occidental de l'autre, deux termes extrêmes entre lesquels viennent se placer comme types intermédiaires l'arcado-chypriote et l'éolien (5). Mais la réalité, infiniment complexe, ne comporte pas de cadres rigides. Les limites des variations dialectales s'enchevêtrent (6) non seulement parce que les dialectes peuvent garder de leur commune origine des traits communs, mais plus encore parce qu'ils n'ont jamais cessé d'agir et de réagir les uns sur les autres, pénétration réciproque bien naturelle en un pays où les échanges de peuple à peuple, de quelque nature qu'ils soient, ont été de tout temps nombreux et faciles. Il est donc à peu près impossible d'établir en séries chronologiques bien ordonnées les faits linguistiques et par

____

(1) **XLV**, p. 57. — (2) **XLV**, p. 60. — (3) **XLV**, p. 10. — (4) **XLV**, p. 54. (5) **XLV**, p. 111. — (6) **XLV**, p. 7.

conséquent d'affirmer la dérivation ou la parenté de deux parlers grecs. A plus forte raison, ne faut-il pas étendre les conclusions et vouloir passer de la langue au peuple qui la parle. Que deux populations aient le même parler, cela prouve sans doute qu'elles ont à un moment donné noué des relations assez étroites. Mais quand et combien de temps, sous quelle forme, conquête, pénétration pacifique ou échanges commerciaux, ces rapports se sont-ils établis? Nous ne le saurions pas si nous n'avions d'autres sources d'information.

Les historiens sont tentés de faire de l'histoire des dialectes grecs l'histoire des tribus helléniques : c'est oublier que la langue est indépendante et de la race et de la nationalité. Les linguistes, au contraire, demandent aux historiens les données précises qui leur sont nécessaires pour replacer les langues dans leur milieu historique et, avec une extrême prudence, ils se refusent à reconstruire d'après des documents linguistiques la préhistoire grecque. « Sauf quelques grands traits généraux, comme la répartition des parlers grecs en quatre groupes principaux, comme l'existence d'un groupe ionien, qui, à date historique, n'est plus guère qu'une κοινή, et d'un groupe dorien assez tôt brisé en une infinité de parlers autonomes, la linguistique ne saurait guère fournir de données certaines à un historien ; et surtout, si elle peut confirmer des faits établis par ailleurs, on ne saurait s'en servir pour édifier une préhistoire de la Grèce (1). »

III

Rien ne nous renseigne mieux sur les civilisations disparues que les vestiges matériels qu'elles ont laissés. Si les anciens n'ont pas mené méthodiquement les recherches et pratiqué des fouilles archéologiques comme l'ont fait les modernes, ils ont

(1) **LXXVIII**, p. 113.

pu utiliser des découvertes fortuites. Lorsque les Spartiates croyaient retrouver à Tégée les ossements d'Oreste (1) ou que les Athéniens ouvraient à Skyros le tombeau qui contenait les restes présumés de Thésée, une épée et une pointe de lance en bronze (2), ils se trouvaient assurément en présence de tombes anciennes, très antérieures aux temps classiques. A Délos, les tombeaux des Vierges Hyperboréennes (3), respectés lors de la purification de 418, étaient sans nul doute des tombes préhistoriques, auxquelles leur haute antiquité faisait attribuer un caractère sacré, peut-être l'ossuaire mycénien retrouvé à l'intérieur du sanctuaire (4). Parmi les offrandes conservées dans les temples, il se trouvait des objets qui passaient pour avoir appartenu aux héros mythiques, c'est-à-dire qui dataient du passé le plus reculé. La lance d'Achille, que possédait le temple d'Athèna à Phasélis (5), était assurément une arme de bronze des temps mycéniens, et mycéniens encore étaient sans doute les bijoux que l'on montrait à Delphes (6), à Délos (7) et à Amathonte (8) comme étant le fameux collier d'Ériphyle, œuvre d'Héphaistos. La relique la plus extraordinaire que Pausanias ait vue à Sparte, l'œuf pondu, disait-on, par Léda (9), était à coup sûr un de ces œufs d'autruche, de provenance égyptienne, dont les princes égéens ou mycéniens aimaient à orner leur demeure (10). De même qu'ils pouvaient contempler les murs et la porte de Mycènes (11) ou les tombes à coupole qu'ils appelaient trésor d'Atrée (12) et trésor de Minyas (13), les anciens avaient sous les yeux des objets mobiliers des âges primitifs de la Grèce.

Trop confiants dans leur histoire légendaire, ils n'ont pas, il est vrai, su utiliser ces documents. Il faut un esprit avisé

(1) HDT., I, 67-68 ; PAUS., III, 3, 6 ; III, 11, 10. — (2) PLUT., *Thes.*, 36.
(3) HDT., IV, 35. — (4) *Compt. R. Ac. Insc.*, 1907, p. 338.
(5) PAUS., III, 3, 8. — (6) PAUS., IX, 41, 2. — (7) II, XI, 287 B, 1. 18.
(8) PAUS., IX, 41, 2. — (9) PAUS., III, 16, 1.
(10) **LXXIX**, p. 71 ; **XLVII**, III, p. 856-866 ; **CXXVII**, p. 315.
(11) PAUS, II, 16, 5. — (12) PAUS., II, 16, 6. — (13) PAUS., IX, 36, 4.

et perspicace comme celui de Thucydide pour discerner la valeur des données archéologiques : voulant prouver l'occupation des Cyclades par les Cariens, Thucydide note que, parmi les tombes relevées à Délos lors de la purification de 418, on peut en reconnaître de cariennes au mode de sépulture et à la forme des armes déposées aux côtés du mort (1). Il ne serait pas surprenant que ces remarques de Thucydide eussent fait imaginer que, dans le prétendu arbitrage entre Mégare et Athènes pour la possession de Salamine, Solon avait invoqué comme argument l'orientation des tombes identique à Salamine et à Athènes (2).

Les modernes, en revanche, ont beaucoup demandé à l'exploration des sites antiques et en ont beaucoup obtenu. Ce sont les découvertes archéologiques qui ont renouvelé notre connaissance des origines grecques. Avec les fouilles de Schliemann, c'est toute la période mycénienne qui est sortie de l'ombre, avec celles d'Evans toute la période égéo-crétoise. Du coup on gagnait plus de dix siècles au delà d'Homère. Et ce sont encore les fouilles de Béotie, de Phocide, de Thessalie, de Macédoine qui, au delà des Égéens, nous révèlent l'âge néolithique et nous conduisent aux premiers établissements humains dans les Balkans.

Les recherches méthodiques permettent d'établir une chronologie. D'abord et surtout une chronologie relative. Comme le géologue, l'archéologue étudie les stratifications des dépôts laissés par les habitats successifs et en déduit leur âge. L'exemple classique est celui du site de Troie, où un examen attentif a permis de reconnaître neuf couches superposées, depuis la Troie I néolithique jusqu'à la Troie IX gréco-romaine. D'un site à l'autre, on identifie les couches par les trouvailles : les tessons de poterie en particulier sont pour les archéologues ce que sont les fossiles pour les géologues et leur servent à

____

(1) Thc., I, 8. — (2) Plut., *Sol.*, 10.

reconnaître l'âge d'une couche donnée. Il est plus difficile
d'établir une chronologie absolue, c'est-à-dire de dater par rapport à l'ère chrétienne chaque période archéologique. La chronologie grecque s'appuyait sur les listes d'éponymes dressées
dans les cités ou les sanctuaires : la plus célèbre était celle des
Olympioniques, qui commençait avec la première olympiade
en 776. Encore ces listes, qui ne remontaient pas au delà du
viiie siècle, sont-elles dans leurs parties les plus anciennes très
suspectes. Pour les époques antérieures, les dates ne peuvent
être obtenues que par comparaison avec celles des peuples entrés
plus tôt dans l'histoire, c'est-à-dire les peuples d'Égypte ou de
Mésopotamie. Les trouvailles d'objets égyptiens, en particulier
de scarabées portant des noms de Pharaons, permettent d'établir des synchronismes entre les temps égéens ou mycéniens
et les dynasties égyptiennes. Mais ces rencontres sont rares et
la chronologie égyptienne elle-même n'est pas assez sûre pour
fournir une base indiscutable à la chronologie de la préhistoire
grecque.

Jusqu'à présent, le sol grec n'a livré aucun spécimen de l'industrie paléolithique. Les plus anciennes traces de l'homme en
Grèce appartiennent aux temps néolithiques. Encore le néolithique pur n'apparaît-il qu'en Crète ; sur le continent, les premières civilisations sont de la fin des temps néolithiques, ou
plutôt de la période dite énéolithique, qui se caractérise par
les premiers outils de cuivre. Sur toute la Grèce continentale
s'étend alors une même civilisation, dont l'unité ne sera rompue
que sous l'action de populations qui, avec l'utilisation du bronze,
se développent beaucoup plus rapidement. Venue par mer, la
culture égéo-crétoise se répand sur toutes les côtes de la
Méditerranée et pénètre plus ou moins profondément à l'intérieur des terres. Tandis que la Grèce du Nord, à demi-barbare, en reste à ses habitations et à son outillage néolithiques,
la Grèce centrale et le Péloponnèse, au contact des Égéens,
s'éveillent à la civilisation.

Puis la civilisation égéo-crétoise se modifie, et de nouveaux
éléments viennent caractériser une période plus récente. C'est
par exemple le type de l'habitation. Aux pièces généralement
carrées, couvertes d'une terrasse, dont la juxtaposition irré-
gulière donne le plan enchevêtré des palais crétois, s'oppose
une maison de plan un et simple, rectangle allongé avec l'entrée sur le petit côté, sans étage, abritée sous un toit aigu et
débordant (1). A Phaistos, ce type d'habitation, le *mégaron*,
appartient à une couche supérieure à celle qui contient le palais
égéen (2) : les deux édifices représentent donc deux périodes
successives et séparées par un intervalle plus ou moins long.
C'est à cette civilisation où les nouveautés s'unissent, pour le
transformer, à l'héritage des Égéens que l'on a donné le nom
de mycénienne. Elle s'est développée d'abord sur le continent
et de là s'est répandue dans les îles et en Crète où elle a fini
par supplanter la civilisation crétoise.

La civilisation mycénienne subit à son tour une évolution.
Sans disparaître, les éléments les plus anciens s'effacent de
plus en plus, tandis que les éléments nouveaux prédominent.
Ainsi, au décor naturaliste des Égéens, qui puisaient leur inspiration dans le monde vivant, se substitue une décoration
purement ornementale faite de combinaisons de lignes et d'éléments géométriques. Ce qui caractérise le mieux ce nouvel âge,
c'est l'usage courant du fer : dans les tombes du Dipylon, à
côté des vases de style géométrique, apparaissent les premières épées de fer (3). Avec l'âge du fer nous touchons aux
temps historiques.

L'archéologie offre une certitude qui satisfait l'esprit, mais
encore faut-il ne pas lui demander plus qu'elle ne peut donner. Les archéologues, aussi prudents que les linguistes, s'en
tiennent à leurs études propres, sans vouloir étendre au delà
leurs conclusions. Lorsqu'ils décrivent les civilisations préhis-

(1) **LXXXIV**, 51 sq.; 114 sq. — (2) **LXXXII**, p. 100 sq.
(3) **XVII**, XIII (1888), p. 297.

toriques qui se sont succédé en Thessalie, MM. Wace et Thompson déclarent formellement n'utiliser que les données purement archéologiques et exclure toute question de race et tout nom légendaire (1). De même M. Bulle, pour les couches reconnues par lui à Orchomène, adopte des dénominations purement conventionnelles, de façon à ne pas faire intervenir de données traditionnelles, comme l'existence d'un peuple minyen (2).

Même sans sortir du domaine archéologique, on est obligé de se demander comment une civilisation a succédé à une autre. Deux cas se présentent. Ou bien la civilisation évolue lentement comme par un développement naturel : on suppose alors qu'elle appartient à un même peuple, gardant longtemps le même habitat, et, si l'on aperçoit quelques éléments nouveaux, on les attribue à l'influence des peuples voisins, mais à une influence s'exerçant par simple contact à la faveur de relations commerciales et pacifiques. C'est ainsi que l'on se représente l'évolution de la Grèce néolithique au contact des insulaires. Ou bien il y a substitution brusque d'une civilisation à une autre, les deux civilisations ne semblent avoir entre elles aucun point de contact; on suppose alors des changements dans la population, l'arrivée d'un peuple de conquérants qui impose aux vaincus sa propre culture. A Orchomène, M. Bulle note entre la couche des *bothroi* et la plus ancienne couche mycénienne des différences si profondes qu'il conclut à l'établissement de nouvelles populations de race étrangère (3). Mais est-il besoin d'indiquer ce que de telles conclusions ont d'hypothétique? Une civilisation peut se transmettre d'une population conquise à ses conquérants sans qu'on puisse constater de hiatus et comme si l'évolution se poursuivait lente et normale. Les influences étrangères peuvent être assez puissantes pour transformer une civilisation sans qu'il y ait rempla-

_____

(1) **XCII**, p. 240. — (2) **XCVI**, p. 53. — (3) **XCVI**, p. 57.

cement d'une population par une autre. Pas plus que la communauté de langage, la communauté de culture n'implique l'identité de race ou de nationalité.

L'archéologie se révèle impuissante dès qu'on veut mettre un nom historique sur telle ou telle de ses données. Ainsi, comme l'apparition du style géométrique « coïncide avec l'entrée en scène des Doriens » (1), on a conclu que ce style était un apport dorien. Plutôt que de renoncer à en faire une caractéristique des peuples doriens, certains historiens ont admis, à l'encontre de toutes les traditions, que l'Attique avait été occupée par les Doriens, puisque les tombes du Dipylon contenaient les plus purs échantillons de la céramique géométrique (2). Sans doute on est en droit d'opposer l'art naturaliste de l'Europe méridionale, qui goûte la variété et la souplesse de la vie, et l'art ornemental de l'Europe centrale, épris de symétrie et de géométrie (3), si bien que le développement du style géométrique pourrait traduire une prédominance des influences du Nord. Mais cela nous donne-t-il le droit d'identifier style géométrique et art dorien ? On a noté depuis longtemps que les plus beaux exemplaires du style géométrique proviennent de l'Attique, c'est-à-dire d'une région que tous les autres témoignages s'accordent à laisser à l'écart de l'invasion dorienne. De même, les Cyclades ont une céramique géométrique originale où l'on ne saurait guère non plus faire intervenir les Doriens. Plus significatifs encore sont les vases géométriques de Béotie : les potiers béotiens se sont inspirés de la céramique des Cyclades autant et plus que de celle du Dipylon (4), si bien que le style géométrique a dans la Grèce centrale suivi la marche inverse de celle qu'on prête aux envahisseurs doriens. Aussi a-t-on pu songer à une autre hypothèse, rappeler que la poterie néolithique avait connu un décor géométrique très simple et supposer que cette décoration pri-

(1) L, I, p. 220. — (2) **LXXXIII**, p. 41. — (3) L, I, p. 222.
(4) **XI**, XXXV (1911), p. 390.

tive a réapparu et a pris une valeur nouvelle lorsque les influences égéennes, qui l'avaient éliminée, sont venues à disparaître. Entre les hypothèses nous n'avons pas ici à choisir,
mais cet exemple suffit à montrer à quelles difficultés on se
heurte lorsque l'on veut attribuer à un peuple déterminé une
civilisation qu'a définie l'archéologie.

IV

LES DONNÉES ANTHROPOLOGIQUES.

« Un peuple change de langue, de mœurs, d'industrie parfois
au bout d'un temps relativement court; il ne peut perdre avec
la même rapidité sa taille, sa couleur, la forme de son
crâne (1). » Ce que la linguistique ou l'archéologie nous
laissent ignorer des populations primitives de la Grèce,
l'apprendrons-nous de l'anthropologie ? La question est d'importance pour ceux surtout qui veulent expliquer les caractères
du peuple grec et de chaque tribu grecque en particulier par
des différences de race. Aujourd'hui, des trois races entre lesquelles peuvent se répartir les Européens, deux prédominent
dans les Balkans (2). Sur les côtes, c'est l'*homo mediterraneus*,
de petite taille, au crâne allongé, à la face longue et étroite,
aux yeux foncés, aux cheveux noirs. Dans l'intérieur, c'est
l'*homo alpinus*, qui lui aussi a une taille petite ou moyenne, des
yeux bruns, des cheveux noirs ou châtains, mais dont la tête
est ronde et la face large. Mais peut-on croire à la permanence
des types depuis l'antiquité et de l'état présent est-on en droit
de conclure à celui d'autrefois ?

Il faudrait, pour étudier les races de la Grèce antique, plus de
documents que nous n'en avons. Les anciens n'ont pas établi de
statistiques comme les ethnographes modernes. C'est par hasard
que nous rencontrons chez eux quelque allusion à la couleur
des cheveux ou des yeux des personnages dont ils nous con-

______

(1) DE QUATREFAGES, cité **LXXXV**, p. 320. — (2) **LXXXV**, p. 326.

tent l'histoire. La peinture n'a à peu près rien laissé, et la sculpture, qui jusqu'au ivᵉ siècle ignore le portrait, nous offre un type conforme à l'idéal des Grecs, mais dans quelle proportion ce type se rencontrait-il dans la réalité ? Le nez grec est justement célèbre : mais combien y avait-il de nez camus comme celui de Socrate (1) ? Les données les plus certaines sont les mesures d'os ou de crânes trouvés dans les tombeaux. Mais le nombre des squelettes scientifiquement mensurés est minime et les résultats bien difficiles à interpréter en raison de leur variété. Ainsi, sur sept crânes trouvés sur la colline des Muses qu'a mesurés Virchòw (2), il y a un brachycéphale, deux mésocéphales, trois dolichocéphales, un ultradolichocéphale : peut-on vraiment tirer quelque déduction de cette statistique ? Et ne faut-il pas se rappeler sans cesse qu'en tout pays les types physiques les plus variés se rencontrent en même temps et que la question est seulement de savoir lequel est le plus souvent représenté (3) ?

Les peintures égéo-crétoises nous présentent un homme où l'on pense tout de suite reconnaître un *homo mediterraneus*, et la mensuration des squelettes confirme cette impression : petite taille, crâne dolichocéphale, peau brune, cheveux noirs ondulés, ce sont les indices classiques de la race méditerranéenne. Mais la race est-elle pure ? Les tombeaux préhistoriques des Cyclades présentent déjà toutes formes de crânes (4). Lorsqu'à la civilisation égéo-crétoise succède la civilisation mycénienne, avons-nous une nouvelle race ? La physionomie de l'homme a varié : le Crétois est entièrement rasé, le Mycénien a une barbe touffue, mais ce peut être affaire de mode plus que particularité physique. Les mesures craniennes sont bien incertaines : quatre crânes des tombes de Mycènes, de Spata, de Nauplie sont ou brachycéphales ou sur la limite de la brachycéphalie (5) ; de même on a trouvé un crâne brachycéphale

---

(1) Plat., *Thcæt.*, 143 e. — (2) **LXXXIX**, p. 680-681.
(3) **LXXXV**, p. 339. — (4) **XC**, p. 225. — (5) **LXXXIX**, p. 677-680.

dans la Troie II (1). Mais les dolichocéphales se rencontrent
aussi : c'est la forme la plus fréquente de crâne dans la Troie III (2).
Il faudrait pouvoir étudier les autres données anthropologiques, la couleur des cheveux, des yeux et de la peau. A côté
du type brun, les Grecs ont connu un type blond. Aujourd'hui
la population de la Grèce compte encore environ 10 p. 100 de
blonds (3). Aux temps classiques, on cite des Lacédémoniennes
et des Béotiennes blondes (4), même chevelure chez des athlètes
vainqueurs à Némée et à l'Isthme (5). Bien plus, il semble que
la peau rosée, les yeux bleus et les cheveux blonds soient considérés comme les attributs d'une beauté supérieure : c'est
celle des dieux et des héros. Achille et Ménélas sont blonds,
Hélène est blonde comme Aphrodite aux cheveux d'or. A
noter cette supériorité accordée aux blonds, on était bien
tenté d'y reconnaître une race supérieure, c'est-à-dire une
aristocratie de conquérants opposée aux indigènes basanés (6) ;
et comme le type blond évoque l'*homo nordicus*, le dolichocéphale blond de grande taille, n'était-on pas précisément en
présence de l'envahisseur venu de l'Europe centrale, l'Achéen
ou le Dorien ? Conclusion quelque peu hâtive. La valeur attri-
buée au type blond ne serait-elle pas tout aussi explicable par sa
rareté ? La beauté brune est appréciée comme la beauté blonde :
si les Charites sont blondes (7), les Muses ont des boucles sombres
comme les violettes (8), de même que la poétesse Sapho (9).

Les données anthropologiques sont assez variées pour qu'on
reconnaisse dans la population de la Grèce classique un
mélange. Le Grec est surtout un dolichocéphale brun, c'est-à-
dire un méditerranéen, mais il est de sang mêlé : peut-être le
nez grec, droit et mince, est-il un héritage du Nordique, le
Méditerranéen ayant le nez plus large et souvent retroussé,

(1 **LXXXVIII**, p. 103. — (2) **LXXXVIII**, p. 103.
(3) **LXXXVI**, p. 458. — (4) BACCHYL., XIX, 2 ; DICEARQ., 19.
(5) BACCHYL., VIII, 23 ; IX, 16. — (6) **LXXXVII**, p. 50.
(7) PD., *N.*, V, 54. — (8) PD., *I.*, VII, 23. — (9) ALC., fr. 55.

comme l'a déjà la « Parisienne » de Cnossos (1). Mais si on
n'arrive pas à déterminer les éléments dont le mélange a donné
la population des temps classiques, comment vouloir, dans cette
population même, discerner des différences ethniques ?
L'Ionien, l'Athénien, le Spartiate ne différaient pas physiquement. Corps sain et vigoureux, souple et nerveux, traits réguliers, front un peu bas encadré d'une chevelure ondulée ou
bouclée, grands yeux, nez droit, bouche fine, menton un peu
fort, tous ces traits d'un type que la littérature et l'art ont glo-
rifié sont communs à tout le peuple grec. Il est bien inutile de
vouloir dans ce genre distinguer des espèces. « Ni le type, ni la
race ne sont, dans l'état actuel de l'humanité, des réalités objectives (2). » Il en était de même dès la plus haute antiquité
grecque. Introduire dans l'histoire grecque la notion de race,
c'est de gaieté de cœur s'exposer aux erreurs innombrables
qu'a entraînées aussi bien dans les sciences morales que dans
la politique l'abus de ce terme (3).

V

Les origines grecques.

Au terme de cet examen, on se sent gagner par le doute et
le scepticisme. N'est-ce pas œuvre décevante, œuvre impossible
que de débrouiller l'écheveau des origines grecques ? On
est devant des séries de faits, dont chacune prise à part s'or-
donne et a une allure scientifique ; mais comment passer de
l'une à l'autre ? Entre les témoignages des anciens et leurs
récits traditionnels, les données linguistiques, les faits de civilisation, ajoutons même les rares documents anthropologiques,
où trouver les concordances qui permettraient de les interpréter
les uns par les autres ? Il ne faut pas méconnaître combien
toute reconstruction est hypothétique. Mais la part de l'hypo-

____

(1) *Ann. of brit. School at Athens*, VII, p. 57, fig. 17 ; cf. VIII, p. 55, fig. 28.
(2) Topinard, *L'homme dans la nature*, p. 43. — (3) **LXXXV**, p. 320.

thèse est d'autant plus grande que l'on veut pousser l'étude
dans le détail. Si l'on s'en tient aux grandes lignes, il ne semble
plus aussi tèméraire de reconnaître un certain accord entre
les données les plus générales. Le tableau d'ensemble des
origines grecques, sur un point au moins, recevra d'ailleurs
quelque lumière de documents historiques, les textes égyptiens, qui nous fourniront le chaînon par où rattacher la préhistoire à la protohistoire.

Les premières populations, dont on constate l'existence, sont,
en dépit de leur apparition tardive, à la fin des temps néolithiques, encore toute proches de la plus primitive barbarie.
Tatoués, armés de haches de pierre polie et de couteaux d'obsidienne, usant d'une poterie grossière et décorée d'incisions,
abrités dans des huttes rondes en branchages et en pisé, ces
premiers habitants de ce qui sera la Grèce ne devaient pas
différer beaucoup des sauvages de la Polynésie. Sur toute la
péninsule s'étend une même civilisation, ce qui d'ailleurs ne
préjuge rien de la race. Ces populations parlaient des langues
non indo-européennes, peut-être celles qui avaient, aux temps
classiques, survécu en quelques points du monde égéen, à
Lemnos par exemple. La toponymie en a gardé probablement
des traces : le nom de *Larisa*, que l'on retrouve tant de fois
dans la Grèce d'Europe et d'Asie (1), semble appartenir à ces
langues disparues et désigner la citadelle, la ville forte. Nous
appellerons ces peuples primitifs Pélasges, puisque c'est le
nom qui pour les Anciens s'appliquait aux populations antérieures aux Hellènes, de langue non hellénique (2). Mais nous
renonçons à savoir ce qu'étaient réellement les Pélasges.
Sont-ils le clan des cigognes, πελαργοί (3) ? Sont-ils originairement une branche des Pélagons et sont-ils parents des
Péoniens et des Phrygiens (4) ? On reste rêveur quand on
voit un savant tracer le portrait physique et moral des Pélasges

(1) STR., IX, 5, 19. — (2) HDT., I, 57 ; THC., IV, 109. — (3) STR., IX, 1. 18.
(4) **LXXXI**, p. 98-99.

et affirmer avec le plus grand sérieux que c'était une « race
énergique et vive, aux passions ardentes et concentrées, très
intelligente, d'une volonté patiente et opiniâtre » (1). Il est bien
entendu que, pour nous, Pélasges n'est qu'un terme commode
pour éviter les périphrases et faciliter l'exposition.

C'est des Égéo-Crétois que les Pélasges reçurent les premiers
éléments d'une civilisation supérieure. Ce n'est pas ici le lieu de
s'étendre sur la civilisation égéenne (2). Ce qui nous importe-
rait seulement, c'est de savoir si Égéo-Crétois et Pélasges avaient
entre eux d'autres rapports que les relations de voisinage et
de commerce qui suffisent à expliquer l'influence des uns sur
les autre. Étaient-ils de même race ? Parlaient-ils les dialectes
d'une même langue ? Nous l'ignorons, si bien qu'il nous est
impossible de dire des survivances des temps préhelléniques
que nous rencontrons dans la Grèce classique si elles sont
« pélasgiques » ou « crétoises ».

Vers la fin du XVe siècle, de nouveaux peuples apparaissent
dans l'histoire, qui nous sont connus par les documents égyptiens (3). Les Pharaons qui repoussent les invasions lancées
d'Asie par les Hittites, d'Afrique par les Libyens, rencontrent
dans les rangs de leurs adversaires ceux que les textes égyptiens appellent « les peuples de la mer », et les noms à travers la
transcription égyptienne laissent reconnaître des peuples et
des villes des temps classiques. Vers 1280, le roi hittite, qui
combat Ramsès II à Kadesh, a comme auxiliaires les Mysiens,
les Dardaniens, les Lyciens, les gens de Gergis, de Pédasos,
d'Ilion. A la fin du XIIIe siècle, les Libyens qui attaquent
Merenptah sont aidés des Lyciens, des Achéens, des gens de
Tarse, de Sardes, de Sagalassos, et ce sont encore les mêmes
peuples que, vers 1190, l'on retrouve, avec les Philistins, parmi
les envahisseurs qui viennent, par terre et par mer, menacer
l'Égypte sous Ramsès III.

(1) **LXXXVII**, p. 47. — (2) Voir le tome IX de l'*Évolution de l'Humanité*.
(3) **CXXVI**, II, p. 359 sq. ; **XXXIV** I², p. 800 sq.

Les « peuples de la mer » sont assurément les ancêtres des peuples classiques de Grèce et d'Asie Mineure. Ils sont apparentés sinon par la race, de laquelle nous ignorons à peu près tout, du moins par la langue, tous leurs parlers appartenant à la famille linguistique qu'on appelle indo-européenne. Les nouveaux venus descendent de l'Europe centrale vers la péninsule des Balkans. Les uns passent à l'est et peuplent de tribus parentes les deux rives septentrionales de la mer Égée, la Thrace et la Phrygie. Les autres arrivent par l'ouest à travers les montagnes d'Illyrie et d'Épire. Ceux-ci sont les ancêtres des Hellènes. Nous pouvons les appeler Achéens, nom qui pour nous aura la même valeur conventionnelle que celui de Pélasges, mais qui du moins est attesté par la transcription égyptienne et qui est resté vivant dans la tradition grecque. Les poèmes homériques n'en connaissent pas d'autre pour désigner les Hellènes, et le terme de Πανέλληνες, employé dans le *Catalogue des vaisseaux* (1), suffit pour faire rejeter le vers par Aristarque (2).

Arrivés par l'ouest, ces premiers Grecs s'arrêtent d'abord en Épire, puis passent en Thessalie : les deux contrées qui gardent aux temps classiques le souvenir d'avoir été la première Hellade sont les pays de Dodone (3) et la Phtiotide (4), qui conservera le nom d'Achaïe. De Thessalie ils descendent dans la Grèce centrale, puis envahissent le Péloponnèse. Ils ont été jusque-là des terriens qui suivaient les routes continentales, mais au contact de la mer, d'une mer où tout facilite la navigation et invite au départ, ils deviennent des navigateurs. Attirés par la renommée des richesses égéennes, ils gagnent les îles et débarquent en Crète : l'empire minoen est ruiné, les palais sont incendiés et détruits. Enfin ils poussent jusqu'à Chypre : le dialecte chypriote, survivant de l'achéen commun, sera un témoignage de cette plus ancienne expansion hellénique.

(1) Il., II, 530. — (2) Cf. Thc. I, 3. — (3) Arstt., *Meteor*, I, 352 a.
(4) Thc., I, 3.

Les Achéens introduisent de nouveaux éléments de civilisation. Des pays septentrionaux où ils avaient dû se défendre de la pluie et de la neige, ils ont apporté le mode de couverture qui convient au climat humide, le toit à double rampant, et de cette disposition du toit dérivent tous les traits qui caractérisent l'habitation achéenne, le *mégaron*. Peuple de guerriers, qui recherchent le corps à corps, soit à pied, soit sur les chars de guerre, ils ont des armures de bronze qui couvrent tout le corps : la supériorité de l'armement leur assurera la victoire sur les Égéo-Crétois qui n'ont d'armes défensives qu'un bouclier et dont le petit poignard triangulaire ne saurait valoir l'épée achéenne à la lame étroite et allongée. Mais, comme d'ordinaire, les vaincus gagnent à leur civilisation supérieure les vainqueurs. Du mélange des éléments crétois et des éléments helléniques se forme la civilisation mycénienne. Elle continue la civilisation crétoise, mais elle est assurément moins brillante parce que la Grèce tout entière reste troublée du fait de l'invasion et des guerres incessantes. L'insécurité générale se traduit dans l'aspect des forteresses de Mycènes ou de Tirynthe, d'où le prince achéen peut fondre sur le plat pays pour rançonner les paysans et les marchands et où il abrite derrière de formidables remparts les trésors et le butin. C'est le début d'une période où va dominer la force brutale.

L'invasion achéenne n'a pas eu la simplicité et la régularité d'une expédition préparée et conduite par un chef unique. Elle s'est faite par arrivées successives de bandes plus ou moins nombreuses et on serait fort embarrassé de discerner les moments et les étapes de ces multiples migrations. La marche des dernières tribus descendues de l'ouest semble du moins avoir laissé dans les souvenirs des âges postérieurs une trace assez profonde pour qu'elle ait été mise à part et qu'elle soit devenue un acte aussi important que la première invasion : les Achéens doivent céder la place aux Doriens, comme aux Achéens les Égéens. La question de l'invasion dorienne reste très controversée et ce ne sont pas les traditions antiques sur les expéditions des Héraclides qui permettent d'éclairer le problème. Il semble difficile cependant de ne pas garder le fait dans sa généralité, si l'on ne veut pas accepter tous les détails. Les Achéens de Mycènes en étaient encore à l'âge du bronze : or voici qu'apparaissent les armes de fer, lances et épées, et la métallurgie du fer se propage le long des routes qui sont attribuées à l'invasion dorienne (1). Ici encore la supériorité de l'armement suffirait à expliquer les succès d'un nouveau ban d'envahisseurs, suivant à peu près les mêmes voies que leurs devanciers et venant remplacer les Achéens en Thessalie, dans la Grèce centrale, dans le Péloponnèse, en Crète. Ces nouveaux venus se distinguent des conquérants de l'âge précédent. Les cités doriennes, par exemple, sont divisées en trois tribus, Δωριέες τριχάϊκες (2), tandis que les achéennes en comptent quatre : déjà l'auteur du *Catalogue des vaisseaux* groupe par multiple de trois les vaisseaux des Doriens (3), par multiple de quatre ceux des autres Grecs (4). Enfin les mouvements de peuple qui vers le xe siècle agitent de nouveau les pays de la mer Égée et aboutissent à la formation de la Grèce d'Asie s'expliquent plus aisément si l'on suppose dans la Grèce continentale le bouleversement d'une nouvelle invasion, cause de départs et de migrations.

Si l'on a peine cependant à se prononcer sur la réalité de l'invasion dorienne, c'est qu'entre Doriens et Achéens les différences sont peu marquées. Tandis que les Achéens n'avaient originairement rien de commun avec les Égéo-Crétois, les Doriens et les Achéens ne sont que des tribus d'une même population, parents de race et de langue. La différenciation des peuples grecs, plus encore leur opposition, ne s'est faite que lentement et tardivement. Les noms d'Ioniens (5) et de Doriens (6) se rencontrent déjà dans les poèmes homériques, mais dans des passages de date récente. Hérodote connaît le

(1) XCII, p. 255. — (2) OD., XIX, 177. — (3) IL., II, 587, 654.
(4) IL., II, 545, 557, 671, 680. — (5) IL., XIII, 685. — (6) OD., XIX, 177.

δωρικὸν γένος et l'ἰωνικὸν γένος (1), mais il ne signale pas encore
chez les uns ou les autres d'esprit en quelque sorte national et
il nous apprend que les Athéniens rougissent d'être appelés
Ioniens (2). Qu'on passe d'Hérodote à Thucydide, et dans ce
court intervalle le ton a complètement changé. Dans les discours que Thucydide prête au syracusain Hermocrate et à
l'athénien Euphémos (3), s'expriment clairement les sentiments nouveaux : on a vraiment là en présence un bloc ionien
et un bloc dorien qui s'opposent comme d'éternels et irrécon-
ciliables ennemis. Il a fallu, pour en arriver là, la rivalité d'A-
thènes et de Sparte et toutes les haines déchaînées par la
guerre. L'opposition d'une race dorienne et d'une race ionienne
n'a pas été la cause, mais la conséquence de la guerre du Péloponnèse.

En réalité, les différences entre les divers groupes grecs ont
été à l'origine peu accusées. Les peuples, des Pélasges aux Doriens, s'étaient, dès le temps des migrations, suffisamment mélangés pour qu'une population unique fût née et eût pris des
caractères communs. Pas plus qu'il ne faut chercher dans la
nature des pays grecs l'explication nécessaire de toute leur
histoire, on ne trouvera cette explication dans des différences
d'origine et des oppositions de race. Le climat, le sol, la végétation de la Laconie et de l'Attique se ressemblaient plus qu'ils
ne s'opposaient; de même les hommes, Spartiate et Athénien,
n'avaient rien de spécifiquement différent. Les deux cités, par
leurs institutions, leurs mœurs, leur vie économique, devaient
au viiie siècle se distinguer bien peu l'une de l'autre et, au
vie siècle, Sparte n'était pas encore tellement à part du monde
grec : l'esprit « dorien », conservateur, militaire et aristocratique, était celui de toute la Grèce archaïque. La différenciation
s'est faite peu à peu avec le développement historique, avec
l'évolution de la vie politique et économique. Certes l'action

(1) Hᴅᴛ., I, 56. — (2) Hᴅᴛ., I, 143. — (3) Tʜᴄ., VI, 76 sq.

du milieu, les conditions d'origine ne sont pas négligeables,
mais le temps, c'est-à-dire le déroulement des faits, a eu autant,
sinon plus d'action. C'est en analysant les combinaisons de ces
trois éléments, milieu géographique, population et développement historique, que nous chercherons ce qui distingue
dans leur période de formation les divers États de la Grèce
classique.

CHAPITRE II

LES FRONTIÈRES DE LA GRÈCE PROPRE

I

L'Épire, l'Étolie et l'Acarnanie.

Il est assez difficile d'assigner à la Grèce une limite précise,
d'autant que les populations qui vivaient sur les frontières
étaient de race mélangée. Ce qui caractérise en fait les pays
grecs, c'est le dessin des côtes : là où la terre et la mer cessent
de se pénétrer, là s'arrête la véritable Grèce. C'est d'après ce
principe qu'on peut donner à la Grèce antique comme frontière
approximative la limite que traça pour la Grèce moderne l'accord de 1881.

Vers l'ouest, la Grèce commençait pour les historiens grecs à
l'Acarnanie (1). Plus au nord, l'Épire n'en fait pas partie, au
moins à l'époque classique. Car primitivement le pays avait
été occupé par des populations helléniques et c'est même de là
qu'on faisait partir les migrations grecques. Cette population
de race hellénique s'était maintenue dans la région de Dodone.
Les Selles, qui desservaient le sanctuaire de Zeus Naos, rappelaient par leur nom même le souvenir de cette Hellade primitive (2). Mais sur les éléments grecs s'était étendue une forte
couche illyrienne. Pour les Grecs du v⁰ siècle, les Illyriens, au
même titre que les Macédoniens, sont des Barbares (3). Comme
en Macédoine, les colonies grecques installées sur la côte sont
des foyers de civilisation et, comme en Macédoine, la royauté

(1) Ephor., ap. Str.. VIII, 1, 3.
(2) Il. XVI, 235 ; Arstt., *Meteor.*. I, 352 a-b. — (3) Thc. II, 80.

s'hellénise plus vite que le peuple. Chez les Molosses, la dynastie royale prétendait se rattacher par Néoptolème à Achille et, au temps de la guerre du Péloponnèse, le roi Tharyps est l'allié d'Athènes et travaille à introduire en Épire les mœurs et la culture grecques (1). Mais ce n'est qu'au iii siècle que l'Épire prendra place parmi les États grecs.

Au sud de l'Épire, l'Acarnanie et l'Étolie ne sont pas beaucoup plus hellénisées. L'Acarnanie est un pays de plateaux calcaires. Toute la région côtière de la mer Ionienne est plus arrosée que celle de la mer Égée; Corfou reçoit presque trois fois autant de pluie qu'Athènes. Mais l'eau s'infiltre aussitôt et le plateau reste d'une absolue sécheresse. Comme en tout pays karstique, la surface se creuse de dépressions : c'est là que l'on trouve assez de terre végétale pour cultiver les céréales, là que viennent sourdre les eaux, là que se groupent les populations. Le site de Tyrrheion s'explique par la présence de deux sources abondantes et d'un cercle de dépressions cultivables au pied de la colline où était bâtie la ville. La côte est peu favorable à la navigation. Vers l'ouest, les plis fortement retroussés plongent directement dans la mer. Au sud, les alluvions de l'Achéloos s'étalent sur une côte basse et marécageuse ; elles ensablent le port d'Oiniadai et rattachent au continent les îles Échinades (2).

L'Étolie, bien qu'appartenant au même système montagneux, est toute différente. Pays de montagnes, de forêts et d'eaux vives, elle présente moins l'aspect méditerranéen que l'aspect alpestre. Les montagnes s'allongent selon une direction à peu près nord-sud, en rides régulières où alternent les larges bandes calcaires et les bandes plus friables du flysch. Elles étaient entièrement boisées — et le sont restées en partie — de chênes, de chataîgniers, de platanes dans les parties basses, de pins et de sapins sur les sommets. Les pluies sont

(1) PLUT.. *Pyrrh.*, 1 ; II, II, 115.
(2) HDT., II, 10: THC., II, 102; STR., I, 3, 18 ; X, 2, 2).

plus abondantes et la présence des forêts régularise le régime
des cours d'eau, si bien qu'on rencontre non seulement des
torrents, mais de véritables rivières. L'Achéloos est un des
rares cours d'eau de Grèce qui, par l'abondance de son débit,
mérite le nom de fleuve; malgré la vitesse du courant, les
bateaux pouvaient le remonter jusqu'à Stratos (1). Les rivières,
en particulier lorsqu'elles coulent sur le flysch, ont creusé des
ravins profonds et encaissés. La vallée est formée d'un chapelet de petits bassins, séparés les uns des autres par des barrages
rocheux où les eaux se fraient difficilement un passage. Elle
est un obstacle à la circulation ; les pistes préfèrent les crêtes
au fond de la vallée et, loin de suivre le cours d'eau d'amont en
aval, passent d'une vallée à l'autre en franchissant la ligne de
faîte. Ainsi l'Étolie est un pays de communications difficiles. Elle
est par là-même presque inattaquable. Aucune armée ne peut
la traverser sans le consentement des Étoliens (2). En 426,
Démosthène et les Athéniens ont appris à leurs dépens les
difficultés des guérillas en pays boisé et coupé (3). En 389,
Agésilas et les Spartiates rencontrent les mêmes difficultés en
Acarnanie (4).

En Étolie et en Acarnanie, la population est grecque, mais
mélangée d'éléments illyriens. Euripide appelle l'Étolien
Tydeus un demi-barbare, μιξοβάρβαρος. Le pays est découpé
en petites communautés, isolées les unes des autres, isolées
du reste du monde grec. Aussi les mœurs sont-elles restées
primitives et sauvages. Lorsque Thucydide veut donner
une idée de la vie grecque aux temps archaïques, il dépeint,
comme une survivance, celle des Étoliens et des Acarnaniens.
Ils habitent des bourgades non fortifiées et éloignées les unes
des autres (5). De même que les Illyriens (6), ils vivent de
brigandage et de rapines (7). Toujours prêts à attaquer ou à se

(1) Thc., III, 7 ; Str., X, 2, 2. — (2) Xen., *Hell.*, IV, 6, 14.
(3) Thc. III, 97-98. — (4) Xen., *Hell.*, IV, 6, 7-11. — (5) Thc., III, 94.
(6) Sch. Ar., *Av.*, 1521. — (7) Thc., I, 5.

défendre, ils portent constamment des armes (1) ; ils n'ont
d'ailleurs qu'un armement léger (2), qui les fait ressembler
plus à des Barbares qu'à des Grecs (3). Par le langage aussi,
ils rappellent les Barbares : leur dialecte, sans doute mêlé
d'illyrien, est pour un Athénien difficile à comprendre (4). Ils
semblent si étrangers à toute culture que certaines de leurs
tribus passent pour se nourrir de viande crue (5).

L'Étolie du Nord en particulier a ce caractère sauvage. La
civilisation n'a pu se développer que dans la plaine dont le
centre est occupé par le lac Trichonis. C'est une région moins
montagneuse, capable de porter des cultures, et surtout qui
est en communication avec la mer, c'est-à-dire qui peut par la
mer recevoir les influences grecques. Au sud, la principale cité
est Naupacte, ville locrienne, qui sert de base d'opération aux
Athéniens, du jour où ils y ont installé les Messéniens chassés
du Péloponnèse (6). Mais Naupacte n'est pas en relations
directes avec l'Étolie ; les routes qui en partent vont vers
Amphissa et Delphes (7) ou, à l'est du mont Corax, vers
Hypata et la vallée du Spercheios (8). La plaine du lac
Trichonis a donc moins de rapports avec le golfe de Corinthe
qu'avec le golfe d'Ambracie. De ce côté, la route franchit
l'Achéloos, au point où le fleuve se divise en plusieurs bras, et
le gué est si important que sur les deux rives s'élèvent des places
fortes qui surveillent le passage, Agrinion en Étolie, Stratos en
Acarnanie. Puis la route, profitant d'une dépression où se
logent de petits lacs, atteint le golfe d'Ambracie. Là florissaient
les colonies de Corinthe et de Corcyre, Anaktorion, Ambracie,
et c'est par là qu'avec le commerce corinthien vont pénétrer
les influences grecques.

Le centre religieux de l'Étolie semble être, dès le vi⁰ siècle,
le sanctuaire d'Apollon Thermios et c'est ce qui vaudra plus

(1) Thc.. I, 5. — (2) Thc., III, 94. — (3) Eur., *Ph.*, 138. — (4) Thc., III, 94.
(5) Thc., III, 94. — (6) Thc., I, 103. — (7) Thc., III, 101-102.
(8) **XI**, XXXI (1907), p. 303 sq.

tard à Thermos d'être la capitale fédérale des Étoliens. Le
temple est reconstruit au vi^e siècle sur l'emplacement d'un
édifice bien plus ancien. Il reproduit encore le type le plus
archaïque avec ses murs de briques crues reposant sur un sou-
bassement de pierre, sa colonnade et son entablement de bois,
sa décoration de terre cuite peinte (1). Devant les peintures des
métopes, le souvenir de Corinthe s'impose. On n'a là, à vrai
dire, que l'application à l'ornementation architecturale de la
peinture de vases et comme un agrandissement des sujets qui
décorent les grands cratères corinthiens. Et comme la céramique
corinthienne n'est elle-même qu'un reflet de la grande peinture,
ce sont sans doute les métopes de Thermos qui nous rendent le
mieux ce que pouvaient être les œuvres d'un Cléanthès, d'un
Ecphantos, d'un Arégon (2).

Quoi qu'il en soit, l'Acarnanie et l'Étolie restent, aux temps
classiques, quelque peu en dehors du monde grec. Les Acarnaniens ou les Étoliens ont été mêlés à la guerre du Péloponnèse, mais c'est qu'ils s'y sont trouvés entraînés par les colonies
voisines qui tenaient pour Athènes ou Sparte, Naupacte ou
Ambracie (3). L'Étolie devra attendre le iiie siècle pour jouer
un rôle notable dans la politique grecque.

II

LA THESSALIE.

Comme vers l'ouest l'Étolie et l'Acarnanie, vers le nord la
Thessalie est sur les confins du monde grec. L'histoire de la
Thessalie primitive est enveloppée d'obscurité. Les trouvailles
archéologiques montrent la succession et l'évolution de civilisations anonymes. L'ethnographie, qui, faute de mesures
craniométriques, se contente de recueillir quelques rares
témoignages sur les usages funéraires, ne peut fournir aucune
base solide (4). Les traditions et les légendes sont d'une inter-

(1) **XXVIII**, 1900, p. 161 sq. ; 1903, p. 71 sq. — (2) **L**, II, p. 457.
(3) THC., II, 80-82 ; II, 9. — (4) **XCII**, p. 250.

prétation hasardeuse. Il faut s'en tenir aux données générales les plus vraisemblables, mais ne pas oublier que nos reconstructions sont hypothétiques.

A l'époque néolithique, une même civilisation, dont témoigne une céramique identique, s'étend sur toute la Grèce du Nord, de la région d'Orchomène aux frontières de la Macédoine. La Thessalie, plus boisée qu'aujourd'hui et par conséquent moins accessible, fut longtemps occupée par des populations uniquement pastorales (1). Ces populations étaient vraisemblablement des Pélasges. Lorsqu'on retrouve, par exemple, des figurines obscènes dans les couches de la première culture thessalienne, on ne peut manquer de rappeler que, d'après Hérodote (2), c'est aux Pélasges que les Grecs avaient emprunté le type des hermès ityphalliques.

Placés en dehors des deux régions qui usent du métal, le Sud égéen et le Nord hellénique (3), les pasteurs de Thessalie ne seraient peut-être jamais sortis de leur civilisation arriérée sans l'arrivée de populations nouvelles d'une culture supérieure. Vers le milieu du deuxième millénaire, le premier ban des Hellènes entre en Thessalie. Couverts d'armes de bronze, les Achéens viennent facilement à bout des indigènes. Les légendes grecques garderont le souvenir des succès remportés sur des populations si sauvages qu'on ne peut voir en elles que des demi-animaux : la race des Centaures, vaincue par les Lapithes, se réfugie dans les montagnes et les forêts. L'occupation achéenne a laissé de profonds souvenirs. Homère — et Aristarque l'avait déjà remarqué (4) — ne connaît d'autre Hellade que la Phtiotide (5). C'est là que règnent les grands héros achéens. Les Hellènes sont les sujets d'Achille, et la « plaine » (6) sur laquelle règne Agamemnon, « Argos nourricière de chevaux » (7), fut sans doute l'Argos pélasgique, dont

----

(1) **XCII**, p. 242, 249. — (2) HDT., III, 51. — (3) **XCII**, p. 249.
(4) *Ad* IL., IX, 395. — (5) IL., II, 681-685. — (6) STR., VIII, 6, 9.
(7) IL., II, 287.

Larisa est le centre, avant que la descente des Achéens vers le sud n'ait transporté leurs légendes jusque dans l'Argos péloponnésienne (1). Les Achéens pourront quitter le pays, les uns refoulés dans la Grèce centrale, les autres gagnant par mer l'Éolide ; du moins les dieux helléniques, qui de Dodone sont venus s'installer sur l'Olympe, n'abandonneront plus cette haute demeure.

Les Doriens arrivent à leur tour. Pressés par les Épirotes (2), les Thessaloi et les Ilistiaioi viennent occuper les régions qui, du nom des envahisseurs, s'appelleront la Thessaliotide et l'Ilistiaiotide. Les trouvailles archéologiques témoignent de l'arrivée dans la vallée du Spercheios, par les défilés du Tymphreste, de peuples encore peu civilisés, qui apportent avec eux le fer et le décor géométrique des vases (3). C'est justement à quoi on pense reconnaître les Doriens. Chassés par les nouveaux venus, quelques-uns des anciens habitants cherchèrent refuge soit en Béotie, soit outre-mer. Mais le plus grand nombre resta dans le pays. Les envahisseurs, trop peu nombreux, se laissèrent absorber par les indigènes. Ils en adoptèrent la langue : les dialectes thessaliens font partie du même groupe que les dialectes béotiens et éoliens d'Asie (4), et les quelques traits qu'ils ont de commun avec les dialectes occidentaux (5) marquent qu'il y a eu contact, mais sans qu'on puisse parler d'une réelle influence des dialectes doriens.

La Thessalie, par le peuplement, est donc bien une terre grecque. Et cependant, aux temps classiques, elle semble rester en dehors de la Grèce. C'est que le pays lui-même est géographiquement assez différent.

La Thessalie est un pays plat. Les lacs des temps géologiques se sont vidés par les cassures comme la vallée de Tempé ; il en reste encore des vestiges notables, mais presque partout les fonds sont asséchés et forment des plaines. Ces plaines sont

(1) **CXVIII**, p. 29. — (2) Hdt., VII, p. 176. — (3) **CXII**, p. 255.
(4) **XLV**, p. 92. — (5) **XLV**. p. 111.

encerclées par les montagnes. Les chaînes, suivant de près le rivage, isolent de la mer l'intérieur et en font un pays continental. Seule la profonde échancrure du golfe Pagasétique rompt la barrière ; c'est là seulement que pouvaient s'établir des ports, Iolcos aux temps héroïques, Pagases aux temps classiques. Les Thessaliens sont un peuple de terriens, et cela suffisait déjà à les différencier profondément des autres Grecs. De plus, les montagnes bordières sont un obstacle aux influences maritimes ; aussi le climat tend-il vers un type continental. La moyenne annuelle de la température n'est pas sensiblement inférieure à celle des autres régions, mais les écarts sont beaucoup plus accusés : Trikka a une moyenne de 5° en janvier, de 27 en juillet. L'été, des vents brûlants dessèchent le sol et soulèvent des tourbillons de poussière. L'hiver, les froids sont assez rigoureux pour empêcher toute culture de l'olivier. C'est seulement sur les pentes du Pélion et de l'Ossa qui regardent la mer que les arbres fruitiers prospèrent et rappellent les vergers méditerranéens.

Ainsi, plus qu'aux contrées méditerranéennes, la Thessalie ressemble aux plaines steppiques de la Roumanie ou de la Russie méridionale. C'est une terre à céréales, un des domaines consacrés à la légende et au culte de Déméter. La fertilité en est célèbre (1) : le blé y pousse si vigoureux qu'on doit l'effaner en coupant les extrémités des tiges les plus élevées, de peur qu'il ne pousse qu'en feuille (2). Le blé est le principal article du commerce thessalien ; il s'exporte par le port de Pagases (3) et enrichit les douanes thessaliennes (4). On oppose à l'Attique qui achète les blés étrangers la Thessalie qui vend les siens au dehors (5). La moisson faite, la plaine est abandonnée au bétail, aux moutons et surtout aux chevaux. La Thessalie est un des rares pays grecs où puisse se faire dans de bonnes conditions l'élevage du cheval, aussi est-

____

(1) Thc., I, 2. — (2) Th., *H. P.*, VIII, 7, 4. — (3) Xen., *Hell.*, V, 4, 56.
(4) Dem., *Ol.*, I, 22. — (5) Xen., *Hell.*, VI, 1, 11.

elle la seule à disposer d'une cavalerie capable de jouer un rôle en temps de guerre.

Le Thessalie est donc un pays de culture, où il n'y a pas d'autre activité que les travaux ruraux, pas d'autre richesse que la propriété foncière. De là les caractères de la société thessalienne. L'exploitation des terres est confiée à une classe de serfs, les Pénestes. Descendants des populations vaincues, les Pénestes tiennent un rang intermédiaire entre les esclaves et les hommes libres. Ils sont attachés au sol, mais ils ne peuvent être ni vendus, ni mis à mort. Ils cultivent la terre pour le compte du propriétaire à qui ils paient une redevance convenue, mais, une fois ce fermage acquitté, ils disposent du surplus de la récolte et ils peuvent devenir plus riches que leurs maîtres (1). Leur supériorité sur les esclaves se marque bien dans le fait qu'ils peuvent porter les armes, qu'ils forment les équipages des navires (2), qu'ils servent même dans les troupes essentiellement aristocratiques, dans la cavalerie (3). Cette classe de serfs se rencontre dans les pays occupés par les Doriens, classe aristocratique et guerrière qui n'a pas voulu s'astreindre à l'exploitation directe, mais, si elle y a subsisté, c'est en raison du caractère agricole de ces pays et du régime de la propriété que le vieux droit familial empêche de morceler.

En face des Pénestes, les familles nobles fondent leur puissance sur la possession du sol. Elles possèdent des domaines d'une telle étendue qu'un grand propriétaire peut mettre à la disposition d'Athènes 300 cavaliers levés sur ses terres (4). Dans l'exploitation rurale, les nobles thessaliens ne s'intéressent qu'à l'élevage des chevaux : leurs écuries de course leur valent des couronnes aux grands jeux. Ils s'entourent d'une nombreuse clientèle et mènent grand train. Ils pratiquent l'hospitalité largement et non sans quelque ostentation.

(1) Ath., VI 264 b. — (2) Xen., *Hell.*, VI, 1, 11.
(3) Dem., *Arist.*, 199 ; *Contr.*, 23. — (4) Dem., *Arist.*, 199.

Les Aleuades reçoivent à Larisa Pindare, Hippocrate, Gorgias. Au ive siècle, Polydamas de Pharsale est assez riche pour avancer à l'État l'argent nécessaire aux services publics et se montre « hospitalier et magnifique à la mode thessalienne » (1). Ce sont ces grandes familles qui gouvernent les cités et y établissent des dynasties, les Aleuades à Larisa, les Scopades à Krannon.

Les villes thessaliennes, Pharsale, Krannon, Larisa, Phères, étaient de force équivalente, et aucune d'elles ne pouvait espérer réaliser à son profit l'unité du pays. Le morcellement politique se traduit par la diversité linguistique : il n'y a jamais eu en Thessalie de dialecte officiel commun, mais deux groupes de parlers locaux, celui de la Thessaliotide au sud-ouest et celui de la Pélasgiotide au nord-est (2). A défaut d'État unifié, il y avait place en Thessalie pour une confédération de villes. Le mouvement fédératif partit, semble-t-il, de Thessaliotide, qui étendit son nom à toute la ligne « thessalienne » : Aleuas le Roux, dynaste de Larisa, passait pour avoir au viie siècle groupé en une confédération les quatre cantons de Thessaliotide, de Pélasgiotide, d'Histiaiotide et de Phtiotide (3). La ligue a à sa tête un *tagos* pris dans les familles nobles et nommé à vie ; c'est avant tout un chef de guerre, qui a le commandement suprême de l'armée et qui est assisté des quatre tétrarques, chacun commandant les contingents d'un canton. Même après que Scopas de Krannon eut, dans la première moitié du vie siècle, renforcé l'organisation de la ligue, les liens fédéraux restent très lâches et les villes gardent leur autonomie.

Au vie siècle, la ligue thessalienne est puissante dans la Grèce du Nord. Elle étend son pouvoir sur les montagnards du voisinage (4), les Magnètes du Pélion et de l'Ossa (5), les

(1) Xen., *Hell.*, VI, 1, 3. — (2) **XLV**, p. 92-93.
(3) Harp., Suid., s. v. Τετραρχία ; Plut., *M.* 492 b.
(4) Xen., *Hell.*, VI, 1, 9. — (5) Thc., II, 101

Perrhèbes des monts Cambuniens (1), les Dolopes du Tymphreste, les Maliens et les Ainianes de l'Œta (2). Les petits peuples sujets paient tribut et fournissent des contingents. Disposant des voix de ces peuples, la Thessalie a la majorité à
l'amphictyonie des Thermopyles : elle en profite pour étendre
son influence dans la Grèce centrale. Elle prend part à la
guerre sacrée pour délivrer Delphes de la tyrannie de ses voisins
de Krisa (3) ; elle intervient dans la guerre entre Chalcis et
Érétrie (4) ; elle impose sa suprématie à la Phocide et cherche
même à se soumettre la Béotie. Mais la puissance thessalienne
est de courte durée. Battus par les Béotiens et repoussés par
les Phocidiens (5), les Thessaliens sont, au début du v⁰ siècle,
revenus dans leur pays. Au temps des guerres médiques,
ils semblent de nouveau si isolés du reste de la Grèce que les
confédérés grecs les abandonnent à eux-mêmes et reportent
tout de suite leur ligne de défense au sud de la Thessalie (6).

La Thessalie est à peine plus grecque que l'Étolie et l'Acarnanie : Socrate l'oppose, comme un pays de licence et de
désordre, aux villes « régies par de bonnes lois » (7). Elle n'a
produit ni écrivain, ni savant, ni artiste de valeur. Comme
l'Étolie et l'Acarnanie, c'est une province frontière, une
marche entre la Grèce proprement dite et le monde barbare.
Il semble que dès la plus haute antiquité son rôle ait été de
protéger la Grèce méridionale de culture égéenne et mycénienne des tribus plus rustiques, mais plus vigoureuses du
nord (8). De même aux temps classiques elle s'interpose entre
les cités grecques et la Macédoine. Mais elle fait aussi bien
transition entre les deux régions. De Thessalie, les Achéens et
les Doriens sont descendus dans la Grèce centrale. Au iv⁰ siècle,
Jason de Phères veut réaliser l'unité de la Thessalie et l'intro-

---

(1) Thc., IV, 78. — (2) Thc., III, 93.
(3) Str., IX, 3, 4 ; **XXXVII**, I, p. 337. — (4) **XXXVII**, I, p. 339.
(5) **XXXVII**, I, p. 339-340. — (6) Hdt., VII, 172-174.
(7) Plat., *Cri*., 53 d. — (8) **XCII**, p. 249.

duire dans le concert des États grecs ; il provoque ainsi des interventions étrangères qui amènent en Thessalie les Thébains de Pélopidas et les Macédoniens de Philippe. De même que les Achéens, en rattachant la Thessalie à la zone d'influence mycénienne, avaient préparé la voie à l'invasion dorienne, de même Jason, en ouvrant le pays à la politique grecque, fraie la route par où Philippe descendra à la conquête de la Grèce.

CHAPITRE III

LA GRÈCE CENTRALE

I

Le Parnasse et le sanctuaire de Delphes.

Lorsqu'on a atteint le sommet du Parnasse, qui culmine par 2 459 mètres, on aperçoit par les journées claires toute la Grèce à ses pieds. Fermant l'horizon, c'est au nord-ouest le Pinde, au nord l'Olympe, au nord-est l'Athos; puis, au delà du golfe de Corinthe, apparaissent les montagnes du Péloponnèse et tout au loin le pic du Taygète; à l'ouest seulement la vue est bornée par les cimes plus élevées du Korax. Par sa position centrale, par son altitude, par ses forêts et ses alpages, par ses eaux vives, par ses grottes que tapissent les draperies des stalactites, le Parnasse devait apparaître aux Grecs comme une merveille, digne séjour de Dionysos et des Bacchantes, de Pan et des Nymphes. « Tout le Parnasse, dit Strabon, est divin (1). »

Toutefois, pour imposant que soit le massif, il n'oppose pas de barrière au passage de l'homme. De tous les côtés il est contourné par des routes (2) : au nord, c'est la vallée du Céphise béotien, allant de la Doride au lac Copaïs; à l'ouest, c'est la route de Lamia par Amphissa au golfe de Krisa; au sud, ce sont les chemins qui circulent à travers les hauteurs moyennes réunissant le Parnasse à l'Hélicon. C'est ce groupement de voies d'accès qui, autant que les sources et les exhalaisons volcaniques, ont attiré les voyageurs et fait la renom-

(1) Str., IX, 3, 1. — (2) Voir plus haut. p. 16-17.

mée du sanctuaire de Delphes (1). De toutes parts les dieux et les hommes sont venus à Delphes, et le culte gardait les traces de ces arrivées successives. Les premiers hommages des indigènes étaient allés aux dieux de la terre et des eaux, à Gè et à Poseidon, à Python, le serpent des cultes chthoniens. Puis arrive de Crète, avec les marins de Cnossos, l'Apollon au dauphin, patron des navigateurs, conseiller des explorateurs et des émigrants. Apollon tue le serpent, le jeune dieu remplace les vieux dieux, Pytho devient Delphes. Puis c'est l'invasion dorienne : Héraklès le Dorien veut arracher à Apollon l'Égéen le trépied prophétique. Apollon était déjà assez fort pour ne pas céder, mais il ne conserve la place qu'en se faisant Dorien : la pythie sera toujours soupçonnée de laconiser. Enfin, de la Thrace est venu, à une époque qu'on ne peut préciser, Dionysos, dont « la part égale à Delphes celle d'Apollon » (2). Avec lui, une furie demi-barbare vient troubler la sérénité tout hellénique du culte apollinien ; la Pythie en délire tremble sur le trépied ; les Thyiades, échevelées et hurlantes, nourries de chair crue, déroulent leurs danses tournoyantes des sommets du Parnasse à la plaine d'Amphissa, sans que rien puisse les réveiller de leur extase hypnotique (3).

Formé d'apports multiples, le culte delphique étend son influence sur tout le monde grec et même chez les Barbares. Lorsque, dans la seconde moitié du vi^e siècle, une souscription est ouverte pour reconstruire le temple incendié, le roi d'Égypte Amasis et le roi de Lydie Crésus joignent leurs offrandes à celles des Grecs du continent et des colonies (4). L'oracle de Delphes devient un élément régulateur de toute la vie grecque. Il joue un rôle politique : aucune cité ne modifie ses lois, aucune colonie ne se fonde sans une consultation préalable du dieu. Il a une grande autorité morale : les préceptes des sept sages, inscrits sur les murs du temple, invitent les fidèles à la mo-

(1) Str., IX, 3, 6. — (2) Plut., *M.*, 388 f. — (3) Plut., *M.*, 249 e-f.
(4) Hdt., II, 180 ; **XXXVI**, II², p. 386.

dération et à l'examen de soi-même ; les rites de purification,
qu'impose le dieu pour le sang versé, modifient la conception
juridique du meurtre et tiennent compte des circonstances
qui peuvent excuser le crime. Enfin Delphes est un des sanctuaires panhelléniques qui entretiennent le sentiment d'une nationalité grecque : ce ne sont pas seulement les amphictyons
de la Grèce centrale et septentrionale, c'est tout le monde
grec qui, au ${iv}^e$ siècle aussi bien qu'au ${vi}^e$, collabore à la réé-
dification du temple d'Apollon (1).

II

LA BÉOTIE.

A travers la Grèce centrale s'allonge un chapelet de dépressions, entre deux alignements montagneux, d'une part l'Œta,
le Knémis et le Ptoion, d'autre part le Parnasse, l'Hélicon, le
Cithéron et le Parnès. Le premier compartiment est formé
par la haute vallée du Céphise et comprend deux régions, la
Doride et la Phocide ; il se termine au défilé qui marquait la
frontière entre les Phocidiens et les Béotiens. Le Céphise entre
alors dans la dépression béotienne, qui se divise elle-même en
plusieurs régions : d'abord le bassin de Chéronée, vallée du
Céphise jusqu'au lac Copaïs, fertilisée par les alluvions fluviales ; puis le pays de Thèbes, plus élevé au sud, plus bas au
nord où les plaines aonienne et ténérique (2) étalent un tapis
de cultures ; enfin le bassin de Tanagra, région de collines,
s'ouvrant sur le bras de mer qui, entre l'Eubée et le continent,
continue la série des dépressions de la Grèce centrale. Ces
dépressions n'ont avec le dehors que des communications
difficiles : elles ont tous les caractères de la plaine fermée, les
marécages sans écoulement vers la mer, les catavothres et la
circulation souterraine. Au centre le Copaïs s'étend sur vingt-

(1) **XI**. XXVII (1903), p. 5-41. — (2) STR., IX, 2, 31 ; 2. 34.

quatre kilomètres de long et treize de large et prolonge dans
la montagne des golfes, qui donnent à l'ensemble une superficie d'environ 350 kilomètres carrés.

Plaine entourée de montagnes, la Béotie rappelle quelque
peu la Thessalie et, comme elle, apparaît d'abord comme un
pays continental. Elle est cependant moins que la Thessalie
isolée de la mer. Elle a en quelque sorte trois façades maritimes et Éphore notait déjà l'avantage qu'avaient les Béotiens
de pouvoir se diriger par le golfe de Corinthe vers l'Italie, la
Sicile et l'Afrique, par le canal au sud de l'Euripe vers les îles,
Chypre et l'Égypte, par le canal au nord de l'Euripe vers la
Macédoine et la Propontide (1). Mais il exagérait la valeur
des côtes de la Grèce centrale. Sur le golfe de Corinthe les
montagnes tombent le plus souvent à pic et aucun port n'a pu
se loger dans les indentations de la côte. Sur le canal de l'Euripe, une petite plaine côtière s'intercale entre la montagne et
le rivage, mais, sans être dépourvus de voies d'accès à travers
la chaîne montagneuse, les ports ne communiquent que malai-
sément avec l'arrière-pays. C'est seulement par le bassin de
Tanagra que la Béotie s'ouvre vraiment sur la mer. D'Aulis
est partie aux temps mythiques la flotte d'Agamemnon, aux
temps historiques celle d'Agésilas (2). Oropos est l'échelle par
où les marchandises gagnent l'Attique aussi bien que la Béotie ;
aussi est-elle disputée par les deux États.

Si la Béotie reste à l'écart des grandes routes maritimes, elle
possède en revanche la principale voie continentale. La route
de la côte, que ferme le défilé des Thermopyles, a pu être préférée par Xerxès, qui tenait à maintenir la liaison entre la flotte
et l'armée. La vraie route des migrations et des invasions passe
par les dépressions de la Grèce centrale ; elle y entre par le
défilé que garde Héraclée Trachinienne, elle en sort par les passes
du Cithéron que surveillent les forts athéniens. Dans ces plaines

---

(1) Str , IX, 2, 2. — (2) Xen., *Hell.*, III, 4, 3.

béotiennes où les armées se déplacent, se ravitaillent, se déploient facilement, les champs de bataille sont nombreux. Pour ne citer que les principaux, Platée a vu en 479 la rencontre des Grecs et des Perses; Leuctres, en 371, celle des Thébains et des Spartiates; Chéronée, en 398, celle des Athéniens et des Macédoniens; Orchomène, en 86, celle des Romains et des Asiatiques. La Béotie est un champ clos où de toutes parts accourent et se heurtent les armées grecques et barbares, depuis les temps mythiques où les Sept Chefs vinrent assiéger Thèbes jusqu'au déclin de l'histoire grecque où Sylla mit en fuite les soldats de Mithridate.

Pays continental, la Béotie a, comme la Thessalie, un climat plus rude et plus excessif que ne l'est en général le climat grec. Les hauteurs du Cithéron et du Parnès, formant barrière au sud, arrêtent les vents chauds qui pourraient souffler de l'Attique, tandis que, du côté de la Malide, les chaînes moins élevées laissent passer les vents froids du nord. Aussi les hivers sont-ils très rudes. Hésiode se plaint déjà des froids rigoureux d'Ascra (1). La neige couvre plusieurs jours la plaine et les gelées sont assez fortes pour compromettre les oliviers. L'humidité des marécages entretient d'épais brouillards qui accroissent le froid. En été, règne une chaleur torride et la sécheresse réduit à rien les sources et les rivières; malgré les neiges du Parnasse, qui n'achèvent de fondre qu'en juin, le Céphise n'est bientôt plus qu'un mince filet d'eau.

Moins favorisée pour le climat, la Béotie l'est davantage pour le sol. Le terroir est riche, la vie large et facile. Le gibier abonde, particulièrement les oiseaux d'eau. Les marchands béotiens qui fréquentent le marché d'Athènes y apportent les lièvres, les canards, les oies, les plongeons, en même temps que les grasses anguilles du Copaïs, reposant mollement dans des corbeilles de jonc (2). L'agriculture prospère. Les limons de

(1) Hes., O., 640. — (2) Ar., Ach., 874-880 ; *Pax*, 1003-1005.

la plaine, les alluvions des vallées sont des terres de choix pour les céréales. Orchomène place un grain de blé sur ses monnaies. Les froments de Béotie, qui sont particulièrement estimés, sont les plus lourds et donnent plus de 88 kilogrammes à l'hectolitre (1). A Thèbes, les athlètes peuvent se contenter d'une ration d'une chénice et demie de grains, tandis qu'il leur en faut deux chénices et demie à Athènes (2).

Le Béotien est un paysan. Le plus souvent il exploite lui-même son fonds, aidé de sa famille et d'un ou deux esclaves. C'est ainsi que, dans le rude canton d'Ascra, le père d'Hésiode réussit, à force de patience et d'efforts, à faire produire à la terre de quoi subvenir à ses besoins. Le régime dominant est celui de la petite propriété, surtout dans les régions montueuses. C'est seulement dans les plaines qu'ont pu se constituer de plus grands domaines. A Thèbes, s'opposent l'aristocratie des grands propriétaires et les classes populaires : ce sont les premiers qui s'entendront avec les Perses, tandis que les autres voudraient défendre la cause nationale (3). Toutefois le grand propriétaire fait valoir lui-même son domaine avec de la main-d'œuvre servile : il n'y a pas en Béotie de serfs attachés à la terre comme ceux de Thessalie ou de Laconie, probablement parce que la grande propriété reste l'exception. Le paysan béotien, qui cultive lui-même, aime les champs et la vie rurale : les vases béotiens de Gamédès traitent les scènes champêtres dans un esprit réaliste qui témoigne d'un goût des choses de la terre rare chez les céramistes grecs (4). Le Béotien ne conçoit pas d'autre activité que l'agriculture : l'industrie et le commerce sont en Béotie réduits à l'indispensable ; bien plus, ils sont tenus pour tâche servile et méprisable. A Thespies, à Thèbes, exercer un métier est considéré comme indigne d'un citoyen (5). A Thèbes, les magistratures sont fermées aux

---

(1) Th., *H. P.*, VIII, 4, 5 ; *C. P.*, IV, 9, 5 ; Plin., *H. N.*, XVIII, 63.
(2) Th., *H. P.*, VIII, 4, 5. — (3) Thc., III, 62.
(4) **XXIX**. s. v. *Vasa*, p. 643. — (5) Arstt., *Polit.*, VI, 4, 5.

marchands dix ans encore après qu'ils ont renoncé au négoce (1).

On aimerait à évoquer l'image du paysan béotien. On a
beau se dire que les statues trouvées en Béotie sont le plus
souvent l'œuvre d'artistes étrangers ou tout au moins de
sculpteurs indigènes qui s'inspiraient d'œuvres étrangères (2),
et qu'en tout cas elles ne visent nullement à être des portraits.
On est tenté pourtant de se représenter le Béotien d'après les
« Apollons » du Ptoon. Ne faut-il pas reconnaître un paysan
d'Akraiphiai dans celui-ci, frère de l'Apollon d'Orchomène (3),
avec son visage carré, sa bouche largement fendue, son enco-
lure épaisse, sa robuste charpente, ses fortes cuisses ? Ou plutôt ne serait-ce pas tout aussi bien cet autre (4), au visage bien en
chair, aux joues grasses et rondes, aux lèvres fines et légèrement souriantes, portant la physionomie heureuse d'un cam-
pagnard qui ne dédaigne pas la bonne chère et que réjouit la
pensée d'une abondante récolte ? A défaut de portrait physique, aurons-nous du moins un portrait moral fidèle ? Il ne
faudrait pas pour cela prêter l'oreille aux Athéniens. Ils déclarent le Béotien épais, grossier, stupide, parce que, disent-
ils, il mange avec goinfrerie (5). Est-il besoin de dire que cette
image est une caricature tracée par des voisins trop malicieux ?
S'il n'avait pas, sans doute, l'esprit éveillé de l'artisan du Céramique ou du marin du Pirée, le paysan de Béotie ne devait pas
différer sensiblement du paysan d'Acharnes.

Autant que les autres régions grecques, la Béotie a eu des
fils illustres. Elle pouvait s'enorgueillir, à titre bien différent,
d'avoir vu naître Épaminondas de Thèbes, dont l'antiquité
avait fait le type idéal de l'homme d'État grec (6), et Phryné
de Thespies, si belle que Praxitèle l'avait jugée digne de ser-

---

(1) Arstt., *Polit.*, III, 3, 4. — (2) **XI**, XXXI (1907), p. 207.
(3) **XI**, X (1886), pl. IV. — (4) **XI**, XXXI (1907), pl. XIX.
(5) Plut., *M.*, 995 e; cf. Ath., X, 417 b-f, 418 a-b.
(6) Cic., *Tusc.*, I, 2 4.

vir de modèle pour Aphrodite (1). On ne saurait en particulier
oublier la part qui revient aux Béotiens dans la littérature et
l'art. Hésiode d'Ascra, Pindare de Thèbes, Corinne de Tanagra
représentent avec honneur la poésie. Il n'est pas dans l'art de
nom aussi illustre. Les sculpteurs béotiens manquent d'originalité et les architectes thébains n'ont pas su donner à la Cadmée une entrée comparable aux Propylées (2). Mais du moins
les peintres de vases et plus encore les modeleurs de
figurines témoignent des qualités artistiques du peuple béo-
tion : Tanagra résume pour le grand public le naturel et la
distinction de l'art des coroplathes.

III

LES PEUPLES ET LES CITÉS DE BÉOTIE.

La dépression de la Grèce centrale a une unité géographique; il n'est pas surprenant qu'elle ait eu également à l'origine une unité ethnographique (3). Par les défilés de l'Œta,
la vallée du Spercheios et les défilés de l'Othrys, le contact se
faisait avec la Thessalie et, aux temps néolithiques, nous l'avons
vu, une même civilisation régnait sur toute la Grèce centrale et
septentrionale. Puis la région se divisa selon une ligne passant par
l'Othrys. Tandis que la Thessalie restait sationnaire et demi-sauvage, la Béotie se développait sous des influences venues du sud.
Influences d'abord légères sans doute. Tandis que la masse du
peuple ne connaît rien d'autre que la vieille civilisation néolithique, les cabanes rondes en pisé et en branchages et la céramique grossière à décor géométrique, les princes, séduits par
la splendeur du monde égéen, décorent leur demeure des produits de l'art insulaire. En Phocide, à côté d'objets communs
d'âge néolithique, un tombeau de femme — apparemment
l'épouse d'un chef — contient des vases et des boucles d'oreilles

____

(1) ATH., XIII, 591 a. — (2) ESCHN., *Amb.*, 276.
(3) **XII**. XXV (1912), p. 259.

d'or, qui sont l'œuvre d'artistes égéens ou d'indigènes qui se
sont mis à l'école de l'industrie égéenne (1). La légende de
Cadmos, qu'il est bien difficile de prendre pour un Phénicien,
symbolise du moins l'arrivée des civilisations maritimes.

Pour les anciens, le pays avait été occupé aux temps préhistoriques par le peuple des Minyens, qui s'était étendu jusqu'en
Thessalie avant de se concentrer en Béotie autour d'Orchomène. C'est à eux qu'on attribuait les premiers faits de civilisation, la mise en culture de la plaine, les travaux de desséchement et de drainage (2). Les Minyens semblent avoir été une
population préhellénique, mais qui s'est transformée sous l'influence des navigateurs du sud et des conquérants du nord. Là,
comme ailleurs, les Achéens se sont mélangés à la population
primitive. Ils ont laissé des traces évidentes de leur occupation :
les palais de la Cadmée (3) et de l'île de Gla (4), la tombe à coupole dite trésor de Minyas (5) sont d'incontestables monuments
mycéniens. A Orchomène, la capitale minyenne, au-dessus
d'une cité néolith'que se sont bâties des habitations mycéniennes, reconnaissables aux fragments retrouvés de peintures
murales (6). Entre la couche mycénienne et la couche immédiatement inférieure, les différences sont si profondes qu'il
faut supposer d'un âge à l'autre l'établissement de populations
nouvelles étrangères. On serait tenté de voir là la substitution
des Achéens aux Minyens ; en réalité, il est impossible d'attribuer à coup sûr aux Minyens telle ou telle couche archéologique (7), bien plus, d'établir une dictinction certaine entre
Minyens et Achéo-Mycéniens.

Les mouvements provoqués par l'invasion dorienne se pro-
pagent en Béotie. Les Thessaliens, en s'installant en Thessaliotide, poussent vers le sud les populations antérieurement

(1) **XII**, XXV (1912) p. 254; **XVII**, XXXI (1906), p. 402 ; **XXVIII**, 1908,
p. 94.
(2) Carte dans **XCVII**. — (3) **XXVIII**, 1909, p. 57 sq.
(4) **XI**, XVIII (1894), p. 271. — (5) **XLVII**, p. 434 sq. — (6) **XCVI**, p. 71.
(7) **XCVI**, p. 53.

installées. Celles-ci descendent en Béotie, bientôt suivies par
les envahisseurs doriens : il est bien difficile de savoir si la
tribu béotienne qui donna son nom au pays était achéenne ou
dorienne. On devine les luttes entre conquérants et indigènes :
l'Héraklès dorien ruine, en fermant les catavothres du Copaïs,
la minyenne Orchomène. Mais, comme en Thessalie, les
Doriens semblent être venus en bandes trop peu nombreuses
pour éliminer les populations indigènes. Bien plus, ils se laissent
absorber et ne conservent pas leur langue. Le dialecte béotien
n'est pas dorien, mais apparenté au thessalien. Dans la céramique béotienne, le style géométrique, où l'on veut d'ordinaire
voir une création dorienne, semble être venu du sud et s'inspire
du géométrique des Cyclades (1).

Ainsi la population de la Béotie classique est un mélange de
peuples préhelléniques et helléniques, où l'on est bien embarrassé de reconnaître l'apport de chacun. Cette population a
acquis une réelle unité qui se marque bien dans la langue. Tandis qu'en Thessalie les dialectes restent différents, en Béotie
les parlers locaux, en dépit de menues particularités, se sont
fondus pour donner une langue commune. C'est dans ce
béotien commun, facilement reconnaissable à son orthographe
singulière, que sont rédigées les inscriptions officielles de toutes
les villes béotiennes (2).

Et cependant la Béotie n'a pas réalisé son unité politique.
On invoquera, pour expliquer ce fait, le morcellement du pays
en dépressions séparées les unes des autres par des défilés.
Mais nulle part cette compartimentation n'empêche les communications. La Béotie est au contraire un nœud de routes, qui
pouvaient faciliter la création d'un État centralisé. En revanche, les villes béotiennes étaient de valeur trop égale : les unes
tiraient leur importance de ce qu'elles commandaient les routes,
comme Onchestos, Haliarte ou Alalcomenai entre la dépres-

(1) **XI**, XXXV (1911), p. 390. — (2) **XLV**, p. 93.

sion thébaine et le lac Copaïs ; les autres de ce qu'elles dominaient les plaines. Mais, malgré la fertilité du sol, aucune de ces
plaines n'avait de cultures assez étendues pour servir de base
à une grande puissance. Aucune cité n'avait donc sur ses voisines de supériorité assez marquée pour imposer ses volontés et
réaliser à son profit l'unité de la région.

Aussi la forme politique prise par la Béotie est-elle celle
d'une confédération. Autour des sanctuaires de Poseidon à
Onchestos, que connaît déjà le *Catalogue des vaisseaux* (1), et
d'Athèna Itonia à Coronée (2), les villes béotiennes forment
une ligue, qui célèbre en commun la fête des Panboiotia (3).
La ligue a à sa tête des béotarques (4), élus par chaque cité,
qui, en temps de guerre, commandent en chef l'armée formée
par les contingents des alliés (5). L'unité de la ligue trouve
son expression dans le monnayage fédéral. Dans la première
moitié du VIe siècle, les monnaies béotiennes portent le bouclier, emblème de la confédération, sans rien qui indique les
villes particulières ; seule Orchomène a des monnaies propres.
Dans la seconde moitié du siècle, à côté des armoiries fédérales,
figurent les initiales des villes fédérées ; c'est un bien faible
indice de l'esprit particulariste.

Pourtant cet esprit subsiste, si bien que l'organisation fédérale n'empêche pas les luttes entre cités. De bonne heure
l'une d'elles a prétendu à la première place, Thèbes. Établie
dans une bonne position militaire qu'assure la forteresse de la
Cadmée, elle domine la plaine la plus étendue et la plus facile
à cultiver. Mais elle se heurte à des résistances et elle n'est pas
assez forte pour en triompher. Vers le nord, elle a une rivale
de puissance égale, Orchomène, qui se dresse sur l'éperon rocheux de l'Akontion, entre le bas Céphise et les marais voisins
du Copaïs, et qui dispose de la plaine de Chéronée. La légende
plaçait aux temps mythiques les premières guerres entre Thèbes

---

(1) IL., II, 506; PAUS., IX, 26, 5; STR., IX, 2, 33. — (2) PAUS., IX, 34, 1.
(3) STR., IX, 2, 29. — (4) HDT., IX, 15 ; THC., IV, 91. — (5) THC., IV, 93.

et Orchomène, et si, à certains moments, l'entente entre les aristocrates des deux cités put maintenir la paix, le plus souvent la lutte, une lutte inexpiable, mit aux prises les deux rivales. Dans l'autre direction, Thèbes rencontre l'hostilité des pays tournés vers l'Attique. Par les passes du Cithéron, les communications sont aisées entre le sud de la Béotie et la plaine d'Éleusis. Les cantons de la montagne, Hysiai et Éleuthères, se détachent de la Béotie pour s'agréger à l'État athénien (1). Platée, tout en restant béotienne, regarde elle aussi vers Athènes. Dès la fin du vıe siècle, elle veut se séparer de la ligue et obtient contre Thèbes le concours des Athéniens (2). Dès lors elle suit une politique différente de celle des autres cités béotiennes : elle enverra ses troupes combattre à Marathon aux côtés des hoplites athéniens et sera presque seule en Béotie à refuser de se soumettre à Xerxès. Plus encore que contre Orchomène, Thèbes va s'acharner contre Platée, dont l'histoire ne sera qu'une longue suite de catastrophes et de tragédies (3).

Ainsi l'histoire intérieure de la Béotie est celle des luttes incessantes entre cités. Dans un pays que distinguait une réelle unité géographique, où les races s'étaient mélangées pour former une population homogène et parlant la même langue, où les conditions naturelles avaient presque imposé un type de vie uniforme, dans un pays par conséquent qui semblait fait pour l'unité, les rivalités des cités ont maintenu presque continuellement la guerre (4) et ont compromis le développement des villes : on a pu voir dans les tentatives faites par Thèbes pour réaliser l'unité l'origine de l'infériorité et des malheurs de la Béotie (5).

(1) Paus., III, 2, 1 ; I, 38, 8. — (2) Hdt., VI, 108 ; Thc., III, 55 ; III, 68.
(3) Paus., IX, 1, 3-8. — (4) Arstt., *Rhet.*, III, 4, 3. — (5) **XL**, 1, p. 65.

CHAPITRE IV

LE PÉLOPONNÈSE

I

Le Péloponnèse est, dans l'ensemble de la Grèce, une individualité géographique très nette : réuni au continent par un isthme étroit et bas — au maximum six kilomètres de largeur, quatre-vingt mètres d'altitude, — il est, comme le disaient les Grecs, moins une presqu'île qu'une île.

Le Péloponnèse est un ensemble montagneux complexe. Les plissements qui s'y observent appartiennent aux différents systèmes de l'Égéide. La presqu'île de l'Argolide fait partie de la zone plissée orientale; la chaîne côtière de la Messénie est un morceau de la zone plissée occidentale; les chaînes centrales forment l'extrémité d'un grand arc qui se poursuit en Crète pour constituer le système égéen méridional. Plus que les plissements, ce sont les cassures et les effondrements qui ont donné à la presqu'île son aspect et qui en ont dessiné les contours : à l'ouest, la grande faille bordière de la mer Ionienne; au nord, la série de fractures qui ont donné naissance au golfe de Corinthe; au sud, les fosses marines où les plis montagneux disparaissent brusquement; à l'est, les dislocations qui ont creusé le golfe Saronique et éveillé une activité volcanique dont les sources thermales de Méthana et les soufrières de l'isthme sont un témoignage encore présent.

Ainsi découpé à l'extérieur et défoncé à l'intérieur par les

effondrements, le Péloponnèse apparaît comme fragmenté en
compartiments plus ou moins isolés. Au centre, le plateau d'Arcadie, hautes plaines fermées et encadrées de montagnes. Les
chaînes qui l'entourent se prolongent vers le sud, enferment entre elles des dépressions, plaines alluviales se continuant par des
golfes marins, et s'allongent en pointes et en caps. Les grandes
échancrures de la côte avaient fait comparer par les anciens le
Péloponnèse à une feuille de platane (1). Ainsi le Péloponnèse
fait l'effet d'un petit continent, reproduisant tous les caractères
de la Grèce. C'est la même richesse d'articulations horizontales
et verticales, la même pénétration réciproque des terres et des
mers; c'est, avec les nuances locales, le même climat, la même
végétation, les mêmes cultures.

Si le Péloponnèse résume en lui tous les traits physiques du
monde grec, la population péloponnésienne est de même comme
un complet échantillonnage de tous les groupes humains qui
se sont rencontrés et unis pour former le peuple grec. Le souvenir des populations préhelléniques, que nous nommons Pélasges, s'était conservé dans les légendes : Pélasgos, l'éponyme
de la race, avait bien étendu sa domination du Péloponnèse au
Strymon, mais il avait pour résidence Argos (2); c'est lui qui
avait civilisé les premiers habitants d'Arcadie (3). Les populations primitives reçoivent du dehors les germes de la civilisation. Si l'on peut douter des apports égyptiens que symbolise
Danaos, il est certain que les Égéens ont pris contact avec le
Péloponnèse et répandu leur brillante culture parmi des
populations qui n'en étaient encore qu'aux outils de pierre.

L'arrivée des Hellènes refoule les populations indigènes dans
le réduit central de l'Arcadie que l'on continuera à considérer
comme demi-pélasgique, et les nouveaux venus, plus ou moins
mêlés aux anciens habitants, fondent les États mycéniens. Ce
sont les royaumes d Agamemnon ,de Ménélas, de Nestor. Des cité

(1) STR.. VIII, 2, 1. — (2) ESCHL., *Suppl.*, 250.
(3) PAUS., VIII, 1, 4-6 ; SCH. EUR., *Or.*. 1646

s'élèvent où se perpétuent les traditions égéennes, en Argolide Mycènes et Tirynthe, en Laconie Amyclée, en Messénie Pylos. Postées dans des défilés ou dressées sur des éminences rocheuses qui commandent les routes, défiant toute attaque derrière leurs murailles massives, ces cités s'enrichissent des péages imposés aux caravanes qui préfèrent les voies terrestres les plus courtes. Les trouvailles des tombes mycéniennes ont donné toute sa valeur à l'épithète homérique, πολύχρυσος Μυχήνη (1).

Aux Achéens succèdent les Doriens. Les traditions qui racontaient le retour des Iléraclides, chassés jadis d'Argos par Eurysthée, avaient marqué les moments et les étapes de l'invasion. Une première tentative, faite par la voie de l'isthme, aurait été arrêtée à l'entrée du Péloponnèse. Une seconde entreprise aurait eu plus de succès : les Doriens, unis aux Étoliens, auraient franchi le golfe de Corinthe à l'ouest et de l'Élide se seraient répandus dans tout le pays. De ces récits légendaires, il est impossible de tirer autre chose que de très vagues indications : il serait bien téméraire de leur accorder une valeur historique. Mais si nous ne connaissons pas le détail des migrations, nous en apercevons les résultats. Comme à l'arrivée des Achéens, les populations antérieurement établies se réfugient et se maintiennent dans les hautes plaines du centre, tandis que les vallées du pourtour sont occupées par les envahisseurs. Aux villes mycéniennes succèdent les villes doriennes : Mycènes et Tirynthe cèdent le pas à Argos, Amyclée à Sparte, Pylos à Stényclaros. Le Péloponnèse des temps classiques est par excellence le pays dorien : c'est à l'isthme de Corinthe, disait-on, que Thésée avait fait dresser la borne frontière des deux mondes ionien et dorien (2).

Malgré la prédominance de l'élément dorien, qui s'affirme plus encore lorsque Sparte a établi son hégémonie sur les États voisins, le Péloponnèse ne formera jamais une unité politique.

(1) IL., XI, 46. — (2) PLUT., *Thes.*. 25.

Les anciens y distinguaient cinq régions, dont trois seulement étaient doriennes, une quatrième étant occupée par les Achéens et l'autre par les Arcadiens et les Éléens (1). Cette diversité se marque par celle des dialectes. La langue parlée en Arcadie est celle des populations antérieures à l'invasion dorienne, la langue achéenne commune. L'éléen se rattache au groupe dialectal du nord-ouest; sa parenté avec l'étolien s'accorde avec les légendes de l'invasion étolienne en Élide. Les dialectes doriens eux-mêmes n'ont jamais constitué une langue commune. Chaque groupe de Doriens, cantonné dans son domaine, où il se suffit à lui-même et vit pour lui-même sans nouer de relations avec les groupes voisins, a conservé son parler local. Ce ne sont pas des arguments linguistiques qui ont prouvé l'unité du monde dorien, c'est au contraire l'histoire générale des Doriens qui a permis de conclure à l'unité dialectale (2).

Malgré des traits communs, des influences prépondérantes, le Péloponnèse n'a qu'une unité apparente et superficielle. Il faut, ici comme dans le reste de la Grèce, considérer à part chaque région avec ses aspects géographiques, sa population, son évolution historique.

II

Corinthe.

C'est à l'entrée même de la presqu'île que se trouve la cité péloponnésienne la plus puissante après Sparte, la ville la plus populeuse et la plus riche, Corinthe. Elle doit sa fortune à ce qu'elle est établie à un croisement de routes terrestres et maritimes. La plus anciennement fréquentée est la voie de terre, celle qui par l'isthme mène de la Grèce continentale à la Grèce péninsulaire; la ville qui commandait le passage était appelée à devenir une grande place de commerce au temps où les Grecs faisaient le négoce plus par terre que par mer (3). Mais bientôt ce sont les routes de mer qui ouvrent à Corinthe de

(1) Thc., I, 10; Paus., V. 1. 1. — (2) **XLV**, p. 101. — (3) Thc., I, 13.

nouvelles perspectives d'avenir. Située à deux kilomètres environ de la mer, au pied du rocher escarpé qui porte la citadelle, la ville est à proximité de deux golfes, dont l'un, le golfe
de Corinthe, trace la voie vers la mer Ionienne, vers l'Italie et
la Sicile, dont l'autre, le golfe Saronique, est le point de départ
de toutes les routes qui, par la mer Égée, conduisent à l'Égypte,
à l'Orient et aux pays du Pont. De chaque côté, les Corinthiens
ont construit deux ports artificiels. Sur la côte du golfe de Corinthe, exposée en plein aux vents d'ouest, avait été creusé, à
l'intérieur des terres, le port de Léchaion, que des longs murs
réunissaient à la ville. Sur le golfe Saronique, le port de Ken-
chreai était protégé par deux digues qui embrassaient une surface d'environ quatre hectares. Entre les deux ports la distance
était si faible que les deux routes maritimes n'en formaient
pour ainsi dire qu'une. Pour ne pas être obligés de faire le tour
du Péloponnèse, qu'on évaluait à 5 600 stades (1), et pour éviter des passages de fâcheuse réputation comme le cap Ma¹ée (2),
les armateurs préféraient, ici comme en maint endroit, rompre
charge et transborder les marchandises à travers l isthme. Le
trajet était si court qu'on devait songer à unir les deux mers. Le
tyran Périandre, dit-on, conçut le premier l'idée d'un canal à
travers l'isthme. Mais une entreprise de ce genre passait pour
impie : la Pythie avait défendu aux Cnidiens de percer leur
isthme, en déclarant que Zeus aurait bien fait de leur pays une
île s'il l'avait voulu (3). Ce sont probablement les scrupules
religieux plus que les difficultés techniques qui firent abandonner le projet. Du moins, à défaut d'un canal, un chemin avait
été aménagé, le δίολκος, au point le plus étroit, sur lequel on
faisait, au moyen de machines, glisser les bâtiments de petit tonnage (4).

La position de la ville explique suffisamment que le site en ait
été occupé de très bonne heure. Le nom même, avec sa dési-

(1) STR., VIII 2, 1. — (2) STR., VIII, 6, 20.
(3) HDT., I, 174; PAUS., II, 1, 5. — (4) STR., VIII, 2, 1 : AR., *Th.*, 647-648.

nence caractéristique ινθος, indique une origine préhellénique. A des populations indigènes, qui nous sont inconnues,
la civilisation vint des îles et peut-être de l'Orient. Corinthe à
maintes reprises semble avoir subi des influences orientales.
Les cultes corinthiens mélangent aux éléments helléniques des
éléments orientaux. Dans le sanctuaire de l'isthme, où tous les
deux ans, au printemps, se célébraient les jeux isthmiques, on
honore, à côté du Poseidon grec, un héros marin, Mélikertès,
où les tenants des influences phéniciennes ont pensé reconnaître
le Melkart de Tyr. Dans la ville, le principal temple, élevé
dans la première moitié du VIᵉ siècle, est consacré à un dieu
hellénique, Apollon. Mais l'Aphrodite qu'on adore sur
l'Acrocorinthe est une étrangère. Son culte était servi par
plus de dix mille courtisanes, que la piété des fidèles a consacrées
à la déesse (1). Xénophon de Corinthe, vainqueur à la course
et au pentathle, accomplit le vœu qu'il a fait d'amener à
Aphrodite une troupe de cent courtisanes (2). Les courtisanes
de Corinthe, véritables prêtresses d'Aphrodite, tiennent une
place officielle dans la cité : lorsque l'État veut adresser des
prières à la déesse ou célébrer des actions de grâce, il en charge
les courtisanes qui se rendent processionnellement au sanctuaire aussi nombreuses que possible. Ce sont elles qui, lors
des guerres médiques, viennent officiellement implorer
Aphrodite pour le salut de la Grèce (3). La prostitution sacrée
révèle l'origine orientale de l'Aphrodite corinthienne. De
même qu'on a rapproché Melikertès du Tyrien Melkart, on a
fait d'Aphrodite la Sidonienne Astarté. Il faut sans doute
remonter encore plus haut. L'Aphrodite-Astarté ne serait-
elle pas la grande divinité féminine, dont le culte, originaire
sans doute de Babylonie, a été répandu dans toute l'Asie antérieure par les Hittites (4) ? Hypothèse d'autant plus séduisante

(1) Str., VIII 6, 20; 22.
(2) Pd., O., XIII; fr. 122; Ath., XIII, 573 e-f ; 574 a-b.
(3) Ath., XII, 573 d-e.
(4) Garstang, *The land of the Hittites*, p. 355 ; **XXXIV**, I², p. 726.

qu'on a attribué précisément aux Hittites le suffixe, plus
asiatique qu'européen, ινθος, *inda, indos* (1).

A la population préhellénique viennent se superposer les
divers peuples helléniques. La légende exprime les vicissitudes
par où passe la ville : aux temps achéens, Corinthe se rattache
à l'empire d'Agamemnon (2), puis l'héraclide Alètas, venu
d'Argolide, s'en empare et en fait un État indépendant. Mais,
Hellènes ou non, tous les éléments ethniques se mélangent pour
former une population composite. Pour Homère (3) comme
pour Thucydide (4), le fond de la population est éolien, c'est-
à-dire de sang mêlé. A Corinthe, l'élément dorien n'est nullement prédominant. Sans doute c'est aux parlers doriens que
se rattache le dialecte corinthien, qui s'écrit d'ailleurs dans
un alphabet très particulier et probablement très ancien. Mais,
économiquement et politiquement, Corinthe est tout étrangère
à l'esprit dorien. C'est une ville cosmopolite, ville d'affaires et
de plaisirs, qui ressemble non à la dorienne Sparte, mais aux
grandes cités ioniennes, Milet ou Éphèse.

Comme toutes les cités grecques, Corinthe eut d'abord à sa
tête des rois, et comme partout la royauté fut remplacée par un
gouvernement aristocratique. Les magistrats annuels, les
Prytanes, sont pris exclusivement dans les grandes familles.
Ces familles nobles n'en forment pour ainsi dire qu'une, car les
Bacchiades ne contractent mariage qu'entre eux et sont tous
unis par le sang. Mais cette aristocratie des Bacchiades est
toute différente des autres aristocraties grecques. Ailleurs les
vieilles familles se reconnaissent à ce que, conservant intactes
les vieilles règles sur la propriété familiale, elles maintiennent
à leur profit un régime de grande propriété. Fortune foncière
et aristocratie ne font qu'un, et, même lorsque les aristocrates
jugent utile d'accroître leurs richesses par d'autres moyens, ils
n'en gardent pas moins leur caractère de grands propriétaires :

(1) **LXXXI**, p. 152 sq. — (2) IL., II, 570. — (3) IL., VI, 154.
(4) THD., IV, 42.

les Hippobotes de Chalcis peuvent prendre part à la colonisation et au grand commerce maritime, mais ils restent avant tout les « éleveurs de chevaux », ceux dont les vastes domaines permettent la possession d'une écurie, signe incontesté de naissance noble (1). Rien de semblable à Corinthe. Le sol pierreux de la Corinthie était proverbialement pauvre (2) et la culture y était encore gênée par les vents violents qui balaient l'isthme. La richesse foncière y est inconnue. Les Bacchiades fondent leur pouvoir sur la richesse mobilière : c'est une aristocratie de marchands et d'armateurs.

Corinthe n'a pas de grands propriétaires. Elle n'a pas non plus de paysans vivant de leur terre sans luxe ni misère, classe moyenne qui dans la cité représente une politique modérée et un esprit conservateur. En face des riches se dresse le peuple, population de marins et d'artisans, de citoyens pauvres et d'étrangers domiciliés, tous gens d'esprit ouvert, ayant beaucoup circulé, beaucoup vu, beaucoup appris, une foule remuante, agitée, que n'effraie aucune innovation. Ces classes populaires sont opprimées par les Bacchiades, mais elles sont le nombre. C'est en s'appuyant sur elles qu'un noble, Cypsélos, s'empare du pouvoir et établit la tyramie vers 655. Après lui, son fils Périandre règne pendant quarante-quatre ans et procure à Corinthe une incomparable splendeur. C'est la période qu'il faut choisir pour dresser l'image de la vie brillante et de l'activité multiple des Corinthiens.

Corinthe est au premier rang des puissances maritimes. Sa flotte de guerre lui assure dans le Péloponnèse, et longtemps dans la Grèce entière, une supériorité incontestable. Les Corinthiens ont été les premiers des Grecs à construire des trières (3) ; leur nombreuse population de marins fournissait facilement les équipages et au besoin Corinthe était assez riche pour offrir aux rameurs une forte solde qui attirait des volon-

(1) ARSTT., *Pol.*. VI, 4. 3. — (2) STR., VIII 6, 23 ; TH., *C. P.*. III, 20, 5.
(3) THC. 1 13.

taires de tous pays (1). Corinthe est capable de fournir de
navires les autres États : le Corinthien Ameinoclès construit
quatre trières pour les Samiens (2) et l'État prête vingt vaisseaux à Athènes pour la guerre contre Égine (3). Pour Thucydide, la plus ancienne bataille navale entre Grecs s'était livrée
entre les Corinthiens et les Corcyréens (4). La flotte marchande
de Corinthe, pour avoir échappé davantage à l'attention des
historiens anciens, ne devait pas être, par rapport aux autres,
moins importante que la flotte de guerre.

L'activité maritime et commerciale de Corinthe a pour conséquence l'expansion coloniale. A la recherche de marchés qui
puissent fournir des matières premières ou recevoir des produits manufacturés, Corinthe envoie ses colons dans trois directions. Passant du golfe de Corinthe dans la mer Ionienne, les
Corinthiens, vers le milieu du viiie siècle, s'installent à Corcyre après avoir expulsé ou absorbé les colons d'Érétrie arrivés
avant eux. De là ils poussent leurs colonies soit vers le sud-ouest,
soit vers le nord : d'une part, dans la seconde moitié du
viiie siècle, ils atteignent la Sicile où ils fondent Syracuse ;
d'autre part, à la fin du viie et au début de vie, avec le concours
de Corcyre, ils colonisent le nord-ouest de la péninsule des Balkans et fondent en Acarnanie Anaktorion et Leucade, en
Épire Ambracie, en Illyrie Apollonie et Epidamne. Enfin, dans
la première moitié du vie siècle, Corinthe, à la suite des villes
d'Eubée, tourne ses regards vers le nord de la mer Égée et
fonde Potidée en Chalcidique. Bien que les colonies corinthiennes aient prétendu à une complète indépendance et que
même la rivalité économique dans la mer Ionienne et l'Adriatique ait, dès l'origine, provoqué des conflits entre Corinthe
et Corcyre, il existe en fait un empire corinthien, domaine
d'exploitation commerciale où la métropole domine sans conteste.

(1) Thc., I, 31. — (2) Thc., 13. — (3) Thc., I, 41. — (4) Thc., I, 13.

Le développement industriel suit le développement commercial. Corinthe, qui n'a à exporter ni denrées alimentaires, ni matières premières, doit demander à l'industrie le fret nécessaire à sa marine. Les métiers sont multiples : les tablettes de terre cuite, ex-voto populaires trouvés à Corinthe, nous mettent sous les yeux tout un monde d'artisans (1). L'industrie réclame une main-d'œuvre abondante. Le nombre des esclaves était considérable, même en tenant pour fabuleux le chiffre de 460000 rapporté par Athénée (2). Très nombreux étaient aussi les ouvriers de condition libre, car, et ceci prouve combien Corinthe différait des aristocratiques cités doriennes, le travail manuel y était particulièrement honoré (3). L'industrie corinthienne est avant tout une industrie de luxe produisant des objets qui, sous un faible poids et un volume restreint, représentent une grande valeur marchande. L'industrie textile travaille les étoffes de lin, les vêtements teints de pourpre et rehaussés de broderies, les tentures multicolores (4). Les ateliers de Corinthe produisent de beaux meubles : le chef-d'œuvre de l'ébénisterie corinthienne était le coffre conservé à Olympie comme offrande de Cypsélos, fait de cèdre et décoré d'appliques d'or et d'ivoire (5). Les bronziers fabriquent des miroirs et de menus objets qui, durant toute l'antiquité, vaudront au métal de Corinthe une renommée universelle.

L'industrie la plus prospère est la céramique. Elle utilise des gisements d'argile, proches de la ville, dont la terre, d'un blanc légèrement verdâtre, un peu savonneuse au toucher, permet de distinguer facilement les produits proprement corinthiens (6). Les vases fabriqués à Corinthe — sans parler des imitations du style corinthien (7) — ont été dispersés aux quatre coins du monde antique. On en a retrouvé non seulement dans toute la Grèce d'Europe et d'Asie, mais en Crimée, en Égypte,

<hr>

(1) **XCIX**, p. 31, 86. — (2) Ath., VI, 272 b. — (3) Hdt., II, 167.
(4) Ath., I, 27 d ; XII, 525 d ; XIII, 582 d. — (5) Paus., V, 17-19.
(6) Poll., X 182 ; **L**, II, p. 423. — (7) **L**, II, p. 422, 424.

en Étrurie, en Gaule. Les tombes les plus anciennes du
forum romain (1) et les nécropoles carthaginoises (2) en contenaient des exemplaires. Il n'y a pas de meilleur témoignage de
l'expansion du commerce corinthien. Les vases les plus
répandus sont de petite dimension et servent à contenir des
huiles ou des onguents parfumés ; les parfums de Corinthe se
vendaient dans tout le monde méditerranéen aux élégants et
aux élégantes qui voyaient dans Corinthe la reine de la mode,
et c'est le contenu qui, plus encore que le décor peint, a fait le
succès du contenant. A côté de ces petits vases, les potiers
corinthiens savent aussi en exécuter de grands, sur la panse
desquels tournent les files d'animaux ou se développent les
grands tableaux à personnages. A voir autour de lui les tissus
bariolés et multicolores, le céramiste corinthien a sans doute
acquis le goût de la couleur ; les vases corinthiens sont parmi
les plus voyants, les plus colorés, les plus gais à l'œil ; sur un
fond clair, les figures se détachent en silhouettes noires, nuan-
cées par des retouches de blanc et de rouge violacé. Apparenté
aux styles asiatiques, le décor corinthien est surtout influencé
par la grande peinture. Corinthe, en effet, passait pour avoir vu
naître la peinture. Le souvenir du dessin par ombre portée se
retrouvait dans l'anecdote de la fille du potier Diboutadès traçant
le portrait du jeune homme qu'elle aime d'après la silhouette
projetée sur un mur (3). C'était à Corinthe que Cléanthès et
Aridikès avaient les premiers cerné les figures par des traits
et exprimé par quelques lignes intérieures les détails de mus-
culature ou de costume, qu'Ecphantos avait eu l'idée d'appliquer un ton rouge à la figure tout entière (4). On citait les
œuvres illustres de peintres corinthiens, l'*Artémis au griffon*
d'Arégon (5), la *Prise de Troie* et la *Naissance d'Athèna* de
Cléanthès (6). Les grands cratères corinthiens nous apportent

(1) Thédenat, *Le forum romain*, p. 8.
(2) L, II, p. 455. — (3) Plin., *H. N.*, XXXV, 151.
(4) Plin., *H. N.*, XXXV, 16. — (5) Str., VIII, 3, 12. — (6) Str., VIII, 3, 12.

un reflet de cette peinture religieuse et de cette peinture
d'histoire pour nous disparues.

Enrichie par le commerce et l'industrie, puissante par ses
colonies, embellie par le travail de ses artistes et de ses artisans, Corinthe apparaît comme une ville fastueuse, où une
riche aristocratie de marchands déploie la plus rare magni-
ficence. L'épithète sans cesse accolée à son nom est « l'opulente », ἀφνειὸς Κόρινθος (1). Si l'on veut se figurer la vie
de ces riches, il faut regarder les scènes de festins, que les
céramistes corinthiens se sont plu à représenter, par exemple
sur le beau cratère du Louvre qui met en scène Héraklès reçu
chez Eurytios (2). Voici les grands, vêtus de magnifiques
vêtements brodés, couchés sur des lits de banquet devant de
petites tables où les serviteurs ont déposé les mets ; tout près,
les cuisiniers préparent le repas et découpent les viandes, et
les chiens allongés sous les sièges attendent les reliefs du
festin. A ces fêtes, il faudrait joindre l'attrait de la musique :
c'est à Corinthe qu'Arion de Lesbos crée le dithyrambe (3). Il
faudrait ajouter encore tous les plaisirs que dispensent les
courtisanes, les plus fameuses dans toute la Grèce pour leur
beauté et pour leur luxe (4). N'est-il pas significatif que
Corinthe pour toute l'antiquité soit restée la ville où il
n'est pas donné à tout le monde de faire la fête : οὐ παντὸς
ἀνδρὸς ἐς Κόρινθον ἔσθ' ὁ πλοῦς (5).

Telle apparaissait Corinthe sous la tyrannie de Périandre.
Le régime qui lui avait valu cette prospérité inouïe devait être
de courte durée : à Corinthe, comme partout, la tyrannie n'est
qu'un régime transitoire. Après Périandre, les Cypsélides
rencontrent de l'opposition et les luttes de partis reprennent.
La tyrannie est renversée, probablement avec le concours
des Spartiates. Corinthe possédera au vᵉ siècle un gouvernement aristocratique modéré. Elle continue d'être d'ailleurs, et

(1) IL., II, 570 ; PD., fr. 122. — (2) Musée du Louvre, E 635 ; L, II, p. 481.
(3) HDT., I, 23. — (4) AR., *Plut.*, 149 et SCH. — (5) STR., VIII, 6, 20.

elle le restera jusqu'au jour où Mummius Achaicus la réduira
en cendres, la ville opulente, la grande cité marchande, l'une
des capitales économiques du monde grec.

III

LES VILLES MARITIMES.

Corinthe représente à elle seule à peu près toute la marine
du Péloponnèse. Sur 383 navires qui prennent part à
la bataille de Salamine, les cités du Péloponnèse — et
seule Argos fait défaut — n'en fournissent que 89, moins
du quart, et sur ce chiffre Corinthe pour sa part en
compte 40 (1). Bien qu'étant presque une île, le Péloponnèse
n'a donc jamais eu de vie maritime intense.

C'est que les côtes en sont le plus souvent peu propres à la
navigation. La côte occidentale est une côte basse, sablon-
neuse, bordée par endroits de dunes (2) ; les apports alluviaux
y construisent des cordons littoraux rectilignes, qui peu à peu
ferment les lagunes. Aucun port ne peut s'y établir : la flotte
athénienne ne peut tenir sur la côte d'Élide, faute d'abris (3).
Il en est de même au fond des golfes où les rivières étalent
leurs alluvions, aussi bien en Messénie et en Argolide qu'en
Laconie. Les ports évitent les côtes ensablées et préfèrent les
fonds rocheux au pied des chaînes montagneuses, tels Asiné
sur le golfe de Messénie, Gytheion sur celui de Laconie,
Nauplie sur celui d'Argolide. Mais le plus souvent la montagne tombe presque à pic sur la mer ; les anses peuvent au
besoin servir de nids de pirates, mais, mal reliées à l'arrière-
pays, elles sont sans valeur comme ports de commerce. Enfin
les pointes méridionales sont réputées comme dangereuses :
le cap Malée est tristement célèbre par les accidents qu'il
provoque.

____

(1) Hdt., VIII, 43. — (2) Str., VIII, 3, 14. — (3) Thc., II, 25.

L'activité maritime se concentre dans la région du golfe Saronique avec Épidaure, Trézène, Hermione, et sur le golfe de Corinthe, où le principal port est Sicyone. Sicyone est une ville achéenne qui, d'après le *Catalogue des vaisseaux*, fait partie du royaume d'Agamemnon (1). Elle fut prise par les Doriens, mais les conquérants doriens durent laisser subsister à côté d'eux des populations achéennes : la tradition rapportait que le chef dorien venu d'Argos avait partagé le pouvoir avec le roi indigène. Fait plus significatif, Sicyone compte quatre tribus : trois portent les noms habituels des tribus doriennes, la quatrième groupe sans doute les anciens habitants du pays et leur nom d'Aigialéens rappelle celui d'Aigialos porté par le pays qui fut plus tard l'Achaïe (2). C'est en profitant de l'hostilité entre les populations soumises, qui composaient les classes populaires, et les vainqueurs, qui formaient l'aristocratie des grands propriétaires, qu'Orthagoras réussit à établir son pouvoir personnel et à fonder une dynastie qui régna pendant un siècle. Le plus illustre des Orthagorides est Clisthène. Sa renommée dépasse les limites de la cité. Vainqueur aux courses de chars des jeux Pythiques de 582, il fait élever à Delphes le trésor des Sicyoniens. De toutes les villes grecques, les jeunes gens des plus nobles familles viennent solliciter la main de sa fille, et, après des fêtes où tous les prétendants rivalisent de faste (3), Clisthène choisit son gendre dans la puissante maison athénienne des Alcméonides (4).

Sous la tyrannie des Orthagorides, Sicyone connaît une brillante civilisation. Construite sur une hauteur au centre d'une petite plaine très fertile (5), elle ne tarde pas à devenir une grande place de commerce dont la flotte marchande sillonne le golfe de Corinthe. C'est autant par intérêt que par piété que Clisthène intervient avec ses forces navales dans la

(1) IL., II, 572. — (2) HDT., V, 68 ; PAUS., V, 1, 1. — (3) DS., VIII, 19.
(4) HDT., VI, 126 sq. — (5) ATH., V, 219 a ; PAUS., X, 32, 19.

guerre sacrée (1) : en mettant fin aux exactions dont les gens de
Krisa accablaient ceux qui débarquaient dans leur port, il travaille à maintenir la paix dans le golfe de Corinthe et il profite
de l'occasion pour ruiner la concurrence de Krisa, dont le
commerce bénéficiait de l'afflux des pèlerins. Le port de
Sicyone a l'avantage d'être l'aboutissement d'une voie de
commerce continentale : c'est la route qui, par Phlionte et les
lacs de l'Arcadie septentrionale, gagne Orchomène, traverse la
haute plaine arcadienne, puis de Tégée passe en Laconie et
aboutit à Gytheion. Tout le long de cette voie, les marchands
sicyoniens circulent et trafiquent : dans les trouvailles de
monnaies faites à Mantinée et à Tégée, ce sont les pièces de
Sicyone qui sont les plus nombreuses (2).

La prospérité de Sicyone se traduit dans les œuvres d'art qui
décorent la ville. La statuaire y est introduite par des artistes
venus de Crète. L'un d'eux, Aristoclès, se fixe dans la ville et
fonde une dynastie de sculpteurs ; son petit-fils Canachos exécute pour le temple des Branchides un *Apollon* colossal de
bronze (3). L'école de peinture est également célèbre. Craton
et Téléphanès partageaient avec les peintres de Corinthe l'honneur de se voir attribuer les premiers perfectionnements du
dessin et de la peinture (4).

La tyrannie dura à Sicyone plus longtemps que dans toute
autre cité ; elle finit cependant par disparaître, comme à
Corinthe, sur l'intervention de Sparte qu'irritent à la fois le
régime de la tyrannie et la place faite aux classes non doriennes.
Avec le gouvernement aristocratique, l'influence dorienne pré-
vaut de nouveau à Sicyone ; mais le régime nouveau n'inter-
rompt ni l'activité maritime ni le développement artistique :
Canachos travaille après la chute des Orthagorides ; à Salamine, Sicyone est, après Corinthe, la seconde des villes péloponnésiennes pour le nombre des vaisseaux (5).

(1) Paus., II, 9, 6 ; X, 37, 6. — (2) C, p. 50. — (3) **XLIX**, I, p. 308 sq.
(4) Plin., *H. N.*, XXXV, 16. — (5) Hdt., VIII, 43.

IV

L'ARCADIE.

Le caractère continental du Péloponnèse s'accuse naturellement dans la région centrale, d'autant que l'Arcadie est une haute plaine encadrée de montagnes. Derrière l'écran montagneux, le pays a un climat plus continental : la température moyenne de janvier est de 5°, celle de juillet de 23°, et les dix-huit degrés d'écart marquent bien que le pays échappe déjà à l'action de la mer. Les précipitations atmosphériques sont insuffisantes pour alimenter de grands fleuves ; les cours d'eau n'ont pas eu la force de creuser de profondes vallées et de couper l'obstacle montagneux. Aussi le réseau hydrographique est-il inachevé : plaine fermée, l'Arcadie a des lacs et des marécages et seule une circulation souterraine amène les eaux du plateau aux parties basses périphériques.

Pour les marins que sont les Grecs, le trait caractéristique de l'Arcadie est qu'elle n'a aucune vue sur la mer (1). Il ne faut cependant pas exagérer cet isolement. Les montagnes qui forment le cadre montagneux ne sont nulle part infranchissables ; elles sont traversées par des routes qui mettent la haute plaine en communication avec les pays voisins et par eux avec la mer. Au nord, Orchomène est en relations, par les lacs et Phlionte, avec Sicyone. A l'est, Mantinée a trois voies d'accès vers l'Argolide. Au sud, une route unit Tégée à Sparte par Sellasie. Enfin à l'ouest on peut de Mégalopolis gagner Sparte par la haute vallée de l'Eurotas ou l'Élide et Olympie par celle de l'Alphée. Nulle part non plus les distances à parcourir pour atteindre la mer n'excèdent deux ou trois jours de marche. Le Lycée, centre religieux de l'Arcadie, est à peu près à égale distance de Gytheion et de Samikon, à 90 kilomètres environ de l'un et de l'autre. Il est difficile de se prononcer sur la

(1) Str., VIII, 2, 2 ; Paus., VIII, 1, 3.

valeur historique des légendes qui attribuaient aux Arcadiens une part dans la plus ancienne colonisation, mentionnaient des migrations arcadiennes à Paros (1) et faisaient d'Agapénor de Tégée le fondateur de Paphos (2). Il est non moins difficile de démontrer la réalité d'un trafic phénicien sur les routes arcadiennes, transportant en même temps que les marchandises les divinités et les cultes de l'Orient (3). Mais le simple examen des conditions géographiques prouve que de très bonne heure l'Arcadie fut mise en relations avec la mer.

Ce sont les hommes plus que la nature qui ont isolé les Arcadiens. Par sa position centrale et par sa nature montagneuse, l'Arcadie devait apparaître comme un lieu de refuge : c'est là que chaque invasion refoule les anciennes populations. Les Arcadiens se considéraient comme les habitants primitifs du Péloponnèse (4) ; l'ex-voto de Delphes nomme « le peuple autochthone de la sainte Arcadie » (5). Lorsque les Achéens occupent le Péloponnèse, les Pélasges se retirent dans le réduit central : Pélasgos, dit la tradition, est venu d'Argos, sa capitale, civiliser l'Arcadie (6). Puis, lorsque les Doriens remplacent les Achéens, ces derniers à leur tour cherchent asile sur le plateau et dans les montagnes arcadiennes (7). Le dialecte arcadien est un des rares survivants d'un important groupe linguistique, qui s'est trouvé presque anéanti par les invasions, l'achéen commun (8). Le rôle de refuge joué par l'Arcadie explique le caractère archaïque des populations. Refoulées dans la montagne et coupées de la mer par les nouveaux venus, elles en restent ou reviennent à un état de civilisation primitive. Plus la région est inaccessible et plus s'affirme la sauvagerie des habitants. De là l'opposition entre la plaine et les massifs montagneux de l'Ouest.

(1) Heracl. (*F. H. G.*, II, 214). — (2) Paus., VIII, 5, 2 ; VIII, 53, 7.
(3) C, *passim*. — (4) Hdt., VIII, 73 ; Xen., *Hell.*, VII, 1, 23.
(5) **XVII**, XIV (1889), p. 17. — (6) Sch. Eur., *Or.*, 1646.
(7) Hdt., II, 171. —   (8) **XLV**, p. 87.

L'Arcadie de l'Ouest est un pays accidenté et sauvage. Les rivières y ont découpé le plateau en massifs qui se dressent à pic au-dessus de profonds ravins. Dans les fonds humides, de rares champs de céréales ; sur les flancs de la montagne, des forêts à peine entamées de quelques clairières ; sur les sommets, des pâturages d'été. C'est là l'Arcadie pastorale, Ἀρκαδία πολύμηλος (1), celle qui honore les dieux gardiens des troupeaux, Pan et Hermès. Mais cette Arcadie est bien différente de celle qu'ont imaginée les poètes. Les habitants y sont aussi sauvages que la nature. Ils en sont toujours aux nourritures primitives et mangent les glands doux de leurs chênes (2). Dispersés dans les cantons de la montagne, ils ignorent et les villes et le régime hellénique de la cité et se contentent d'une organisation en tribus toute rudimentaire. Leur religion même a quelque chose de primitif et de barbare : le Lycée sera longtemps ensanglanté par les sacrifices humains (3).

Toute différente est la plaine. Elle s'allonge sur trente kilomètres environ, avec une largeur variable, qui par endroits atteint huit kilomètres. Le gros défaut est le drainage insuffisant des eaux. La plaine se décompose en bassins fermés, plus ou moins étendus (4). Les eaux, qui n'ont d'autre issue que les catavothres, s'y amassent et y forment des marécages ou des lacs à niveau instable. Dans le nord, les bassins de Phénée et de Stymphale sont occupés en partie par de beaux lacs, qui tantôt inondent, tantôt découvrent les terres avoisinantes (5). Au centre, la plaine ne forme qu'un bassin, mais est divisée par un étranglement montagneux en deux régions de niveau inégal : les eaux, dévalant du bassin de Tégée, se réunissent à celles du bassin de Mantinée et menacent sans cesse de faire

(1) Sch., Thcr., XIV, 48. — (2) Hdt., I, 66. — (3) **XXIX**, s. v. *Lykaia.*
(4) **LXIII**, p. 11.
(5) Th., *H. P.*, III, 1, 2 ; Paus., VIII, 1, 1. Pour le lac Stymphale, voir plus haut, p. 31.

de la Mantinique un vaste marécage (1). Les parties asséchées, en revanche, sont très fertiles et bien cultivées. La Mantinique produit assez de blé pour pouvoir en fournir en temps de guerre aux Argiens (2). Après la moisson, les chaumes sont livrés au bétail : on y élève des chevaux qui passent pour les meilleurs de la Grèce (3).

C'est naturellement dans la plaine que se sont groupées les populations et c'est là que se sont bâties les premières villes. Le *Catalogue des vaisseaux* connaît déjà les villes arcadiennes de la plaine (4). Dans le Nord, Orchomène exerce, au début du vi⁰ siècle, sous les rois Aristokratès et Aristodamos, sa suprématie sur toute l'Arcadie. Dans le Sud, les habitants de la Tégéatide, partagés entre neuf communautés rurales, se réunissent et construisent une capitale, Tégée, qu'ils entourent de murs pour résister plus facilement à leurs voisins de Laconie (5). Plus tard les gens de la Mantinique à leur tour s'organisent en cité et fondent Mantinée. Mais la population de la plaine arcadienne garde, avec son caractère rural, son goût de la vie dispersée. Elle préfère ses bourgades aux grandes agglomérations urbaines. Lorsque Sparte, en 384, veut ruiner Mantinée en redistribuant les citoyens dans les quatre anciens cantons ruraux, elle réalise sans trop de peine cette transformation, et les Mantinéens se consolent à la pensée que leurs habitations seront ainsi moins éloignées de leurs champs (6). La tentative d'Épaminondas de créer une grande capitale arcadienne n'eut pas plus de succès : les paysans transportés à Mégalopolis regrettaient leurs villages et à la première occasion se hâtaient d'y retourner (7).

Si la population de la plaine arcadienne a peine à organiser des cités, à plus forte raison n'est-elle pas prête à réaliser son unité politique. Elle pouvait à la rigueur se grouper en association

(1) Voir plus haut, p. 31-32. — (2) Xᴇɴ., *Hell.* V, 2, 2. — (3) Sᴛʀ., VIII, 8, 1.
(4) Iʟ., II, 683-608. — (5) Sᴛʀ., VIII, 3, 2 ; Pᴀᴜs., VIII, 45, 1.
(6) Xᴇɴ., *Hell.*, V, 2, 7. — (7) Ds., XV, 94 ; cf. Pᴀᴜs., VIII, 27, 5.

religieuse pour célébrer des cultes communs, elle était incapable de constituer un État. Dès le vi⁰ siècle, la rivalité éclate entre les deux villes qui se partagent le grand bassin central, Tégée et Mantinée. La nature les avait plus ou moins isolées, la frontière étant marquée par un étranglement et une zone boisée, et elle avait fait pour les deux cités de la question des eaux une occasion d'éternelle contestation (1). De plus, leur hostilité est accusée du fait que les deux villes sont entraînées vers des systèmes d'alliance opposés. En dépit de sa position centrale, l'Arcadie était trop facilement accessible pour que les États voisins n'eussent pas la tentation d'y intervenir. D'une part Argos, d'autre part Sparte ont des visées sur le pays et cherchent à y avoir une porte d'entrée et un point d'appui. Tégée, plus voisine de Sparte, est en butte aux attaques lacédémoniennes. Soutenus par les Argiens, les Tégéates tiennent quelque temps en échec les Spartiates. Mais, au vi⁰ siècle, après deux longues guerres, ils sont obligés d'accepter le protectorat de Sparte. En temps de guerre, ils doivent fournir des contingents qui forment une des ailes de l'armée lacédémonienne (2). La Tégéatide est comme une annexe de la Laconie. C'est dans le temple d'Athèna Aléa à Tégée que les Spartiates, à qui le commerce de l'argent est interdit dans leur patrie, déposent leur fortune et c'est par son intermédiaire qu'ils font fructifier leurs capitaux (3). A l'inverse, Mantinée, ennemie de Tégée, est l'alliée naturelle des ennemis de Sparte. C'est Argos, qui, après la défaite de Tégée, a aidé les Mantinéens à s'organiser en cité, de façon à retrouver dans le nord de la plaine l'appui qui vient de leur manquer dans le sud. Mantinée accordera le plus souvent sa politique avec celle d'Argos, et, hors du Péloponnèse, elle nouera de bonnes relations avec la rivale de Sparte, avec Athènes.

L'état de guerre presque permanent développe les vertus

______

(1) Voir plus haut, p. 31-32. — (2) Hᴅᴛ., IX, 26.
(3) Aᴛʜ., VI, 23ce f; cf. II. V, 159.

militaires des Arcadiens : ils ont déjà dans le *Catalogue des vaisseaux* la réputation de savoir faire la guerre, ἐπιστάμενοι πολεμίζειν (1). Pour un peuple, dont la vie est difficile et dans la montagne à demi-sauvage, le métier des armes, qui répond au caractère primitif de l'homme, apparaît comme le meilleur moyen d'existence. L'Arcadie sera de tout temps le pays des mercenaires (2).

V

LES PAYS DE COLLINES ET LES PAYS DE PLAINE.

A la forteresse, au réduit central qu'est la haute plaine d'Arcadie, s'opposent, sur le pourtour, des régions plus basses où ont pu se constituer des États plus puissants. Toutes n'ont pas cependant la même valeur et la même importance, et il convient de distinguer les pays de collines et les pays de plaine.

Pour les cultures comme pour la population, les collines font transition entre les montagnes et les plaines, entre les régions pastorales et les régions agricoles. Les plantations y tiennent plus de place que les guérets, mais de grandes étendues restent encore en friches et en maquis. La vie y est toute rurale, les villes médiocres. Les habitants sont des paysans « aux pieds couverts de poussière », κονίποδες, comme on appelait ceux du pays d'Épidaure (3). Ainsi se présentent la presqu'île au nord-est de l'Argolide, sur le golfe de Corinthe l'Achaïe, au nord-ouest du Péloponnèse l'Élide.

C'est ce dernier pays qui peut être pris comme exemple. Il passait pour riche (4). Les champs y étaient assez fertiles pour qu'on pût y localiser, comme dans tous les pays de céréales, l'enlèvement de Corè (5). Le bétail y était si nombreux qu'une expédition en Élide était une fructueuse opération et assurait le ravitaillement de tout le Péloponnèse (6). Les habitants

(1) IL., II, 611. — (2) THC., VII, 57. — (3) PLUT., *M.*, 291 e.
(4) PAUS., V, 4, 1 ; VI, 26, 6. — (5) PAUS., VI, 21, 1-2.
(6) XEN., *Hell.*, III, 2, 26.

vivaient dispersés dans des villages ; c'est seulement après les guerres médiques qu'ils se réunissent pour former une cité (1). Même alors les Éléens continuent à habiter la campagne : on citait telle famille de grands propriétaires chez qui, pendant plusieurs générations, personne n'avait jamais mis le pied à 'a ville d'Élis (2).

L'Élide n'aurait pas tenu dans l'histoire grecque plus de place que l'Achaïe, si elle n'avait possédé un des grands sanctuaires panhelléniques, Olympie. Il s'élevait au confluent de l'Alphée et du Kladéos, au milieu de vallons et de coteaux boisés, dans un paysage calme et tempéré qui contraste avec l'allure tourmentée et grandiose de Delphes. L'histoire des cultes d'Olympie est encore plus obscure que celle des cultes de Delphes. Il semble que les légendes qui se sont groupées autour du sanctuaire évoquent le souvenir des différentes populations qui ont occupé le pays. Aux temps préhelléniques remontait le culte de Zeus, apporté probablement de Crète ; les Achéens étaient représentés par Pélops, qui supplante le roi étolien Œnomaos ; enfin avec les Doriens s'installe à Olympie Héraklès, que ses travaux et ses miraculeuses performances désignent pour être le patron des pugilistes et des lutteurs. C'est Héraklès qui, selon la légende, avait réorganisé les jeux déjà institués en l'honneur de Pélops et fait de la cérémonie funèbre en l'honneur d'un héros les grandes fêtes sportives auxquelles se devaient plaire les guerriers doriens. L'institution des jeux était en fait si ancienne qu'on devait se contenter de légendes : Lycurgue, dont l'historicité dépasse de bien peu celle d'Héraklès, était lui aussi cité comme un des organisateurs de la fête. On prétenda t posséder jusqu'à 776 la liste des vainqueurs qui servait de base à la chronologie des Olympiades. Au milieu du vii⁰ siècle, Olympie tient déjà une telle place dans la vie religieuse et morale du Péloponnèse que quiconque prétend dominer la péninsule doit

(1) Str., VIII, 3, 2. — (2) Pol., IV, 73.

d'abord tenir le sanctuaire. Phidon d'Argos s'en empare et y
préside les jeux, et, après l'hégémonie argienne, les Spartiates
en deviennent définitivement les patrons et les défenseurs.

Les pays de plaine, c'est-à-dire l'Argolide, la Laconie et la
Messénie, ont joué un plus grand rôle que les pays de collines.
Bien abrités, ils jouissent d'un climat tempéré, mais assez sec.
Ils ont un sol limoneux dans la plaine où s'étendent les champs
de blé, mélangé de pierrailles au pied des montagnes et sur les
premières pentes où poussent les vignes et les oliviers. L'Argolide est pour les poèmes homériques la plaine aux riches moissons, Ἄργος πολύπυρον (1), et aux nombreux troupeaux de
chevaux, Ἄργος ἱππόβοτον (2). La Messénie, mieux arrosée,
est encore plus fertile et plus riche en pâturages : il n'y avait,
disait-on, aucune région agricole capable de rivaliser avec
elle (3).

Dotées par la nature de qualités analogues, les plaines ont
aussi connu à peu près la même histoire. C'est là tout naturellement que se groupèrent dès l'origine les populations et qu'au
contact avec la mer elles reçurent des Égéens les premiers
éléments de la civilisation. Danaos, que les légendes classiques
font venir des bords du Nil, pourrait bien personnifier cette
culture venue de la mer, c'est-à-dire en réalité du monde insulaire égéo-crétois. Puis, avec les Achéens, se fondent les grands
États mycéniens : l'Argolide a Mycènes et Tirynthe, la Laconie
Amyclée, la Messénie Pylos et Andanie. Enfin l'invasion dorienne ruine les États achéens : les Héraclides se partagent les
riches campagnes; Téménos, dit-on, s'installe à Argos (4),
Cresphontès à Stényclaros (5), les deux fils d'Aristodémos à
Sparte (6).

L'invasion dorienne a plus ou moins agi sur les populations
déjà établies. En Argolide, une partie des anciens habitants ont
été réduits au servage : les Gymnètes seraient à Argos ce que

(1) Il., XV, 372. — (2) Il., II, 287. — (3) Eur., fr. 452.
(4) Voir plus haut, p. 77. — (5) Paus., IV, 3, 7. — (6) Paus., III, 1. 5.

sont les Hilotes à Sparte (1). Toutefois certains auteurs, qui les rapprochent des Périèques, jugeaient sans doute leur condition meilleure (2). C'est qu'il y a eu en effet en Argolide mélange des vainqueurs et des vaincus. A Argos, à côté des trois tribus doriennes, une quatrième tribu (3) groupe vraisemblablement les éléments non-doriens. A Mycènes, dont les habitants passaient pourtant pour être de même race que ceux d'Argos, le fond de la population devait être achéen, ainsi qu'à Tirynthe : d'où l'opposition entre les deux villes anciennes et la cité nouvelle, qui les hait et finira par les anéantir (4). Une confédération groupe les villes de la plaine. Au milieu du vII^e siècle, Phidon en resserre les liens assez lâches et en fait un État fort sous la direction d'Argos. Il étend son pouvoir, au delà de la plaine, sur les pays de collines du nord-est jusqu'au golfe Saronique et vise même à commander au Péloponnèse tout entier (5). Mais l'hégémonie d'Argos est éphémère. Au bout de deux générations, la dynastie de Phidon perd le trône (6). La royauté subsiste de nom (7), mais n'a plus de pouvoir. Argos lutte vainement contre Sicyone (8) et contre Corinthe, sans pouvoir rétablir sa suprématie.

En Messénie, comme en Argolide, la population résulte du mélange des vainqueurs et des vaincus. Il semble bien que les Messéniens aient accepté d'obéir aux chefs doriens et de partager leurs terres avec les nouveaux venus et que, sous ces conditions, ils aient pu demeurer dans leur pays (9). Des unions mixtes durent sceller ces arrangements : la légende faisait épouser au dorien Cresphontès l'arcadienne Mérope (10). Mais la vie indépendante de la Messénie ne fut pas d'assez longue durée pour que le peuple messénien ait pu dégager ses carac-

( ) P LL., III, 83 ; cf. HDT., VI, 83.
(2) ARSTT., *Pol.*, V 2, 8 ; PAUS., VIII, 27, 1. — (3) II, IV, 600, 601.
(4) STR., VIII, 6, 10 ; VIII, 6, 19 ; PAUS., II, 16, 5 ; VII, 25. 6 ; II, 25, 8.
(5) HDT., VI, 127 ; STR., VIII, 3, 33.
(6) PAUS., II, 19, 2 ; PLUT., *M.*, 340 c. — (7) HDT., VII, 149
(8) HDT., V. 67. — (9) PAUS., IV, 3, 6. — (10) PAUS., IV, 3, 6

tères propres. Dès le vııı^e siècle, la Messénie est attaquée par les Lacédémoniens et réduite à n'être plus qu'une dépendance de l'État spartiate.

Seuls les Doriens de Laconie prétendaient maintenir dans toute leur pureté le sang dorien et les mœurs doriennes. C'est Sparte qui, en dominant le Péloponnèse, efface les distinctions régionales et donne à tout le pays la même apparence dorienne.

CHAPITRE V

SPARTE

I

Les sources de l'histoire de Sparte.

Les institutions et la vie spartiates étaient déjà pour les
Anciens un sujet d'étonnement et bien des coutumes leur
semblaient inexplicables. Sparte, au milieu de la Grèce classique, gardait si nettement un aspect archaïque, qu'on rejetait
dans un passé presque inaccessible l'origine de ses institutions
sociales et politiques et qu'on les attribuait en bloc — sauf la
création des éphores — à un même législateur, Lycurgue.
Mais sur Lycurgue les traditions étaient incertaines et discor-
dantes. Plutarque, qui cependant acceptait facilement sans
contrôle les récits les moins historiques, reconnaît lui-même
qu'on ne peut rien dire de Lycurgue qui ne soit douteux : sur
son origine, sur ses voyages, sur son activité législative, sur
sa mort, sur l'époque même où il a vécu, autant d'auteurs et
autant de versions différentes (1). Sans aller jusqu'à nier la
personnalité historique de Lycurgue, sans voir en lui, en raison du culte qui lui était rendu (2), un dieu de la lumière ou
un dieu loup, hypostase d'Apollon ou de Zeus (3), il faut bien
se résoudre à tout ignorer de son histoire.

L'examen des institutions spartiates est pour nous plus

(1) Plut., *Lyc.*, 1. — (2) Hdt.. I, 66 ; Paus.. III, 16. 6.
(3) **LXXIX**. p. 12 sq.

ardue encore, parce que nous ne pouvons accepter qu'avec grande méfiance les témoignages des Anciens. Beaucoup d'historiens ou de philosophes avaient étudié Sparte (1), ma's très peu l'avaient fait d'une façon objective et impartiale. Comme Sparte était le type de la cité aristocratique, elle était devenue l'idéal des aristocrates de toutes cités. A Athènes en particulier, tout un groupe de laconisants, par dédain aristocratique du travail manuel et par haine de la foule maîtresse de l'*ecclésia*, vantait à tout propos l'économie domestique tout agricole et le régime oligarchique de Sparte. Ce sont ces laconisants qui ont créé le type du Spartiate doté de toutes les vertus, ce sont eux qui ont collectionné les mots historiques, vrais ou apocryphes, qui font de l'histoire spartiate une perpétuelle morale en action. Xénophon ou Platon, pour qui rien n'est parfait que Sparte, ne voient pas ou ne veulent pas voir les ombres du tableau qu'ils présentent comme modèle à leurs concitoyens. Inversement, les démocrates n'insistent que sur les défauts et les vices des Spartiates, et les patriotes athéniens, à quelque parti qu'ils appartiennent, n'apportent pas beaucoup plus de mesure dans leurs jugements. Le parti pris, la violence même de l'opinion publique athénienne se retrouve non seulement chez un poète comme Euripide (2), mais chez un historien comme Thucydide (3). Hérodote lui-même, qui nous fournit tant de données intéressantes sur la Sparte du vi^e siècle, a trop vécu au contact des Athéniens pour ne pas adopter leurs préjugés (4). Sparte a la malchance d'être connue surtout par ses panégyristes ou ses ennemis.

L'histoire des institutions spartiates a encore subi d'autres déformations. A mesure que l'inégalité des fortunes s'accusait et apparaissait comme la cause principale des troubles civils et de la ruine économique, les théoriciens cherchaient à résoudre la question agraire en préconisant le partage égal des terres

(1) **CII**, p. 52. — (2) Eur., *Andr.*, 445 sq.; 595 sq.
(3) Thc., I, 70, 71; VIII, 96. — (4) Hdt., IX, 53.

ou la communauté des biens, l'un ou l'autre imposé et maintenu par l'État. N'était-ce pas là, disaient-ils, le régime établi
à Sparte ? Et presque inconsciemment ils vont arranger les
faits pour mieux ajuster à leurs théories un exemple aussi
illustre. Ce travail d'accommodation se fit à Sparte même
lorsque, au IIIe siècle, certains rois s'attaquèrent résolument au
problème du paupérisme. Pour faire accepter leurs réformes
sociales, ils ne pouvaient mieux faire que de les présenter
comme un retour aux institutions des ancêtres et d'invoquer
le nom toujours vénéré du législateur légendaire. La Sparte
de Lycurgue doit ainsi bien des traits à la Sparte d'Agis et de
Cléomène.

De toutes ces falsifications voulues ou inconscientes est
résultée l'image d'une Sparte qui ne saurait être la véritable.
Il faut voir ce qu'est l'histoire traditionnelle dans Plutarque :
tout son travail consiste simplement à juxtaposer sans les
critiquer les témoignages les plus discordants, en en gardant
surtout ce qui devait plaire à un moraliste admirateur des
vertus antiques. L'égalité et le communisme, l'austérité des
mœurs et l'ardeur du patriotisme, les anecdotes édifiantes et
les apophtegmes à la laconienne, tout cela fait chez lui un
mélange dans lequel on est bien embarrassé de distinguer la
légende et l'histoire.

Les historiens modernes, ne trouvant pas de quoi se satisfaire chez les auteurs anciens, ont à leur tour cherché des
explications et proposé des hypothèses. C'est ainsi que certains
ont fait appel à l'ethnographie comparée (1), mais il n'est pas
bien sûr que cette tentative d'expliquer Sparte par les peuples
non civilisés puisse donner grand résultat. Les rapprochements,
pour intéressants qu'ils soient, pourraient peut-être valoir pour
la plus lointaine origine des institutions. Mais la Sparte historique est sortie depuis bien longtemps de cette période des

____

(1) Par ex. **XII**, XXVI (1913), p. 121 sq

origines. Pourquoi les coutumes primitives auraient-elles
survécu ici plutôt qu'ailleurs ? Voilà ce que les ethnographes
n'expliquent pas. Il faut, pour tâcher d'expliquer Sparte, la
prendre telle qu'elle est aux différents moments de son histoire.
Car, quoi qu'en aient prétendu les Spartiates, les institutions
de Sparte ne sont pas restées immuables, et c'est s'exposer à de
graves erreurs que de ne pas tenir compte de la chronologie
et de confondre les époques. La Sparte d'Hérodote n'est pas
la Sparte d'Agésilas. Ici comme partout, l'évolution historique
est un élément indispensable d'explication.

II

LA POPULATION ET LES FORCES MILITAIRES DE SPARTE.

La Laconie fut occupée par des populations préhelléniques,
que la tradition nomme Lélèges : on faisait sortir de Lelex,
leur éponyme légendaire, la dynastie mythique qui règne
jusqu'à Tyndare (1). Puis les Hellènes s'en vinrent dans le
pays. Les envahisseurs achéens n'auraient pas eu à user toujours de violence et ils se seraient pacifiquement mélangés aux
indigènes, s'il faut en croire le récit légendaire qui montre
Ménélas obtenant la couronne en épousant la fille de Tyndare (2). Le centre de la domination achéenne est Amyclées.
Près d'Amyclées, la tombe à coupole de Vafio est un témoin
de la civilisation mycénienne et a fourni un des plus beaux
spécimens de l'orfèvrerie égéo-crétoise. A Amyclées se célèbrent
des cultes anciens qui remontent pour le moins aux temps
achéens. Là se trouve le tombeau d'Hyakinthos (3), divinité
chthonienne qui sera remplacée par Apollon, de même que
Karnos était honoré par les populations achéennes de Laconie (4) bien avant que les Karneia, célébrés en l'honneur de

(1) Paus., III, 1, 1-5. — (2) Paus., III, 1, 5. — (3) Paus., III, 19, 3.
(4) Paus., III, 13, 4.

son remplaçant Apollon Karneios, ne fussent devenus la fête nationale des Doriens (1).

La puissance achéenne fut ruinée par l'invasion dorienne. Il faut se représenter les Doriens arrivant successivement par bandes isolées, peu nombreuses, mais capables par leur valeur militaire et la supériorité de leur armement d'imposer leurs volontés à des populations plus nombreuses et plus civilisées, mais moins guerrières et déjà affaiblies par leur civilisation même. Peu à peu ces bandes s'agrégèrent les unes aux autres et la cité spartiate naquit lorsque tous les Doriens de la « creuse Lacédémone » (2) ne formèrent plus qu'un seul peuple. La présence de deux rois à la tête de Sparte permet de supposer que deux groupes principaux s'unirent, en gardant chacun leur chef, pour former la cité. L'un d'eux devait être plus puissant et plus ancien : la famille des Eurypontides en effet passait pour plus jeune et était moins considérée que celle des Agiades (3).

Les Doriens s'étaient installés d'abord dans le bassin supérieur de l'Eurotas, où ils avaient occupé, à l'entrée de la vallée, les alentours de Sparte (4). La ville, qui jusqu'au IIIe siècle n'aura pas de mur d'enceinte, n'était qu'un groupe de villages (5), éparpillés sur six collines ; peut-être chacun d'eux avait-il été originairement l'habitat d'une des bandes doriennes. Puis les Spartiates conquirent peu à peu tout le pays. Le rédacteur du *Catalogue des vaisseaux* énumère encore une dizaine de villes de Laconie sans accorder à Sparte plus d'importance qu'aux autres cités (6). Après avoir achevé l'occupation de la haute vallée par la prise d'Amyclées (7), les Spartiates soumirent les villes du pourtour montagneux, comme Geronthrai (8), et descendirent enfin dans la plaine marécageuse qui borde le golfe : Hélos fut la dernière ville où se

(1) **XXIX**, s. v. *Karneia*. — (2) IL. II, 581. — (3) HDT., VI, 21.
(4) STR., VIII, 5,4. — (5) THC., I, 10. — (6) IL., II, 581-590.
(7) PAUS., III, 2, 6. — (8) PAUS., III, 2, 6 ; III, 22, 6.

maintinrent les Achéens (1). Les conquérants s'étaient attribué
et partagé les meilleures terres. Les vaincus avaient été
réduits à la condition de sujets. Ceux qui avaient accepté avec
résignation les conditions du vainqueur restèrent libres et
conservèrent des droits civils à défaut de droits politiques : ce
sont les périèques. Ceux qui avaient mené jusqu'à la dernière
heure une résistance opiniâtre furent plus durement traités et
formèrent la dernière classe, celle des serfs : ce sont les hilotes.

Les Doriens établis en Laconie étaient peu nombreux.
Sparte, où résident tous les citoyens, passait pour une des
villes les moins peuplées de Grèce (2). Le chiffre de 9000 à
10 000 Spartiates que l'on attribuait au temps de Lycurgue (3)
avait été imaginé d'après celui des temps classiques en tenant
compte de la dépopulation progressive. A Sparte, en effet, le
nombre des citoyens alla sans cesse en décroissant. Hérodote
en comptait 8 000 (4), Aristote les estime à peine à un mil-
lier (5). On aimerait à pouvoir tracer la courbe descendante
qui traduirait ce fait démographique, mais les données statistiques font défaut. Les historiens modernes (6) ont essayé de
calculer le nombre des citoyens d'après les effectifs militaires,
mais il entre beaucoup d'hypothèse dans les résultats obtenus.
Les Spartiates avaient grand soin de tenir secret le chiffre
des levées aussi bien que celui des pertes (7). Les quelques
chiffres utilisables montrent, eux aussi, la faiblesse croissante
des effectifs. A Platée, en 479, il y a en ligne 5000 Spartiates (8) ; à Leuctres, en 371, il n'y en a plus que 700 (9). Le
plus souvent d'ailleurs, les chiffres que donnent les historiens
anciens s'appliquent à l'armée *lacédémonienne*, sans distinguer les citoyens spartiates des périèques, qui eux aussi sont
enrôlés comme hoplites. Dans les quelques cas où l'on peut
calculer la proportion entre les deux éléments, on voit que le

(1) Paus., III, 2, 7. — (2) Xen., *Lac.*, 1. — (3) Plut., *Lyc.*, 8.
(4) Hdt., VII, 234. — (5) Arstt., *Pol.*, II, 6, 11. — (6) CIV, CV.
(7) Thc., V, 68 ; V, 74. — (8) Hdt.. IX, 10 ; IX, 28. — (9) Xen., *Hell.*, VI, 4. 15.

nombre des périèques va toujours en augmentant, autre indice
de la diminution du nombre des citoyens. A Platée, les effectifs sont égaux : un périèque pour un Spartiate (1). Parmi les
prisonniers de Sphactérie, il y a 7 périèques pour 5 Spartiates (2). A Leuctres, il y a 2 à 3 périèques pour un Spartiate (3). De plus en plus Sparte doit chercher remède à la
crise des effectifs en faisant appel non seulement aux périèques
mais même aux hilotes. Les pertes de Sphactérie apparaissent
comme si lourdes — 170 Spartiates environ — que Brasidas
emmène en Thrace une armée formée exclusivement d'hilotes
et de mercenaires (4). Les Spartiates ne fournissent plus que
les cadres des forces péloponnésiennes : Agésilas emmène en
Asie 30 Spartiates pour 2 000 hilotes, affranchis à cette occasion,
et 6 000 alliés (5).

Cette disette d'hommes, cette ὀλιγανθρωπία, où les Anciens ont
vu à juste titre le mal mortel de Sparte (6), résulte d'abord de
la guerre, qui, presque incessante, décime la population masculine
en âge de servir. Les pertes sont d'autant plus élevées que
le Spartiate est prêt à se faire tuer plutôt que d'abandonner le
poste qui lui est confié. Les victoires peuvent être peu coûteuses.
Les pertes signalées à Platée sont si faibles que le chiffre peut
en paraître suspect (7) et à Mantinée, en 418, elles n'atteignent
pas 9 p. 100 (8). Mais les défaites sont particulièrement meur-
trières. Sans parler des contingents anéantis, comme les
troupes de Léonidas aux Thermopyles ou le corps de
300 hommes détruit à Stényklaros pendant la révolte des
hilotes (9), les pertes à Sphactérie dépassent 30 p. 100 (10) et
41 p. 100 à Léchaion en 390 (11). Ces chiffres, valables pour
l'ensemble de l'armée lacédémonienne, doivent probablement
être majorés, si l'on s'en tient aux citoyens spartiates, qui,

(1) Hdt., IX, 28. — (2) Thc., IV, 38.
(3) Xen., *Hell.*, VI, 1, 1 ; VI, 4, 12 ; VI, 4, 15. — (4) Thc., IV, 80.
(5) Xen., *Hell.*, III, 4, 2. — (6) Arstt., *Pol.*, II, 6, 12. — (7) Hdt., IX, 70
(8) Thc., V, 74. — (9) Hdt., IX, 64. — (10) Thc., IV, 38.
(11) Xen., *Hell.*, IV, 5, 12 ; IV, 5, 17.

par point d'honneur et patriotisme, s'exposent plus encore
au danger ; à Leuctres, les pertes des Spartiates s'élèvent à
57 p. 100, tandis que celles des Laconiens ne sont que de
30 p. 100 (1).

Les pertes de guerre n'auraient pu être compensées que par
une forte natalité. Il était de l'intérêt de l'État de veiller aux
naissances pour maintenir les effectifs. Le mariage était obligatoire et le Spartiate n'était estimé de ses concitoyens que
s'il avait des enfants (2). Mais nous ne connaissons pas de
mesures officielles qui aient eu pour objet de relever la natalité. L'intervention de l'État pour décider du sort du nouveau-
né, loin de limiter les droits du père et de restreindre les cas
d'exposition, ne pouvait qu'augmenter le nombre des enfants
abandonnés (3). Il fallait la vertu spartiate pour envier à ceux
qui avaient des fils le privilège d'être choisis de préférence
pour les postes périlleux (4). Et surtout le régime de la propriété conduit le père à se contenter d'un fils unique. Le lot que
le Spartiate possède dans la *terre civique* est un majorat, inaliénable et indivisible. Il passe nécessairement à l'aîné. Les
cadets, s'il en est, ne peuvent se constituer une propriété, par
achat ou par héritage, que sur les terres moins riches de la
perioikis et sont presque condamnés à une demi-pauvreté. Or
on ne peut être citoyen à Sparte que si l'on possède un certain
revenu foncier : celui qui ne peut fournir sa quote-part en farine
d'orge, en vin, en fromage, en figues (5), est exclu des repas
publics et par suite du corps des citoyens (6). Dans une famille
nombreuse, il n'y a donc guère que l'aîné, héritier de la « part
ancestrale », qui puisse conserver ses droits de citoyen.

Nous touchons là l'autre raison non pas de la dépopulation,
mais de la diminution du nombre des citoyens. Nombreux sont
ceux qui, nés citoyens, se voient priver de leurs droits civiques.

(1) Xen., *Hell.*, VI, 4, 15. — (2) Plut., *Lyc.*, 15.
(3) **XXIX**, s. v. *Expositio.* — (4) Hdt., VII. 205. — (5) Plut., *Lys.*, 12.
(6) Arstt., *Pol.*, II, 6, 21.

Outre ceux que leur pauvreté exclut de la cité, il y a tous les
condamnés à la dégradation civique, à l'*atimie*. Pour encourir
cette peine, il n'est pas besoin d'avoir commis des fautes
graves, comme le refus d'obéissance en présence de
l'ennemi (1), il suffit d'avoir manqué à l'une des innombrables
prescriptions qui enserrent toute la vie spartiate. Ainsi la
rigueur des lois contribue à vider peu à peu le corps des
citoyens. Le danger est si réel, que, lorsque les coupables sont
trop nombreux, on se résigne à laisser dormir la loi : les soldats
qui ont capitulé à Sphactérie seront relevés de la déchéance
d'abord prononcée contre eux (2). Deux classes s'opposent
donc à Sparte, nées l'une et l'autre des Doriens conquérants,
les citoyens en possession de tous leurs droits, les Égaux, ὅμοιοι.
dont le nombre va décroissant, et les Spartiates déchus de
leurs droits politiques, les Inférieurs, ὑπομείονες, qui, de plus
en plus nombreux, vont grossir les rangs des populations
laconiennes. La disproportion numérique ne cesse de s'accentuer. On peut même se demander si certains Spartiates ne
recherchaient pas de bon gré l'humiliation de l'atimie pour se
rendre libres et échapper à l'emprise de la cité « dompteuse
des hommes » (3).

Les citoyens spartiates sont donc peu nombreux. Pour
apprécier le rapport entre Égaux et Laconiens (inférieurs, périèques et hilotes), nous manquons de données statistiques et
les appréciations des modernes reposent sur des hypothèses.
Pour les périèques, la place proportionnelle qu'ils tiennent dans
l'armée ne saurait servir de base au calcul : car les Spartiates,
qui se méfiaient de leurs sujets, n'ont jamais armé autant de périèques que cette classe pouvait fournir d'hoplites. Les Anciens semblent avoir estimé à trois pour un le rapport entre
périèques et Spartiates. C'est le rapport qu'adopte au iiie siècle
Agis, lorsqu'il veut reconstituer la société spartiate en parta-

(1) Thc., V, 72. — (2) Thc., V, 34. — (3) Sim. *ap.* Plut., *Ages.*, 1.

geant 4500 lots de terre entre les Spartiates et 15000 entre
les périèques (1). C'est apparemment le projet d'Agis qui a
fait imaginer le même rapport au temps de Lycurgue avec les
chiffres de 9000 Spartiates et 30000 périèques (2). Quant aux
hilotes, ils semblaient aux anciens innombrables et c'est à eux
que songe Thucydide lorsqu'il nous dit qu'aucune ville n'avait
une population servile plus nombreuse que Sparte (3). A la
bataille de Platée, chaque Spartiate est accompagné de
7 hilotes (4), mais le rapport de 7 à 1, qui peut valoir pour
l'armée, est assurément trop faible pour l'ensemble de la population. Lorsque Cinadon veut se gagner un complice, il lui
dénombre sur l'agora 40 Spartiates et 4000 non-Spartiates (5).
Peut-être exagérait-il, en n'estimant les citoyens qu'au cen-
tième de la population, mais il est bien certain que, tous
chiffres mis à part, les Spartiates ne constituaient qu'une infime
minorité.

Si les conquérants spartiates ne voulaient pas être noyés
au milieu des peuples conquis et s'ils voulaient maintenir leur
autorité, ils ne le pouvaient qu'en conservant la forte organisation militaire qui leur avait valu la victoire. Le caractère
essentiellement militaire de Sparte est le trait qui frappait le
plus les anciens. La cité n'est pas une ville, mais un camp (6).
Toute l'organisation spartiate tend à développer une seule
vertu, la valeur guerrière (7).

Le Spartiate est toute sa vie un soldat soumis à la plus stricte
discipline. Bien que les lois spartiates prétendent respecter
l'intimité de la vie familiale (8), celle-ci n'échappe pas à la
réglementation militaire. Aux croyances religieuses, qui partout en Grèce imposent la perpétuité de la famille, s'ajoute à
Sparte la nécessité de donner à l'État des soldats robustes. Le
Spartiate non seulement doit se marier, mais il doit prendre

<hr>

(1) Plut., *Agis*, 8. — (2) Plut., *Lyc.*, 8. — (3) Thc., VIII, 40.
(4) Hdt., IX, 28. — (5) Xen., *Hell.*, III, 3, 5. — (6) Plat., *Leg.*, II, 666 e.
(7) Arstt., *Pol.*, II, 6, 22. — (8) Du., XX, 13, 2.

une femme capable d'avoir des enfants vigoureux. Le roi Archédamos est condamné à l'amende pour avoir épousé une femme de petite taille qui donnerait aux Spartiates, disent les éphores, « non pas des rois, mais des roitelets » (1). C'est pour s'assurer la santé et la force de supporter les fatigues de la maternité que les jeunes filles reçoivent, en commun avec les garçons, l'éducation physique qui semble indécente aux autres Grecs (2). Les Athéniens rient des allures masculines de Lampito (3), mais ils confient leurs enfants aux nourrices spartiates, les plus réputées de la Grèce (4).

L'enfant appartient moins à sa famille qu'à l'État. A sa naissance, il est présenté à un véritable conseil de revision qui décide de son sort : seul a droit de vivre celui qui plus tard fera un bon soldat. Dès l'âge de sept ans, il est embrigadé avec les garçons de son âge et commence, sous la conduite de maîtres choisis par l'État, son apprentissage militaire. Nupieds, vêtu hiver comme été d'une tunique courte et légère, nourri d'une maigre ration qu'il doit compléter par la maraude, couchant sur une litière de roseaux qu'il a cueillis lui-même sur les bords de l'Eurotas, il s'habitue à supporter les intempéries, la fatigue, la faim, la douleur. La fustigation devant l'autel d'Artémis Orthia, où l'on peut voir soit la survivance atténuée de sacrifices humains, soit le rite magique qui transmet à l'homme la force vitale de la branche verte, perd son sens religieux pour n'être plus qu'un concours d'endurance. La culture physique est en grand honneur : la course, le saut, le lancement du disque et du javelot fortifient et assouplissent le corps. La culture intellectuelle, en revanche, est négligée : les poèmes d'Homère, quelques chants guerriers, quelques poésies morales, voilà un bagage littéraire bien suffisant pour un soldat. De dix-huit à vingt ans, le jeune homme achève son éducation militaire en s'entraînant

(1) PLUT., *Ages.*, 2. — (2) EUR., *Andr.*, 595-600. — (3) AR., *Lys.*, 78-84. (4) PLUT., *Lyc.*, 16.

à la marche, en s'exerçant à l' « école de compagnie » et au
« service en campagne ». Sans arrêt, les jeunes soldats parcourent
la campagne, autant pour manœuvrer que pour faire la police.

Le Spartiate va rester soldat toute sa vie. En cas de guerre,
les éphores indiquent l'âge des classes appelées à servir (1).
On peut être convoqué jusqu'à soixante ans. D'ordinaire les
jeunes gens de moins de vingt ans et les hommes de plus de
cinquante-cinq sont laissés à la garde du territoire, mais, s'il
est nécessaire, eux aussi partent en campagne (2). Même en
temps de paix, le Spartiate est astreint aux obligations de la
vie militaire. Afin de pouvoir répondre au premier appel de
la trompette, il est obligé d'habiter la ville ; à plus forte raison
ne peut-il voyager ni séjourner à l'étranger sans une permission spéciale (3). Il ne quitte jamais l'uniforme, la tunique teinte
de pourpre sur laquelle le sang n'apparaît pas. Il doit, jusqu'à
trente ans, coucher à la caserne et ne peut rejoindre sa femme
qu'en cachette. Au gymnase ou à la *lesché*, il se retrouve toujours avec les mêmes compagnons. Au repas du soir, qui doit
être pris en commun, la même table réunit la quinzaine de
soldats qui, à la guerre, partageraient la même tente et combat-
traient côte à côte. Chaque convive fournit sa quote-part pour
la confection des mets fixés par la loi, mais peut ensuite agré-
menter le menu de pièces de venaison, apportées du logis. Il
s'agit moins d'imposer un régime frugal que d'entretenir le
sentiment de la camaraderie militaire. Aussi personne ne peut-
il être dispensé d'assister à ce repas : Agis, rentrant vainqueur
des Athéniens, ne peut obtenir le premier soir la permission
de dîner chez lui avec sa femme (4). Partout et toujours le
Spartiate apparaît comme encadré dans la formation militaire
où est sa place de combat.

(1) Xen., *Lac.*, XI, 2. — (2) Thc., V, 64 ; Xen., *Hell.*, VI, 4, 17.
(3) Plut., *Lyc.* 27 ; *Agis*, 10-11 ; *M.*, 238 e ; Isocr., *Bus.*, 18 ; Plat., *Prot.*,
342 c-d.
(4) Plut., *Lyc.*, 12.

Pour les Grecs, les Spartiates étaient les maîtres de l'art militaire, τεχνῖται καὶ σοφισταὶ τῶν πολεμικῶν (1). L'armée spartiate pourtant n'est pas essentiellement différente des autres armées grecques, ni pour la composition, ni pour l'armement, ni pour la tactique. Elle se compose presque uniquement d'infanterie lourde : le soldat spartiate, c'est l'hoplite armé de la lance et de l'épée, couvert du casque, de la cuirasse et des cnémides, abrité derrière le large bouclier de bronze. La grosse infanterie est la seule arme qui soit digne du citoyen. Le service dans la cavalerie, qui d'ailleurs n'existe pas avant la guerre du Péloponnèse, est laissé aux hommes les moins valides et les moins courageux (2), et les troupes légères, qui escarmouchent sur les flancs, sont composées d'hilotes et de mercenaires. La formation de combat est la phalange, où les hoplites, disposés en files plus ou moins profondes, se soutiennent et se garantissent les uns les autres : à Mantinée, en 418, les troupes spartiates sont sur huit rangs (3), à Leuctres sur douze rangs de profondeur (4). La phalange est redoutable par sa cohésion et sa masse, mais, bien que les Spartiates soient exercés à des évolutions, qui paraissent même trop compliquées aux autres Grecs (5), elle manque de souplesse et ne permet guère d'autre mouvement offensif que la charge en masse.

Ce qui fait la supériorité des troupes spartiates, ce sont d'abord les qualités physiques des soldats, soumis depuis l'enfance à un entraînement continu. Ce sont plus encore leurs qualités morales, respect de la discipline, sentiment de l'honneur, esprit de sacrifice (6). Toute l'éducation spartiate, les récits des actions héroïques, les chants de Tyrtée, les fêtes civiques visent à inspirer un dévouement absolu à la cité. « Il est beau de tomber au premier rang comme un brave, en

____

(1) PLUT., *Pel.*, 23 ; cf. XEN., *Lac.*, XIII, 5.
(2) XEN., VI, 4, 11. — (3) THC., V, 68. — (4) XEN., *Hell.*, VI, 4, 12.
(5) XEN., *Lac.* XI, 5. — (6) HDT., VII, 104.

combattant pour la patrie (1). » C'est dans cette exaltation du
patriotisme et du devoir qu'est la grandeur de Sparte. Par
ailleurs, le Spartiate paraîtra étroit d'esprit, intransigeant,
chagrin, lent à comprendre et à agir ; on l'accusera d'avidité
et de duplicité. Mais, sous l'armure de l'hoplite, il ne laisse
plus voir qu'une vertu un peu raide, mais calme et digne. Tel
l'a vu le poète et telle son image mérite d'être fixée pour l'histoire : « Que chacun bien campé sur ses deux jambes, les pieds
rivés au sol, mordant sa lèvre, demeure immobile, les cuisses,
les jambes et les épaules bien couvertes par le ventre du large
bouclier. Que dans sa droite se dresse une forte lance ; que sur
sa tête s'agite la terrible aigrette... Pied contre pied, bouclier
contre bouclier, l'aigrette froissant l'aigrette et le casque heur-
tant le casque, que les poitrines se pressent, que les guerriers
se choquent du tranchant de l'épée et de la pointe de
la lance (2). »

III

LA VIE ÉCONOMIQUE ET LES CLASSES SOCIALES.

L'organisation militaire de la cité spartiate imposait à la vie
économique des conditions spéciales. Toutefois les circonstances historiques ne firent que renforcer l'action de la nature.

Encadrée par la haute chaîne du Taygète, qui, à l'ouest, tombe
presque à pic sur la vallée, et par les collines qui, à l'est,
montent graduellement vers le Parnon, la Laconie apparaît
comme une dépression à fond plat : c'est la « creuse Lacédémone » (3). Au centre, l'Eurotas déroule sur un lit de graviers
un mince filet d'eau et trace à travers la plaine la ligne de ver-
dure des roseaux, des agnus castus et des lauriers roses. De
chaque côté s'étendent les terres cultivables. Déjà l'*Odyssée*
vante les richesses agricoles du royaume de Ménélas (4). Sur

(1) TYRT., fr. 10.
(2) TYRT., fr. 11. — (3) IL., II, 581. — (4) OD., IV, 603-605.

un sol suffisamment riche, les blés, bien que légers (1), donnent de belles récoltes (2). Les terrains plus caillouteux portent des oliviers et sur les pentes bien exposées du pourtour montagneux mûrit la vigne (3) : à l'entrée de la plaine, le bourg d'Oinous doit son nom aux vignobles qui l'entourent. En dehors des produits agricoles, la Laconie n'a que peu de ressources et qui sont à peine exploitées. Les montagnes sont couronnées de forêts, et, comme en Arcadie, la vie pastorale peut s'y développer : on élève les troupeaux non seulement pour leur viande, mais pour leur laine et pour leurs peaux. Dans le Taygète et dans le Parnon, des gisements ferrugineux ont été reconnus et exploités de bonne heure, mais les carrières de marbre et de porphyre ne prendront leur valeur qu'à l'époque romaine avec la vogue du rouge antique et du vert antique (4). Productrice de céréales, de vin et d'huile, la Laconie ne connaît d'autre économie que l'agriculture ; elle n'a pas de quoi alimenter une grande industrie.

Elle est également mal disposée pour le grand commerce, parce qu'elle n'a que des communications terrestres. Vers le sud, la plaine de Sparte est bornée par une ligne de hauteurs où l'Eurotas a dû se creuser une gorge profonde et étroite. C'est au delà de cette barrière que s'étend la plaine maritime d'Hélos. Cette plaine se termine par une côte rectiligne, basse, marécageuse, inhospitalière. Il n'y a de baies et d'abris qu'au pied des montagnes, là où la côte redevient rocheuse. Encore les abords du cap Malée et du cap Ténare passent-ils pour particulièrement dangereux. Gytheion est l'échelle de Sparte, qui y établira son port de guerre et ses arsenaux, mais Gytheion est à plus de 40 kilomètres de la ville. Vers le sud, c'est la haute mer, et il n'y a plus d'îles au delà de Cythère pour aider et attirer les navigateurs. Ainsi l'État spartiate est un État continental. Sans façade sur la mer, sans vie maritime,

(1) Th., *H. P.*, VIII, 4, 5. — (2) Pol., V, 19.
(3) Str., X, 1, 6 ; Ath., I, 31 d. — (4) **XXIX**, s. v. *Marmor.*

sans relations suivies avec les pays d'outre-mer, il ne saurait
bénéficier des échanges de produits et d'idées que provoque le
grand commerce extérieur. L'esprit d'initiative et d'aventure,
la rapidité du coup d'œil et la hardiesse des décisions, toutes
ces qualités du marin et de l'explorateur manquent au Spartiate. Comme la Béotie, la Laconie semble prédisposée à n'être
qu'un pays de terriens limitant leur horizon aux bornes du
champ qu'ils cultivent.

Les caractères naturels du pays vont s'accuser encore du fait
de la conquête. Le Spartiate ne peut satisfaire à ses obligations
militaires qu'en donnant tout son temps à l'État. A la répulsion que les aristocraties guerrières de Grèce montrent pour
le travail manuel, s'ajoute ici l'action directe de la loi qui
interdit formellement au citoyen tout commerce, tout métier,
toute activité économique. Même l'agriculture ne lui est pas
permise. Non seulement il ne travaille pas lui-même la terre,
ce qui partout est besogne de petites gens; mais il ne s'occupe
même pas, ce que font volontiers les nobles dans les autres
pays grecs, de diriger et de surveiller l'exploitation agricole.
Le Spartiate est obligatoirement un citadin, et, en dehors de
son service de garde, il ne paraît dans la campagne que pour
chasser, seule distraction qui lui soit permise comme préparation et entraînement à la guerre. L' « abondance de loisirs » (1), que la loi impose au Spartiate, peut favoriser la
préparation militaire, mais elle est un obstacle à tout progrès
économique.

Il faut cependant bien subvenir aux besoins de ce citoyen
oisif : d'autres travailleront à sa place et pour lui. D'abord il
faut assurer aux soldats leur ration journalière. Aussitôt
maîtres du pays, les conquérants se sont emparés des terres les
meilleures tout autour de Sparte et, après avoir fait la part
des dieux et des chefs, ils se les sont partagées. Les cantons

____

(1) PLUT., *Lyc.*, 24, 2.

moins fertiles de la montagne ont été laissés à leurs occupants.
C'est, par opposition à la « terre civique » réservée aux
citoyens, la *perioïkis*, où les Spartiates peuvent aussi devenir
propriétaires, mais où la majeure partie du sol appartient aux
périèques. En dépit de sa fertilité, la terre civique est encore
insuffisante. Une fois la Laconie conquise jusqu'à la mer et
jusqu'à la montagne, les Spartiates jettent au delà des regards
de convoitise sur la plaine voisine, la Messénie, qui, comme
la Laconie, plus encore même que la Laconie, étend à perte
de vue ses guérets, ses olivettes, ses vignobles, ses vergers.
Le pays était occupé par des Doriens qui s'étaient mélangés à
la population indigène. A la suite de guerres qui ne nous
sont connues que par des récits légendaires, les Spartiates
s'en emparent, se partagent les terres, et, sans souci de la
parenté ethnique qui pouvait les unir aux Doriens de Messénie, réduisent les habitants à la condition des plus misérables de ses sujets, les hilotes.

Chaque Spartiate a maintenant un lot capable de le nourrir ;
il reste à assurer pour toujours la situation acquise. Dans toute
la Grèce, le domaine patrimonial a été primitivement inaliénable et indivisible. Comme il appartient moins à l'individu
qu'à la famille, le détenteur présent ne peut, en en disposant,
en frustrer ses descendants, qui en sont les co-propriétaires.
Mais partout la propriété familiale s'est démembrée et a fait
place à la propriété individuelle dont dispose librement le
possesseur. Sparte, au contraire, en est restée au droit primitif.
Il ne suffit pas, pour expliquer le fait, de rappeler l'esprit
traditionnaliste et conservateur des Spartiates : c'est l'État qui
est intervenu pour maintenir l'inaliénabilité et l'indivisibilité
du domaine par mesure légale, alors que s'oubliaient les
vieilles règles du droit domestique. Le soldat spartiate doit
trouver dans son domaine les vivres qui lui sont nécessaires :
le partage du patrimoine risquerait de laisser à chaque héritier
une terre trop exiguë et par suite des ressources alimentaires

insuffisantes. La « part ancestrale » devient donc de par la loi un majorat réservé à l'aîné. Les cadets se tireront d'affaire comme ils le pourront sur les terres de la *perioikis* et, s'ils sont trop pauvres, seront rejetés de la cité. Pour l'effectif que l'on a jugé nécessaire et qu'on se contente de maintenir intact, il faut toujours le même nombre de lots et la même étendue de terrains cultivables.

Le citoyen est propriétaire, mais il lui est défendu de travailler. L'exploitation du domaine est confiée à des travailleurs agricoles, qui cultivent pour le compte du propriétaire : ce sont les hilotes. Les Anciens avaient quelque peine à définir le statut juridique des hilotes : ils les assimilent parfois aux esclaves (1), et cependant ils se rendent bien compte que ce ne sont pas des esclaves comme les autres. L'hilote a bien un maître, mais ce maître ne peut pas disposer de lui comme il ferait d'un esclave : il ne peut ni le vendre, ni le chasser, ni le maltraiter ou le tuer ; il ne peut pas davantage l'affranchir. C'est que les hilotes en réalité appartiennent à l'État : ce sont les esclaves de la communauté, δοῦλοι τοῦ κοινοῦ (2), mis comme cultivateurs à la disposition des citoyens. L'hilote n'est pas lié à un homme, mais à un domaine ; il ne peut pas l'abandonner, ni en être expulsé. C'est un serf, comme il en existait en d'autres pays agricoles occupés par des Doriens, en Thessalie, en Crète.

Métayer perpétuel, l'hilote a une situation bien meilleure que celle de l'esclave. Il a une famille, il a une maison, il peut acquérir une certaine aisance. En effet, la redevance qu'il paie en nature à son maître a été calculée, non pas d'après le rendement de la terre ou proportionnellement à la récolte, mais selon les besoins, largement appréciés, du citoyen spartiate et de sa famille. Aussi cette redevance est-elle immuable : c'est, pour chaque domaine, 82 médimnes d'orge, environ 60 hecto-

(1) Plat., *Alc.*, I, 122 d ; Str., VIII, 5, 4.
(2) Paus., III, 20, 6 ; cf. Str., VIII, 5, 4.

litres, et une quantité proportionnelle de vin et d'huile. Si nous évaluons à environ 80 hectares la superficie moyenne de la « part ancestrale » au vi⁰ siècle, nous pouvons y supposer une production moyenne en céréales d'environ 300 hecto-litres. Il resterait donc à l'hilote, une fois la redevance payée, un surplus appréciable, même après avoir défalqué la quantité nécessaire pour les semences et pour la nourriture des hilotes, sans doute nombreux, qui vivent sur le domaine. En outre, toute amélioration profite à l'hilote dont on ne peut rien exiger de plus que la redevance fixée par la loi. Ainsi, tandis que les revenus du propriétaire spartiate sont fixes, l'hilote peut s'enrichir par son travail, sans compter les profits plus ou moins licites qu'il peut faire à la guerre par le butin (1). On vit au cours des siècles la fortune des hilotes grandir, tandis que les citoyens s'appauvrissaient : lorsqu'au iii⁰ siècle Cléomène proposa de vendre la liberté aux hilotes, il s'en trouva aussitôt six mille pour payer les cinq mines exigées (2). Par la vie qu'il mène, par la demi-indépendance dont il jouit, l'hilote tient, comme le dit Pollux (3), « le milieu entre l'esclave et l'homme libre ».

Et cependant les Anciens étaient unanimes pour dépeindre la condition misérable et méprisée des hilotes et la cruauté de leurs maîtres. Mille récits couraient à ce sujet dans le monde grec, depuis l'ivresse imposée à l'hilote pour enseigner la sobriété aux jeunes Spartiates (4) jusqu'aux battues où les jeunes gens s'entraînaient aux horreurs de la guerre en massacrant les hilotes attardés (5). Les historiens les plus réservés racontaient l'histoire de ces hilotes courageux à qui l'État promettait la liberté et qui disparaissaient ensuite mys-térieusement (6). Il semble bien qu'il faille tenir compte du grossissement de la légende : on n'est pas encore arrivé à

(1) Hdt., IX, 80.
(2) Plut., *Cléom.*, 23. — (3) Poll., III, 83. — (4) Plut., *Lyc.*, 28.
(5) Plut., *Lyc.*, 28. — (6) Thc., IV, 80.

savoir exactement ce qu'était la trop fameuse *cryptie* (1). Sans doute, l'hilote, qui est hors de la cité, n'est pas protégé par la loi comme le citoyen, et l'État spartiate, dur même aux citoyens, devait se montrer impitoyable envers les hilotes qu'il tient pour ses esclaves. Mais l'État lui-même a intérêt à les ménager.

Il en a besoin pour l'exploitation agricole, il en a besoin aussi pour l'armée. Les hilotes fournissent l'infanterie légère; ils assurent tous les services auxiliaires. A Platée, il y a sept hilotes par Spartiate. Plus l'effectif des citoyens diminue, plus on fait appel aux hilotes. On les voit alors servir même comme hoplites (2). Il est vrai que, par respect pour la haute dignité de l'hoplite, l'État, avant d'incorporer des hilotes, les affranchit. Ces hilotes affranchis, les *néodamodes*, sont à peu près les seuls Laconiens que Sparte envoie guerroyer au loin : Thimbron part en campagne avec 1 000 néodamodes, 4 000 Péloponnésiens et 300 Athéniens pris à la solde de Sparte (3); Agésilas emmène en Asie 30 Spartiates, 2 000 néodamodes et 6 000 alliés (4).

Les rigueurs que l'on attribue aux Spartiates étaient, dit-on, nécessaires s'ils voulaient maintenir les hilotes sous le joug. Parce qu'ils sont une minorité, les citoyens doivent mater par la terreur la majorité, et encore vivent-ils constamment dans la crainte d'un soulèvement d'hilotes (5). Là encore il ne faut pas exagérer l'hostilité des hilotes. Habitués à vivre, sur les terres du Spartiate, sinon libres, du moins tranquilles et relativement heureux, les hilotes ont acquis à l'égard de Sparte des sentiments loyalistes. En face de l'ennemi, ils se sentent solidaires de la cité. En 418, à la nouvelle que la Laconie risque d'être découverte par la prise de Tégée, les hilotes, comme les Spartiates, se hâtent d'accourir (6). Lors de l'invasion thébaine, sur promesse de la liberté, plus de 6 000 hilotes

______

(1) **XXIX**, s. v. *Krypteia.* — (2) Thc., IV, 80. — (3) Xen., *Hell.*, III, 1, 4. (4) Xen., *Hell.*, III, 4, 2. — (5) Thc., IV, 80. — (6) Thc., V, 64.

viennent s'inscrire dans les rangs spartiates (1). C'est qu'il
faut en réalité faire une distinction entre les hilotes (2). Ceux
de Laconie ont fini par se considérer comme des Lacédémoniens. Ceux de Messénie au contraire, plus récemment réduits
en servitude, songent toujours à revendiquer leur indépendance. C'est en Messénie, qu'après le cataclysme de 464 se
produit et se prolonge pendant plusieurs années le grand soulèvement des hilotes qu'on a pu appeler la troisième guerre de
Messénie. C'est chez les hilotes de Messénie que, pendant la
guerre du Péloponnèse, les Athéniens provoquent des défections lorsqu'ils s'installent à Pylos.

Les hilotes subviennent aux besoins alimentaires des
Spartiates : Sparte est « une armée entretenue par des
paysans » (3). Pour ses autres besoins, le Spartiate, condamné
à l'oisiveté, a d'autres auxiliaires : ce sont les périèques. Les
périèques sont libres : ils habitent des bourgs de la région
montagneuse qui gardent une certaine autonomie municipale.
Comme les citoyens, ils paient l'impôt et doivent le service
militaire. Toutefois, ils n'ont pas de droits politiques, ni la plénitude des droits civils : ils ne peuvent pas épouser de femmes
spartiates en légitime mariage, ni acquérir de propriétés dans la
terre civique. Mais ces restrictions n'entravent pas leur activité
qui s'exerce dans tous les domaines interdits aux citoyens.
Certains d'entre eux cultivent les terres de la *perioikis*, mais
le plus grand nombre s'adonne à l'industrie et au commerce.
Les périèques sont artisans pour le compte des Spartiates comme
les hilotes cultivateurs. C'est d'abord et surtout pour l'armée
que travaillent les gens de métier. L'uniforme des soldats est
tissé avec la laine des moutons du Taygète et teint avec la
pourpre pêchée à Cythère. La fabrication des armes est naturellement très active et a entraîné le développement de toute
l'industrie métallurgique : les forgerons travaillent le fer qui

(1) Xen., *Hell.*, VI, 5, 28-29. — (2) Paus., III, 11, 8.
(3) Montesquieu, *Esprit des lois*, XXII, 17.

vient des mines du Taygète et du Parnon; les bronziers sont
assez habiles pour exécuter les reliefs qui décorent le temple
d'Athèna (1) ou pour ciseler un cratère digne d'être offert à
Crésus (2); les fondeurs coulent les petites figurines de plomb
que l'on dépose en ex-voto dans les sanctuaires. Pour les
usages domestiques, les ébénistes travaillent le bois, les céramistes fabriquent des vases à couverte blanche, qui serviront
de modèles aux potiers de Cyrène (3).

Sparte n'est donc pas dépourvue d'industrie, mais c'est une
industrie qui produit peu et qui se contente de fournir le
marché local. La Laconie, qui n'a pas de vie maritime, n'a pas
de commerce extérieur. Il serait exagéré d'affirmer que rien
n'arrive ou ne part du port de Gytheion, mais Sparte s'en tient
au vieux principe des pays agricoles qui doivent se suffire à
eux-mêmes. Le caractère purement local de la vie économique
se traduit par la rareté des espèces monétaires. Les métaux
précieux font défaut : lorsque la cité a besoin d'or pour une
statue d'Apollon, elle le fait venir d'Asie Mineure (4). Sans
doute ne faut-il pas croire sur parole les moralistes des siècles
postérieurs célébrant à l'envi l'austère pauvreté des Spartiates.
Dès le VIe siècle, il y a à Sparte des gens riches (5) et le luxe
n'y est pas inconnu; mais si le riche Spartiate possède des
objets précieux, il ne thésaurise pas. La monnaie est presque
inconnue parce qu'elle est à peine nécessaire. Les versements
se font en nature : c'est en nature que l'hilote s'acquitte de sa
redevance, en nature que le citoyen paie sa quote-part aux
repas publics. Aussi, tandis que les autres villes grecques
émettent des monnaies d'argent, qui, même avec les formalités
du change, trouvent preneur à l'étranger, Sparte se contente
d'une monnaie de fer, lourde et incommode, qui ne peut avoir
cours qu'en Laconie. Les moralistes faisaient honneur à
Lycurgue d'avoir mis ainsi obstacle à l'accroissement des

(1) Paus., III, 17, 2-6. — (2) Hdt., I, 70.
(3) **XIV**, 1912, p. 102 sq. — (4) Hdt., I, 69. — (5) Hdt. VII, 134.

richesses : en réalité il n'y a pas eu là de propos délibéré, c'est l'expression naturelle d'une économie agricole et fermée.

IV

LES INSTITUTIONS POLITIQUES ET LA VIE SPARTIATE.

Les institutions politiques de Sparte, comme la vie sociale et économique, dépendent de l'organisation militaire. Les Spartiates se sont réservé le gouvernement, comme ils se sont attribué la propriété du sol. Le corps politique est exclusivement formé de la minorité des conquérants. « Notre constitution, fait dire Thucydide à Brasidas, est de celles où ce n'est pas la multitude qui l'emporte sur le petit nombre, mais le petit nombre qui gouverne le plus grand, et cette minorité ne doit son pouvoir qu'à sa supériorité militaire (1). » Le système de gouvernement a paru aux théoriciens grecs difficile à définir. Lorsque Platon, par la bouche du Spartiate des *Lois*, veut caractériser la constitution de Sparte, il montre comment elle est à la fois une monarchie, une aristocratie, une démocratie, une tyrannie même (2). Aristote y voit aussi une combinaison de la monarchie représentée par les rois, de l'oligarchie représentée par la *gérousia* et de la démocratie représentée par les éphores (3). En réalité, l'organisation politique de Sparte est celle d'une armée : le commandement est concentré en un petit nombre de mains, la discipline assure l'obéissance à tous les degrés et seule la hiérarchie des grades met des différences entre les hommes.

Comme toutes les cités grecques, Sparte à l'origine a eu à sa tête des rois, chefs absolus investis des pouvoirs religieux, militaires et judiciaires. La royauté subsiste, elle a gardé son prestige et jouit d'honneurs extraordinaires, mais elle a perdu son pouvoir. D'abord l'autorité en est moindre du fait qu'elle est

____

(1) THC. IV, 126. — (2) PLAT., *Leg.*, IV, 712 d-e. — (3) ARSTT., *Pol.*, II, 3, 10.

partagée entre deux rois. Il est vraisemblable que Sparte s'est
constituée par la réunion de deux groupes dont chacun gardait
son chef, mais, aux temps classiques, cette dualité, dont on a
oublié l'origine, est considérée comme une précaution prise
contre le pouvoir absolu et comme une sauvegarde pour l'État.
Traditionnellement, les deux dynasties restent isolées, au point
que jamais un mariage n'a uni Agiades et Eurypontides. Mais
la rivalité des deux rois peut provoquer des conflits dangereux
pour la cité : c'est pour éviter les dissensions qui affaibliraient
le commandement qu'on a, au VIe siècle, interdit aux rois de se
rendre tous les deux en même temps à l'armée (1). D'autre part,
le pouvoir royal a été limité. Les rois restent les chefs religieux
de la cité (2); prêtres de Zeus Lakedaimon et de Zeus Ouranios,
ils président aux sacrifices publics et reçoivent une part de
toutes les victimes (3). Ils gardent aussi la juridiction de certaines
affaires où intervient le vieux droit familial et religieux (4). Enfin
ils commandent en chef l'armée : la royauté spartiate, dit Aristote, est une stratégie héréditaire perpétuelle (5). Mais, même à
l'armée, le roi est sous la surveillance des éphores qui l'accom-
pagnent, et, le cas échéant, il se voit imposer d'autres entraves :
après qu'Agis eut été accusé d'avoir mené trop mollement la
guerre contre Argos, on décida d'adjoindre au roi un conseil
de guerre de dix Spartiates sans lequel il ne pourrait conduire
l'armée en campagne (6). Comme tous les Spartiates, les rois
doivent obéissance à la loi : chaque mois, ils prêtent serment
de respecter les lois, et les éphores, au nom du peuple, ne leur
garantissent la jouissance de leurs droits qu'autant qu'ils tien-
dront leur serment (7).

La royauté n'est donc plus qu'une survivance. Le pouvoir,
comme dans toutes les cités, appartient au peuple; une des lois

(1) HDT., V, 75. — (2) ARSTT., *Pol.*, III, 9, 2; XEN., *Lac.*, 15.
(3) HDT., VI, 56-57. — (4) HDT., VI, 57.
(5) HDT., VI, 56 ; THC., V, 66 ; XEN., *Lac.*, 15 ; ARSTT., *Pol.*, III, 9, 2 ; III,
10, 1.
(6) THC., V, 63. — (7) XEN., *Lac.*, 15.

que le dieu de Delphes avait, disait-on, dictées à Lycurgue posait
le principe de la souveraineté populaire (1). A cette souveraineté
participent tous les Spartiates en possession de leurs droits
politiques. Le nom d'Égaux qui leur est donné a toute sa signi-
fication. A Sparte, il n'y a pas d'aristocratie de naissance : seules
sont considérées comme nobles les deux familles royales qui
l'une et l'autre prétendent descendre d'Héraklès. Il n'y a pas non
plus, pendant longtemps du moins, d'aristocratie de fortune : le
régime de la propriété assure à tous les citoyens des revenus fonciers égaux. Enfin le régime militaire impose indistinctement
à tous la même apparence extérieure, les mêmes occupations, la
même façon de vivre (2). Sous l'uniforme qu'il ne quitte jamais,
au mess ou à la chambrée, le Spartiate ne se distingue pas de ses
compagnons. Il n'est reconnu de privilège qu'à l'âge : il faut
avoir trente ans pour siéger à la *gérousia*. En dehors de cette
supériorité, le mérite personnel ne compte pas, mais seulement
le grade occupé : Lysandre, rentré dans le rang, n'est pas
mieux traité qu'un simple commis d'intendance (3).

Mais à ceux qui ont un grade l'obéissance est due complète et
sans restriction : le peuple fait total abandon de ses pouvoirs à
ceux qu'il désigne comme chefs. L'assemblée du peuple se réunit
chaque mois à la nouvelle lune. Elle vote sans discussion et
sans amendements les propositions qui lui sont soumises par
la *gérousia*. Comme elle se confond à peu près avec l'armée,
elle a surtout à se prononcer sur l'action militaire et à décider
de la paix et de la guerre. Son seul vrai pouvoir est de désigner
les chefs de la cité, mais, la désignation faite, elle abdique toute
autorité entre les mains des élus.

C'est d'abord le conseil des vieillards, la γερουσία, qui comprend vingt-huit citoyens, âgés de plus de soixante ans et nommés à vie. Sous la présidence des rois, dont le suffrage n'a,
d'ailleurs, pas plus de valeur que celui des autres *gérontes*, la

____

(1) Plut., *Lyc.*, 5 ; cf. Tyrt., fr. 4, — (2) Thc., I, 6 ; Xen., *Lac.*, 7.
(3) Plut., *Lys.*, 23.

gérousia a la haute main sur tout le gouvernement. Elle dirige la politique étrangère. Elle discute toutes les questions de politique intérieure et formule les propositions qui seront soumises à l'assemblée; elle peut même casser le vote de l'assemblée si celle-ci repousse le projet. Elle siège comme tribunal dans les affaires de meurtre (1), et surtout elle juge les procès qui intéressent l'État : c'est devant la *gérousia*, assistée des éphores, que comparaissent les rois mis en accusation, et la décision est prise à la majorité des suffrages (2).

Ce sont ensuite les éphores, élus pour un an entre tous les citoyens (3); c'est l'un d'eux qui sert de magistrat éponyme (4). En face du pouvoir royal, héréditaire et consacré par la religion, ils représentent la souveraineté nationale déléguée par le peuple : l'éphore Endios se pose constamment en adversaire du roi Agis (5). Seuls ils restent assis en présence des rois devant qui tous les citoyens se tiennent debout (6); Agésilas lui-même ne manque jamais de se lever lorsqu'un éphore entre dans la salle où il rend la justice (7). Les éphores forment un comité de surveillance qui exerce une autorité absolue sur tous les citoyens : ils peuvent faire mettre les rois en jugement, suspendre les magistrats, condamner à l'amende aussi bien les magistrats que les simples particuliers. Ils ont même un véritable pouvoir législatif. Comme ils jugent les affaires civiles (8), c'est à eux qu'il appartient d'interpréter les lois, qui ne sont que des traditions non écrites, et, sous couleur d'interprétation, ils peuvent légiférer eux-mêmes. La plus grave mesure qui ait contribué à transformer la société spartiate, l'autorisation de la donation entre vifs et du testament, a été prise par un simple décret de l'éphore Épitadeus (9). Le pouvoir des éphores est donc pratiquement illimité, mais il est

(1) ARSTT., *Pol.*, III, 1, 7. — (2) PAUS., III, 5, 2.
(3) ARSTT., *Pol.*, II, 3, 10; II, 6, 15.
(4) PAUS., III, 11, 2; par ex., THC., II, 2. — (5) THC., VIII, 12.
(6) XEN., *Lac.*, 15. — (7) PLUT., *Ages.*, 4. — (8) ARSTT., *Pol.*, III, 1, 7.
(9) PLUT., *Agis*, 5.

impersonnel et comme anonyme. Très peu d'éphores ont joué
un rôle comme généraux ou diplomates, et il ne semble pas
qu'on ait récompensé par l'éphorat les services rendus ou le
mérite déjà reconnu. Les cinq éphores de l'année d'Ægos Potamos sont des inconnus (1). Il est probable que le plus souvent
les éphores n'ont été que les agents d'exécution de la *gérousia*
en qui réside la tradition et la pensée politique de Sparte.

Le gouvernement de Sparte est moins aristocratique que
conservateur. Les Spartiates se vantaient d'avoir des institutions immuables ; seul l'éphorat passait pour n'être pas une création de Lycurgue. Rien ne disparaît des vieilles coutumes : la
royauté, tout affaiblie qu'elle soit, subsiste à Sparte alors qu'elle
n'est plus dans les autres cités qu'un souvenir. Toute la politique présente à Sparte un aspect archaïque. De même que les
Spartiates s'en tiennent à la monnaie de fer, ils jugent inutile le
bulletin de vote (2) ; Aristote qualifie de puéril le procédé d'élection par acclamation des éphores et des gérontes (3). Cet esprit
conservateur est dû d'abord à ce que la direction des affaires
appartient à la *gérousia*, c'est-à-dire à un conseil de vieillards
élus à vie. Mais il résulte bien plus encore de la situation
générale de Sparte, cité militaire et agricole, se suffisant à
elle-même et isolée du dehors. Ni les soldats spartiates, ni les
paysans laconiens ne connaissent les besoins et les aspirations
que crée pour le marchand et le navigateur le contact avec les
peuples et les civilisations étrangères. Il manque à Sparte une
classe d'hommes habitués au maniement des affaires et portant
dans la gestion des intérêts publics l'esprit entreprenant et
novateur qui a fait la réussite de leurs entreprises privées.

Il ne faudrait cependant pas exagérer l'archaïsme de Sparte ;
il faut en tout cas distinguer les époques. La comparaison avec
Athènes risque d'être injuste. « Si quelque jour, dit Thucydide,
Sparte était dévastée, qu'il n'en restât que les fondations des

(1) **II**, V, 1, 1564. — (2) Thc., I, 87 ; Plut., *Lyc.*, 26.
(3) Arstt., *Pol.*, II, 6, 16 ; II, 6, 18.

monuments publics, la postérité aurait peine à croire que sa puissance ait répondu à sa renommée. Ne formant pas un ensemble, mais un groupe de bourgades à la manière primitive des Grecs, d'ailleurs dépourvue de temples et de somptueux monuments, elle paraîtrait bien au-dessous de la réalité (1) .» Ne nous laissons pas influencer par ce jugement d'un Athénien qui a vu l'Athènes de Périclès. Sparte n'est pas vide de monuments : voici dans la ville le temple d'Artémis Orthia (2) et celui d'Athèna que les reliefs décoratifs du sculpteur spartiate Gitiadas font appeler la « maison de bronze » (3); voilà aux portes de la ville le Menelaion (4) et, un peu plus loin, le sanctuaire d'Apollon Amycléen, avec la statue et le trône exécuté par Bathyclès de Magnésie, une des œuvres les plus célèbres de l'orfèvrerie du vi^e siècle (5). Les artistes étrangers qui sont venus travailler à Sparte ont formé des disciples qui travaillent de préférence le bois ou le bronze : Olympie garde les œuvres de cette école indigène (6).

Pas plus que les arts, les lettres ne sont méprisées. Les Spartiates étaient célèbres par leur éloquence brève et sentencieuse; leurs bons mots, collectionnés par les amateurs de laconisme, ne manquaient ni de vivacité, ni de causticité. Les Muses ont un sanctuaire à Sparte (7) parce que la musique et le chant ont leur place dans la vie du soldat : les hoplites s'avancent au combat au chant des flûtes, des lyres et des cithares (8); ils s'élancent à la charge en chantant l'*embatérion* (9); ils remercient les dieux de la victoire en entonnant le péan (10). Le lyrisme choral embellit les fêtes de la cité : à la fête des Gymnopédies, dont l'éclat attire les étrangers (11), la jeunesse lacédémonienne exécute des chants et des danses en l'honneur

(1) Thc., I, 10. — (2) Paus, III, 16, 7.
(3) Paus., III, 17, 2-6 ; **XLIX**, I, p. 228. — (4) Paus., III, 19, 9.
(5) Paus., III, 18-19 ; **XLIX** I, p. 230. — (6) **XLIX**, I, p. 228 sq.
(7) Paus., III 17, 5. — (8) Paus., III, 17 5; Plut., *Lyc.*, 21.
(9) Plut., *Lyc.*, 21 ; **XXIX**, s. v. *Embaterion*. — (10) **XXIX**, s. v. *Pœan*.
(11) Xen., *Mem.*, I, 2.

d'Apollon (1). Si Sparte n'a pas donné naissance à des poètes, elle a volontiers accueilli ceux qui venaient de l'étranger collaborer à sa vie publique : Terpandre de Lesbos, Tyrtée d'Athènes, Thalétas de Crète, Alcman de Sardes sont devenus les poètes nationaux de la cité qui les a adoptés.

Sparte n'est donc pas au vi⁰ siècle la ville sans industrie, sans art, sans littérature de la tradition. Cependant elle est déjà en dehors du grand mouvement intellectuel du monde grec. Elle ne produit ni grand artiste, ni grand écrivain, ni grand savant. Elle est trop exclusivement militaire pour que chez elle toute activité désintéressée ne soit presque exclusivement réservée aux étrangers. Sans doute elle n'est pas encore fermée ; elle s'intéresse à ce qui se passe au delà de ses frontières et même en dehors du Péloponnèse ; elle entre en relation avec Crésus (2), elle mène campagne contre Polycrate (3). Son rôle international explique qu'elle reçoive des Grecs le commandement suprême pendant les guerres médiques. Mais déjà le caractère inhospitalier de Sparte se dessine. Si on a gardé le souvenir d'un temps où Sparte accordait assez facilement le droit de cité (4), Hérodote connaît de son temps un exemple unique d'un étranger naturalisé spartiate (5). Bien plus, les éphores ont le droit d'expulser par mesure administrative tout étranger de passage ou domicilié qui ne peut justifier sa présence (6). Sparte prend déjà l'air guerrier et rustique, l'attitude raide et quelque peu boudeuse qui feront de plus en plus, sous l'action des événements postérieurs, la physionomie de la Sparte traditionnelle.

(1) Paus., III, 11, 9. — (2) Hdt., I, 69-70 ; 82-83 ; cf. I, 152.
(3) Hdt., III, 46-48 ; 54-56. — (4) Arstt., *Pol.*, II, 6,12. — (5) Hdt., IX, 33-35.
(6) Xen., *Lac.*, 14 ; Thc., I, 144 ; Plut., *Lyc.*, 27 ; *Agis*, 10 ; Hdt., III, 148.

CHAPITRE VI

ATHÈNES

I

Les sources de l'histoire athénienne.

Les origines d'Athènes, comme celles de Sparte, restent enveloppées de mystère. Ce n'est pas faute d'études historiques. Tandis que Sparte n'a donné naissance à aucun historien et qu'elle n'est connue que par le témoignage d'écrivains étrangers, de nombreux Athéniens s'étaient consacrés à l'histoire de leur patrie. Les plus anciens temps en particulier avaient fait éclore toute une littérature. De l'œuvre de ceux qu'on appelait les Atthidographes, d'Androtion ou de Philochore par exemple, il ne subsiste que des fragments infimes recueillis par les lexicographes, mais nous en retrouvons l'écho dans Plutarque et nous pouvons nous faire une idée des résultats qu'ils pensaient avoir obtenus par la Πολιτεία 'Αθηναίων d'Aristote.

Les Atthidographes avaient recueilli tous les récits légendaires, toutes les traditions, mais, sans faire œuvre critique, ils cherchaient tout au plus à en donner des interprétations plus ou moins vraisemblables. Aristote ne procède guère autrement. Il tire argument des noms portés par les magistrats ; il déduit, par exemple, les attributions des thesmothètes de l'étymologie du mot, sans d'ailleurs préciser ce qu'il faut entendre par θέσμια (1). Il relève dans les institutions du pré-

____

(1) Arstt., 'Αθ. πολ., 3.

sent tout ce qui peut être un indice ou une survivance des
institutions passées (1). Il emprunte beaucoup à ses devanciers,
mais il ne cherche pas à déterminer l'autorité de chacun d'eux,
et, sans donner la préférence à celui qu'il jugerait le guide le
plus sûr, il se contente de juxtaposer et d'accorder tant bien
que mal les renseignements qu'il leur emprunte. Ce travail
de marqueterie et de combinaison ne réussit pas à masquer
la diversité d'origine et les divergences de tendance des traditions recueillies.

C'est qu'à Athènes comme à Sparte l'histoire a été faussée
par les partis politiques. Les études historiques sont rarement,
dans l'antiquité, objectives et désintéressées; elles servent surtout à fournir aux partis des arguments et des précédents :
ceux qui s'en servent ainsi ne se font d'ailleurs aucun scrupule d'accommoder les faits aux intérêts de leur cause. Il s'était
ainsi formé à Athènes deux traditions, l'une démocratique,
l'autre aristocratique. Les démocrates prétendaient faire remonter les institutions démocratiques jusqu'aux premiers jours
d'Athènes : ils faisaient de Solon le type idéal du démocrate et
n'hésitaient pas à anoblir la démocratie en en faisant une création de Thésée. Les aristocrates, de leur côté, se réclamaient du
passé. En 410, un des fauteurs du mouvement aristocratique
propose de faire rechercher les lois des ancêtres, celles de Clisthène et de Solon (2). Avec la réaction oligarchique de la fin
du ve siècle naît toute une littérature de pamphlets. Les uns cri-
tiquent les institutions d'Athènes, les autres placent leurs projets
de réforme sous le couvert d'illustres ancêtres. Aux premiers
se rattache le traité sur la constitution d'Athènes du pseudo-
Xénophon, aux seconds la prétendue constitution de Dracon,
introduite par interpolation dans la Πολιτεία 'Αθηναίων (3).

Il semble cependant plus facile d'écrire l'histoire d'Athènes
que celle de Sparte. D'abord les documents historiques re-

______

(1) Arstt., 'Αθ. πολ., 3. — (2) Arstt., Αθ. πολ., 29. — (3) Arstt., 'Αθ. πολ., 4.

montent plus haut. Les plus anciennes inscriptions attiques
datent du vɪᵉ siècle et certaines ont l'intérêt de nous rensei-
gner sur les méthodes de travail des historiens postérieurs.
Hérodote (1) a utilisé et reproduit l'inscription du quadrige
qui avait été élevé avec la dîme de la rançon des prisonniers
faits lors de l'incursion de Cléomène (2). Thucydide (3), à
l'appui de ses dires, cite la dédicace [de l'autel consacré dans
le Python par Pisistrate, fils du tyran Hippias, alors archonte (4). De même les poésies de Solon apportent un témoignage contemporain sur l'Athènes du vɪᵉ siècle : que l'on compare Solon, personnage historique, dont la physionomie, à défaut de l'œuvre réformatrice, apparaît en pleine lumière, et
Lycurgue, personnage légendaire, qui se perd dans les brouillards des temps mythiques, et l'on sentira la différence entre
l'histoire d'Athènes et celle de Sparte. D'autre part, l'archaïsme
des institutions spartiates, fixées de très bonne heure, les rendait difficilement compréhensibles aux Grecs eux-mêmes. A
Athènes, les transformations politiques, de la royauté à la démocratie, s'étaient opérées graduellement et régulièrement et
pouvaient se comparer à celles qu'avaient connues d'autres
cités démocratiques. Elles étaient ainsi pour les écrivains du
vᵉ et du ɪvᵉ siècle plus faciles à comprendre et risquaient moins
d'être déformées. Pour nous, comme pour eux, il est plus aisé,
tout en négligeant le détail des faits, de retracer la courbe de
l'évolution.

II

Les régions naturelles de l'Attique.

L'éloge d'Athènes et de l'Attique était un lieu commun
cher aux écrivains et aux poètes athéniens. Pour eux, Athènes
résume avec un éclat particulièrement vif toutes les qualités du

______

(1) Hᴅᴛ., V, 77. — (2) **II**, I, 334, *suppl.*, 334 a. — (3) Tʜᴄ., VI, 54.
(4) **II**, I, *suppl.*, 373 a.

monde grec, elle est « la Grèce de la Grèce ». Cette formule
contient une grande part de vérité. Tout ce que nous avons
dit en général de la Grèce, de son relief et de son sol, de
ses fleuves et de ses mers, de son climat et de sa végétation,
s'appuierait sans peine d'exemples empruntés à l'Attique. Ce
qui nous a semblé être le trait caractéristique du pays grec, l'extrême variété en un petit espace des aspects et des conditions
géographiques, est précisément ce qui a donné à l'Attique toute
sa valeur et fait en une certaine mesure sa supériorité sur les
autres contrées de la Grèce. En laissant de côté les particularités
de détail, il est aisé de reconnaître en Attique, comme les Anciens l'avaient déjà fait, trois régions naturelles : la montagne,
la plaine et la côte.

Comme toute la Grèce, l'Attique est un pays montagneux.
Sur 2 600 kilomètres carrés environ de superficie, les montagnes
en occupent plus de 1000, presque la moitié. Les plissements
de la Grèce centrale se continuent au nord de l'Attique : le
Cithéron allonge d'ouest en est une chaîne qui, par 1410 mètres,
domine la plaine béotienne, tandis que vers le sud il s'étale
en un large massif de la baie d'Ægosthènes au golfe d'Éleusis ; prolongeant le Cithéron, les hauteurs du Parnès, qui cul-
minent par 1413 mètres au nord de la plaine d'Athènes, descendent progressivement jusqu'au canal de l'Euripe en un
fouillis de collines que tapisse le maquis. Le Cithéron et le
Parnès marquent la frontière naturelle de l'Attique : c'est la
ligne de défense, que jalonnent les forteresses, Éleuthères,
Phylé, Panaktos, Lepsydrion, Décélie. Mais ils ne sont pas
des obstacles infranchissables. Le défilé de Dryos Képhalai,
qui coupe la crête du Cithéron, est emprunté par la route
d'Athènes à Platée. La haute plaine de Drymos s'insinue entre
le Cithéron et le Parnès et donne passage à la route d'Athènes
à Thèbes. Enfin le col de Décélie permet à la route d'Athènes
à Oropos de franchir le Parnès. Rien n'empêche les Athéniens de dépasser la ligne de faîte et de s'étendre sur le ver-

sant septentrional. Athènes attire à elle Platée, elle dispute à
la Béotie la plaine de Drymos, elle a des visées sur Oropos qui
est son échelle vers l'Eubée.

A l'intérieur, les montagnes fractionnent l'Attique en compartiments distincts. Vers le sud se détache du Parnès l'Aigaléos, qui se prolonge dans les collines de Salamine. Un autre plis-
sement de même direction a été découpé par les effondrements et
par l'érosion et il n'en reste que des témoins isolés, comme les collines d'Athènes. A l'est, séparés l'un de l'autre par une dépression qu'emprunte la route de Marathon, le Pentélique et l'Hymette, analogues de structure, appartiennent aux mêmes formations géologiques en discordance avec les chaînes du nord ;
le premier se prolonge vers le sud-est par les hauteurs qui
longent la côte orientale ; le second se dirige droit au sud et
dresse à plus de cent mètres au-dessus de la mer l'éperon du
cap Kolias. Enfin, à l'extrémité de la presqu'île, le massif isolé
du Laurion, de dessin plus confus et de relief plus émoussé,
ne reprend l'allure de montagne que vu de la mer, où il
détache une série de promontoires escarpés.

Les Athéniens tirent de leurs montagnes des ressources
diverses. Sur les sommets, les forêts, beaucoup plus étendues
autrefois qu'aujourd'hui, fournissent les bois de chauffage et
de construction. Sur les pentes inférieures, les broussailles du
maquis nourrissent les troupeaux de moutons et de chèvres :
les moutons de Décélie donnent une laine particulièrement
appréciée (1) ; les plantes aromatiques que butinent les
abeilles parfument le miel de l'Hymette. Plus importantes
sont les richesses du sous-sol. Il n'y avait dans la Grèce
propre rien de comparable aux mines du Laurion, à cette
« source d'argent » (2) qui se déversait intarissable dans
le trésor athénien (3). Les carrières, exploitées dans toutes
les montagnes, fournissent les matériaux de construction. Pour

(1) Thc., VII, 27 ; Alciphr., III, 41, 1. — (2) Eschl., *Pers.*, 238.
(3) Voir plus haut, p. 50-51.

les habitations privées, on se contente des pierres que l'on trouve sur place. Les collines d'Athènes ont donné le calcaire, débité en petits éclats, dont sont faits les murs des maisons (1), celles du Pirée, l'ἀκτίτης λίθος (2), tuf poreux, qui vaut par la légèreté de la matière et la facilité du travail. Mais pour les édifices publics, on veut des matériaux de choix et on n'hésite pas à les aller chercher plus loin. De la région d'Éleusis provient un calcaire à grain fin, dont la couleur bleu foncé permet des effets de polychromie (3). De l'Hymette provient un travertin dur, gris bleu, fort en vogue aux temps archaïques (4). Enfin et surtout, dans les carrières du Pentélique, se débitent les blocs de marbre que réclament architectes et sculpteurs (5). Il faudrait ajouter les nombreux gisements d'argile qui permettent l'industrie céramique sous toutes ses formes : au pied de l'Hymette, l'argile du cap Kolias passe pour la plus fine (6).

Les montagnes délimitent les petites plaines qui sont par excellence la zone des cultures et des groupements humains. A l'ouest, entre le Cithéron et l'Aigialéos, s'étalent jusqu'à la mer les alluvions de la plaine thriasienne, sur douze kilomètres de large et huit de profondeur. Au centre, encadrée par l'Aigialéos, le Parnès, le Pentélique et l'Hymette, la plaine d'Athènes mérite, par son étendue — vingt-deux kilomètres de long et dix de large — autant que par sa valeur agricole, d'être appelée la plaine par excellence, τὸ Πεδίον. Au delà, entre le Pentélique, l'Hymette et le Laurion, la Mésogée, longue et large d'une douzaine de kilomètres, a un sol d'argile schisteuse rouge très favorable à la culture. Enfin, entre les ramifications du Pentélique et celles du Parnès, s'ouvre la plaine alluviale de Marathon, peu profonde, mais s'allongeant sur une dizaine de kilomètres le long de la côte. Chacune de

----

(1) **XVII**, XX (1895) p. 164-5 ; fig. 1-3. — (2) **CX**, p. 2.
(3) **CX**, p. 3, p. 256. — (4) **CX**, p. 283. — (5) Voir plus haut, p. 49.
(6) Suid., s. v. Κολιαδος.

ces petites plaines, malgré l'encadrement montagneux,
communique facilement avec les régions voisines.

La valeur agricole des plaines attiques était diversement appréciée. Comparée à la Béotie ou à la Laconie, l'Attique apparaissait
comme peu fertile (1). On reprochait au sol attique d'être sec,
léger, pierreux, difficile à travailler (2). Les cantons de l'Attique
produisent plus, dit-on, s'ils contiennent des mines que s'ils
sont ensemencés en blé (3). Mais il est d'autres jugements
plus favorables : on affirme que l'Attique, pour l'agriculture
et pour l'élevage, peut rivaliser avec n'importe quel pays (4)
et que le sol gras et fertile (5) est capable d'enrichir ceux qui le
cultivent (6). La richesse légendaire de la plaine d'Éleusis y
faisait localiser la légende de Déméter et le dème de Phlya
passait pour devoir son nom à l'abondance de ses récoltes (7).
En réalité, il faut distinguer et les régions et les cultures.

L'Attique n'était assurément pas un pays producteur de
céréales. L'orge, qui passait même pour une plante indigène (8),
trouve de meilleures conditions que le froment (9), et y
occupe beaucoup plus de terrain. En 329, le froment ne représente pas 8 p. 100 des céréales récoltées en Attique (10). Il n'y
a guère que dans la plaine thriasienne que le blé gagne un
peu sur l'orge, encore même là n'atteint-il pas 15 p. 100 du
total. Dans les régions accidentées comme les collines de Salamine, on ne rencontre que des champs d'orge. La production
totale des céréales est faible et nettement inférieure aux
besoins de la population (11).

L'Attique a en revanche des cultures bien plus rémunéra-
trices, l'olivier et la vigne. L'olivier est d'un tel prix pour les

(1) Thc., I, 2 ; Str., VIII, 1, 2.
(2) Arstt., *Probl.*, XX, 20 ; Sch. Ar., *Plut.*, 224, 283 ; Sch. Dem., 743, 4.
(3) Xen., *Vect.*, I, 5. — (4) Plat., *Criti.*, 110 e.
(5) Ar., fr. 162 ; Xen., *Vect.*, I, 2-3. — (6) Xen., *Œc.*, XVI, 9.
(7) Cf. El., *V. H.*, III, 41. — (8) Plat., *Menex.*, 237 e.
(9) Th., *H. P.*, VIII, 8, 2.
(10) II, II, 834 b ; XI, VII (1883), p. 387 ; VIII (1884) p. 194.
(11) Voir plus haut, p. 60-61.

Athéniens qu'ils y voient un présent d'Athèna elle-même ; dans
la plaine d'Athènes, la déesse en possède des pieds qu'il ést
interdit de couper et dont l'huile est offerte en prix aux vainqueurs des Panathénées. Solon édicte des règlements pour la
plantation des oliviers (1) et autorise l'exportation de l'huile (2)
Pisistrate à son tour encourage la culture des olivettes (3). Dès
le vi^e siècle est constituée la grande forêt d'oliviers qui couvre
la plaine aux abords d'Athènes. La vigne se rencontre à peu
près partout, aussi bien dans les plaines (4) que sur les premières pentes des montagnes (5). Le dème d'Icaria, où Pisistrate possédait des vignobles, passait pour être le pays où
Dionysos avait révélé aux hommes la culture de la vigne (6).
L'importance qu'ont prise en Attique le culte et les fêtes du
dieu est une preuve du rôle important que joue le vignoble
dans l'économie d'Athènes. Les vignobles et les olivettes,
voilà les richesses agricoles de l'Attique : c'est pour elles
spécialement que les Nuées promettent leur aide aux Athéniens (7) ; ce sont elles que symbolise un vase attique montrant
d'un côté la vente de l'huile, de l'autre Dionysos un cep de vigne
à la main (8).

Ainsi, sans parler des cultures maraîchères (9) et des vergers,
dont les fruits passaient pour plus doux que partout ailleurs (10),
l'Attique présente la diversité de cultures qui est la caractéristique des pays grecs. C'est toujours l'association des
céréales et des plantations (11) : les éphèbes jurent de défendre
le froment, l'orge, les vignes, les oliviers de l'Attique (12). La
propriété de Phainippos dans la Mésogée fournit de l'orge et
du vin et a toute une partie forestière ou buissonneuse qui

(1) Plut., *Sol.*, 23. — (2) Plut., *Sol.*, 24.
(3) D. Chr., XXV, 281. — (4) **CVII**, p. 12, 18, 23. — (5) **CVII**, p. 20, 21, 29.
(6) Sim., fr. 221 ; Luc., *D. Deor.*, XVIII, 2 ; *Pap. of the Americ. School*, V
p. 77 sq.
(7) Ar., *Nub.*, 1119-1125. — (8) **L**, III, p. 810.
(9) Hsch., s. v. Λακιάδαι ; II, III, 61 A ; III, 50.
(10) Arstt., *Probl.*, XX, 29. — (11) Voir plus haut, p. 58.
(12) Plut., *Alc.*, 15.

donne du bois de chauffage (1). Dans un domaine de Myrrhi-
nonte, on trouve des céréales, des légumes, des arbres fruitiers,
de la vigne (2). Le dème du Pirée loue une propriété, où l'on
peut non seulement cultiver les champs et soigner les arbres,
mais encore faire paître des troupeaux (3). Bien que les plantations aient gagné du terrain sur les terres arables, jamais
l'Attique n'a connu la monoculture.

La troisième région de l'Attique, la côte, a par elle-même
peu de ressources. Les dunes et les terres salines restent en
friche, couvertes de roseaux, de chardons, d'asphodèles. La
seule exploitation est celle des marais salants, dont les produits
sont fort appréciés pour la table (4) ; cependant la production
du sel est insuffisante, et Athènes doit en importer, en particulier de Mégare pour les salaisons (5). L'importance de la
côte vient de la vie maritime. Deux des côtés du triangle
qu'est l'Attique sont baignés par la mer. Le petit côté, par
lequel la presqu'île se rattache au continent, a, à vol d'oiseau,
une cinquantaine de kilomètres ; les deux grands côtés, c'est-
à-dire les côtes, en ont chacun environ soixante-dix. Encore ce
chiffre rend-il très imparfaitement la réalité, puisqu'il ne tient
pas compte des découpures du rivage.

Toute la côte n'est pas d'ailleurs également articulée. Les
plaines se terminent par des côtes basses, traçant des arcs de
cercle à grand rayon, parfois bordées de marécages ou de dunes.
Ce type de côtes, défavorables à la vie maritime d'aujourd'hui,
était au contraire ce que recherchaient les anciennes marines,
les plages où l'on pouvait facilement tirer les bateaux sur le
sable. C'est pour cela que la région d'Éleusis ou celle de Marathon ont reçu de très bonne heure la visite des navigateurs
étrangers et comptent parmi les plus anciens habitats de
l'Attique. Pourtant, même alors, d'autres mouillages sollicitent les marins : ce sont les anses bien abritées des vents

(1) Dem., *Phœn.*, 1040, 1041, 1045. — (2) **II**, II, 660. — (3) **II**, II, 1059.
(4) **XXIX**, s. v. *Sal.* — (5) Ar., *Acharn.*, 760.

du large, surtout lorsqu'une île les défend de la haute mer. Tels par exemple, de chaque côté d'une presqu'île qui porte l'acropole, les deux ports de Thorikos, protégés par la digue naturelle qu'est l'île d'Hélène : Thorikos est également un des sites les plus anciennement occupés, une des portes par où les civilisations d'outre-mer ont commencé à pénétrer en Attique. Les baies sont de plus en plus recherchées du jour où les grands navires ne sont plus qu'exceptionnellement halés à terre, mais demeurent en eau profonde. Aux temps classiques, les indentations de la côte attique permettent l'établissement de nombreux ports. Ce sont d'abord les ports d'Athènes, le Pirée, Zéa, Munychie, qui remplacent la plus ancienne échelle d'Athènes, la plage du Phalère ; puis c'est la baie de Sounion, d'où l'escadre athénienne surveille, à l'extrémité de l'Attique, les routes maritimes ; c'est, sur l'autre côte, le vieux port de Thorikos, qui reste le débouché de la région minière, le port de Prasiai où s'embarquent pour Délos les théories athéniennes.

L'Attique est encore favorisée par sa position. A l'extrémité du continent grec, elle s'allonge dans la mer comme une pointe (1) et va en quelque sorte au-devant des Cyclades. Elle est le trait d'union entre la Grèce continentale et la Grèce insulaire. Lorsque Périclès conseille de se comporter dans Athènes comme dans une île (2), il ne fait que porter à l'extrême, en vue de la guerre, le caractère dominant de l'Attique.

Caractère dominant, mais non pas caractère unique. L'originalité d'Athènes a été d'être à la fois une cité agricole et une cité maritime. Selon les époques, tel ou tel aspect de la vie athénienne semble rejeter les autres dans la pénombre, mais jamais les divers modes d'activité, correspondant aux régions naturelles, n'ont cessé de se compléter et de se faire contrepoids.

(1) PLAT., *Crili.*, 111 a. — (2) THC., I, 113.

III

LES POPULATIONS ET LES GENRES DE VIE.

Autant que du pays, les écrivains athéniens ont vanté les mérites des habitants. A les en croire, les Athéniens étaient dotés de toutes les vertus. L'oraison funèbre prêtée à Périclès par Thucydide (1) est la plus magnifique expression de cet orgueil national, qui, à nos yeux, ne va pas sans hyperbole.

La plus grande fierté des Athéniens est d'être autochtones (2). « Nous habitons un pays, dit Isocrate, dont nous n'avons pas chassé d'autres populations, que nous n'avons pas trouvé désert, où nous ne sommes pas venus en émigrants, ramassis de nombreux peuples; notre origine est si noble et si pure que nous n'avons jamais cessé de posséder cette terre dont nous sommes nés : autochtones, nous pouvons la saluer des mêmes noms que nos plus proches parents, car à nous, seuls d'entre les Grecs, il appartient de la nommer nourrice, patrie et mère (3). » Il est impossible d'accepter une telle prétention, que les traditions athéniennes elles-mêmes venaient contredire. Les grandès familles ne rougissaient pas d'avoir une origine étrangère : les Alcméonides prétendaient descendre des Pyliens venus de Messénie en Attique sous la conduite des descendants de Nestor (4); les ancêtres des Géphyréens, auxquels se rattachent Harmodios et Aristogeiton, passaient pour des Phéniciens compagnons de Cadmos, installés à Tanagra puis à Érétrie avant d'avoir reçu le droit de cité à Athènes (5). Les Athéniens se faisaient gloire de la générosité avec laquelle ils avaient de tout temps donné asile aux peuples opprimés et proscrits (6). S'il n'y a rien de certain à tirer des récits légendaires, il faut du moins en conclure que pour les Athéniens eux-mêmes la population de l'Attique s'était formée par mélanges et apports successifs.

---

(1) THC., II, 34-46. — (2) HDT., VII, 161 ; THC., I, 2 ; II, 36.
(3) ISOCR., *Pan.* ; cf. PLAT., *Menex.*, 237 b-c.
(4) PAUS., II, 18, 8-9. — (5) HDT., V, 57-61. — (6) XEN., *Hell.*, VI, 5, 45.

Dès les temps néolithiques, l'Attique était habitée par des populations qui, à l'acropole d'Athènes, à Éleusis, à Thorikos, ont laissé les mêmes vestiges que dans le reste de la Grèce, haches en pierre polie, pointes de flèche en obsidienne, vases grossiers d'argile grisâtre à décoration géométrique; à Thorikos, on a même des restes d'habitations et des tombeaux creu sés sous le sol dallé des maisons. Ces premiers habitants avaient, ici comme ailleurs, reçu le nom de Pélasges (1) : le vieux bastion en avant de l'Acropole, le « mur aux cigognes », *Pelargikon*, devint par fausse étymologie une forteresse pélasgique (2), et l'on imagina de beaux récits pour expliquer l'expulsion des Pélasges de l'Attique et leur établissement à Lem nos (3), et justifier du même coup les prétentions d'Athènes sur cette île. Ces populations « pélasgiques » parlaient une langue « barbare », c'est-à-dire non hellénique (4). La toponymie de l'Attique a gardé la trace des langues préhelléniques : les noms en ινθος, en ηττος, en ισος, nom de montagnes, Hymette, Lycabette, de villages, Sphettos, Probalinthos, de cours d'eau, Céphise, Ilisos, appartiennent à cette série de noms de lieux répandus sur les deux rives de la mer Égée, qu'il est difficile d'attribuer à tel ou tel groupe ethnique, mais qui sont antérieurs à l'installation des Hellènes dans les pays grecs.

Les populations primitives de l'Attique reçurent du dehors les premiers germes de civilisation. C'était la première terre que rencontraient vers le continent les marines insulaires, et les navigateurs y trouvaient des points d'atterrissement tels qu'ils les désiraient, la plage où mettre les bateaux à sec, l'aiguade où l'on remplit les outres et la plaine où l'on se procure du blé ou du bétail, le promontoire élevé d'où l'on peut surveiller et la terre et la mer. Mieux que les légendes de l'Égyptien Cécrops ou du Crétois Minos, les monuments mycéniens at-

---

(1) Hᴅᴛ., I, 56; VIII, 44 ; cf. VII, 94. — (2) **CX**, p. 107 sq. ; cf. Sᴛʀ., IX, 1, 18. (3) Hᴅᴛ., II, 31 ; VI, 137-139. — (4) Hᴅᴛ., I, 57

testent les influences d'outre-mer. L'Acropole d'Athènes est une
forteresse comparable à Mycènes et à Tirynthe avec son *mégaron* et son épais mur d'enceinte (1). Les tombeaux rupestres
de Spata, les tombes à coupole de Thorikos, de Ménidi, d'Éleusis renferment des vases et des bijoux mycéniens ; il y a même
à Éleusis quelques objets de provenance égyptienne, qui feraient
croire à la légende de Cécrops, si l'on ne devait y voir plutôt des
importations faites d'Égypte par des Égéo-Crétois.

Qui sont les « Mycéniens » de l'Attique? Des indigènes préhelléniques ou des envahisseurs hellènes? Il est bien probable
que les influences crétoises, qui se reflètent dans la civilisation
mycénienne de l'Attique, se sont exercées d'abord sur les Pélasges et ont continué à se faire sentir après que les premiers
Hellènes se furent installés dans le pays. La « forte demeure
d'Érechthée » (2) — c'est-à-dire le palais mycénien de l'Acropole
— fut habitée par un prince indigène avant de l'être par un
prince achéen. Il n'y a pas lieu en effet, en dépit des prétentions
des Athéniens à l'autochtonie, de douter que l'Attique n'ait
reçu une population hellénique. Quelle qu'ait été l'importance
numérique de ces nouveaux venus, ils représentaient une civilisation assez forte pour pouvoir imposer leur langue aux indigènes (3). Il n'y a pas non plus de raison suffisante pour
rejeter la tradition qui rattache les Achéens de l'Attique aux
Ioniens. Sans doute, sous ce terme d'Ioniens, on ne saurait
mettre une réalité bien définie : les plus illustres des Ioniens,
ceux d'Asie, sont de population trop mélangée pour qu'on y
puisse chercher des caractéristiques ethniques. Il est cependant
probable que les Achéens qui s'installèrent en Attique appartenaient au même groupe que ceux qui occupaient l'Eubée et les
Cyclades et que c'est ce groupe qui forma aussi le noyau de la
population ionienne d'Asie. Les Athéniens avaient avec tous
les peuples qualifiés d'Ioniens bien des ressemblances. Ils par-

____

(1) **CX**, p. 50, 237. — (2) IL., II, 546-547 ; OD., VII, 81. — (3) HDT., I, 57.

laient un dialecte de même famille (1). Ils se partageaient en quatre tribus, dont les noms, dérivés, disait-on, de ceux des fils d'Ion (2), se retrouvaient dans toutes les cités ioniennes. Ils célébraient les fêtes religieuses que l'on disait propres aux Ioniens, comme les Apatouria (3). Il est naturel que les Ioniens d'Asie aient cru reconnaître dans la puissante Athènes du ve siècle la métropole de leurs cités.

La civilisation mycénienne fait place en Attique à une autre civilisation, qui nous est révélée surtout par la nécropole du Dipylon : deux éléments nouveaux peuvent caractériser cette civilisation, d'une part les armes de fer, d'autre part la poterie à décor géométrique. Particulièrement précieux pour nous sont les grands vases, que l'on dressait sur la tombe à la fois pour la signaler aux passants et pour recevoir les libations offertes au mort. En effet, ils déroulent sur leurs flancs de vastes compositions, qui, malgré la simplification géométrique des formes et la raideur des attitudes, nous rendent vivantes de nombreuses scènes de la vie athénienne. Les peintres ont représenté naturellement les cérémonies des funérailles (4), l'exposition du mort, le convoi funèbre, mais ils ont voulu aussi rappeler les exploits des grands personnages dont la tombe s'ornait de leurs chefs-d'œuvre, et voici les combats sur terre et sur mer, la mêlée des guerriers et le choc des navires, avec les cadavres jonchant le sol ou flottant à la dérive (5). Deux images surtout se dégagent : c'est le vaisseau lancé par l'effort des deux files de rameurs pour fracasser de son éperon le vaisseau ennemi, et c'est, monté sur son char à deux chevaux que conduit un cocher, le guerrier, bardé de fer, casque en tête, bouclier au bras, lance au poing.

Bien qu'il n'y ait pas brusque substitution d'une civilisation à une autre, et que la seconde laisse apparaître bien des survivances de la première, il y a là assez d'éléments nouveaux pour

(1) **XLV**, p. 79, 87, 227. — (2) Eur., *Ion*, 1575-1588 ; Hdt., V, 66.
(3) Hdt., I 147. — (4) **L**, I, p. 217, 236. — (5) **L**, I, p. 217, 237.

qu'on puisse se demander si c'est l'apport de populations
nouvelles. L'opinion indiscutée dans l'antiquité était que l'Attique n'avait pas été touchée par la dernière invasion, celle des
Doriens. La position excentrique du pays rend la chose vraisemblable, mais rien ne peut absolument infirmer ou confirmer la
tradition. L'argument linguistique est insuffisant : il y a eu, croit-
on, invasion dorienne en Thessalie et en Béotie sans que les
dialectes éoliens parlés antérieurement y aient disparu. En
revanche, les objets trouvés dans les tombes du Dipylon pourraient appartenir à des Doriens : c'est presque une règle pour
les archéologues que d'identifier dorien et style géométrique.
Nous avons déjà dit ce que cette attribution a d'hypothétique (1).
Mais à supposer même démontré que les Doriens aient
apporté en Grèce l'armement de fer et le décor géométrique,
on ne saurait conclure à la réalité d'une invasion dorienne
en Attique. Les Doriens étaient aux portes d'Athènes, en
Béotie, en Mégaride. Par là ont pu pénétrer les influences
doriennes sans que, en fait, des conquérants aient occupé le
pays. Aux temps classiques, Athènes est au point de rencontre
des modes ioniennes et des modes doriennes : n'en fut-il pas de
même aux temps archaïques ? La civilisation du Dipylon n'est
pas homogène. Elle connaît deux rites funéraires qui appartiennent sans doute à deux civilisations : l'inhumation est,
comme aux temps mycéniens, la règle générale, mais il y a
aussi des cas d'incinération, coutume que l'on attribue aux populations venues du nord. L'armement a le même caractère
mixte : sur un même vase, les guerriers ont soit le bouclier
mycénien à double échancrure, soit le bouclier rond de l'hoplite (2).

Ce qui fortifiait la tradition, c'est que rien dans l'Athènes
classique ne rappelait une conquête récente. Lorsque les Athéniens se vantaient de leur autochtonie, c'était, comme d'habi-

____

(1) Voir plus haut, p. 89. — (2) **XVLII** VII, fig. 138.

tude, pour s'opposer et s'affirmer supérieurs aux Spartiates. Ceux-ci, aux yeux des Athéniens, ne sont qu'un ramassis d'émigrants, trop heureux d'avoir enfin trouvé des terres en Laconie; ces vagabonds et ces tard-venus oseraient-ils se comparer aux nobles Athéniens, éternels occupants de la terre qui leur a donné le jour? La société spartiate, avec ses égaux, ses périèques et ses hilotes, gardait la marque de la conquête. Rien de semblable à Athènes : il peut y exister une noblesse, mais il n'y a pas de sujets ou de serfs, il n'y a ni vainqueurs, ni vaincus, ni conquérants étrangers, ni indigènes conquis. Toute la population athénienne est homogène et de même origine. S'il y a eu des invasions — et pourrions-nous douter de l'arrivée des Hellènes et de leur union avec les populations indigènes préhelléniques? — elles remontent si haut qu'il n'en reste plus aucun souvenir dans la tradition, aucune survivance dans l'Attique archaïque. Les groupes entre lesquels s'est partagée dès l'origine la population de l'Attique se sont différenciés d'après leur mode d'existence et se trouvent ainsi correspondre aux grandes régions naturelles.

C'est tout naturellement d'abord la plaine qui a attiré les populations et c'est là qu'a commencé l'appropriation du sol. Tandis que le maquis et la forêt, régions de pacage, restaient ouverts à tous, les champs, où poussent les céréales, devenaient propriété privée. Disons plus exactement propriété familiale. Le groupement primitif est le γένος, la famille au sens large du mot, c'est-à-dire tous ceux qui prétendent descendre d'un même ancétre, éponyme du *génos*, et qui se reconnaissent à la communauté du culte domestique. Le *génos* est une unité : tous ses membres vivent groupés sur le domaine qui est la propriété collective du *génos*. Les habitations et les bâtiments d'exploitation se groupent pour former une petite bourgade. La plupart des villages de l'Attique portaient le nom du *génos* dont ils avaient été primitivement le domaine. La propriété collective du *génos* est forcément indivisible et inaliénable.

Mais peu à peu l'Attique, comme le reste de la Grèce, passera de
la propriété familiale à la propriété individuelle. Les vieilles
règles du droit primitif ne sont conservées que dans les plus
anciennes familles, dans celles qui les premières ont mis en valeur les terres les plus fertiles des plaines. L'antiquité de leur
naissance, le prestige de leur organisation familiale et religieuse
font des grands propriétaires de la plaine une aristocratie : ce
sont les Eupatrides, les « bien nés ». En même temps le régime
de la propriété indivisible maintient leur richesse. Gardiens des
vieilles coutumes et possesseurs des meilleures terres, nobles et
riches, les *Pédiéens* forment un parti aristocratique et conservateur.

En dehors de la plaine, les régions moins favorisées donnent
asile à ceux qui n'ont pas place dans les γένη aristocratiques.
Une population mélangée et tenue pour inférieure groupe
tous ceux que leur condition juridique ou leur esprit aventu-
reux a rejetés hors des cadres traditionnels, les enfants illégi-
times, les cadets qui ne se contentent pas d'une maigre part
sur le patrimoine collectif, les criminels exclus de la famille
qui veut rompre ainsi toute solidarité avec un coupable. C'est
dans ces classes inférieures que les grands propriétaires enrôlent
le personnel libre dont ils ont besoin, les mercenaires à gages,
les *thètes*. Outre les travaux qui exigent un surplus de main-
d'œuvre, comme la moisson ou la vendange, l'élevage en
particulier réclame du personnel. Les bergers vivent une bonne
partie de l'année dans la montagne : ils emmènent le gros
bétail dans les forêts, font paître les moutons et les chèvres et
engraissent les porcs dans le maquis. A côté des bergers, d'autres pauvres hères demandent à la montagne des moyens
d'existence. Beaucoup de ceux qui ne sauraient vivre dans le
cadre régulier et traditionnel du *génos* ont un sens trop vif de
leur liberté pour servir aux gages des grands propriétaires : ils
ont à eux quelques bêtes et surtout ils se créent un domaine
personnel par défrichement. C'est pour défricher d'abord, et

plus tard pour exploiter la forêt que travaillent bûcherons et
charbonniers. Les terres gagnées sur la forêt ou sur le maquis
sont les plus mauvaises. Il faut y travailler ferme pour en
obtenir peu : le paysan, que Pisistrate voit piochant les
cailloux dans son champ de l'Hymette, n'y récolte, dit-il, que
maux et peines (1). De plus, les propriétés de ces petites gens
ne sont pas astreintes aux règles des Eupatrides : l'héritage
partagé entre les fils morcelle la propriété et fait bien maigre
le domaine de chacun. Ainsi se forme dans la montagne une
population qui diffère par ses occupations, mais qui se ressemble
par la médiocrité de sa condition, bergers, bûcherons et charbonniers, petits propriétaires besogneux ; il faudrait y joindre
encore les carriers et les mineurs, si de bonne heure leurs travaux particulièrement pénibles n'avaient été réservés aux
esclaves. Tous ces gens de la montagne sont pauvres et ne
regardent pas sans envie les gras domaines et les riches propriétaires de la plaine. Ils acccepteraient volontiers les mesures radicales qui les mettraient en possession des bonnes
terres et répartiraient plus également la richesse. Le parti
des *Diacriens* est un parti violent et révolutionnaire, prêt à
suivre le chef qui mènerait, même à son profit, la lutte contre
l'aristocratie.

L'Attique n'est pas seulement un pays agricole, elle est
aussi un pays maritime. Au temps où se fabriquent les vases
du Dipylon, Athènes a déjà une marine, et les divisions adminis-
tratives les plus anciennes, les naucraries, ont pour objet, selon
toute vraisemblance, l'organisation de la flotte de guerre. Le
commerce par mer est non moins ancien, et il prit de rapides
développements. L'agriculture fournissait peu à l'exportation :
les récoltes en céréales étaient déjà déficitaires, les paysans ne
pouvaient vendre au dehors que leur huile ou leur vin. De là
la nécessité d'une industrie, qui, après avoir alimenté le

(1) Arst. T, 'Αθ. πολ., 16.

marché local, fût capable de fournir des articles pour l'exportation. Aussi l'industrie athénienne est-elle également très
ancienne. Les potiers du Céramique fabriquent déjà les grands
vases du Dipylon, dont l'exécution suppose une habileté
technique qui étonne aujourd'hui les gens de métier (1). Sur
l'Aigaléos, les bourgades des Eupyridai, des Cropidai et des
Pelekes, groupées en une association religieuse (2), semblent
bien devoir leur nom à une très ancienne industrie métallurgique. A la population de marins se lie donc une population
d'artisans, les uns et les autres vivant du commerce. maritime
et méritant bien par là d'être appelés les « gens de la côte ». Ils
ont en commun les qualités qu'a développées leur genre de
vie, l'esprit d'entreprise, qui ne recule pas devant les nouveautés, le sens pratique formé par les affaires, le sentiment de la solidarité qui unit les intérêts de chacun aux
intérêts de tous. Mais ils sont de condition diverse : il y a de
simples ouvriers qui louent leurs bras comme les travailleurs
agricoles et comme eux se recrutent parmi les thètes, il y a
aussi des marchands qui s'enrichissent d'autant que l'introduction de la monnaie va rendre possible la richesse mobilière.
Seulement riches et pauvres, matelots et armateurs, ouvriers
et industriels, travaillent en commun à la même œuvre économique. Leurs occupations, leur façon de vivre sont encore trop
peu différentes pour les partager en classes opposées ou même
hostiles : leur collaboration constante et nécessaire maintient
entre eux la concorde. Ils occupent ainsi une position intermédiaire entre les riches de la plaine et les déshérités de la montagne. Les *Paraliens* forment un parti modéré, capable de comprendre et de vouloir les innovations utiles, mais retenu dans
de justes limites par l'esprit pondéré des hommes d'affaires.

Les trois groupes des Pédiéens, des Diacriens et des Paraliens
apparaissent au VIe siècle comme des partis politiques (3), mais

(1) **L**, I, p. 215. — (2) **XV.I**, XII (1887), p. 87 ; **XXIX**, s. v. *Tetrapolis.*
(3) ARSTT., 'Αθ. πολ., 13.

ls sont d'abord des groupements de population qui se répartissent géographiquement et qui doivent à cette localisation
leur genre de vie, leur activité économique et par suite leurs
idées et leurs aspirations (1). Entre ces groupes, il y a divergence, il n'y a pas opposition ; bien plus, ils ont besoin les uns
des autres. L'unité de la cité athéniennne se fera par une
fusion progressive des éléments divers dont elle est composée.

IV

L'ÉVOLUTION VERS LA DÉMOCRATIE.

L'unité politique fut la première réalisée. L'agglomération
rurale, la κώμη, née autour des domaines du *génos*, forme à
l'origine un petit État isolé et indépendant. La tradition a
gardé le souvenir des guerres menées de village à village et,
au Ve siècle encore, la coutume qui interdit tout mariage entre
les gens de Pallène et ceux d'Agnonte (2) rappelle l'isolement
et l'hostilité des vieux groupements. Toutefois les bourgades
voisines pouvaient se trouver rapprochées soit pour des raisons religieuses, tous les habitants d'un même canton se
réunissant aux jours de fête autour du même sanctuaire, soit
pour des raisons économiques, le village, qui, au début, se
suffisait à lui-même, ayant bientôt du superflu à échanger
contre ce qui lui manque, soit pour des raisons militaires,
l'union se faisant momentanément pour repousser un ennemi
commun. Ainsi se forment les premières associations de villages,
dont le souvenir s'était perpétué aux temps classiques. C'est
ainsi que la plaine de Marathon avait réalisé son unité par
l'union des quatre villages de Marathon, de Trikorynthos,
d'Oinoé et de Probalinthos ; la *tétrapolis* marathonienne

(1) Cette division de la population semble liée si étroitement aux conditions géographiques qu'on pense la retrouver dans les groupes actuels des
Grecs, des Albanais et des Vlaques. **CXI**, p. 259.
(2) PLUT. *Thes.*, 13.

conservera toujours ses assemblées, ses magistrats, ses cultes et ses fêtes nombreuses et variées (1).

Parmi les bourgades de l'Attique, certaines devaient prendre une place prépondérante. La πόλις, perchée sur une éminence rocheuse et entourée de murailles, doit à sa force militaire d'attirer les populations qui se sentent en sécurité à l'intérieur de l'enceinte ou au pied du château fort. Ainsi naissent les premières agglomérations urbaines, qui peuvent commander à des groupements plus étendus que les primitives associations de villages. Enfin l'unification fut achevée lorsque tous les groupes reconnurent le même chef-lieu.

Quand et comment se réalisa cette unité, ce *synécisme*, comme disaient les Grecs? Il est bien difficile de le dire avec précision. La date en était rejetée dans le lointain passé des temps mythiques, sous le règne du légendaire Thésée. Le *Catalogue des vaisseaux*, qui ne connaît en Attique que la cité d'Athènes (2), alors qu'il cite à côté de Sparte d'autres villes laconiennes (3), témoignerait de la haute antiquité du synécisme, si toutefois le passage qui concerne les Athéniens n'est pas un remaniement du temps des Pisistratides. La position du bourg des Cécropides, dominant de son rocher la plus riche des plaines attiques, assez proche de la côte pour pouvoir user des voies maritimes, mais assez éloigné pour ne pas craindre les incursions subites des pirates (4), explique suffisamment qu'il soit devenu, sous le nom d'Athènes, la capitale de tout le pays. D'autre part, le rôle attribué par la légende à Thésée, le héros de Marathon, laisse supposer que le mouvement unitaire est parti de la tétrapole marathonienne, déjà constituée et assez forte pour s'annexer les autres plaines. Tantôt il y eut accord entre groupes existants, tantôt conquête des plus faibles par les plus forts. Éleusis, qui devait son importance non seulement à la fertilité de son terroir, mais plus

(1) **XXIX**, s. v. *Tetrapolis*. — (2) IL., II, 545-556.
(3) IL., II 581-590. — (4) Cf. THC., I, 7.

encore aux divinités et aux rites qu'elle possédait en propre, n'entra, d'après la tradition, dans la cité qu'après de longues luttes, alors que déjà tout le reste de l'Attique reconnaissait une même autorité. Les villages continuèrent à être habités comme par le passé, mais ils cessèrent d'être des États : les prytanées locaux, où brûlait le feu sacré du village, furent remplacés par un prytanée unique et les magistrats des bourgades cédèrent le pouvoir aux magistrats de la capitale (1). Les habitants de l'Attique devenaient tous citoyens d'Athènes.

Dans la cité unifiée politiquement, les populations ne sont pas intimement mélangées et, tant par leur genre de vie que par leur condition juridique, elles forment des classes encore séparées. La classe dominante est celle des Eupatrides. Elle détient le pouvoir politique. A l'origine, la cité a à sa tête un roi, prêtre, juge et chef de guerre ; mais les Eupatrides, qui forment son conseil et sa cour de justice, limitent au nom de la coutume traditionnelle l'absolutisme royal et, à Athènes comme dans les autres cités grecques, la royauté doit céder le pas à l'aristocratie. Successivement les fonctions militaires et judiciaires sont retirées au roi, qui ne garde que ses attributions religieuses. Dès la seconde moitié du VIIe siècle, les neuf archontes gouvernent la cité, et le conseil formé des anciens archontes, l'Aréopage, rend la justice et exerce une haute surveillance sur les affaires publiques. Les charges d'archonte, dont peu à peu la durée a été réduite à une seule année, sont ouvertes à tous les Eupatrides, même celle de roi, d'abord réservée aux membres de l'ancienne famille royale, et elles ne sont ouvertes qu'à eux. Par l'archontat et par l'Aréopage, les Eupatrides sont les maîtres de l'État.

Leur puissance économique n'est pas moindre que leur puissance politique. Ils sont les grands propriétaires, ceux dont les domaines ne se morcellent pas, mais tendent au con-

____

(1) THC., II, 15.

traire à absorber les domaines voisins. Non seulement ils
détiennent la majeure partie des terres, mais ils réduisent à la
plus misérable condition les petits cultivateurs obligés d'avoir
recours à eux. En garantie des dettes contractées, les pauvres
engagent leur personne ou leurs terres. Les plus favorisés
restent comme tenanciers sur le domaine qui leur apparte-
nait et que maintenant ils cultivent pour le compte de leur
créancier ; et cependant combien dure est la situation qui leur
est faite, s'il est vrai qu'ils doivent abandonner au créancier
les cinq sixièmes de leur récolte ! Il semble que, sous la tyrannie
politique et économique des Eupatrides, il va se former en Attique une classe de serfs, plus misérables encore que les hilotes de
Laconie.

Mais voici que vont intervenir les gens de la côte. Les
Athéniens pauvres ont l'avantage de pouvoir vivre ailleurs que
dans les campagnes. Ils échappent à la dépendance des grands
propriétaires, parce qu'ils peuvent demander du travail et des
moyens d'existence aux marchands, aux fabricants, aux armateurs. Bien plus, ils vont trouver chez ces mêmes gens des protecteurs. Parmi les Paraliens, il y a des riches, et ces riches
naturellement réclament une part dans le gouvernement. Ils
jugent légitime que la fortune mobilière leur assure les mêmes
prérogatives politiques que la fortune foncière aux Eupatrides.
Contre ceux-ci, ils s'appuient sur les classes populaires, qui
elles aussi ont à se plaindre de l'aristocratie, et sur les thètes
de la ville qui sont leurs compagnons de travail, et sur les
thètes de la campagne, plus menacés encore dans leur indépendance. Ainsi c'est par les industriels et les marchands que
se prépare l'évolution politique d'Athènes. Durant toute l'histoire athénienne, il y aura correspondance entre les progrès
de l'industrie et du commerce et les progrès de la démocratie.

La première étape vers un régime démocratique est franchie
avec Solon. Choisi comme arbitre entre les partis pour rétablir la paix et la concorde dans Athènes, Solon alla au plus

pressé en libérant les débiteurs opprimés par leurs créanciers. Ceux qui avaient été vendus comme esclaves furent rachetés; ceux qui s'étaient enfuis à l'étranger purent rentrer à Athènes; les terres mises en gage furent affranchies de toute redevance et les bornes, qui indiquaient la mainmise du créancier sur le domaine, furent arrachées du sol (1). L'abolition des dettes « souleva le poids » qui écrasait les agriculteurs endettés. Mais Solon fait plus encore en préparant l'avenir. Il empêche la reconstitution d'une classe de serfs, en abolissant la contrainte par corps. Il arrête le développement de la grande propriété en permettant le testament comme la vente : le domaine des Eupatrides, qui cesse d'être inaliénable, se morcelle comme il arrivait déjà pour les domaines des non-nobles. Enfin il organise la société athénienne selon un principe nouveau : substituant aux droits de la naissance les droits de la fortune, il répartit les Athéniens en quatre classes censitaires. Sans doute le cens représente le revenu foncier ; c'est d'après le nombre de mesures de blé, de vin et d'huile qu'il récolte sur ses terres que le propriétaire est rangé dans une des trois premières classes, si bien que les Eupatrides, possesseurs de vastes domaines, forment la première classe et continuent par conséquent à détenir l'archontat, qui lui est réservé. Mais la réforme est grosse d'avenir. Tout Athénien peut, en s'enrichissant, s'élever à une condition supérieure et, comme la terre n'est plus inaliénable, il trouvera à acheter des domaines qui le classeront dans les premières classes. Anthémion consacre sur l'Acropole une statue de cheval pour remercier les dieux d'être passé de la classe des thètes à celle des chevaliers (2). Ce qu'il y avait encore d'archaïque dans le mode solonien d'évaluer la fortune devait forcément disparaître avec les progrès de l'économie monétaire. Peu après Solon, le revenu s'évalue non plus en nature mais en argent, puis, par un nouveau progrès, le cens

____

(1) Sol., fr. 36. — (2) Arstt., 'Aθ. πολ., 7.

n'est plus limité au revenu foncier, mais embrasse l'ensemble
des revenus quels qu'ils soient. Le système censitaire s'étend
de la richesse foncière à la richesse mobilière, au grand avantage des citoyens de plus en plus nombreux qui doivent leur
fortune au commerce ou à l'industrie.

Et en effet, la réforme de Solon coïncide avec les progrès
économiques d'Athènes. Solon, qui, disait-on, avait refait sa
fortune comme marchand, s'était appliqué à développer la richesse de la cité. Il avait autorisé l'exportation de l'huile et
facilité les relations commerciales en faisant adopter un nouveau système de poids et mesures conforme à celui des grandes
villes marchandes, comme Corinthe, les villes de l'Eubée, les
colonies de Sicile et de Grande Grèce. Il avait imposé au père
de famille l'obligation de faire apprendre un métier à son fils s'il
voulait en obtenir dans sa vieillesse une pension alimentaire,
et il passait même pour avoir porté une loi contre l'oisiveté.
Athènes apprend à honorer le travail comme une des sources
de sa richesse.

Cependant les réformes de Solon n'avaient contenté personne, ni les riches qui lui reprochaient l'abolition des dettes,
ni les pauvres qui espéraient de lui le partage des terres (1).
Les troubles renaissent dans la cité, luttes des partis, luttes
des ambitieux qui se disputent le pouvoir. La noblesse garde
encore assez de prestige et assez d'influence locale pour que
chaque parti prenne comme chef un eupatride. C'est l'un
d'eux, Pisistrate, qui, s'appuyant sur les Diacriens, impose son
pouvoir personnel. La tyrannie de Pisistrate n'arrête pas
l'évolution d'Athènes. Il maintient les institutions soloniennes
et même affermit par une longue et paisible pratique l'œuvre
du législateur. Et surtout Athènes poursuit son développement économique. La petite propriété se développe grâce
aux avances que fait Pisistrate aux petits propriétaires (2).

(1) Sol., fr. 34, 35. — (2) Arstt., 'Aθ. πολ., 16, 2 ; El.. *H. V.*, IX, 25.

Les vignobles et les olivettes gagnent de plus en plus du terrain. L'industrie céramique, qui fabrique les récipients pour
les liquides, bénéficie de la renommée du vin et de l'huile
attiques ; les vases à figures noires éliminent presque complètement des marchés d'Étrurie les autres poteries grecques, et,
même s'ils y sont apportés par des intermédiaires (1), ils
témoignent de l'importance croissante des exportations athéniennes. Les mines du Laurion commencent à être exploitées.
L'occupation de Naxos dans les Cyclades, de Sigeion à l'entrée
de l'Hellespont, assure des points d'appui aux vaisseaux athéniens et apparaît comme une première ébauche de l'empire
maritime. La ville elle-même grandit. Le quartier populaire,
où travaillent les artisans du feu, forgerons et potiers, se développe autour de la nouvelle agora sous la protection d'Héphaistos et d'Athèna Erganè. Les aqueducs et les fontaines
subviennent aux besoins croissants d'une population plus
nombreuse. L'Acropole et la ville basse s'ornent de monuments. La prospérité matérielle de la cité se traduit dans des
fêtes brillantes, où Athènès commence à prendre figure de
capitale artistique et intellectuelle. Lorsque le recul du passé
aura idéalisé les personnages et les événements, le temps de
Pisistrate sera célébré comme l'âge d'or (2).

C'est ce développement même de la richesse athénienne qui
explique la chute des tyrans. Sans doute la cause occasion-
nelle en est la politique dure et soupçonneuse d'Hippias, les
attaques des Alcméonides, chefs des Paraliens, et l'intervention de Sparte. En réalité, la révolution de 510 continue
l'évolution régulière de la cité. La tyrannie n'était qu'un
régime de transition entre l'aristocratie d'autrefois et la démocratie qui n'est pas encore mûre : Pisistrate a eu le pouvoir
absolu, mais il a respecté les formes légales et gouverné « plus
en citoyen qu'en tyran » (3). Mais les progrès économiques

(1) **CXII**; **L**, III. p. 605 sq. — (2) ARSTT., 'Αθ. πολ., 16, 7.
(3) ARSTT., 'Αθ. πολ., 14, 3; 16. 2.

ont fait grandir les classes populaires et tout naturellement la tyrannie apparaît à son tour comme une forme périmée : un nouveau pas se fait vers la démocratie. C'est au lendemain de la chute de la tyrannie que l'organisation de la cité s'achève avec les réformes de Clisthène. Clisthène procède à une nouvelle répartition des citoyens : tous les Athéniens, quelles que soient leur naissance et leur condition, sont inscrits d'après leur domicile dans une circonscription territoriale, quartier de la ville ou village de la campagne, le *dème*. Le dème est l'unité administrative. Un groupe de dèmes contigus forme une circonscription territoriale plus étendue, la *trittye* ; les trittyes se répartissent en trois groupes de dix qui correspondent chacun à une région naturelle, la ville et sa banlieue, la côte, l'intérieur. Enfin trois trittyes forment une tribu ; mais les dix tribus clisthéniennes, qui remplacent les quatre vieilles tribus ioniennes, n'ont qu'une unité morale et ne constituent pas une circonscription territoriale d'un seul tenant ; tout au contraire, chacune d'elles comprend une trittye du district urbain, une du district côtier, une du district de l'intérieur (1).

L'organisation clisthénienne a pour objet de briser les anciens cadres et de réaliser l'unité morale de la cité. Elle achève de ruiner l'ancienne organisation familiale en dispersant les membres du génos : désormais l'Athénien ne porte plus un patronymique qui rappelle sa naissance, mais il ajoute à son nom le démotique qui indique à quel dème il appartient (2). Elle ne tient pas compte des anciennes associations politico-religieuses, mais crée de nouveaux cultes pour les nouveaux groupements : des quatre village, de la tétrapole marathonienne, trois font partie de la tribu Aiantis et l'autre de la tribu Pandionis ; en revanche, la tribu affirme son unité en célébrant à Athènes le culte du héros dont elle porte le nom et dont la statue se dresse sur l'agora (3). Elle rompt

(1) Arstt., 'Aθ. πολ., 21, 4. — (2) Arstt., 'Aθ. πο). 21, 4.
(3) Arstt., 'Aθ. πο)., 21, 6 ; Paus., I, 5, 2-5.

toutes les attaches locales, puisque chaque tribu comprend une trittye de chaque région : la tribu Hippothontis, par exemple, groupe en un même ensemble la plaine d'Éleusis, le port du Pirée et les cantons montagneux du Parnès où est Décélie. Dans les nouveaux cadres, tous les Athéniens sont confondus, riches et pauvres, eupatrides et non-nobles, Pédiéens, Diacriens et Paraliens. Tout ce que la tradition, à défaut de la loi, accordait encore d'influence locale aux nobles ou aux grands propriétaires disparaît. A discuter en commun les affaires du dème ou à célébrer tous ensemble les fêtes de la tribu, les Athéniens se sentent vraiment égaux et membres d'une même famille. Une vie nouvelle commence pour la démocratie athénienne.

La refonte de la cité, telle que l'avait réalisée Clisthène, resta pour les Anciens le type même de la réforme démocratique (1). Pour les Athéniens, le temps de Clisthène sera l'époque de perfection (2), à laquelle les aristocrates aussi bien que les démocrates peuvent accorder leur suffrage (3). Athènes connaît alors dans sa vie politique et économique un état d'équilibre. Après les guerres médiques, l'élément maritime, et en même temps l'élément commercial et industriel l'emportera. Les aristocrates se plaindront alors de l'autorité accordée aux citoyens de la ville et du Pirée, aux artisans, à l'ὄχλος ναυτικός (4), s'indigneront de ce que l'assemblée n'est composée que de gens de métier (5), parmi lesquels les paysans se trouvent mal à l'aise (6), et constateront avec amertume que « le peuple, ce sont les pauvres » (7). Au temps de Clisthène, l'élément urbain, ouvert aux idées nouvelles, a sa place, mais l'élément rural conservateur garde la sienne. Cet équilibre favorise l'unité morale de la cité. Ce n'est pas que les luttes politiques

____

(1) ARSTT., *Pol.*, VI, 2, 11.
(2) HDT., V, 78; THC., I, 18. — (3) ARSTT., 'Αθ. πολ., 29, 3.
(4) ARSTT., *Pol.*, V, 3, 5; V, 2, 12; VI, 4, 3. — (5) XEN., *Mem.*, III, 7.
(6) AR., *Acharn.*, 19 sq. ; *Eccl.*, 431-434. — (7) XEN., *Mem.*, IV, 2.

aient cessé : aristocrates et démocrates continuent à s'opposer, mais tous se placent sur le terrain légal de la constitution clisthénienne, et les divergences portent plus sur la politique étrangère que sur la politique intérieure. C'est cette union de toutes les classes qui se manifestera éminemment au temps des guerres médiques, contribuera à sauver Athènes du péril perse et assurera du même coup la grandeur de la cité.

V

LES INFLUENCES ÉTRANGÈRES ET L'ATTICISME.

Avant de devenir « l'école de la Grèce » (1), Athènes a demandé des leçons aux peuples arrivés plus vite qu'elle à la civilisation. Placée, pour ainsi dire, au centre du monde grec (2), l'Attique s'ouvrait à toutes les influences. Par sa frontière continentale, elle était en contact avec des pays doriens ou dorisés ; par ses façades maritimes, elle entrait en rapport avec le monde ionien des îles. L'avantage d'Athènes sera de combiner les éléments empruntés aux uns et aux autres.

Longtemps cependant les Athéniens menèrent à la campagne la vie du paysan, qui borne son horizon aux champs qu'il cultive et se soucie peu des étrangers. Ainsi l'Athènes d'avant Solon ne devait-elle pas différer beaucoup de la Sparte contemporaine. La lenteur avec laquelle Athènes se dégagea de l'archaïsme se traduit dans son dialecte. Tandis que l'ionien, parlé par une population mêlée et remuante, évolue rapidement, l'attique, isolé du dehors, comme la population rurale qui le parle, conserve des formes très anciennes et garde l'allure archaïque d'une langue peu évoluée (3). Mais Athènes était trop bien située pour rester en dehors des grandes voies du commerce maritime. Les étrangers

____

(1) THC., II, 41 1. — (2) XEN., *Vecl.*, I. — (3) **XLV**, p. 243-244.

apprennent à fréquenter ses ports et, bien accueillis des Athéniens, ils commencent à s'y fixer. Solon, préoccupé de développer le travail utile, cherche à attirer les étrangers en autorisant l'octroi du droit de cité à ceux qui s'établiront dans la
ville pour y exercer un métier (1). Si, dans la réaction qui suit
la chute de la tyrannie, les aristocrates revisent la liste des
citoyens (2), le chef du parti démocratique, Clisthène,
lorsqu'il procède à la refonte de la cité, ne manque pas d'y
faire entrer comme citoyens les étrangers fixés depuis assez
longtemps pour être considérés comme de vrais Athéniens (3).
Dès lors il y aura partie liée entre les démocrates et les étrangers
domiciliés.

Avec les étrangers pénètrent les influences du dehors, et dès
le début ces influences sont diverses. Déjà la civilisation du
Dipylon nous a semblé combiner des éléments de différente
origine. Un exemple plus caractéristique encore est fourni par
l'alphabet. L'alphabet attique est du type des alphabets de l'Est
Mais il ne se range dans aucun des deux groupes de ces alphabets : tandis que les signes secondaires l'apparentent à ceux
des Cyclades, l'emploi de l'H comme signe d'aspiration le
rapproche de ceux d'Argos et de Corinthe ; enfin il n'a pas les
lettres longues de l'alphabet ionien. D'autre part, il a des
éléments communs avec les alphabets de l'ouest : la forme ᴠ.
que n'a aucun alphabet de l'Est, se retrouve à Chalcis et en
Béotie. Les Athéniens useront de cet alphabet composite jusqu'à la fin du Vᵉ siècle : l'alphabet ionien, qui tend à remplacer
partout les alphabets locaux, ne sera adopté officiellement que
sous l'archontat d'Euclide (403).

Si les influences sont toujours multiples, il en est à chaque
époque de prépondérantes. Athènes a subi d'abord l'action de
l'Ionie. La Grèce d'Asie a été l'initiatrice de toute la Grèce
continentale ; là parenté ethnique ou linguistique ne pouvait

(1) PLUT., *Sol.*, 24. — (2) ARSTT., Αθ. πολ., 13.
(3) ARSTT., *Pol.*, III, 1, 10.

que rendre plus facile et plus profonde son influence sur
Athènes. D'Ionie sont venus les poèmes homériques, qui
prennent à Athènes une place particulière du jour où Pisistrate introduit dans la fête des Panathénées un concours de
récitations épiques. Pour ce concours, on dut établir un texte
officiel des poèmes. C'était la première fois sans doute que
l'*Iliade* et l'*Odyssée* apparaissaient comme des œuvres ordonnée s et complètes, si bien que l'édition athénienne n'eut pas
grand'peine à éliminer les copies plus ou moins imparfaites
qui l'avaient précédée. Comme la poésie, l'art est d'origine
ionienne. Les vieux sculpteurs athéniens avaient taillé dans les
pierres tendres de leur pays des œuvres naïves et maladroites(1):
ils apprennent des sculpteurs d'Asie et des îles à user du marbre
et à perfectionner leur technique. Un Ionien, Endoios, exécute l'Athèna assise que dédie Kallias, un des adversaires de
Pisistrate (2). Archermos de Chios, Alxénor de Naxos, Aristion
de Paros viennent travailler à Athènes (3). L'Acropole se peuple
de pimpantes *korai* qui sont les sœurs des *korai* ioniennes
ou samiennes (4). Les céramistes, eux aussi, adoptent un
style orientalisant : les motifs végétaux, les grands fauves,
les génies ailés à l'assyrienne viennent se mêler aux qua-
drillés et aux zigzags du décor géométrique, qu'ils finiront
par éliminer. L'ionisme atteint son apogée à Athènes avec les
Pisistratides. Sur l'Acropole, l'Hékatompédon, que l'on venait
de doter de frontons de marbre, complétait peut-être sa décoration par une suite continue de bas-reliefs sur le modèle des
temples ioniques (5). Les poètes Anacréon de Téos, Simonide
de Kéos, venaient chanter à la cour d'Hipparque. Comme toute
ville ionienne, Athènes ne sépare pas de la primauté économique la primauté intellectuelle.

(1) **XLIX**, I, p. 204 sq.; **XLVII**, VIII, p. 531 sq.
(2) Paus., I, 26, 4 ; **XLIX**, I, p. 337. — (3) **XLIX** I, p. 338.
(4) **XLIX**, I, p. 340 sq. ; **XLVII**, VIII, p. 574 sq.
(5) **XVII**, XXX (1905), p. 305 ; XXXVI (1911), p. 41 ; **XII**, XXXII
(1919), p. 214.

La chute de la tyrannie amena un changement d'orientation. L'Ionie perdait à ce moment même son indépendance et avec elle sa force d'expansion. La place prise par Sparte sur le continent, l'intervention des armées spartiates en Attique et l'alliance conclue entre les aristocrates athéniens et la cité aristocratique par excellence expliquent assez que l'influence dorienne ait à Athènes succédé à l'influence ionienne. Désormais il y aura à Athènes des laconisants parmi les hommes d'État et parmi les penseurs. La transformation du goût se traduit par les changements de la mode. Au temps de Pisistrate, Athènes s'habille à l'ionienne (1). Les femmes portent les longs vêtements de lin, légers et souples malgré les broderies multicolores, froncés en d'innombrables petits plis et plaquant sur les jambes lorsque la main relève et tend l'étoffe. Encore au temps de Thucydide, les veillards gardaient les vêtements et les bijoux ioniens de leur jeunesse (2). Maintenant le chiton ionien de toile fine est remplacé par le chiton dorien de grosse laine, retenu par des agrafes, masquant le corps sous ses plis amples et bien accusés. La statuaire trouve dans les modes nouvelles des modèles plus austères. En même temps que le costume et la coiffure se simplifient, la physonomie se transforme : le sourire, un peu artificiel, des *korai* ioniennes s'efface et le visage prend une expression sérieuse, presque boudeuse. La *korè* d'Euthydicos a la gravité réfléchie d'une mère spartiate (3). Comme ceux des îles, les sculpteurs de Laconie, d'Égine, de Sicyone, viennent travailler à Athènes. En revanche, le Péloponnèse n'avait pas d'écrivains à opposer à la Grèce d'Asie et la littérature échappe à l'influence dorienne. La langue de la poésie attique reste pleine d'ionismes (4), la prose elle-même mettra longtemps à se dégager de la prose littéraire ionienne (5).

Le génie attique est fait pour une bonne part de la rencon-

(1) Hdt., V, 87. — (2) Thc., I, 6. — (3) **XLIX**, I, pl. VI.
(4) **XLV**, p. 226. — (5) **XLV**, p. 226, 246.

tre de l'esprit ionien et de l'esprit dorien. Cette combinaison
donnera ses chefs-d'œuvre au temps de Périclès : le Parthénon
montrera ce que la robustesse du temple dorique peut gagner
à être adoucie par la grâce ionienne (1); la tragédie de
Sophocle recueillera tout l'héritage de la poésie antérieure, de
l'épopée homérique à la lyrique chorale des Doriens (2). Mais
les Athéniens ne se sont pas contentés de juxtaposer des éléments divers : leur œuvre est originale parce qu'ils y ont mis
leur esprit. Et cela dès le VIe siècle. Les céramistes relèguent
à une place secondaire les anciens motifs décoratifs, réduisent
le décor naturaliste et portent tout leur effort sur les scènes à
personnages (3). L'étude de l'homme, plus que de la nature,
devient la caractéristique de l'art comme de la littérature attiques
et, dans la peinture de vases, elle aboutit à la prédominance
du dessin, dont les progrès s'affirment de la « figure noire » à
la « figure rouge ». Les sculpteurs se dégagent de même de
l'emprise étrangère. Une école attique se forme dont le principal représentant, Anténor, jouit déjà d'une suffisante célébrité pour qu'on lui confie l'exécution du groupe des Tyran-
noctones (4). Qu'on regarde à côté de ses sœurs d'Ionie la
korè d'Anténor (5) et l'on sentira ce qu'apportent de nouveau
les artistes d'Athènes. C'est encore le thème ionien, mais traité
avec un tout autre accent. L'artiste cherche le juste milieu
entre la sveltesse ionienne et la lourdeur dorienne; il traite
sobrement les détails du costume ou de la coiffure où les sculpteurs ioniens se complaisaient jusqu'au maniérisme. L'ensemble est bien équilibré, robuste, et, par les dimensions mêmes,
donne une impression de grandeur. Mesure et simplicité,
distinction et noblesse, voilà déjà les qualités proprement athéniennes. A la veille des guerres médiques s'est ouverte la plus
fine fleur du génie grec, l'atticisme.

(1) **XLVIII**, p. 122 sq. — (2) **XVL**, p. 231. — (3) **L**, III, p. 626 sq.
(4) **XLIX**, I, p. 365 sq. — (5) **XLIX**, I, fig. 186 ; **XLVII**, VIII, pl. II.

TROISIÈME PARTIE
L'EXPANSION HELLÉNIQUE

———

CHAPITRE PREMIER

LA COLONISATION

I

Les premières explorations : Grecs et Phéniciens.

Lorsqu'ils eurent définitivement pris contact avec la mer, les Hellènes, arrivés en Grèce par la voie continentale, essaimèrent dans les îles voisines et bientôt se lancèrent sur toutes les routes maritimes. Autant que les exploits guerriers, les plus anciennes légendes célébraient les voyages d'exploration et d'aventures, et le héros national fut, bien plus que le guerrier Achille, le hardi et astucieux navigateur Ulysse.

C'est le périple d'Ulysse qui illustre pour nous les premiers grands voyages des Grecs. Ils sont entraînés moins, comme le veut le poète, par la colère des dieux, symbole du destin, que par leur curiosité et leur désir d'aventures, sans but défini, passant d'un pays à l'autre selon les hasards du vent et les besoins d'eau douce ou de viande. Ils entrent en contact avec les indigènes, soit qu'ils enlèvent par force ce qu'ils convoitent, soit que pacifiquement ils commercent par échange. Tantôt ils sont repoussés par des tribus sauvages et n'échappent qu'à grand' peine aux attaques des Lestrygons et à l'esclavage du Cyclope, tantôt ils sont accueillis amicalement par des indigènes doux

et paisibles et font de longs séjours réparateurs chez Circé ou
chez Calypso. Puis, après des absences qui se prolongent durant
des années, les aventuriers se lassent de l'aventure, le désir
du retour tourmente leur cœur et, non sans de nouvelles
épreuves, ils regagnent leur pays natal, pour jouir des richesses
accumulées au cours de leurs expéditions de marchands et de
pirates et pour conter sans trêve à leurs concitoyens les enchantements et les trésors des pays lointains. Si bien qu'après les
pères les fils à leur tour prennent la mer et ajoutent de nouvelles terres et de nouvelles merveilles aux terres et aux merveilles déjà connues.

Sur les routes de la Méditerranée, les Hellènes ont eu des
devanciers. Les pays où ils abordaient étaient nouveaux pour
eux, mais non inconnus : ils avaient déjà d'explorateurs plus anciens reçu des noms que les Grecs ne firent qu'adopter. Même
dans la mer Égée et jusqu'en Grèce, les noms de lieux sont le
plus souvent étrangers à la langue hellénique et on a voulu
reconnaître au moyen de ces noms le peuple qui avait décou-
vert et dénommé les pays. Ces tentatives, pour ingénieuses
qu'elles soient, n'aboutissent qu'à des hypothèses. Les linguistes, plus prudents et plus sévères pour les preuves, vont
jusqu'à déclarer que « ce serait un défi à toute méthode que de
fonder sur des études de noms propres l'affirmation d'un fait
historique quelconque » (1). Tout au plus estiment-ils que
l'onomastique peut parfois confirmer des faits établis d'autre
manière par les historiens.

Malheureusement l'histoire de la Méditerranée primitive est
encore obscure. Les Égyptiens ne semblent pas avoir regardé
au delà de la Crète, de Chypre et des côtes de Syrie et
ils ont porté plutôt leurs efforts du côté de la mer Rouge. Bien
plus important fut le rôle des Égéens. Il n'est pas douteux
qu'ils ont reconnu toute la Méditerranée orientale et sans doute

____

(1) **XVL**, p. 57.

de nombreux parages de la Méditerranée occidentale. Les trouvailles archéologiques peuvent délimiter la zone de leur activité commerciale, mais, comme nous ignorons tout de leur
langue, il est impossible de saisir si la toponymie garde des
traces de leur passage. Dans les poèmes homériques, le nom
qui revient assez souvent, quand il s'agit de commerce maritime ou de piraterie, est celui des Phéniciens. Aussi l'autorité
d'Homère a-t-elle fait considérer les Phéniciens comme les
grands navigateurs de la Méditerranée primitive, les décou-
vreurs de toutes les terres, les maîtres des navigateurs grecs.

Cette opinion, longtemps classique, appelle des réserves. On
a tort de reculer trop loin dans le passé l'activité phénicienne.
Lorsque, au xve siècle, le pharaon Thoutmès III veut faire
transporter en Égypte des bois coupés sur le Liban, il s'adresse
non pas à des marins phéniciens, mais à des marins crétois.
C'est seulement vers le xiie siècle, lorsque la Phénicie fut af-
franchie de la domination égyptienne, que les villes phéniciennes prirent leur essor :Sidon est prospère à partir du
xie siècle, Tyr à partir du xe. C'est à cette période de splendeur
que correspondent les données des poèmes homériques. Et encore à cette date les Phéniciens ne connaissent guère que les
mers grecques, où ils fréquentent Chypre, la Crète, Cythère,
Thasos; tout au plus ont-ils déjà pénétré dans la mer Noire.
Mais dans la Méditerranée occidentale ils n'ont pas frayé le
chemin aux Grecs. C'est en même temps que les uns et les
autres explorent les parages de l'ouest : en Libye, en Sardaigne, en Andalousie, les Phéniciens devancent les Grecs ; en
Sicile, en Italie, en Gaule, les Grecs devancent les Phéniciens.
Dans ces conditions, il ne faut parler qu'avec prudence d'influences phéniciennes. Rien ne prouve que l'alphabet grec dérive
de l'alphabet phénicien ; l'un et l'autre peuvent avoir un proto-
type commun. Les mots sémitiques qu'on trouve en grec
prouvent, disait-on (1), l'action des Phéniciens sur les Grecs

(1) C, p. 14-15.

qui avaient emprunté les choses en même temps que les mots :
mais, à supposer que les mots communs aux deux langues
n'aient pas simplement une commune origine, — et l'on songe,
comme pour l'alphabet, aux Égéens, — ces emprunts sont
rares et ne dépassent pas à coup sûr la dizaine (1). Les Grecs
ont été les concurrents et non les disciples des Phéniciens.

Entre l'activité maritime des Phéniciens et celle des Hellènes, il y a d'ailleurs des différences fondamentales. Les Phéniciens ne sont que des marchands préoccupés d'écarter leurs
rivaux et de s'assurer le monopole de l'exploitation. Aussi gar-
dent-ils jalousement le secret des routes suivies et des pays
découverts : symbolique est l'anecdote du vaisseau phénicien
qui préfère se jeter à la côte plutôt que de révéler au bâtiment
grec qui le suit la route des îles de l'étain. Le Grec a un tout
autre tempérament. Certes il ne méprise pas les profits matériels, mais chez lui la simple curiosité est aussi forte que le
désir du gain : tout Grec voyage, comme dit Aristote de
Solon (2), κατ'ἐμπορίαν ἅμα καὶ θεωρίαν, pour faire du commerce
et pour voir du pays. De plus, s'il aime s'instruire, il aime
tout autant faire profiter les autres de ses connaissances. Au
plaisir de voir du nouveau, s'ajoute le plaisir, plus grand encore peut-être, de raconter ce qu'on a vu. Par défaut inverse
du mutisme intéressé du Phénicien, le Grec bavard se laissera
aller volontiers à faire valoir ses prouesses et à dire plus qu'il
ne sait. A beau mentir qui vient de loin : lorsque Pythéas
décrira avec exactitude les étranges phénomènes qu'il a observés dans les mers septentrionales, il ne rencontrera que
sourires sceptiques et ce grand explorateur passera pour le
type du hâbleur (3).

Les Grecs peuvent donc être tenus pour les premiers explorateurs. C'est à leur curiosité, en grande partie désintéressée,
que la géographie doit ses progrès. Une à une, toutes les

(1) **XLV**, p. 52. — (2) Arstt., 'Αθ.πο)., XI, 1 ; cf. Hdt., III, 139.
(3) Str., I, 4, 2 ; II, 4, 1 ; II, 4, 2 ; III, 4, 4 ; IV, 2, 1 ; IV, 6, 5 ; VII, 3, 1.

contrées méditerranéennes cessent d'être mystérieuses, et les mille indentations de leurs côtes sont connues aussi précisément que les rivages de la mer Égée. Il n'y a plus de *terra incognita* où placer les monstres et les enchantements. Les prodiges que la légende des Argonautes situait à l'entrée de la mer Noire sont rejetés avec la légende d'Ulysse à l'entrée de la Méditerranée occidentale. Puis, lorsqu'à son tour le bassin de la Méditerranée occidentale est exploré, les terres légendaires sont reportées au delà des colonnes d'Héraklès et c'est au sein de l'Océan qu'on imagine les îles des Bienheureux et la mystérieuse Atlantide.

II

La colonie et la métropole.

Ulysse, même dans ses plus longs et plus agréables séjours, n'oublie jamais la terre natale et songe sans cesse au retour. Mais, à la suite des premiers explorateurs qui n'ont fait que reconnaître les côtes, arrivent ceux que n'effraie pas une installation définitive en pays étranger : la colonisation grecque commence. Le terme traditionnel de « colonisation » peut induire en erreur. Pour nous, coloniser c'est fonder un empire colonial, et, qu'il s'agisse de l'empire espagnol du xvie siècle ou de l'empire hollandais du xviie, pour laisser de côté les colonies modernes d'Afrique, un empire colonial, c'est un vaste territoire, occupé militairement, politiquement soumis à la métropole, exploité par et pour la métropole, peuplé d'une minorité de blancs et d'une majorité d'indigènes, en qui les Européens n'ont vu longtemps qu'une main-d'œuvre indispensable et maltraitée et qu'ils travaillent aujourd'hui à civiliser, parfois même à assimiler aux colons de la métropole. Or, rien ne ressemble moins à une colonie grecque.

La fondation d'une colonie est à l'origine, et restera presque toujours, une entreprise privée : c'est l'œuvre d'un groupe de

citoyens qui décident de quitter leur patrie et de fonder au loin
une ville nouvelle. Ils ne s'adressent parfois à la cité que
pour en recevoir un chef, le *fondateur*, οἰκιστής, pris parmi
les vieilles familles qui conservent les traditions religieuses
et connaissent les rites appropriés à la fondation des villes.
Les émigrants ne sauraient partir sans avoir pris l'avis des
dieux : volontiers ils vont à Delphes consulter Apollon, l'Apollon Delphinios, celui qui jadis a conduit les marins crétois à
Krisa, qui maintenant guide les vaisseaux grecs sur toutes
les mers et à qui la reconnaissance des émigrants a dédié
les multiples Apollonia du monde méditerranéen. Le dieu
indique la route à suivre, la terre à aborder, le site où
établir la ville. Rien ne saurait réussir sans son assistance :
Dorieus, qui a négligé de consulter l'oracle, va d'échec en
échec (1). Une fois arrivés à l'endroit choisi, les émigrants
obtiennent par un accord avec les indigènes ou s'emparent par
force des terres qu'ils se partagent et accomplissent les rites
qui consacrent la naissance d'une nouvelle cité.

Quels rapports cette jeune cité entretient-elle avec celle d'où
sont partis les émigrants? Au début, la colonisation n'a rien
d'officiel, les colons sont de simples particuliers, aussi les rapports entre les deux villes ne sont-ils réglés que par des usages
et des traditions. Lorsque les cités intervinrent pour faire de
la colonisation une entreprise d'État, elles réglèrent par loi ou
décret les conditions d'établissement de la colonie. Telle est,
par exemple, la loi pour la fondation de la colonie de Naupacte, que les Opontiens, unis à d'autres Locriens, fondent
dans la première moitié du vᵉ siècle (2). Les règles officiellement posées ne font que codifier les usages suivis de temps
immémorial.

Politiquement, la colonie est une cité complètement indépendante. Elle a ses lois, ses magistrats, sa politique. Elle n'a

(1) Hᴅᴛ., V, 42. — (2) **IX**, II, 1478 ; **X**, I, p. 180 sq.

aucune obligation militaire ou financière vis-à-vis de la cité
d'où elle sort : les colons partis pour Naupacte sont affranchis
de toute contribution dans leur pays d'origine. Comme toute
cité grecque, la colonie ne connaît pas de biens supérieurs à
l'autonomie et à la liberté : les Corcyréens revendiquent fière-
ment d'être traités en égaux et non en esclaves par les Corinthiens (1).

Pourtant, à défaut de liens politiques, il y a des liens moraux entre les deux villes. Et d'abord elles sont unies par la
religion. Le fondateur a allumé avant le départ au foyer de
la cité le feu qui sera le foyer de la colonie. La fondation de
la colonie s'est accompagnée des mêmes cérémonies religieuses
qui avaient jadis présidé à la fondation de la ville elle-même.
La colonie a les mêmes dieux que la métropole. Pour servir
ces dieux, elle fait au besoin appel à un prêtre originaire de
la métropole : dans les colonies corinthiennes, c'est un Corinthien qui préside aux sacrifices (2). La colonie participe aux
fêtes religieuses de la métropole : les colons de Naupacte
conservent dans leur patrie d'origine la place que leur famille
a héréditairement le droit d'occuper dans les sacrifices et les
fêtes. Encore au IVe siècle, les Priéniens prescrivent par décret
d'envoyer aux grandes Panathénées leurs offrandes à Athèna
Polias en témoignage de l'antique parenté qui unit Priène et
Athènes (3). Il suffit de retrouver les mêmes dieux et les mêmes
cultes dans deux villes pour affirmer leur commune origine (4).

La colonie a d'autres liens encore avec la métropole. Elle
parle la même langue. Elle a le plus souvent calqué ses institutions politiques sur celles de la métropole (5). Elle peut en recevoir de nouveaux colons et lui demander un οἰκιστής si elle-
même veut fonder une colonie (6). Elle noue avec la métropole
des relations commerciales. Le sentiment de parenté ethnique
s'exprime par le terme même de *métropole* : il y a une cité-mère

____

(1) Thc., I, 34. — (2) Thc., I, 25. — (3) V, n° 5, p. 8 sq.
(4) Str., VIII, 6, 22. — (5) Plat., *Leg.*, IV, 708 c. — (6) Thc., I, 24.

et des cités-filles (1), de même qu'il y a des cités-sœurs(2) issues
d'une même ville. La colonie a pour sa métropole les sentiments
de respect et d'affection des fils pour les parents. Opprimée,
elle recourt à la métropole (3) « comme les enfants maltraités
se réfugient près de leur père » (4). La guerre entre colonie et
métropole apparaît comme aussi monstrueuse et impie que
l'acte d'un enfant frappant sa mère (5). Et cependant le développement de la nouvelle cité, politiquement indépendante,
pouvait amener des conflits avec la métropole : dès sa fondation, Corcyre est dans l'Adriatique la rivale de Corinthe (6).
Aussi les cités croient-elles utile de prendre des précautions :
les Opontiens exigent de leurs colons de Naupacte le serment,
périodiquement renouvelable, de rester fidèles à l'alliance
d'Oponte.

Les colonies grecques ne constituent pas un empire continental. Elles sont non seulement indépendantes, mais encore
isolées les unes des autres. Même lorsqu'elles sont contiguës,
elles ne sont qu'une frange en bordure de la mer et n'étendent
pas leur domination sur l'arrière-pays. Il est rare que les cités
s'agglomèrent au point de former un territoire compact;
c'est seulement en Sicile et dans l'Italie méridionale que s'est
créée une nouvelle Grèce. Partout ailleurs on n'a que de petits
groupes grecs perdus dans un milieu barbare. Par là, les colonies grecques ne diffèrent pas autant qu'on le dit d'ordinaire
des établissements phéniciens. Les Phéniciens créaient surtout des factoreries avec une forteresse occupée par des mercenaires et un marché où se faisaient les transactions avec les
indigènes; mais eux aussi, à Chypre ou dans l'Afrique du
Nord, ont groupé suffisamment de colonies pour occuper un
territoire continu comparable à la Grande Grèce. De même
les Grecs ont dans la mer Noire ou sur les côtes de Gaule des

(1) Hdt., VIII, 22; Plat., *Leg.*, VI, 754 a; Pol., XII, 9,3.
(2) Pol., XXII 7, 11. — (3) Thc., VI, 88.
(4) Ds., X, fr. 32, 4 . — (5) Hdt., III, 19 ; VIII, 22. — (6) Hdt., III, 49.

établissements isolés tout semblables aux comptoirs phéniciens.
Ce ne sont pas les Phéniciens qui ont appris aux Grecs à s'installer dans une presqu'île ou sur un îlot voisin de la côte. Les
mêmes besoins d'assurer les communications maritimes et de
se défendre des indigènes ont imposé aux deux peuples le
même type d'établissement.

III

DE LA COLONIE A L'EMPIRE COLONIAL.

L'histoire des débuts de l'expansion hellénique est pour
nous fort obscure. Comme on en ignorait presque tout, on
imagina plus tard les premiers établissements grecs sur le
type des colonies plus récentes et on transporta dans le passé
les causes et les circonstances propres au vi^e siècle. En réalité,
ce qu'on a appelé la première colonisation n'est qu'une suite
des migrations qui ont amené les Grecs dans la Grèce propre
et en particulier de la dernière, l'invasion dorienne. L'installation des Doriens dans les contrées occupées par les Achéens
amena ceux-ci à abandonner le pays pour chercher fortune au
loin. Ils prirent la mer et d'île en île arrivèrent jusqu'aux côtes
d'Asie.

Ces déplacements de peuples, ces émigrations en masse, qu'il
nous est difficile de nous représenter, n'ont pas été ignorés des
temps classiques. Pour Platon (1), la conquête étrangère est
une des causes de la colonisation, et sans doute songeait-il
moins aux temps héroïques qu'à l'histoire encore récente des
cités grecques d'Asie Mineure. Devant la menace perse, Bias
de Priène conseilla aux Ioniens d'émigrer en masse en Sardaigne et d'y fonder une nouvelle cité qui serait la patrie commune de tous les Ioniens (2). Si la plupart se résignèrent au
joug étranger, quelques-uns préférèrent l'exil à la servitude :

(1) PLAT., *Leg.*, IV, 708 b. — (2) HDT., I, 170.

les habitants de Téos émigrèrent à Abdère; les Phocéens, ayant
chargé sur leurs navires leurs familles et leur fortune, s'enga-
gèrent par des serments solennels à ne jamais revenir à Phocée
et firent voile vers leurs colonies de la Méditerranée occidentale (1). Les Athéniens eux-mêmes, à la veille de Salamine,
semblent avoir projeté d'émigrer en Grande Grèce, au cas où
la fortune continuerait à leur être contraire (2). Ce sont des
migrations semblables qui, vers le xe siècle, portèrent les
Achéens de Thessalie ou du Péloponnèse vers les rives asiatiques.

Mais, à l'époque classique, les départs en masse sont exceptionnels. Lorsque l'expansion hellénique reprend au viie siècle,
la situation est différente et d'autres raisons expliquent la colonisation. En général, les émigrants sont des citoyens qui souf-
frent dans leur patrie d'une situation difficile ou inférieure et
que pousse vers le dehors l'espérance d'une condition meilleure. L'infériorité à laquelle les colons veulent échapper peut
résulter des circonstances économiques ou politiques, souvent
des deux à la fois.

La cause que signalent surtout les anciens, c'est la surpopu-
lation et par suite le manque de terres (3). Mais il faut s'entendre sur ces termes. Le territoire grec est capable de nourrir
plus d'habitants qu'il n'en comptait alors; le manque de terres
résultait moins des conditions naturelles que de l'organisation
sociale, c'est-à-dire d'une mauvaise répartition de la propriété.
Originairement, le sol appartient aux familles, aux γένη, et
la propriété familiale ne peut être divisée. Aussi beaucoup de
gens, cadets de grande famille ou pauvres hères placés en dehors
des cadres familiaux, n'ont-ils aucune propriété. La possession
du sol reste longtemps un véritable privilège de la noblesse.
Pour tous ceux qui ne peuvent avoir dans la cité le domaine
nécessaire à leur subsistance, le seul remède est d'aller cher-

(1) Hᴅᴛ., I, 164-167. — (2) Hᴅᴛ., VIII, 62.
(3) Pʟᴀᴛ., *Leg.*, IV, 708 b ; V, 740 e ; cf. Tʜᴄ., I, 2 ; Sᴛʀ., XVII, 1, 6.

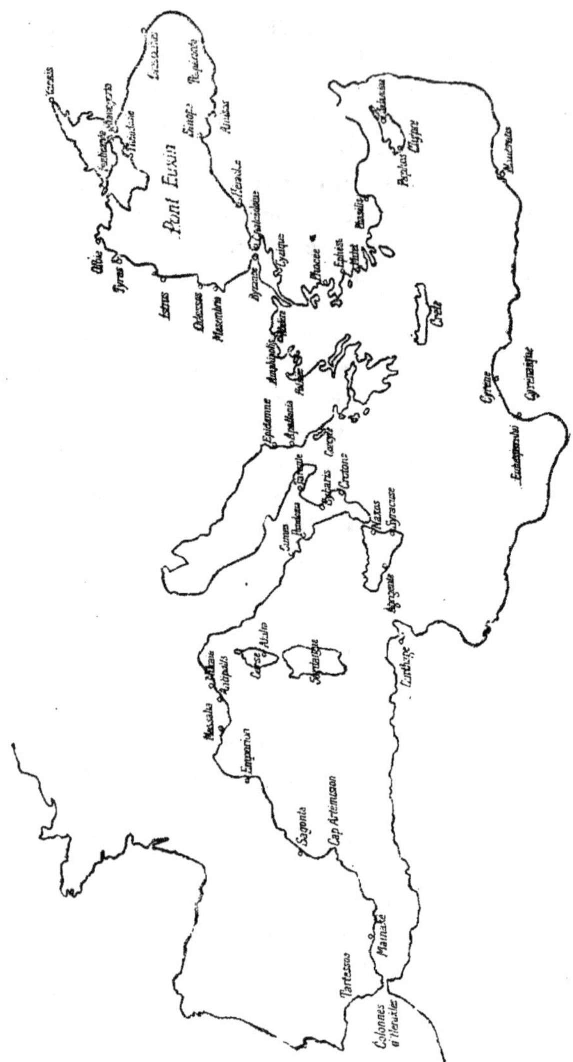

L'EXPANSION GRECQUE.

cher au loin des terres vierges et inoccupées. Les premières colonies sont des établissements agricoles. Il n'est pas question d'occuper des positions avantageuses pour la navigation ou le commerce, mais de s'installer au centre de terroirs fertiles, jouissant du même climat que la Grèce, où l'on pourra par conséquent pratiquer les cultures auxquelles on est accoutumé dans la mère-patrie. Telles se présentent, par exemple, les colonies du golfe de Tarente : là les ports naturels étaient rares, médiocres, menacés d'ensablement par les fleuves côtiers, mais les terres étaient riches ; aussi n'est-ce pas sur la côte, mais à l'intérieur du pays que se fondent les nouvelles cités, et elles s'étendent vers le continent pour englober le plus possible de domaines cultivables. De même Cyrène s'élève à une lieue de la mer, au milieu des champs et des pâturages.

A côté des non-propriétaires, il y a dans la cité d'autres déshérités du sort, citoyens déclassés ou habitants privés de droits civiques. Ceux-là aussi que la cité traite en parias désirent se créer une patrie plus maternelle. Lorsque la légende place à l'origine d'une ville une bande d'aventuriers ou de gens sans aveu, elle reproduit une tradition aristocratique, qui ne voulait voir dans les citoyens des classes inférieures que des gens méprisables. C'est à une infériorité politique autant que sociale que voulaient échapper les émigrants qui avaient quitté Sparte pour fonder Tarente. Durant la guerre de Messénie, disait-on, l'absence prolongée des chefs de famille, des vrais Spartiates, avait permis aux veuves et aux jeunes filles de prendre des maris dans les classes inférieures, de s'unir à des périèques et même à des hilotes. Les enfants, nés de ces mésalliances, se trouvaient exclus de la cité ; ils avaient songé d'abord à s'y faire donner bon gré mal gré une place en soulevant les hilotes, mais, sur le conseil de l'oracle de Delphes, ils renoncèrent à troubler leur patrie et s'en furent s'établir dans l'Italie méridionale (1). On racontait

---

(1) STR., VI, 3, 2-3 ; ARSTT., *Pol.* V, 6, 1.

une histoire toute semblable de Locres Epizéphyrienne (1). Les différences sociales et les luttes politiques qui en résultent sont donc une cause permanente d'émigration. Souvent un parti politique vaincu renonce à la lutte et quitte la cité (2). Les discordes civiles qui ont violemment agité Mégare ne furent pas sans influence sur l'expansion coloniale de cette cité.

L'expansion grecque est donc liée, au VIIIe et au VIIe siècle, à l'instabilité des institutions politiques et sociales dans la plupart des cités, aux crises d'où sortira la Grèce classique. Les conditions économiques, en effet, se transforment. D'une part, la dislocation de l'ancienne famille et, par suite, la mobilisation de la propriété, permet à un plus grand nombre de gens de devenir propriétaires. D'autre part, en bien des villes, les travailleurs peuvent trouver dans l'industrie et le commerce naissant, des moyens d'existence qu'ils ne demandent plus à la terre. Il y a bien accroissement de population, mais cette population trouve à vivre dans la cité, et ainsi semblent se tarir les courants d'émigration. Mais alors des causes nouvelles interviennent. Les progrès économiques et surtout l'apparition de la richesse mobilière font naître les grandes villes de commerce. Les villes d'Ionie d'abord, Milet, Phocée, puis, dans la Grèce propre, les villes d'Eubée, Chalcis et Érétrie, celles du golfe Saronique, Corinthe et Mégare, sont de grands centres à la fois commerciaux et industriels et, comme tels, ont besoin de nouer des relations avec l'étranger; ce sont donc elles qui vont mener le mouvement de colonisation dès la seconde moitié du VIIe siècle.

Les premiers colons avaient cherché des terres, ceux du VIe siècle partent à la conquête des matières premières et des débouchés. On a besoin d'abord de produits alimentaires. Les grandes places de commerce sont d'énormes agglomérations auxquelles les ressources locales ne suffisent plus. Aussi voit-on les Grecs se diriger vers les grands greniers de la Méditer-

____

(1) POL., XII, 5-11. — (2) PLAT., *Leg.*, IV, 708 b.

ranée orientale, l'Égypte et la Russie méridionale, qui fournira
de plus les poissons et les conserves. Puis on recherche les
matières premières pour l'industrie, les bois du Caucase, les
laines d'Espagne, les métaux, fer, cuivre, étain de l'Arménie et
du Caucase, l'argent d'Andalousie. Enfin on ramène des pays
barbares le bétail humain, les esclaves, que les exigences du
luxe ou les besoins de main-d'œuvre entassent de plus en plus
nombreux dans les villes. En échange des produits indigènes,
les vaisseaux grecs apportent ceux du sol et de l'industrie grecque, l'huile et plus encore les vins, dont sont friands les barbares et qui, par les vallées du Danube et des fleuves russes
pénètrent au cœur de la Germanie et de la Scythie, les produits
manufacturés et en particulier les objets précieux par la matière et par le travail, les armes, les vases, les bijoux.

La colonie que créent, sur les côtes du Pont par exemple,
les grandes cités commerçantes, diffère de l'ancienne colonie
agricole. Elle veut d'abord être un port; elle s'installe volontiers
dans un îlot ou sur une presqu'île, à la fois pour être à l'abri
des vents du large et pour se défendre plus facilement d'une
attaque venue de terre. Elle se place sur un lieu de passage,
par exemple à l'embouchure des fleuves, qui ouvrent les routes
de l'intérieur : chaque fleuve russe a sa colonie grecque, Tanaïs
à l'embouchure du Don, Olbia à celle du Boug, Tyras à celle
du Dniester; Istros, tout en évitant le delta, se tient à proximité du Danube. D'autre part, elle a à l'égard des indigènes une
tout autre politique. Dans les colonies agricoles, les Grecs ou
bien ont refoulé les indigènes vers l'intérieur pour en usurper
les terres, ou bien les ont réduits au servage et les ont obligés à
cultiver le sol au profit des colons propriétaires : les Marian-
dyniens d'Héraclée ont même condition que les Pénestes de
Thessalie ou les Hilotes de Laconie (1). Dans les deux cas, colons et indigènes se traitent en ennemis. Dans la colonie com-

(1) ATH. VI, 263 d-e.

merçante au contraire, de bons rapports sont indispensables
entre les deux populations. Sans doute le commerce en pays
lointain n'est pas encore suffisamment distinct de la piraterie
pour qu'il n'y ait pas eu souvent des actes de violence. Mais,
pour que la colonie réponde à son objet, c'est-à-dire procure à
la métropole des matières premières et lui assure des débouchés,
elle doit nécessairement entretenir d'amicales relations avec les
indigènes et en particulier avec les petits princes du pays. La
légende d'Euxénos, reçu en ami et bientôt en gendre par le
chef ligure, ne fait que traduire poétiquement la réalité journalière. Phocée noue avec le roi de Tartessos Arganthonios (1)
les mêmes utiles amitiés qu'Athènes aura plus tard avec les
« archontes du Bosphore » ou les rois des Odryses.

Théoriquement, la colonie commerciale comme la colonie
agricole est un État autonome, indépendant de la métropole. En
fait, la situation est assez différente. La colonie commerciale n'a
de raison d'être que comme annexe économique de la métropole.
Ces liens économiques sont plus forts que les liens politiques.
Les quatre-vingt-dix villes que Milet a fondées sur les rivages
du Pont-Euxin peuvent se croire libres, elles n'en constituent
pas moins un empire colonial milésien. Corinthe prétend garder
ses colonies sous sa tutelle : elle envoie chaque année à Potidée
des sortes de gouverneurs (2) ; elle se refuse à laisser Corcyre
créer à son tour des comptoirs et exploiter les pays de l'Adriatique. Sinope impose un tribut aux villes nouvelles qu'elle a
fondées (3).

On en arrive peu à peu à l'idée que les colonies sont une dépendance de la métropole. La colonisation officielle a pour objet
d'abord la suprématie économique, puis même la suprématie
politique de la cité. Et c'est ainsi que de la colonie du viiie siècle
on passe progressivement à un type tout opposé au ve siècle,
la clérouquie athénienne (4).

(1) HDT. I, 163. — (2) THC., I, 56. — (3) XEN., *An.*, V, 5. — (4) **CXXI**.

Les colonies athéniennes sont des fondations de la cité elle-même, dont la création et l'organisation font l'objet d'un décret du peuple (1). Les clérouquies sont des postes militaires qui occupent un point stratégique, surveillent une voie fréquentée, servent de base d'opérations à la flotte athénienne. Aussi sont-elles nombreuses surtout dans le nord de l'Archipel : les îles thraces, qui regardent à la fois la route du Pont-Euxin et le district aurifère du Pangée, en reçoivent plusieurs. A Lemnos, c'est, à l'ouest, Myrina, sur un éperon rocheux qu'une langue de terre isole de l'île et d'où la vue s'étend jusqu'aux montagnes de Chalcidique, vrai nid de corsaires capables de braver les attaques venues de terre ou de mer; c'est, au nord, Héphaistia, qui, fondée sur une presqu'île légèrement surélevée, profite de la paix athénienne pour descendre dans la plaine et qui possède un double port sur des anses presque fermées et assez profondes (2).

La clérouquie n'est qu'une portion détachée de la cité athénienne. Elle n'est pas indépendante. Si les clérouques forment une communauté qui peut décider de ses intérêts propres et voter des décrets, ils ne font rien de plus que les démotes dans le dème et cette vie municipale ne modifie pas leur statut politique. Le clérouque reste citoyen athénien. Il en conserve tous les droits et peut les exercer s'il vient à Athènes. Il en a aussi les devoirs; il obéit aux lois et décrets du peuple athénien, il est soumis aux obligations financières et acquitte les liturgies. Il est justiciable des tribunaux d'Athènes.

La création des clérouquies a aussi pour objet de venir en aide aux citoyens pauvres. Le clérouque doit son nom à ce qu'il a reçu dans la colonie un lot de terres, κλῆρος. Après l'expédition de 507 contre l'Eubée, Athènes enlève leurs biens aux Hippobotes de Chalcis et les distribue à quatre mille colons athéniens (3) : c'est le plus ancien établissement de ce genre.

____

(1) **II, I, 31.** — (2) **CXX.** — (3) HDT., V, 77.

Au ve siècle, la distribution des terres est l'opération essentielle.
Comment l'État athénien se les procurait-il? Parfois elles sont
prises à l'ennemi ou confisquées à des propriétaires coupables
de s'être révoltés contre Athènes. Ailleurs, chez des alliés
fidèles qui n'ont encouru aucun châtiment, l'État achetait les
domaines, mais on peut douter que la vente ait été libre et
régulière et qu'il n'y ait jamais eu abus de la force. Pour
donner à la mesure toute sa valeur sociale, on prend les
clérouques dans les deux dernières classes (1). En principe,
le clérouque, qui est un soldat placé à un poste militaire, doit
occuper lui-même la terre qui lui est assignée : les colons de
Bréa ont trente jours pour se rendre dans la colonie (2).
Mais on finit par ne plus voir dans la clérouquie qu'un moyen
d'assurer des revenus aux citoyens athéniens : pour châtier
les Mityléniens de leur défection, Athènes confisque les terres
et les partage en 2 700 lots, qui sont tirés au sort entre les
citoyens, mais les Athéniens n'exploitent pas eux-mêmes et se
contentent de toucher des anciens propriétaires, devenus leurs
fermiers, la somme de deux mines par an et par lot (3).

Avec les clérouquies s'achève l'évolution de la colonisation
grecque. Au début, elle n'a été que l'expansion des Grecs dans
tout le bassin méditerranéen, aboutissant à créer de nouveaux
États grecs hors de la Grèce propre. Puis les nécessités économiques, le développement des grandes villes qui ont besoin
de matières premières et de débouchés, établissent entre
colonies et métropole des rapports de plus en plus étroits. Et,
tout naturellement, de l'empire économique on passe à l'empire
politique. Les colonies ne sont plus pour Athènes qu'un moyen
d'assurer l'existence de citoyens pauvres et d'imposer sa supériorité militaire et navale à ses alliés et à tous les Grecs de la
mer Égée.

(1) II, I, 31, B, l. 8-10. — (2) II, I, 31, A, l. 30. — (3) Thc., III, 50.

CHAPITRE II

LA GRÈCE D'ASIE

I

Les cités grecques d'Asie.

Du continent où ils s'étaient installés, les Hellènes, tentés
par les richesses que la renommée attribuait aux vieux
royaumes égéens, passèrent dans les îles, et la mer Égée fut le
théâtre d'une première colonisation hellénique, d'une colonisation achéenne, antérieure à celles que connaissait la tradition
classique. Dès le milieu du xiiie siècle, les Achéens sont
maîtres de la Crète, d'où ils partent pour leurs expéditions
d'Égypte. Vers le xiie siècle, ils atteignent Chypre, et dans
le même temps ils occupent la plupart des Cyclades. A peine
subsiste-t-il à l'écart quelques populations « pélasgiques »,
c'est-à-dire préhelléniques, gardant, comme à Lemnos, leur
langue et leurs usages propres.

Le mouvement d'émigration s'accentue avec l'invasion
dorienne. Poussés par les Doriens, les Achéens abandonnent
les régions où ils s'étaient établis et, d'île en île, arrivent
jusqu'en Asie. La fondation des villes grecques d'Asie remontait si haut que même les premiers chroniqueurs ioniens ne
pouvaient en connaître par tradition l'histoire exacte. Ils se
tirèrent d'affaire en imaginant les premières migrations à
l'image de la colonisation de leur temps et en embellissant le
tout d'ingénieuses légendes. A défaut de données historiques

précises, nous devons nous contenter d'indiquer les grands
mouvements d'où résulte la carte politique de la Grèce asiatique au vi⁰ siècle.

L'arrivée des Doriens en Thessalie et en Béotie provoque
une première migration. Des groupes venus de la Grèce centrale et septentrionale, mélange de peuples que traduit leur
nom d'Éoliens, « les sang-mêlés », partent de Thessalie,
traversent la mer Égée et viennent s'établir au nord-ouest de
l'Asie Mineure, depuis les Dardanelles jusqu'au golfe de
Smyrne, dans la région qui va s'appeler l'Éolide. Les analogies linguistiques décèlent les patries d'origine des Éoliens.
Le dialecte parlé dans l'Éolide, représenté en particulier par
le parler de Lesbos, forme groupe avec le béotien et le thessalien, ce dernier étant intermédiaire entre les deux autres (1).
Les nouveaux venus eurent à soutenir des luttes longues et
pifficiles contre les indigènes ; les souvenirs s'en perpétuèrent
dans la légende et finirent par se grouper autour d'un épisode
central, le siège de Troie. Au vi⁰ siècle, les Éoliens ont douze
villes sur le continent : Kymé, Larissa, Neonteichos, Temnos,
Killa, Notion, Aigiroussa, Pitane, Aigaiai, Myrina, Gryneion
et Smyrne qui leur fut enlevée par les Ioniens ; dans les îles,
ils ont cinq villes à Lesbos, une à Ténédos, une à Héca-
tonnésos (2).

Avec l'installation des Doriens dans le Péloponnèse, se produisent de nouveaux départs. Plus mélangés encore que les
précédents, mais venant surtout d'Eubée, d'Attique, d'Argolide, les émigrants occupent successivement les Cyclades et
s'installent en Asie au sud des Éoliens. L'Ionie comprend, tant
sur le continent que dans les îles, douze cités : Milet, Myonte,
Priène, Éphèse, Colophon, Lébédos, Téos, Clazomène, Érythrée, Phocée, Chios, Samos. Elle gagne ensuite sur ses
voisins : au nord, les Ioniens de Colophon s'emparent de

____

(1) **XLV** p. 92, 96. — (2) Hᴅᴛ., I, 149, 151.

Smyrne d'abord éolienne (1) ; au sud, Halicarnasse, dorienne
d'origine, se rapproche du groupe ionien dont elle adopte
la langue (2).

Enfin les Doriens eux-mêmes participent à la colonisation
de l'Asie. Du Péloponnèse, comme leurs prédécesseurs
achéens, ils gagnent les îles, s'installent en Crète, à Rhodes
et atteignent à leur tour l'Asie Mineure. La Doride forme
au sud de l'Ionie un groupe de six villes, Lindos, Ialysos,
Camiros, Cos, Cnide et Halicarnasse, réduit à cinq lorsque
Halicarnasse, exclue pour avoir violé des lois religieuses, se
fut rapprochée de l'Ionie (3).

La Grèce d'Asie ne s'étend pas à l'intérieur. Elle n'est
qu'une bordure, et une bordure discontinue, le long de la mer.
En Ionie, les cités grecques sont plus groupées, et souvent
limitrophes. Aussi les voit-on se disputer les zones frontières :
la possession de quelques champs sera, durant toute l'antiquité, pour Priène, Milet et Samos un éternel sujet de conflits
et d'arbitrages (4). Ailleurs les villes sont isolées et forment
des îlots d'hellénisme en terre barbare.

Les cités sont indépendantes. Chacune a son organisation et
son gouvernement. Elles ont toutefois connu à peu près la
même évolution politique. Comme toutes les cités grecques,
elles ont commencé par avoir des rois, descendants présumés
du fondateur, que l'on voulait rattacher aux plus illustres
familles de la Grèce continentale. Puis, sans disparaître, la
royauté perd le pouvoir : à Éphèse, les Androklides gardaient
encore à l'époque romaine le titre de rois (5), mais depuis
longtemps ils n'avaient plus que des privilèges honorifiques.
A la royauté succède un gouvernement aristocratique, mais
l'aristocratie n'appuie pas son autorité sur la propriété foncière : c'est, comme à Corinthe, une aristocratie d'armateurs,
de marchands, d'industriels, dont l'activité fait la richesse de

-----

(1) Hdt., I, 150. — (2) **XLV**, p. 77.
(3) Hdt., I, 144. — (4) **V**, p. VI sq. — (5) Str., XIV, 1, 3.

la ville. Et, comme à Corinthe, à cette classe riche s'oppose la
population des marins et des artisans qui a pour elle le nombre
et qui prétend obtenir sa place dans la direction des affaires
publiques. A la faveur des luttes de parti, des chefs ambitieux,
à l'exemple de leur voisin le Lydien Gygès, soldat de fortune
devenu roi (1), établissent leur pouvoir personnel. La « tyrannie » naît en Asie, le mot τύραννος lui-même semble d'origine
lydienne (2), et Thrasybule de Milet ou Polycrate de Samos
donnent de ce régime un exemple accompli avant Périandre
de Corinthe ou Pisistrate d'Athènes. Il est probable qu'en Asie,
comme il arrivera en Grèce, la tyrannie n'aurait été qu'une
forme transitoire entre l'aristocratie et la pure démocratie;
mais l'évolution que connaîtra Athènes, placée dans les mêmes
conditions économiques que les cités ioniennes, se trouve
arrêtée en Asie par la conquête perse.

Tout en maintenant leur autonomie, les cités d'Asie ont le
sentiment d'une origine commune, dont témoigne la communauté de dialecte. Aussi se groupent-elles en associations religieuses autour d'un sanctuaire commun. Les douze villes
ioniennes ont fait élever sur un territoire enlevé aux Cariens,
au cap Mycale, le temple de Poseidon Héliconien, qui est le
sanctuaire commun de l'Ionie, le Panionion (3). Les cinq cités
de Doride forment autour du sanctuaire d'Apollon Triopios
une association fermée à toute autre ville, fût-elle même
dorienne d'origine (4).

II

L'Ionie.

Des trois régions occupées par les Grecs, l'une prit le pas
sur les deux autres au point de personnifier à elle seule toute
la Grèce asiatique : c'est l'Ionie. Comme les Eoliens, les

(1) **CXXII**, p. 148 sq. — (2) **CXXII**, p. 146. — (3) Str., XIV, 1, 20.
(4) Hdt., I, 144.

Ioniens avaient recueilli et transporté en Asie l'héritage mycénien. Tandis que dans la Grèce continentale l'invasion
dorienne marquait un temps d'arrêt, dans la Grèce d'Asie la
civilisation égéenne et mycénienne poursuivait sans interruption son développement. Mais des circonstances spéciales per-
mirent aux Ioniens de faire fructifier particulièrement cet
héritage.

Les Ioniens se distinguent d'abord par leurs caractères
ethniques. Les groupes du Nord et du Sud sont plus homo-
gènes : les Doriens appartiennent à un même peuple ; les
Éoliens, en dépit de leur nom, sont originaires d'une même
contrée et ne comprennent que des Grecs prédoriens. Les
Ioniens sont venus de partout, de la Grèce centrale, de l'Eubée,
de l'Attique, du Péloponnèse ; il y a parmi eux non seulement
des Achéens chassés de leur pays, mais encore des populations
préhelléniques aussi bien que des Doriens conquérants. C'est,
dit Hérodote, « un mélange de Minyens d'Orchomène, de Cad-
méens, de Dryopes, d'une partie de Phocidiens, de Molosses,
de Pélasges d'Arcadie, de Doriens d'Épidaure et de plusieurs
autres nations (1). » Les émigrants partaient par petites
bandes isolées, trop faibles souvent pour créer un établissement solide, obligées d'attendre l'arrivée de nouveaux contingents pour prendre pied définitivement dans le pays. La tradition rapportait pour chaque cité plusieurs fondations correspondant aux arrivées successives d'émigrants. A Éphèse, les
premiers arrivants s'étaient installés dans l'îlot de Syrié, et ils
attendirent vingt ans avant de passer sur le continent (2). Cette
diversité d'origine, ce mélange de gens de toute provenance
et de toute race devait créer un milieu humain infiniment
varié de caractères, de tendances, d'idées, plus dégagé des traditions et des préjugés, plus apte à tout comprendre et à
tout oser.

(1) Hdt., I, 146. — (2) CXXI.

Un autre élément de diversité était apporté par les indigènes. Les Éoliens avaient été obligés de lutter longtemps contre d'opiniâtres adversaires ; les Ioniens, au contraire, rencontrèrent des populations douces et accueillantes, les Lélèges et les Cariens, chez qui déjà étaient entrées en contact la civilisation hittite et la civilisation égéenne. L'union se fit rapidement entre émigrants et indigènes : les Ioniens, disait la tradition, étaient partis sans femmes et avaient épousé les filles du pays (1). Les mariages mixtes furent fréquents à toute époque : le père de Thalès, l'oncle d'Hérodote portent des noms cariens. L'élément indigène venait encore diversifier l'ensemble déjà complexe qu'était le peuple ionien. Autant que par le contact, l'influence orientale était transmise aux Ioniens par le sang.

Aux avantages qu'ils tiraient de leur origine, les Ioniens en ajoutaient d'autres qu'ils devaient au pays. Les côtes, richement articulées, aussi bien sur le continent que dans les îles voisines, offraient de nombreux emplacements pour de bons ports. Les inconvénients qui résulteront de l'ensablement des estuaires ne se font pas encore sentir : les atterrissements du Méandre et du Caystre n'amèneront qu'aux temps romains la ruine de Milet et d'Éphèse. Le climat de l'Ionie paraissait à Hérodote (2) le plus favorisé du monde ; au nord, l'Éolide, dont le sol était en général meilleur (3), souffrait du froid et de l'humidité ; au sud, la Doride avait un climat trop chaud et trop sec. Les plis montagneux, perpendiculaires au rivage, laissaient, par les vallées largement ouvertes, l'influence méditerranéenne pénétrer à l'intérieur du plateau d'Asie Mineure. C'était, avec le même climat, les mêmes cultures qu'en Grèce. Dans les vallées s'étendaient les champs de céréales et les prairies où s'élevait le cheval (4). Sur les premières pentes poussaient les arbres fruitiers, l'olivier, le figuier, le grenadier, l'oranger. Les plateaux eux-mêmes, à

(1) Hdt., I, 146. — (2) Hdt., I, 142. — (3) Hdt., I, 149. — (4) Hdt., I, 78.

climat semi-désertique, n'étaient pas sans ressources : ils
étaient parcourus par des troupeaux de moutons, si renommés
que Polycrate faisait venir les siens de la vallée du
Méandre (1). Sans s'adonner eux-mêmes à l'agriculture, les
Ioniens trouvaient dans l'arrière-pays toutes les denrées dont
ils avaient besoin.

Les communications avec cet arrière-pays sont aisées.
Chaque vallée ouvre aux caravanes une route vers le monde
oriental. Par celle de l'Hermos passe la voie royale (2). De
Phocée, de Smyrne ou d'Éphèse, on rejoint à Sardes la route
qui traverse les plateaux de Phrygie et de Cappadoce, atteint
d'abord Piéra, la vieille capitale hittite, puis coupe l'Euphrate,
rejoint le cours supérieur du Tigre et descend à Suse. De
Milet, la route du Sud emprunte la vallée du Méandre, coupe
les steppes de Lycaonie et par les portes de Cilicie, la plaine
de Tarse et les portes de Syrie, gagne l'Euphrate à Thap-
saque, au point où il est le plus rapproché de la Méditerranée.
Par ces voies naturelles, l'Ionie entre facilement en relations
avec les monarchies orientales, et d'abord avec le grand état
voisin, le royaume lydo-phrygien (3). Entre Grecs et Lydiens,
l'entente se noue de bonne heure parce que les intérêts
s'accordent. Les Grecs demandent à l'arrière-pays les denrées
alimentaires et les matières premières. Les Lydiens ont besoin
d'un débouché sur la mer et de marins qui exportent les marchandises apportées à Sardes par les caravanes de l'intérieur.
C'est en Lydie qu'apparaît le type, si fréquent plus tard, du
roi étranger philhellène. Dès la fin du VIIIe siècle, le roi
Candaule achète un tableau célèbre du peintre Boularchos (4).
Gygès inaugure les libéralités des souverains de Lydie à
l'Apollon de Delphes (5). Puis c'est Alyatte qui envoie au dieu
le cratère exécuté par Glaukos de Chios (6), c'est Crésus

---

(1) ATH., XII, 540 d. — (2) HDT., V, 52. — (3) CXXII, p. 7.
(4) L, II, p. 512, p. 516. — (5) HDT., I, 14.
(6) HDT., I, 25 ; STR., IX, 3, 7 ; PAUS., X, 16, 1.

qui fait travailler Theodoros de Samos (1), qui consulte tous
les oracles du monde grec (2) et qui comble de présents les
sanctuaires de la Grèce asiatique et continentale (3). La Lydie
s'hellénise et l'Ionie de son côté fait des emprunts à la civilisation lydienne : c'est des Lydiens qu'elle reçoit un système
complet de poids et mesures et qu'elle apprend l'usage de la
monnaie (4).

La population ionienne est donc née du mélange de populations à la fois grecques et indigènes et elle a subi de multiples
influences helléniques et orientales. Cependant, au VIe siècle,
elle a une réelle unité. Tous les éléments se sont fondus et rien
ne marque plus la différence entre émigrants et indigènes. Les
relations continuelles entre places de commerce ont donné
dans l'Ionie tout entière à cette population de navigateurs et
de marchands des intérêts communs et des idées communes.
Cette homogénéité du monde ionien se traduit dans le langage.
Hérodote distingue bien quatre groupes dialectaux (5), mais
les différences que pouvaient présenter les langues parlées
n'apparaissent pas dans la langue écrite : les inscriptions sont
rédigées dans le même dialecte dans les douze cités
ioniennes (6). Cet ionien officiel est la première en date
des langues communes, la première κοινή, c'est-à-dire une
langue fixée, à demi artificielle, non pas langage populaire,
mais langue de civilisation, déjà toute prête à être une langue
littéraire (7). Par là les cités ioniennes ont conscience de faire
partie du même ensemble : tout naturellement elles se croient
issues d'une seule et même métropole. Les ressemblances
dialectales leur faisaient reconnaître une certaine parenté avec
Athènes. Lorsque Athènes fut toute-puissante dans la mer
Égée, les Ioniens ne doutèrent plus que cette puissante cité

---

(1) **XLIX**, I, p. 154, 160. — (2) HDT., I, 46.
(3) HDT., I, 5?; I, 92 ; PAUS., III, 10, 8 ; X, 8, 7 ; STR. IX, 3, 7.
(4) HDT., I, 94 ; **CXXII**, p. 154 sq. — (5) HDT., I, 142. — (6) **XLV**, p. 78.
(7) **XLV**, p. 234.

maritime et cette opulente place de commerce n'ait été la métropole de toutes les cités maritimes et commerçantes d'Ionie.

III

La civilisation ionienne.

La civilisation de la Grèce d'Asie, à laquelle il faut joindre le monde insulaire de la mer Égée, est l'œuvre presque exclusive de l'Ionie. Cette civilisation s'est formée d'éléments divers, d'une part les traditions mycéniennes emportées en Asie par les premiers émigrants, d'autre part les influences orientales ; mais elle n'a pu atteindre son entier développement que grâce à la prospérité des villes d'Ionie.

Le type de ces villes est Milet, Milet « l'ornement de l'Ionie » (1), Milet qui, à l'époque romaine, se vante encore d'être « la plus ancienne ville d'Ionie et la métropole de nombreuses et grandes cités dans le Pont, en Égypte et en toute région de la terre habitée » (2). Construite sur une presqu'île longue de près de trois kilomètres et large en moyenne de huit cents à mille mètres, elle offre tous les avantages que recherchaient les colons grecs, séparée du continent par un isthme que ferment de hauts murs d'enceinte, s'ouvrant largement sur la mer par quatre baies qui sont autant d'abris sûrs. Le cœur de la cité est le grand port du nord-est, dont deux lions colossaux gardent l'entrée, que bordent trois lignes de quais et de portiques et que domine le sanctuaire d'Apollon Delphinios, l'antique protecteur des marins et des émigrants. C'est de là que partent dans toutes les directions les navires milésiens, innombrable flotte marchande, que protège une puissante marine de guerre : à la bataille de Ladè, Milet met en ligne 80 vaisseaux et ne le cède qu'à Chios qui en arme 100 (3). Pour alimenter son commerce, elle s'est créé

(1) Hdt., V, 28. — (2) I, I, 2878. — (3) Hdt., VI, 8; VI, 15.

une industrie. Elle a appris des Lydiens (1) l'art de tisser et
de teindre les étoffes, de décorer les vêtements et les tapis ; les
lainages de Milet sont fort estimés à Athènes (2) et trouvent
des acheteurs jusque dans l'Italie méridionale (3) : le manteau
du sybarite Alkisthénès, avec ses zones de fleurs et de personnages, est un chef-d'œuvre de broderie à la mode orientale (4).
Sur tous les marchés de la Méditerranée se rencontrent des
négociants milésiens. Milet traite les affaires avec les villes
commerçantes d'Eubée, si bien qu'elle est amenée à prendre
parti dans la guerre entre Chalcis et Érétrie (5). Par les colonies qu'elle a fondées de l'Hellespont au Caucase, elle a, ou
peu s'en faut, le monopole du commerce dans le Pont-Euxin.
Si elle n'a pas, comme Phocée, de colonies dans la Méditerranée occidentale, elle entretient des relations commerciales avec
les cités de Grande Grèce : la destruction de Sybaris affecte
Milet comme un deuil national (6). Elle fréquente les ports
étrusques : jusque vers 480, ce sont exclusivement des Ioniens
qui importent en Étrurie les produits et les vases de
l'Attique (7).

Phocée, Éphèse, toutes les grandes villes d'Ionie, peuplées
comme Milet d'une foule affairée de marchands, d'artisans et
de marins, connaissent la même activité et la même richesse.
Partout c'est le même goût du luxe, le même amour des belles
étoffes et des riches bijoux ; partout ce sont les mêmes banquets
et les mêmes fêtes. Les courtisanes d'Ionie sont des modèles
d'élégance et de culture et toute l'antiquité admirera l'amie de
Périclès, la milésienne Aspasie. Xénophane de Colophon nous
montre ses compatriotes flânant sur l'agora « tout couverts de
pourpre, la chevelure artistement ordonnée, exhalant le
parfum de savantes onctions » (8). Mieux encore pouvons-nous

(1) AR., *Vesp.*, 1139 ; SCH. AR., *Acharn.*, 112 ; ATH., VI, 255 e ; PLIN., *II. N.*,
VII, 1, 6.
(2) AR., *Lys.*, 729. — (3) ATH., XII, 519 b.
(4) **XI**, XXXIV (1910), p. 116 sq. — (5) HDT., V, 99. — (6) HDT., VI, 21.
(7) **CXII**. — (8) XENOPHAN., fr. 3, ap. ATH., XII, 526 b.

nous figurer les femmes. Les voici elles-mêmes, telles que les sculpteurs ioniens en ont dressé les images à Délos, à Delphes, sur l'Acropole d'Athènes. Elles sont vêtues à la mode asiatique, ou, comme disait Hérodote, carienne (1). Sur les longues robes de lin, légères et transparentes, froncées en d'innombrables petits plis, retombe la draperie plus lourde et plus ample des lainages égayés de broderies. Sur les bras nus, parmi les tresses et les boucles contournées en savantes coiffures, l'or des bracelets, des boucles d'oreille, des diadèmes met une lueur chaude. Souriantes, avenantes et coquettes, les *korai* ioniennes s'épanouissent comme des fleurs chatoyantes et fragiles, vivants symboles de la civilisation la plus voluptueuse et la plus raffinée qu'ait connue la Grèce.

Mais les Ioniens ne se contentent pas de jouissances matérielles; ils savent déjà goûter les choses de l'esprit. C'est en Ionie que naissent l'art, la science, la littérature helléniques. Si l'Ionie s'est trouvée en avance sur le reste du monde grec, elle le doit au contact de civilisations plus anciennes. L'Ionie a beaucoup appris de l'Orient, mais elle en a transformé l'esprit pour faire vraiment œuvre grecque.

L'architecture d'Ionie s'inspire de l'architecture orientale. C'est à la mode d'Égypte que des Ioniens ont disposé deux rangées de statues colossales de chaque côté de la voie qui mène au temple d'Apollon Didyméen, et c'est encore sur le même modèle que des Ioniens ont à Délos dressé les lions le long de l'avenue du lac sacré. L'architecture locale de Lydie et de Lycie, pays forestiers, mais où les bois de gros équarrissage faisaient défaut, a fourni aux Ioniens le modèle des charpentes et des toitures légères. L'ordre ionique, qui traduit en pierre cette construction en bois, adopte un parti qui s'explique par les combles moins lourds que ceux de l'ordre dorique, un entablement qui pose simplement la corniche

_____

(1) Hᴅᴛ., V, 88.

sur l'architrave, des colonnes plus sveltes et plus élancées (1).

Aux inspirations puisées aux arts indigènes ou étrangers, les Ioniens ajoutent leurs qualités propres, goût de l'ornementation, variété d'imagination, en un mot désir de plaire. C'est, dans le temple, la place faite largement à l'ornementation sculptée, qui non seulement déroule sur la frise de vastes compositions ou fait jouer à des statues le rôle de support, mais envahit même des parties où elle risque de compromettre l'impression de solidité, par exemple le bas des colonnes. C'est, dans la sculpture de marbre, matière de prédilection des statuaires insulaires et ioniens, la prédominance du type féminin avec tous ses attraits et toutes ses coquetteries. C'est dans la statuaire de bronze, dont les artistes de Chios ont appris sans doute la technique en Égypte (2), le travail de la ciselure qui crée de vraies pièces d'orfèvrerie, comme le grand cratère de bronze, ex-voto des Samiens, avec ses têtes de griffons et ses figures agenouillées (3) ou la vigne à la tige d'or et aux grappes d'émeraude exécutée pour Crésus par Théodoros de Samos (4). C'est, dans la céramique, la gaieté des couleurs et la richesse d'imagination qui invente à la mode orientale mille monstres fantastiques ou qui, comme l'avaient déjà fait Mycéniens et Crétois, se plaît à traduire les multiples aspects de la nature, la délicatesse d'une feuille, l'enroulement d'une tige, le mouvement souple d'un félin. Les anciens avaient comparé l'architecture ionique à la beauté féminine : c'est l'impression que donne tout l'art ionien avec ses qualités d'élégance et de souplesse, ses défauts de mollesse et d'afféterie.

L'art ionien s'est formé de traditions égéennes et d'emprunts orientaux ; il en fut de même pour la science. Dans l'ignorance où nous sommes de leur langue, nous ne pouvons savoir ce

(1) **LXVIII**, p. 91 sq. — (2) Ds., I, 98. — (3) **XLIX**, I, p. 151.
(4) **XLIX**, I, p. 160.

qu'étaient les connaissances des Égéens et ce qu'ils en ont pu transmettre aux Ioniens. Il est en revanche assez facile de reconnaître les apports de l'Orient. Avant les Grecs, les Égyptiens et les Chaldéens avaient établi les premiers rudiments des sciences (1) ; ils avaient imaginé des procédés, plus ou moins imparfaits, de calcul et d'arpentage ; ils avaient fait des observations astronomiques, qui, sans aboutir à des explications scientifiques, permettaient de prévoir plus ou moins exactement les phénomènes célestes. Les Ioniens profitèrent de ces résultats et se firent d'abord les élèves des Orientaux. Thalès de Milet, tel que la tradition nous le présente, symbolyse ce moment où la Grèce ne s'est pas encore dégagée de l'influence orientale. Il est grec, mais de sang mélangé à la race indigène. Il a rapporté, dit-on, de ses voyages chez les peuples d'Orient les connaissances qui le feront passer pour le plus savant de ses contemporains. Il sait, sans les expliquer, annoncer les éclipses et établir le calendrier, accompagné, selon l'usage, de prédictions météorologiques (2) : il avait ainsi, racontait-on, prévu une exceptionnelle récolte d'olives, et, avec l'instinct commercial d'un marchand milésien, il avait aussitôt loué tous les pressoirs pour s'assurer le monopole de la fabrication (3). Il veut expliquer l'origine du monde et fait tout sortir de l'élément humide, comme le disait déjà la cosmologie égyptienne (4). Soucieux des applications pratiques plus que des pures spéculations (5), Thalès ne semble pas être en grand progrès sur ses maîtres orientaux.

Et cependant il y avait déjà sûrement en lui autre chose, car, avec ses successeurs immédiats, apparaît la science, c'est-à-dire l'étude rationnelle des phénomènes et la recherche désintéressée de la vérité. Anaximandre soutient la théorie de la sphéricité de la terre, explique que la lune reçoit sa lumière du soleil et construit la première carte géographique ; Sparte

---

(1) **CXXIII**, p. 76. — (2) **CXXIV**, p. 66. — (3) Arstt., *Pol.*, I, 4, 5.
(4) **CXXIV**, p. 71. — (5) Plat., *Resp.*, X, 600 a.

lui devait — d'autres disaient à Anaximène (1) — son premier
cadran solaire. Plus frappant encore est l'essor de la philosophie. Lorsque les physiologues ioniens, de Thalès à Héraclite,
recherchent la nature de l'être, ils ne font, semble-t-t-il, que
reprendre sous une autre forme ce que les cosmogonies orientales avaient dit de l'origine du monde (2). En fait, ils
montrent dans ces recherches un esprit nouveau. Ce qui pour
l'Oriental était matière à croyances religieuses et se perdait
dans le vague ou le colossal, est ramené par l'Ionien à la
mesure de l'homme et soumis à l'exercice de la raison. La
science veut se substituer à la mythologie : Xénophane de
Colophon porte le rationalisme jusque dans l'examen des divinités (3), et il est bien le premier des métaphysiciens.

La naissance de la littérature grecque est enveloppée de
mystère parce que nous ne savons rien de ce qu'a pu être une
littérature égéenne. Comme l'art et comme la science, la littérature nous apparaît d'abord dans la Grèce asiatique ; mais si
l'art ou la science de l'Ionie subissent des influences orientales,
les lettres ioniennes sont déjà tout helléniques. Que l'on compare les poèmes homériques, malgré les lenteurs et les défauts
de composition, et les épopées orientales, touffues et désordon-
nées, hymnes religieux plus que productions littéraires, et l'on
reconnaîtra aussitôt les qualités grecques d'harmonie et de
mesure. A en juger par la langue dont le premier fond est
éolien (4), les poèmes homériques ont été composés sans doute
en Éolide, là où les luttes entre Grecs et indigènes ont fait
naître la légende de la guerre de Troie ; mais ils ont reçu leur
forme définitive en Ionie. Ce sont les poètes ioniens, qui,
empruntant les mots et les formes à deux types dialectaux,
ont créé pour l'épopée une langue artificielle qui ne s'adresse
pas à la foule, mais à un public d'élite. Conservé par une
véritable corporation de chanteurs, le dialecte homérique est

(1) DL., II, 1 ; PLIN., *H. N*, II, 187. — (2) **CXXIV**, p. 135-136, 150-152.
(3) PLUT., *M.*, 379 b-c. — (4) **XLV**, p. 176, 186.

la première κοινή poétique; il a rompu toute attache locale et est compris indifféremment par tous ceux que groupe, indépendamment de toute répartition politique ou géographique, une seule et même civilisation (1). La poésie lyrique, plus populaire et plus personnelle, se contente des parlers locaux : Alcée et Sapho chantent dans l'éolien courant de Lesbos, Anacréon de Téos, Mimnerne de Smyrne, Archiloque de Paros dans l'ionien courant. Mais de même que les Ioniens ont créé une langue poétique commune, de même ils répandent dans tout le monde grec le merveilleux instrument de réflexion et d'expression qu'est la prose littéraire (2). La prose ionienne, dont usent les premiers chroniqueurs, a tôt fait de dépasser les limites de l'Ionie, parce qu'elle est la langue de la plus grande civilisation: en pays de dialecte éolien, Hellanikos de Lesbos rédige en ionien ses ouvrages historiques ; en pays de dialecte dorien, Antiochos de Syracuse écrit en ionien la chronique sicilienne, aussi bien qu'Hippocrate de Cos ses traités de médecine. L'emprise de la prose ionienne est telle que les écrivains attiques auront grand'peine à s'en dégager, lorsqu'à leur tour ils créeront une langue littéraire commune à tout le monde grec.

IV

La conquête de la Grèce asiatique et ses conséquences.

Au VIᵉ siècle, il n'est pas une région grecque qui puisse rivaliser avec l'Ionie pour la richesse économique et pour le développement intellectuel. Tandis que les Grecs du continent se dégagent difficilement de la demi-barbarie qui a suivi l'invasion dorienne, que les villes sont agitées par des crises politiques et des luttes sociales, que les guerres entre cités sont continuelles, les Ioniens, continuant sans interruption la civilisation

(1) **XLV**, p. 190. — (2) **XLV**, p. 233.

égéenne et profitant des progrès déjà réalisés par les Orientaux, s'enrichissent par le travail, goûtent les plaisirs du luxe
et les jouissances de l'esprit et connaissent tous les avantages
de la paix. Il est notable que le mot même de « paix » ait été
adopté par tous les Grecs sous sa forme ionienne, εἰρήνη (1).

Mais cette si brillante civilisation est par bien des côtés fragile. Les progrès de la richesse et du luxe ont développé
l'amour excessif des aises et la mollesse. A demi orientaux, les
Ioniens ont perdu les mâles qualités qui sont essentiellement
doriennes et qui, par les Doriens, se maintiennent et se fortifient
dans la Grèce propre. Les bras trop potelés manquent de
muscles, les âmes efféminées de courage (2) : « Autrefois les
Milésiens étaient valeureux», dit le proverbe pour désigner les
temps abolis (3). Mauvais soldats, les Ioniens ne savent supporter ni les ardeurs du soleil, ni la fatigue, et, même dans les
circonstances critiques, ils se refusent à la régularité et à
l'effort des exercices militaires (4). Pas plus que les Grecs du
continent, ils n'ont su réaliser leur unité : le conseil donné par
Thalès de créer un État ionien qui aurait son centre politique
à Téos et dont toutes les cités seraient comme des dèmes (5),
ne fut jamais écouté. Enfin la nature les défendait mal : les
grandes vallées qui mènent du plateau anatolien à la côte
étaient non seulement des voies de commerce, mais des routes
d'invasion.

Le danger était d'autant plus grand qu'ils avaient des voisins mieux armés, énergiques et actifs, mettant de réelles
qualités militaires au service d'une ambition clairvoyante. Le
royaume lydien a besoin de débouchés sur la mer. Il n'a pas
intérêt à détruire les cités dont les vaisseaux et les marins
servent son commerce, mais à les tenir sous sa dépendance.
Les entreprises militaires que les rois de Sardes mènent contre
les villes ioniennes ne sont que des razzias faites pour gêner

____

(1) **XLV.** p. 235. — (2) Ath., XII, 524 f-526 d. — (3) Ath., XII, 523 f.
(4) Hdt., VI, 12. — (5) Hdt., I, 170.

et inquiéter les Grecs, pour leur faire accepter par désir de la paix le protectorat lydien. A Milet, l'insécurité que maintient pendant une douzaine d'années la lutte engagée par la Lydie décide en 604 le tyran Thrasybule à conclure avec le roi de Sardes Alyatte une convention soi-disant d'alliance et d'hospitalité, en fait de protectorat au profit de la Lydie (1). A Éphèse, l'entente est scellée par des mariages entre des princesses lydiennes et les tyrans de la famille des Mélas (2). Le dernier des Mermnades, Crésus, mène à son terme la politique inaugurée par ses prédécesseurs, « alliance avec les Grecs d'Europe, protectorat sur les Grecs d'Asie » (3). Ses offrandes à Delphes, à Éphèse, au sanctuaire des Branchides, à Thèbes, à l'Amphiaraion, témoignent de son philhellénisme. Mais, en même temps, il achève d'incorporer à l'empire lydien toutes les villes grecques de l'Éolide, de l'Ionie et de la Doride (4). Le protectorat lydien est facilement accepté par les Grecs, qui ont besoin de l'intérieur autant que la Lydie a besoin de la côte. Cet accord, fondé sur des intérêts communs, est si solide que Cyrus, lorsqu'il entre en guerre contre Crésus, invite en vain à la défection les cités grecques ; seule Milet se prononce pour les Perses (5).

Mais, si elles restent fidèles à Crésus, les villes d'Ionie sont trop indolentes pour le soutenir, lorsqu'elles le voient gravement menacé : elles assistent sans intervenir à la prise de Sardes et à la destruction du royaume des Mermnades (546). Elles comprirent le danger de la neutralité lorsqu'elles virent approcher les Perses : en vain s'étaient-elles hâtées d'envoyer des ambassadeurs à Cyrus et de se déclarer prêtes à accepter des Perses le même régime de protectorat qu'elles avaient connu avec les Lydiens. Cyrus voulait une soumission plus effective ; son général Harpage réduit une à une les villes

---

(1) Hdt., I, 22 ; **CXXII**, p. 194.
(2) El., *V. H.*, III, 26 ; **CXXII**, p. 199. — (3) **CXXII**, p. 169.
(4) Hdt., I, 6. — (5) Hdt., I, 76 ; I, 141 ; I, 169.

grecques : incorporées dans l'empire, elles doivent recevoir des garnisons et payer tribut.

La domination perse ne devait pas nécessairement ruiner la civilisation ionienne. Selon leurs usages, les Perses avaient laissé aux vaincus une certaine autonomie. Ils n'interviennent pas dans les affaires intérieures des villes et se contentent de maintenir les tyrans qui deviennent en réalité les agents du roi de Perse. Sous le protectorat perse comme sous le protectorat lydien, les villes pouvaient poursuivre leur développement économique et garder leur splendeur intellectuelle. Mais pour des Grecs, épris d'indépendance, toute sujétion est insupportable et, avec la perte de la liberté, l'activité de la cité s'endort.

C'est dans les pays qui ont échappé à la conquête que la civilisation ionienne poursuit son développement. Le centre de la Grèce d'Asie se déplace et Samos, protégée par sa position insulaire, recueille la succession de Milet. Appuyé sur une puissante flotte de guerre, qui fait de lui, selon Hérodote, le premier thalassocrate grec (1), le tyran Polycrate intervient dans les luttes entre la Perse et l'Égypte. Il a une cour brillante qui attire les poètes et les artistes : la ville s'orne de constructions utilitaires, comme l'aqueduc d'Eupalinos (2) et de grands monuments religieux comme le temple d'Héra (3). Polycrate prend une allure légendaire de souverain puissant et riche, à qui tout réussit, et qui, comme Crésus illustra d'un notable exemple les vicissitudes de la destinée et les dangers pour l'homme d'exciter la jalousie des dieux. En fait, plus que de la *némésis*, il est victime de ses propres intrigues et de ses fourberies, qui groupent contre lui tous ses voisins : il est mis à mort sur l'ordre du satrape de Sardes et après lui Samos est soumise au grand roi.

La conquête perse a comme conséquence la dispersion des

(1) Hdt., III, 122 ; Thc., III, 104.
(2) Hdt., III, 60 ; **XLVII**, VIII, p. 24 sq.
(3) Str., XIV, 1, 14 ; Paus., VII, 4, 4.

Ioniens. Plutôt que d'accepter le joug, les habitants de Téos et
ceux de Phocée émigrent en masse, les premiers en Thrace, les
seconds en Corse (1). En dehors de ces départs collectifs, de
nombreux Grecs d'Asie quittent leur pays. Les artistes ioniens
vont travailler sur le continent : Bathyclès de Magnésie orne
de reliefs en métal le trône d'Apollon Amycléen en Laconie ;
des sculpteurs ioniens et samiens exécutent les statues fémi-
nines que la piété des Athéniens élève en ex-voto sur l'Acropole. Poussant plus loin, Pythagoras de Samos émigre dans la
Grande Grèce, Bion de Milet en Sicile. Le même exode disperse les poètes : Épicharme de Cos vient s'établir à Syracuse ;
Anacréon de Téos, après avoir chanté à la cour de Polycrate,
achève sa vie à la cour des Pisistratides. Enfin les philosophes
prennent le chemin de l'étranger : Pythagore de Samos
s'installe en Grande Grèce, Xénophane de Colophon va fonder
l'école d'Élée.

Cette dispersion des Ioniens eut pour le développement de
la civilisation grecque les plus importantes conséquences.
L'Ionie avait été le premier centre de culture hellénique.
Déjà, au temps de l'indépendance, cette civilisation s'était
étendue de proche en proche, gagnant non seulement toute
la Grèce d'Asie, mais aussi les îles de la mer Égée et le continent, pénétrant aussi bien chez les Doriens du Péloponnèse
que chez les Athéniens qui étaient de même langue et se
disaient de même race. La Grèce se mettait peu à peu à l'école
de l'Ionie. L'évolution se précipite avec la conquête des villes
ioniennes. Les émigrants ioniens, marchands, navigateurs,
artistes, poètes, penseurs, apportent partout les raffinements
d'une culture supérieure. Tandis que l'Ionie, devenue perse,
reste riche, mais s'endort sous la domination étrangère, la
Grèce continentale recueille son héritage et à son tour travaille
à développer la civilisation et à former le génie grec.

(1) Hdt., I, 164-168.

CHAPITRE III

L'EXPANSION GRECQUE DANS LA MÉDITERRANÉE ORIENTALE

I

Installés sur les deux rives de la mer Égée, les Grecs d'Europe et d'Asie vont, vers la fin du VIIIe siècle, poursuivre leur expansion dans tout le bassin oriental de la Méditerranée. Leur établissement sera plus ou moins aisé et leur action plus ou moins efficace selon que les émigrants trouveront en face d'eux des peuplades barbares ou des peuples d'ancienne civilisation.

La marche vers le nord s'est faite par étapes. La légende plaçait bien aux temps héroïques les voyages des Argonautes au fond de la mer Noire, jusqu'à la merveilleuse Colchide. Mais c'était antidater des progrès qui furent continus, mais lents.

Gagnant de proche en proche, les Grecs vont d'abord toucher le fond de la mer Égée. A l'est, les Chalcidiens, après avoir occupé les petites îles au nord de l'Eubée, passent dans la presqu'île qui fait face et qui s'appellera du nom de ses occupants la Chalcidique. Ils y fondent Torone et les autres villes de la presqu'île de Sithonia, tandis que leurs voisins d'Érétrie s'établissent dans la presqu'île de Pallène. Andros envoie des colons à Akanthos et à Stagire. Enfin, dans la première moitié du VIe siècle, arrivent les Corinthiens qui fondent Potidée. En

même temps que la Chalcidique, les côtes de Thrace reçoivent
des émigrants grecs. Dès la première moitié du VIIᵉ siècle,
Thasos avait été occupée par les Pariens ; à leur tour, les Tha-
siens débarquent sur la côte voisine et en occupent plusieurs
points, tandis qu'à côté d'eux les Chiotes se sont installés à
Maronée. Vers le milieu du VIᵉ siècle, Abdère est fondée par
Clazomène, Ænos par Mitylène. Les établissements grecs de
Chalcidique et de Thrace apparaissent surtout comme des
centres d'exploitation. Les colons sont attirés moins par les
richesses agricoles des bassins intérieurs que par les forêts de
Chalcidique, qui fournissent aux constructeurs de navires le
bois et la résine, et plus encore par les métaux précieux, par
l'or. Après les mines de Thasos, qu'avaient peut-être découvertes les Phéniciens (1), on exploite celles du continent,
Skaptè Hylè (2), Daton (3), le Mont Pangée (4). Mais les Grecs
se heurtent aux indigènes. Si les populations de Macédoine
semblent les avoir accueillis avec confiance, les peuples de
Thrace, rudes et guerriers, s'opposent à l'établissement des
étrangers. Les Clazoméniens qui s'étaient installés à Abdère
ne peuvent tenir contre leurs attaques, et il faut, pour conso-
lider l'établissement, un second ban d'émigrants, les Teïens
chassés d'Asie par la conquête perse. Il faudra attendre le
IVᵉ siècle pour que les princes thraces, les souverains du grand
royaume des Odryses, s'hellénisent et prennent figure dans
l'histoire grecque comme alliés d'Athènes (5).

En même temps que sur la côte européenne, les Grecs avan-
çaient sur la côte asiatique. De Lesbos et de Ténédos, qui
furent longtemps les avant-postes de l'hellénisme, les Grecs
occupent la côte de Troade et arrivent à l'entrée de l'Hellespont.
Ils comprirent tout de suite l'intérêt qu'il y avait à occuper la
route qui s'ouvrait vers le nord. D'autre part, les courants et

(1) Hᴅᴛ., VI, 46-47.
(2) Hᴅᴛ., VI, 46 ; Tʜᴄ., I, 100 ; IV, 105 ; Pʟᴜᴛ, *Cim.*, 4. — (3) Hᴅᴛ., IX, 75.
(4) Hᴅᴛ., VII, 112 ; Aʀsᴛᴛ., 'Αθ, πολ 15 ; Sᴛʀ., XIV, 5, 28, — (5) **CXXXV**,

les vents qui portent vers le sud obligeaient en quelque sorte
les navigateurs à faire escale dans le détroit. Longtemps on
avait évité le passage difficile en prenant la voie de terre à travers l'isthme que commandait la forteresse de Troie. Dans les
ports de l'Hellespont, on pouvait et surveiller la route et attendre le moment le plus favorable. Sur la côte d'Europe, les
Lesbiens s'installent à Sestos, sur la côte d'Asie, où porte le
courant, les Milésiens fondent Abydos, les Phocéens Lampsaque. Au delà du détroit, sur la Propontide, Milet fonde,
vers 675, Cyzique qui s'entoure de nombreux établissements
milésiens. La côte d'Europe est plus négligée que celle d'Asie;
c'est seulement au début du VI\ :sup:`e` siècle que les Samiens y
fondent Périnthos. Enfin, vers le nord, s'ouvre le second détroit. Les Grecs rencontrent dans le Bosphore les mêmes difficultés de navigation (1) que dans l'Hellespont et ont le même
intérêt à tenir le passage. Ports de relâche et postes de guet,
les colonies occupent les deux rives : sur la côte d'Asie, les
Mégariens fondent Chalcedon et, quelques années plus tard
sur celle d'Europe Byzance.

Maintenant devant les marins grecs s'étendait une mer
nouvelle, le Pont-Euxin. La mer sans îles, le ciel endeuillé de
brumes, les rafales violentes et glacées, les côtes peu articulées
et peu hospitalières, tout devait paraître étrange à qui ne connaissait que le ciel clair, les eaux tièdes et les rivages souriants
de la mer Égée. La légende avait, dès les détroits, multiplié les
enchantements et les dangers sur la route des Argonautes.
Pourtant de bonne heure les marins grecs se lancent hardi-
ment dans l'inconnu. Ils suivent les côtes et la colonisation
marche d'un pas égal sur le rivage d'Asie et sur celui d'Europe. Elle est essentiellement l'oeuvre de Milet. Vers 630, les
Milésiens fondent Sinope au débouché des routes de caravane
qui, à travers l'Asie Mineure, gagnent la Mésopotamie. Dans

_____

(1) **LXVII**, p. 9-11 ; Str., I, 3, 5 ; Arstt., *Meleor.*, I, 353 a.

la première moitié du VIe siècle, la côte de Paphlagonie se couvre d'établissements milésiens, puis vers le milieu du VIe siècle, Amisos est fondée au delà du fleuve Halys, et plus à l'est Trapézonte. Au fond de la mer Noire, Dioscurias exploite la presque fabuleuse Colchide. Sur la côte d'Europe, à peu près en même temps que Sinope, Milet fonde Istros au sud du delta du Danube, puis au début du VIe siècle Olbia à l'embouchure du Boug. Au VIe siècle, les villes s'éparpillent sur la côte de Scythie, Tyras, Odessos, Apollonia, puis sur les côtes de Crimée, Théodosia sur le Bosphore Cimmérien, Panticapée au fond du Palus Méotide, Tanaïs à l'embouchure du Don, le point extrême atteint au nord par la colonisation grecque. Pendant un siècle environ, les Milésiens sont seuls maîtres des rivages du Pont. Vers le milieu du VIe siècle, les Mégariens, établis déjà au Bosphore, pénètrent à leur tour dans la mer Noire et viennent remplir le vide laissé entre le Bosphore et la Paphlagonie ; c'est là que, de concert avec des colons béotiens, ils fondent Hérakleia, qui, à son tour, envoie des colons à Kallatis et à Chersonesos, tandis que la mégarienne Chalcedon fonde Mesambria.

Les colonies du Pont-Euxin ne sont que des colonies d'exploitation. Les Grecs ne se sentaient pas chez eux dans un pays d'où le climat trop rude excluait leurs arbres familiers, la vigne et l'olivier. Il ne pouvait pas y avoir une Grèce du Pont, comme il y a eu une Grèce d'Italie ou de Sicile, c'est-à-dire un pays de population grecque dense et totalement hellénisé. Les cités grecques du Pont sont isolées, noyées au milieu de populations étrangères qui leur restent hostiles. C'est seulement la légende qui connaît la vertu des Hyperboréens, lointains adorateurs d'Apollon (1), ou qui place le Scythe Anarcharsis parmi les sept sages de la Grèce (2). Les peuples du Pont-Euxin passaient auprès des Grecs pour les plus ignorants de la

______

(1) Hdt., IV, 32-35. — (2) **XXX**, s. v. *Anarcharsis.*

terre (1) et les Scythes marquaient, disait-on, pour les coutumes étrangères et particulièrement pour la civilisation grecque une telle aversion qu'Anacharsis (2) et Skylès (3) avaient payé de leur tête leurs tentatives d'hellénisation. C'est seulement au IVe siècle qu'Athènes, en Crimée comme en Thrace, réussira à se concilier les rois indigènes et à en faire des demi-Hellènes.

Les cités grecques du Pont n'ont d'autre rôle que d'exploiter les ressources locales. Ressources considérables et capables d'alimenter un actif commerce d'exportation. C'est, sur les côtes et sur les fleuves russes, la pêche de l'esturgeon et du thon et la fabrication des saumures ; c'est, sur la terre noire de la Russie méridionale, la culture des céréales ; c'est, dans les régions montagneuses de l'Arménie et du Caucase, le travail des mines, dont les richesses donnent naissance aux récits légendaires sur les Arimaspes et les griffons, gardiens de trésors ; c'est enfin un peu partout le commerce des esclaves : le bonhomme Démos n'appréciera rien plus qu'un esclave paphlagonien (4).

Ports d'embarquement des produits locaux, les villes du Pont ont puissamment contribué à la prospérité économique de la Grèce, et en particulier de leur métropole Milet ; mais elles restent en dehors du monde grec. Sentinelles perdues de l'hellénisme dans les brouillards du nord, elles ont peu fait pour le développement du génie grec.

II

CHYPRE ET LE MONDE SÉMITIQUE.

L'expansion grecque dans le sud s'est faite tout autrement que dans le nord. Ici les Hellènes se trouvaient en présence de populations barbares ou demi-barbares ; là au contraire ils se heurtent

(1) Hdt., IV, 46. — (2) Hdt., IV, 76. — (3) Hdt., IV, 78-80.
(4) Ar., *Eq.*, 44 et *passim*.

à des États organisés et civilisés, capables de résister à l'action
étrangère. La côte méridionale de l'Asie Mineure, où dominent
les Lyciens, reste à peu près en dehors du monde grec. Quelques
points seulement sont occupés : en Pamphylie, Phasélis, fondation rhodienne; en Cilicie, Celendéris, fondation samienne,
Soloi, fondation rhodienne. Sur les côtes de Syrie, domaine des
Phéniciens, aucune installation grecque n'est possible.

Le contact entre le monde grec et le monde sémitique se
fit à Chypre. L'isolement des Grecs de Chypre était tel que là
seulement le grec a été transmis dans un autre alphabet que
l'alphabet hellénique. Cet alphabet chypriote syllabique
remontait aux temps égéens et avait servi à écrire une langue
préhellénique, qui se parlait encore à Chypre à l'époque historique. Bien que très mal adapté à la langue grecque,
puisqu'un même signe y représentait plusieurs syllabes, τα, δα
et θα par exemple, il resta en usage jusqu'aux temps classiques ;
les inscriptions qui nous le font connaître ne remontent pas au
delà du VIe ou du Ve siècle (1).

En même temps que les Grecs, les Phéniciens apparaissent à
Chypre. Les rois de Tyr mènent, soit au Xe, soit au VIIIe siècle,
des expéditions dans l'île pour y lever des tributs. Les Phéni-
ciens s'installent surtout sur la côte qui regarde leur pays, autour de Kition et d'Amathonte. Dès lors l'île est partagée
entre les deux civilisations. La domination assyrienne, puis la
domination perse (2) sont favorables à l'influence phénicienne,
mais les Grecs maintiennent leurs positions : les rois de Salamine prétendent descendre d'Ajax (3) et entretiennent des relations avec le sanctuaire de Delphes ; les rois de Soloi accueillent
à leur cour les voyageurs grecs (4). Lorsque l'Ionie se soulève
contre Darius, les princes chypriotes font cause commune
avec les Grecs d'Asie (5). Après les guerres médiques, les Athé-

---

(1) **XLV**, p 88. — (2) **LI**, p. 117 ; **L**, I, p. 101 ; Hdt., III, 19.
(3) Isocr., *Év.*, 19. — (4) Hdt., V, 113 ; Plut., *Sol.*, 26.
(5) Hdt., V, 104 ; V, 109-116.

niens se préoccupent de Chypre en raison non seulement de ses ressources forestières et minières, mais plus encore de sa position stratégique entre l'Égypte et la Perse. Au IVe siècle, leur allié Évagoras de Salamine fait prédominer quelque temps l'influence grecque, mais sans jamais éliminer complètement les éléments asiatiques. L'art chypriote, mi-grec, mi-oriental, traduit cette physionomie de l'île disputée entre deux mondes.

III

LES GRECS EN ÉGYPTE.

Vers l'Égypte, les Grecs se heurtent encore à plus de difficultés qu'en pays sémitique, parce qu'ils y rencontrent une civilisation très développée et fermée aux étrangers. Il ne faut pas cependant exagérer l'isolement de l'Égypte. Entre le monde égyptien et le monde égéen, les relations avaient été très actives : des objets égyptiens se retrouvent dans les palais crétois aussi bien que des objets crétois dans les tombes égyptiennes. Plus tard les Hellènes, nouveaux venus dans la Méditerranée orientale, figurent dans les armées que les Hittites ou les Libyens lancent contre les Pharaons de la XIXe et de la XXe dynastie. Aux temps homériques, les navigateurs grecs viennent dans le delta razzier les hommes et les bestiaux [1] : c'est en Égypte que Ménélas, selon la tradition mise en scène par Euripide, retrouve la véritable Hélène dont les Grecs n'ont poursuivi à Troie que le fantôme [2]. C'est contre la piraterie [3] que les Égyptiens durent s'armer et prendre des mesures de protection, qui se transformèrent pour les écrivains classiques en un dessein prémédité d'exclure tout étranger du territoire égyptien.

Malgré les défenses, les Milésiens réussissent, dans la seconde moitié du VIIIe siècle, à prendre pied dans le pays et à

_____

[1] OD., XIV, 246 sq. — [2] Cf. HDT., II, 112-120. — [3] HDT., II, 152.

installer une factorerie, « le mur des Milésiens », établissement
précaire en butte aux tracasseries et aux vexations des fonctionnaires égyptiens (1). Les circonstances servent les Grecs :
ils profitent des expéditions assyriennes et des guerres civiles
pour s'immiscer dans les affaires du pays et se rendre indispensables. Appuyés par une flotte milésienne, ils avaient
repoussé les attaques des Égyptiens. Cette preuve de leur
supériorité militaire attire sur eux l'attention de Psammétique
de Saïs, qui les prend à son service pour secouer le joug
assyrien et refaire l'unité de l'empire pharaonique. Après sa
victoire, Psammétique installe ses mercenaires grecs à
Daphnæ, dans un camp qui surveille la frontière de l'Est (2) ;
plus tard Amasis les ramène à Memphis (3). On les voit mener
campagne en Haute Égypte, au delà de la première cata-
racte (4), et, au nombre de trente mille, soutenir Apriès contre
son rival Amasis (5). Ils tiennent dans l'armée égyptienne un
tel rang que les Égyptiens se plaignent des faveurs qui leur
sont accordées (6).

Des relations amicales se nouent entre l'Égypte et la Grèce.
De même que les Grecs commencent à connaître la route de
l'oracle d'Ammon (7), les Pharaons philhellènes vénèrent les
sanctuaires grecs : Néchao consacre au dieu des Branchides le
vêtement qu'il avait porté pendant sa campagne de Syrie (8),
Amasis envoie des offrandes à l'Athèna de Lindos (9) et à
l'Hèra de Samos (10) et contribue à la reconstruction du temple
de Delphes (11). Et surtout, en échange des services rendus,
les Grecs obtiennent un établissement définitif et des concessions durables. Psammétique les autorise à s'installer sur la
branche Canopique à Naucratis, et la colonie grecque reçoit
d'Amasis son organisation définitive (12). La ville est ouverte

(1) Str., XVII, 1, 18. — (2) Ds., I, 67 ; Hdt., II, 154. — (3) Ds., I, 67.
(4) CXXVII, p. 82. — (5) Hdt., II, 163, 169. — (6) CXXVIII, p. 24.
(7) Paus., V, 15, 11. — (8) Hdt., II, 159. — (9) Hdt., II, 182.
(10) Hdt., II, 182. — (11) Hdt., II, 180. — (12) Hdt., II, 178.

à tous les Grecs : c'est parmi les colonies helléniques le seul exemple d'une ville internationale. Autour d'un sanctuaire commun au nom significatif, l'Hellenion, se groupent neuf cités de la Grèce d'Asie, qui appartiennent aux trois grands groupes ethniques ; Chios, Téos, Phocée, Clazomène y représentent les Ioniens, Mitylène les Éoliens, Rhodes, Halicarnasse, Cnide et Phasélis les Doriens. Les Milésiens, les Samiens, les Éginètes forment des groupements à part qui ont leurs temples particuliers (1). Chaque peuple occupe un quartier déterminé, et il a ses magistrats et ses tribunaux d'où l'on peut, le cas échéant, en appeler à la juridiction de la métropole.

Naucratis devient rapidement une grande place de commerce. Elle est pour les Grecs la porte officielle de l'Égypte. Toute marchandise importée de Grèce doit passer par Naucratis (2). C'est de là que part la pacotille égyptienne, les petits objets de faïence par exemple que l'on a retrouvés non seulement à Milet, mais dans les colonies milésiennes jusqu'au fond du Pont-Euxin (3). A Naucratis, de nombreux ateliers travaillent pour le dehors. La céramique, introduite peut-être par les Rhodiens (4), y produit des vases qui se répandent non seulement en Egypte, mais à Chypre, à Athènes, en Ionie, jusqu'en Crimée (5). Comme toutes les riches cités marchandes, Naucratis est une ville de luxe et de plaisirs : les courtisanes y sont renommées pour leur beauté et Rhodopis acquiert au vi⁰ siècle dans la Grèce entière autant de renom légendaire que Phryné au iv⁰ (6).

Malgré l'installation des Grecs à Naucratis, les deux mondes restent étrangers l'un à l'autre. Les Grecs ont pu emprunter aux Égyptiens certaines techniques : les statuaires de Chios ont appris en Égypte les procédés de la fonte et l'exportation du papyrus d'Égypte a permis la diffusion des œuvres littéraires

(1) HDT., II, 178. — (2) HDT., II, 179 ; III, 6.
(3) MARSCHALL, *Discovery in greek lands*, p. 43. — (4) CXXVII, p. 199.
(5) L, II, p. 498. — (6) HDT., II 134-135.

Mais les deux civilisations ne se pénètrent ni ne se fondent : il est curieux qu'à aucun moment on n'observe une action appréciable de la langue égyptienne sur le grec (1). Ignorant, pour la plupart, la langue du pays, les Grecs, qui vivent à l'écart des indigènes, n'en comprennent ni les institutions ni les mœurs. Hérodote a pu voyager en Égygte, visiter les monuments et les temples ; il n'en a vu que le décor extérieur. Il a accueilli, sans pouvoir les critiquer, comme des récits historiques les romans populaires et les racontars des ciceroni ; il a transformé en personnages illustres les épithètes que les conteurs appliquaient aux héros de leurs récits (2). En bon Grec, pour qui l'Hellade est le centre du monde, il ne sent pas tout ce qu'a d'original la civilisation égyptienne et croit retrouver partout les dieux et même les institutions de la Grèce : la déesse Neit de Saïs, à la fois archère et tisserande (3), ne peut être qu'Athèna (4) et Solon n'a pu mieux faire que d'emprunter telle de ses lois à Amasis (5).

IV

LA CYRÉNAÏQUE.

A l'est du monde égyptien, les Grecs retrouvaient des régions barbares, où leur activité colonisatrice pouvait librement s'exercer comme dans le nord. Les hasards de la navigation durent jeter sur les côtes d'Afrique les premiers Grecs qui aient reconnu le pays : Jason, disait-on, voulant doubler le Péloponnèse pour aller à Delphes, avait été poussé par le vent du nord du cap Malée aux rivages de Libye (6). Semblable mésaventure arriva plus d'une fois à des vaisseaux partis du Péloponnèse ou de Crète (7). Aussi les plus anciens établissements grecs en Libye dataient-ils vraisemblablement de temps très

---

(1) **XLV**, p. 52. — (2) **CXXVI**, III, p. 798-799.
(3) **CXXVIII**, p. 9, 10, 86, 241. — (4) HDT., II, 59. — (5) HDT., II, 177.
(6) HDT., IV, 179. — (7) HDT., IV, 151.

reculés. Mais, comme à Chypre, cette première colonisation fut renforcée par l'arrivée de nouveaux émigrants : ce furent les Doriens de Théra, qui, accompagnés d'autres insulaires (1), vinrent, vers 630, installer dans l'îlot de Platéa une factorerie à la mode milésienne. De là ils passèrent sur la côte et fondèrent à l'intérieur des terres la ville de Cyrène (2). Une cinquantaine d'années plus tard, un nouvel arrivage d'émigrants, appelés du Péloponnèse et de la Crète, permit d'étendre le domaine grec et d'occuper de nouvelles terres (3). Les tribus qui se partageaient la cité rappelaient les origines diverses de la population : l'une était formée de Théréens, la seconde de Péloponnésiens et de Crétois, la troisième d'insulaires (4).

La colonisation de la Cyrénaïque est avant tout agricole. La région occupée était très fertile. Le sol, formé d'un humus riche et arrosé de pluies régulièrement périodiques (5), donnait en abondance l'orge et le blé, qu'on moissonnait en trois fois, selon que les champs étaient plus ou moins éloignés de la mer (6). Les collines étaient couvertes de vignes et d'arbres fruitiers (7). Enfin de vastes prairies (8) permettaient l'élevage du gros bétail et des chevaux : les souverains de Cyrène ont une écurie de course qui, à maintes reprises, remporte des couronnes à Delphes et à Olympie. Il n'y a guère d'autre industrie qu'une succursale des ateliers céramiques de Laconie. Le spécimen le plus célèbre des vases cyrénéens à couverte blanche (9) représente une scène toute locale, la pesée et l'embarquement, en présence du roi Arcésilas, du silphion, plante aromatique qui s'expédiait en grande quantité en Grèce pour les besoins de la cuisine et de la médecine.

Cyrène est gouvernée par une dynastie royale qui descend du fondateur Battos. Mais, là comme ailleurs, la royauté perd

---

(1) Participation des Rhodiens, *Chronique du temple lindien*, § XVII.
(2) HDT., IV, 157-158. — (3) HDT., IV, 159-160. — (4) HDT., IV, 161.
(5) HDT., IV, 158 ; PD., *P.*, IV, 52.
(6) DS., III, 50 ; HDT., IV, 199 ; PD., *P.*, IX, 7. — (7) DS., III, 50.
(8) PD., *P.*, IX, 55. — (9) BABELON, *Cabin. des Ant.*, pl. XII, p. 37-40.

peu à peu ses prérogatives politiques et se voit réduite à un
rôle religieux et à des fonctions purement honorifiques (1).
Les luttes des partis entraînent de nouvelles fondations : la
colonisation s'étend par la création de Barkè sur le plateau, de
Teucheira et d'Euesperidai sur la côte. Mais à l'est et à l'ouest,
les Grecs rencontrent des rivaux et des ennemis. A l'est, c'est
l'Égypte qui n'a pas vu sans inquiétude l'établissement des
Grecs en Cyrénaïque. En 570, le pharaon Apriès, appelé par
les indigènes, entreprend contre Cyrène une expédition qui
échoue (2). Son successeur Amasis préfère des relations de
bon voisinage et épouse une Grecque de Cyrène (3). A l'ouest,
ce sont les Phéniciens de Carthage. Les Grecs auraient voulu
s'avancer de ce côté, dans les régions où la tradition plaçait
une des étapes d'Ulysse, le pays des Lotophages. Attiré par la
richesse agricole d'une contrée où l'imagination grecque
voyait le blé rendre trois cents pour un (4), Dorieus, frère
du roi de Sparte Cléomène, vient s'établir sur la côte, à
l'embouchure du Cinyps. Au bout de trois ans d'efforts et de
luttes, il était forcé par les Carthaginois d'abandonner son
entreprise et de rentrer dans le Péloponnèse (5).

(1) HDT., IV, 159-162. — (2) HDT.,IV, 159-160. — (3) HDT., II, 181.
(4) HDT., IV, 198. — (5) HDT., V, 42.

CHAPITRE IV

L'EXPANSION GRECQUE DANS LA MÉDITERRANÉE OCCIDENTALE

I

Les Grecs en Italie et en Sicile.

La traversée de la mer Égée avait été facilitée par la présence d'un monde insulaire qui, de proche en proche, menait le navigateur jusqu'au terme de son voyage. Du côté de l'est, la mer Ionienne n'avait d'îles que sur le rebord du continent et les marins grecs pouvaient hésiter à se lancer à travers les espaces découverts. Cependant, là aussi, des conditions naturelles aidaient la navigation. Un courant venu de l'Archipel conduit le long des côtes grecques vers l'Adriatique (1); un autre courant sorti de l'Adriatique côtoie l'Italie méridionale et vient battre les côtes orientales de la Sicile, vers le point où allait s'élever la plus ancienne colonie grecque, Naxos (2).

Aussi de très bonne heure des relations se nouent entre les pays de la Méditerranée orientale et les côtes de Sicile et d'Italie. La légende faisait mourir Minos dans une expédition en Sicile. Mieux que par les récits mythiques, ces rapports sont prouvés par les trouvailles faites dans les nécropoles de Sicile ou du golfe de Tarente, vases ou armes de bronze appartenant aux dernières périodes du mycénien. Ouverte par les Égéens, la route fut suivie par les Hellènes. Les voyages d'Ulysse l'entraî-

____

(1) **LXVII**, p. 3. — (2) **CXXX**, p. 328.

nent dans les parages de la Sicile et du golfe de Naples. Lorsque
les Doriens chassèrent les Achéens du Péloponnèse, tandis que
les uns gagnaient les côtes d'Asie, d'autres se dirigeaient vers
l'ouest. On avait gardé le souvenir d'anciens établissements dans
l'Italie méridionale, bien antérieurs à l'arrivée des colons du
VIIIe siècle.

Tout naturellement les Grecs s'installèrent dans les régions les
plus voisines de leur pays, c'est-à-dire sur les côtes du golfe de
Tarente. Là se fondent les plus anciennes colonies, Métaponte,
Sybaris, Crotone. Les Crotoniates avaient élevé près du cap La-
cinion un temple à Héra qui était le centre religieux des Grecs
d'Italie. Ces villes attribuaient leur fondation à l'Achaïe. Mais les
cités médiocres de l'Achaïe classique méritaient peu le rang de
métropoles. En se disant achéennes, les colonies du golfe de Tarente gardaient le souvenir lointain des Achéens d'avant la conquête dorienne. En fait, les émigrants étaient mélangés. Comme
en Ionie, les premiers colons comprenaient aussi bien des
Achéens vaincus que des Doriens vainqueurs : Sybaris, d'après la
tradition, avait été fondée à la fois par des Achéens et par des
Doriens de Trézène. Les parlers des villes était apparentés non
pas au vieil achéen commun, mais aux dialectes doriens. Plus
franchement dorienne était Tarente, fondée à peu près à la même
époque. Elle considérait Sparte comme sa métropole et attribuait sa fondation aux fils nés, pendant les guerres de Messénie,
de mésalliances entre femmes spartiates et Laconiens (1). De fait,
le dialecte de Tarente était celui de la Laconie, les institutions
étaient calquées sur celles de Sparte, le dieu national était le
Poseidon qu'on adorait au cap Ténare. Tandis que les Tarentins,
arrêtés par les tribus belliqueuses des Iapyges, n'occupent guère
que la banlieue immédiate de leur ville, les colonies achéennes
étendent leur territoire dans l'arrière-pays. Peu à peu toute
l'Italie méridionale est hellénisée : c'est la Grande Grèce.

____

(1) Ds., VIII, 21.

La Sicile est colonisée après l'Italie. Le nouveau flot d'émigrants, trouvant les côtes du golfe de Tarente déjà occupées, poursuivent leur route et atteignent celles de Sicile. Les Chalcidiens arrivent les premiers : au milieu du VIIIe siècle, ils fon-

Les colonies grecques de Sicile et de Grande Grèce.

dent Naxos, la plus ancienne des colonies grecques de Sicile, et dressent l'autel d'Apollon Archégétès, autour duquel se groupent tous les Hellènes de Sicile. De Naxos, ils se dirigent vers le sud, où ils fondent Catane et Leontini, et vers le nord, où ils occupent, avec Zancle et Rhégion, les deux rives du détroit qui leur ouvre la mer Tyrrhénienne. A l'exemple des Chalcidiens, leurs voisins, les Locriens d'Oponte, s'installent, au début du VIIe siècle, à Locres Épizéphyrienne, entre les colonies chalcidiennes et les villes achéennes. Une quarantaine d'années après les Chalcidiens arrivent les Corinthiens. Gagnant par le golfe de Corinthe la mer Ionienne, ils se sont d'abord établis à Corcyre après avoir expulsé ou absorbé les colons d'Érétrie arrivés avant eux ; c'est de là qu'à la fin du VIIe siècle et au début du VIe, ils mèneront l'exploration et l'exploitation de l'Adriatique, fondant avec le concours de Corcyre les colonies d'Acarnanie, d'Épire, d'Illyrie. A peu près à la même date qu'à Corcyre les Corinthiens arrivent en Sicile. Obligés de pousser plus au sud que les Chalcidiens, ils s'en vont fonder, vers 730, Syracuse, qui, à son tour, étend son action sur la côte avec Camarina et dans l'intérieur avec Acrai. Presque en même temps que les Corinthiens, les Mégariens ont débarqué en Sicile et fondé Mégara Hyblæa ; mais, prise entre les colonies chalcidiennes et Syracuse, Mégara Hyblæa ne peut s'étendre ; aussi doit-elle envoyer au loin, sur la côte méridionale, ses colons qui s'installent à Sélinonte. La colonisation de la Sicile est en avant tout l'œuvre des Grecs du continent. Seuls des Grecs d'Orient, les Rhodiens, unis aux Crétois, y prennent part, et, trouvant la côte orientale déjà occupée, ils s'installent sur la côte méridionale : Géla est fondée dans la première moitié du VIIe siècle et à son tour, un siècle plus tard, fonde Agrigente.

Sur les côtes du golfe de Tarente et sur la côte occidentale de Sicile, les villes grecques se pressent les unes contre les autres et tout le pays s'hellénise. Sur les côtes de la mer Tyrrhénienne, le peuplement grec est plus sporadique. Les colons y arrivent par la voie de terre et la voie de mer. D'une part, les Achéens de la Grande Grèce franchissent l'isthme qui les sépare de la mer Tyrrhénienne et installent sur la côte de nouvelles colonies, Laos, Pyxos, Poseidonia. D'autre part, les Chalcidiens, maîtres du détroit, s'installent à Himère, le seul établissement grec sur la côte septentrionale de Sicile, et gagnent la Campanie, où, sur l'emplacement d'une bourgade italiote, ils fondent Cumes. Cumes se vantait à tort d'être la plus ancienne des colonies grecques de l'Occident ; elle est du moins un centre actif d'hellénisme et s'entoure au VIe siècle de colonies, comme Neapolis et Dikaïarcheia.

II

LA CIVILISATION DE LA GRÈCE SICILIENNE ET ITALIQUE.

Aucune région méditerranéenne ne paraissait aussi favorable que la Grande Grèce et 'a Sicile à la colonisation grecque. Tandis que les conditions géographiques même faisaient des établissements du Pont-Euxin des colonies d'exploitation, ceux de l'Ouest apparaissaient comme devant être par nature des colonies de peuplement. Là les Grecs retrouvaient tout ce qu'ils avaient laissé dans leur propre pays : même type de côtes et de montagnes, même climat, même végétation, mêmes cultures. Les premiers colons cherchaient surtout des terres à cultiver : les plaines fertiles d'Italie et de Sicile leur en offraient plus qu'ils n'en pouvaient désirer. C'est du sol que la Grèce de l'Ouest tirera sans cesse ses plus grandes richesses (1). Le pays produisait en abondance les céréales (2). On avait tout naturellement localisé en Sicile, comme dans toutes les terres à blé, la légende de Déméter, l'enlèvement de Korè et l'apparition du premier grain de blé (3); on croyait trouver encore du blé sauvage dans ces champs de Léontini (4), qu'Héraklès, disait-on, n'avait pu voir sans pousser des cris d'admiration (5). La renommée amplifiant encore la réalité, on racontait qu'à Sybaris le blé rendait cent pour un (6) et qu'en Campanie on pouvait faire par an trois et quatre récoltes (7). Sur les monnaies, les gerbes, les épis, les grains de blé ou d'orge glorifiaient la production agricole. Elle était telle que Gélon pouvait proposer de fournir le blé nécessaire aux armées grecques pendant toute la guerre contre Xerxès (8). A côté des céréales, les cultures arbustives, vigne et olivier, tiennent la seconde place. Déméter et Dionysos

(1) PD., O., I, 12; STR., VI, 2, 7 ; DS., V, 2; XI, 25, 72; XII, 54; XIV, 78.
(2) TH., *H. P.*, VIII, 6, 6; *C. P.*, IV, 9, 5.
(3) DS., V, 2; V, 4; XI, 26 ; ARSTT., *Mir. ausc.*, 82; PLUT., *Tim.*, 8 ; *M.*, 917 f
(4) DS., V, 2. — (5) DS., IV, 24. — (6) VARR., *Agr.*, I, 44; cf. DS., XI, 90.
(7) STR., V, 4, 3 ; DH., I, 37 ; cf. DS., XII, 31. — (8) HDT., VII, 15.

s'étaient, selon la légende, disputé la Campanie (1). A leur arrivée, les Grecs avaient appelé l'Italie le pays du vin, Oino-
tria (2). Agrigente exporte de l'huile et du vin à Carthage (3);
le riche Gellias y a fait creuser dans le rocher trois cents πίθοι
pour recevoir sa récolte (4). Enfin la Sicile et la Grande Grèce
pratiquent la vie pastorale : sur les hauteurs paissent les
troupeaux de moutons, dans les prairies les bœufs, que Sybaris
fait figurer sur ses monnaies. Le développement agricole explique l'importance prise par l'aristocratie foncière : à Syracuse, à
Locres, à Métaponte, ce sont les grands propriétaires qui sont les
maîtres de l'État. Les Géomores de Syracuse font cultiver leurs
terres par les indigènes réduits au servage.

C'est aussi de l'exploitation du sol que dérive l'industrie. C'est
pour exporter les liquides que l'on fabrique de la poterie à
Sybaris. Ce sont les bœufs qui fournissent les peaux, renommées
jusqu'en Attique (5), la laine que travaillent les tisserands
et les teinturiers de Tarente. Ce sont enfin tous les produits
agricoles qui alimentent le commerce d'exportation. Le commerce maritime se localise en un petit nombre de points. Les
plus anciennes villes étaient installées à l'intérieur des terres,
d'autant que les ports naturels sont rares et souvent menacés
d'ensablement par les fleuves côtiers. En Grande Grèce, Tarente est seule à posséder une grande rade bien abritée. Aussi
est-elle un centre important de pêcherie et de commerce maritime. Un trésor monétaire trouvé à Tarente témoigne de l'extension du trafic tarentin : il contenait des pièces non seulement
de toutes les villes grecques d'Italie et de Sicile, mais aussi de
Cyrène, de Corcyre, de Corinthe, d'Égine, d'Athènes, de Phocée, de Chios, et même de Thrace et de Macédoine. Sur la côte
sicilienne la grande place de commerce est Syracuse, avec ses
deux ports abrités par l'îlot d'Ortygie, qui avait reçu les premiers colons. Autant que par mer, le commerce se fait actif par

(1) Éloge de la Campanie, PLIN., *H. N.*, III, 40-42. — (2) STR., VI, 1, 4.
(3) Ds., XIII, 81. — (4) Ds., VIII, 83. — (5) ATH., I, 27 e.

les voies de terre. Comme Rhégion et Zancle gardaient les deux bords du détroit et ne laissaient passer que les Chalcidiens, les villes du golfe de Tarente ont dû gagner par terre la mer Tyrrhénienne et établir des portages à travers l'isthme : Sybaris s'enrichit grâce à la route commerciale qui l'unit à Laos; Siris cherche à la concurrencer avec la voie Siris-Pyxos. La rivalité commerciale entre les deux villes devient si aiguë qu'elle aboutit à un conflit armé où succombe Siris vers 530.

La prospérité économique des villes se traduit par l'accroissement de la population (1). Tarente, Crotone, Syracuse, Agrigente avaient de 50000 à 80000 habitants. Sybaris, qui, disait-on commandait à vingt-cinq cités et quatre peuples indigènes, se voyait attribuer le chiffre fabuleux de 300000 habitants. Les populations des villes étaient formées d'éléments très divers Syracuse, à côté de ses grands propriétaires, a une population de marins, de marchands, d'artisans, qui la fait ressembler à Corinthe ou à Milet. Bien que dorienne de langue, elle n'a rien d'une cité dorienne. Le rôle considérable que les tyrans ont joué à Syracuse, comme dans sa métropole Corinthe, montre combien, dans ces villes cosmopolites, l'esprit était différent de celui des purs Doriens.

Et même, comparées au reste de la Grèce, ces populations de Sicile et de Grande Grèce offraient des caractères originaux. Installés dans des pays neufs, les émigrants se soucient moins que les habitants des antiques cités des traditions et des usages légués par les ancêtres. Obligés de s'adapter à d'autres milieux et à d'autres circonstances, ils montrent plus d'initiative et prennent une liberté de mouvements plus grande. Ils ont un esprit plus pratique, plus utilitaire. Ils ignorent les raffinements et les délicatesses des vieilles civilisations. Ils sont moins sensibles à l'harmonie et à la mesure et commettent les fautes de goût des parvenus. Comme les Ioniens, ils aiment le luxe et les

____

(1) Thc., VI, 17.

fêtes : l'antiquité a inventé les anecdotes les plus invraisemblables pour peindre la somptuosité et la mollesse des Sybarites.
Ils étalent cette opulence avec une complaisance naïve qui
n'exclut pas un certain sens de la réclame. Souci des intérêts
pratiques, goût du colossal et du décor somptueux, désir
d'étonner le spectateur, voilà les traits qui marquent la civilisation de la Grèce italique et sicilienne.

L'architecture a traduit à merveille ce caractère. C'est en
Italie et en Sicile que l'on trouve en plus grand nombre les
monuments grecs encore debout. Les temples de Poseidonia,
d'Agrigente, de Ségeste, les ruines de Syracuse, de Sélinonte
forment un ensemble imposant d'architecture archaïque (1).
Tous ces temples sont d'ordre dorique, mais d'un dorique particulier. Le trait dominant en est la tendance au colossal. Les
temples archaïques de la Grèce propre ont des dimensions mo-
destes : l'Héraion d'Olympie mesure environ 50 mètres sur 19
le temple d'Apollon à Corinthe 53 sur 21. Les temples de la
Grèce italiote et sicilienne arrivent à couvrir une surface quatre
fois plus grande : le grand temple de Sélinonte a 106 mètres,
sur 47, celui de Zeus à Agrigente 105 sur 48. Le même désir
de faire grand conduit les architectes siciliens à élargir le plus
possible le portique pour en faire un promenoir spacieux où
toute une foule puisse s'abriter et circuler à l'aise. Le temple
de Zeus Olympien à Agrigente, avec ses supports engagés
dans la muraille, avec ses trois nefs séparées par de puissants
piliers et une cloison de pierre, avec ses statues colossales
d'atlantes supportant le fardeau du comble, est bien ce à quoi
aboutit le rêve des artistes de Sicile, une œuvre démesurée,
inattendue, étrangère à l'esprit de mesure et à la sobriété de
l'architecture grecque, l'édifice le plus grand et le plus étonnant
du monde hellénique.

L'architecture sicilienne est d'ordre dorique, c'est-à-dire de

(1) CXXXI.

l'ordre cher aux Grecs du continent. Mais l'influence ionienne s'est exercée sur la Grèce de l'Ouest comme sur les autres pays grecs. Les navigateurs ioniens fréquentent les ports de la Méditerranée occidentale : entre Milet et Sybaris, les relations commerciales entretiennent les sentiments d'amitié (1) ; ce sont les nécropoles étrusques qui ont fourni le plus d'échantillons de la céramique ionienne. Aussi, comme dans la Grèce propre, l'art et la littérature se développent sous l'influence de l'Ionie. La sculpture est représentée par un Ionien, Pythagoras de Samos, établi à Rhégion, dont l'œuvre n'a rien de spécialement occidental. La littérature est de même très ionisante : c'est en ionien que, vers 420, Antiochos de Syracuse écrit sa chronique. Sans doute on attribuera à la comédie une origine sicilienne. De fait, les Siciliens avaient la réputation de ne jamais manquer un bon mot, une saillie facétieuse même dans les circonstances graves (2) et, passionnés pour la danse au point que l'on disait « faire le sicilien », σικελίζειν, pour danser (3), ils savaient en tirer de véritables ballets, où les pas et les gestes mimaient une action dramatique (4). Mais c'est un Grec d'Asie, Épicharme de Cos, réfugié à Syracuse qui des bouffonneries et des danses siciliennes dégage un genre littéraire et crée vraiment la comédie.

La science et la philosophie sont, elles aussi, d'importation ionienne : Xénophane est venu de Colophon à Zancle et à Catane, où il a enseigné avant de s'établir à Élée, Pythagore est venu de Samos à Crotone. Mais la philosophie s'est dorisée : elle a créé en dialecte dorien une prose scientifique qui est la seule κοινή à opposer à la prose ionienne (5). Elle s'est même, comme l'architecture, adaptée aux besoins et aux goûts des Grecs d'Occident. Plus encore qu'en Ionie, la spéculation philosophique a un but utilitaire. Les philosophes cultivent les sciences appliquées : les Pythagoriciens s'adonnent aux mathé-

(1) HDT., VI, 21 ; ATH., XII, 519 b. — (2) CIC., *Verr.*, II, 43.
(3) ATH., I, 22 c. — (4) XEN., *Conv.*, 2 ; 9. — (5) **XLV**, p. 340.

mathiques, les sophistes étudient la grammaire et la rhétorique. Ils se mêlent aux affaires publiques et construisent des systèmes politiques. Enfin ils ne sont pas toujours exempts des défauts de leurs concitoyens : leur langage et leur attitude visent à forcer l'attention du public et leur ostentation n'est parfois qu'une forme de la réclame.

Le plus illustre des spenseurs de Grande Grèce est Pythagore. Né à Samos vers le milieu du VI⁹ siècle, il vient en Grande Grèce, appelé à Crotone comme arbitre entre les partis. Il est le créateur des sciences mathématiques, « remontant, comme dit Proclus, aux principes supérieurs et recherchant les problèmes abstraitement et par l'intelligence pure » (1). Il est le premier à spéculer sur les propriétés générales des nombres et des figures géométriques; il ramène l'étude du mouvement des astres à des problèmes de géométrie et, s'il faut en croire la tradition, il fait les premières observations mathématiques sur les sons (2). De toutes ces recherches il était en droit de conclure que les nombres sont l'essence même du monde. Mais en même temps qu'un savant, c'est un réformateur qui veut rénover le gouvernement et la société. Il crée un véritable ordre monastique : ses disciples, qui ne sont admis qu'après une initiation religieuse, vivent en commun dans la retraite et sont soumis à une règle sévère. Ce qu'il y avait de mystérieux et d'étrange dans les croyances et les pratiques de la secte pythagoricienne agit sur l'imagination de la foule, si bien que Pythagore, poursuivant ses projets de réforme, prétend imposer à la cité entière son idéal ascétique : la mollesse et le luxe sont proscrits, les biens doivent être mis en commun, le même régime frugal prescrit à tous les citoyens assure la pureté du corps et de l'âme. Le plan politique et social de Pythagore trouve d'abord auprès des Crotoniates un accueil favorable : les victoires que remporte Crotone sur Sybaris sont considérées comme l'heureux

______

(1) Ap. **CXXIII**, p. 290. — (2) **CXXIII**, p. 195, 199 ; **CXXIV**, p. 369.

résultat de la réforme pythagoricienne. Mais bien vite les Crotoniates se lassent de la vie austère et de la rude autorité du maître : alors que la secte célébrait son vingtième anniversaire, la foule se rue sur le couvent pythagoricien, brûle l'édifice, disperse les disciples et oblige Pythagore à s'enfuir.

Les traits propres à la philosophie de la Grèce d'Occident sont poussés à l'exagération — on pourrait dire à la caricature — avec Empédocle. Savant lui aussi, plus encore thaumaturge et prophète, il promène au milieu des foules stupéfaites ses costumes magnifiques et ses « airs de tragédien » (1). Il se proclame lui-même prêt à faire tous les miracles et veut passer pour un dieu déchu, condamné à circuler pendant trente mille ans dans le monde à travers mille incarnations. Pour la postérité qui ne savait rien de certain sur sa mort, il resta l'homme vaniteux qui avait poussé le désir de réclame et le bluff jusqu'au plus théâtral des suicides.

III

L'Extrême-Ouest.

Au delà de l'Italie et de la Sicile, les établissements grecs sont, comme dans le Pont-Euxin, disséminés au milieu du monde barbare. La reconnaissance du bassin occidental de la Méditerranée se fit tardivement : à supposer que le commerce ou l'influence égéenne aient atteint l'Espagne, la route de l'Extrême-Ouest fut oubliée des Achéens; ce n'est qu'à une date récente qu'on eut l'idée de localiser en Mauritanie ou en Andalousie tel épisode des voyages d'Héraklès ou d'Ulysse. C'est seulement après s'être installés au passage qui sépare les deux bassins de la Méditerranée, entre l'Italie et l'Afrique, que les Grecs purent entreprendre l'exploration des contrées les plus loin-

____

(1) DL., VIII, 70.

taines. Elle fut l'œuvre des plus hardis marins et aventuriers du monde grec, les Ioniens.

Encore les découvertes sont-elles dues autant aux hasards de la navigation qu'à la recherche méthodique. C'est ainsi que, au début du VIe siècle, la tempête ayant poussé son navire au delà du détroit de Gibraltar, le Samien Kolaios aborde au pays de Tartessos ; bien accueilli par les indigènes, il charge son navire de produits de cette riche contrée et à son retour réalise un bénéfice comme n'en avait jamais connu d'armateur grec : sur les soixante talents qu'il avait gagnés, il préleva la dîme pour offrir à Héra, en actions de grâces, un magnifique trépied de bronze (1). De telles aubaines ne pouvaient qu'encourager les marins grecs. Les mers de l'Ouest furent sillonnées de navires faisant, selon les circonstances, le commerce ou la piraterie. Après la défaite de Ladè, Dionysios de Phocée, s'étant emparé de trois vaisseaux ennemis, va croiser sur les côtes de Phénicie, où il coule des bateaux marchands, puis avec son butin fait voile pour la Sicile et exerce la piraterie dans la mer Tyrrhénienne, épargnant les Grecs, mais pillant sans scrupules les Carthaginois et les Étrusques (2). Bien d'autres Ioniens avant lui avaient dans les mêmes parages couru les mêmes aventures.

C'est Phocée qui fonde les premiers établissements. Au début du VIe siècle, des marchands phocéens débarquent chez les Ligures qui les accueillent avec bienveillance. Le pays devait leur plaire : un ciel limpide et un climat doux, des baies profondes et bien abritées, des promontoires dressant au-dessus du bleu de la mer les roches fauves brûlées du soleil ou la frondaison des arbres toujours verts, tout cela évoquait pour eux le souvenir des paysages grecs. Il leur suffira d'introduire dans les petites plaines et sur la pente pierreuse des collines la vigne et l'olivier pour se croire dans leur patrie.

(1) HDT., IV 152. — (2) HDT., VI, 17.

Et voici sur cette côte le site recherché des colons, l'anse, les
îlots voisins de la terre, la presqu'île rocheuse qui portera
l'Acropole : c'est là que naît Massalia, qui sera le grand centre
hellénique de l'Extrême-Ouest. C'est Massalia qui couvre toute
la côte de comptoirs, à l'est Nikaia, Antipolis, Olbia, à l'ouest
Agatha, Rhoda, Emporion et la plus lointaine colonie Mainakè.
Longeant les côtes d'Espagne, les Phocéens atteignent à leur
tour le pays de Tartessos : le roi Arganthonios noue avec les
Grecs des relations d'amitié et va jusqu'à offrir à Phocée
l'argent nécessaire pour élever une muraille autour de la
ville (1).

Au delà de l'Espagne, l'Atlantique apparaît comme plus
mystérieux et plus étranger encore au monde méditerranéen
que n'avait pu l'être le Pont-Euxin aux yeux des premiers
Milésiens qui avaient franchi le Bosphore. C'est l'étendue
immense, sans îles, sans bornes, le fleuve Océan qui marque la
limite de la terre. Tout au plus peut-on songer à en longer le
rivage. Là encore les marins de Massalia se montrent les plus
audacieux ; Euthymène suit la côte d'Afrique jusqu'au Séné-
gal ; Pythéas, le plus grand des explorateurs grecs, reconnaît
les régions perdues dans les brouillards et les frissons des
mers septentrionales.

Les colonies de l'Extrême-Ouest rappellent celles du Pont-
Euxin. Comme celles ci, elles ne s'étendent pas vers l'intérieur
et ne forment même pas une frange continue le long des côtes ;
elles restent des points isolés au milieu de populations barbares,
Comme elles, elles sont quelque peu à l'écart du mouvement
de civilisation grecque. Sans doute Massalia est un actif foyer
d'hellénisme : elle est parmi les villes qui font établir une
édition officielle des poèmes homériques (2) ; aux temps
romains, ses écoles sont célèbres et ses médecins mettent à la
mode les traitements hydrothérapiques. Mais Massalia et les

____

(1) Hdt., I, 163. — (2) **XLIV**, I, p. 419.

établissements qu'elle a fondés sont surtout des colonies d'exploitation, des marchés où se font les échanges entre Hellènes et indigènes. Par la vallée du Rhône, Massalia reçoit les produits de la Gaule et de la Bretagne et propage en terre celtique la civilisation grecque. Les colonies d'Espagne exploitent les richesses locales, la laine des troupeaux qui paissent sur les plateaux de l'intérieur et l'argent que fournissent abondamment les mines de Bétique. Très loin l'influence grecque se fait sentir, mais il n'y a plus là d'Ionie ou de Grande Grèce.

IV

GRECS, ÉTRUSQUES ET CARTHAGINOIS.

Dans la Méditerranée occidentale les Grecs rencontraient des rivaux. Deux autres peuples de marins et de marchands leur disputent l'empire de la mer, les Étrusques et les Carthaginois.

Arrivés dans l'Italie centrale dès le ixe siècle, les Étrusques étendent leur empire sur toute la péninsule, des Alpes au golfe de Naples. Au début du vi^e siècle, ils fondent en Campanie Capoue et Nola et se trouvent ainsi les voisins des cités grecques, en particulier de Cumes. Les Étrusques ne sont pas seulement d'excellents agriculteurs et d'habiles métallurgistes; ce sont aussi des marchands et des navigateurs : leurs vaisseaux fréquentent les ports grecs comme les vaisseaux grecs connaissent les ports étrusques; les ports de Sicile en particulier sont l'escale naturelle où viennent se rejoindre les deux marines. Aussi les échanges sont-ils incessants : si les vases ioniens, corinthiens, attiques trouvent, contenant et contenu, facilement acheteur en Étrurie, les articles de métal étrusques jouissent en Grèce d'un grand renom. Les Grecs peuvent craindre la concurrence des marchands étrusques, et ils savent combien sont redoutables les pirates tyrrhéniens. De toute façon, les Étrusques sont leurs rivaux et prêts à devenir leurs ennemis.

Plus dangereux encore sont les Phéniciens, que les Grecs retrouvent partout sur leur route. L'expansion des Phéniciens dans la Méditerranée orientale est à peu près contemporaine de l'expansion hellénique. Les plus anciens établissements phéniciens sont ceux de la côte de Libye, Utique et Carthage, « la ville neuve », fondée un peu après Utique à la fin du VIIIe siècle. A peu près au même moment les Phéniciens arrivent en Bétique, et, au dernier tiers du VIIIe siècle, Isaïe connaît déjà le commerce de la Phénicie et du pays de Tartessos (1); toutefois, même après la fondation de Gadès, les colons phéniciens y sont rares : lorsque Kolaios arrive en Bétique, le pays est encore à peu près vide d'étrangers. En Sicile, les Phéniciens n'ont fait que suivre les Grecs : lorsque Sélinonte et Himère sont fondées, la puissance phénicienne n'est qu'à ses débuts et les Phéniciens, qui trouvent les Grecs déjà installés, doivent se cantonner dans la région nord-occidentale de l'île. Plus rares encore sont les traces des Phéniciens dans la mer Tyrrhénienne : rien n'indique leur présence sur les côtes de Gaule, pas plus que sur celles d'Italie. C'est aux Grecs et non aux Phéniciens que les Étrusques empruntent leur alphabet ; les Romains, qui donnent aux Carthaginois le nom, *Pœni*, dont usaient les Grecs, ont pris à ceux-ci beaucoup d'expressions nautiques, mais pas une aux Phéniciens.

L'expansion phénicienne reste peu à craindre pour les Grecs, tant que les établissemeuts phéniciens sont indépendants et isolés; le danger apparaît avec la formation de l'empire carthaginois. D'abord Carthage et Utique s'allient pour imposer leur domination aux autres villes phéniciennes de Libye et aux îles voisines de l'Afrique, Pantellaria, Malte, Gozzo. Puis Carthage prend le dessus et réduit Utique même à l'état de ville sujette. Elle groupe peu à peu sous ses ordres toutes les anciennes colonies phéniciennes de Sicile et de Bétique,

(1) SPT., *Esai.*, LX, 9 ; LXVI, 19.

s'installe aux îles Baléares, colonise la Sardaigne. Elle se
trouve dès lors partout en contact avec les Grecs : après les
rivalités commerciales, les conflits armés sont inévitables.

Tout naturellement Étrusques et Carthaginois doivent
s'entendre contre l'ennemi commun, les Grecs. L'alliance se
conclut sous la menace grecque. Après la conquête perse, les
Phocéens quittent leur ville et arrivent en Corse, où ils
avaient déjà fondé Alalia. Donnant la main à leurs établissements marseillais, ils se sentent assez forts pour vouloir exclure de la mer Tyrrhénienne les Étrusques et les Phéniciens
de Sardaigne. Une coalition se noue contre eux. Après une
bataille navale indécise (1), les Phocéens, qui se disent vainqueurs, mais ont perdu les deux tiers de leurs navires, quittent
la Corse et se réfugient en Grande Grèce où ils fondent Élée.
La Corse, abandonnée par les Grecs, est occupée par les
Étrusques. Marseille se trouve isolée et doit poursuivre seule
la lutte. Elle dispute aux Carthaginois les possessions d'Espagne ;
mais, après des alternatives de revers et de succès, elle est
obligée de renoncer à la Bétique et elle conclut avec Carthage
un accord qui limite la zone d'influence des deux villes et
fixe au cap Artémision le point qu'elles ne doivent pas
dépasser.

La lutte s'est engagée aussi en Sicile et en Italie. En
Sicile, les Rhodiens et les Cnidiens, qui, avec le concours de
Sélinonte, avaient cherché à s'installer à Lilybaion, en sont
chassés par les Phéniciens et les débris de l'expédition
cherchent refuge aux îles Lipari. Dorieus, qui déjà sur le
Cinyps s'est heurté à l'opposition de Carthage, n'est pas plus
heureux lorsqu'il tente d'occuper le mont Éryx : c'est la dernière tentative de colonisation grecque dans l'Ouest (2). En
Grande Grèce, les divisions des cités favorisent les succès des
adversaires de l'hellénisme. Sybaris ruine Siris, Crotone

_____

(1) Hdt., I, 167. — (2) **CXXIX**, p. 1 sq.

détruit Sybaris, Locres bat Crotone. Les populations italiotes profitent de l'affaiblissement des cités grecques pour prendre l'offensive : en 473, les Iapyges infligent une sanglante défaite aux Tarentins. En Campanie, les Étrusques s'attaquent à Cumes ; Aristodémos, devenu tyran de Cumes, réussit à sauver la ville, mais, lui disparu, les Étrusques reprennent l'avantage. De toutes parts l'hellénisme est menacé.

Ce fut Syracuse qui sauva la Grèce de l'Ouest. Reprenant les projets de Phalaris, tyran d'Agrigente, les tyrans de Géla voulaient faire à leur profit l'unité de la Sicile grecque Hippocratès avait, au début du Ve siècle, réuni sous sa domination la plupart des cités. Son successeur Gélon poursuit son œuvre en se rendant maître en 485 de Syracuse et en achevant l'occupation des villes de la côte orientale, tandis que son beau-père Théron d'Agrigente s'empare d'Himère. Le tyran d'Himère, chassé de la ville, fait appel aux Carthaginois qui envoient contre Gélon une formidable expédition. Malgré la disproportion numérique des forces en présence, Gélon, grâce à ses habiles dispositions et grâce à la supériorité de la cavalerie grecque, remporte en 480 à Himère une victoire qui arrête pour longtemps toute offensive carthaginoise (1). Après lui, Hiéron brise de même l'offensive étrusque : en 474, il inflige à la flotte étrusque, en face de Cumes, une défaite décisive qui sauve les Grecs de Campanie (2). Sous la tyrannie de Gélon et de Hiéron, Syracuse connaît une splendeur nouvelle. A la cour des tyrans, poètes et artistes affluent, comme jadis autour de Polycrate ou de Pisistrate : Simonide de Céos et son neveu Bacchylide, Épicharme de Cos, Pindare de Thèbes, Eschyle d'Athènes se rendent à Syracuse. La renommée des Deinoménides (3) emplit le monde grec : à Olympie et à Delphes, leurs chars recueillent les couronnes ; les sanctuaires s'ornent d'ex-voto qui commémorent leurs

(1) **CXXIX**, p. 113 sq. — (2) Ds., XI, 51, 1-2.
(3) Gélon est fils de Deinoménès.

victoires (1). Gélon est si puissant et si glorieux qu'on peut
sans invraisemblance lui prêter la prétention d'avoir voulu
commander en chef toutes les forces grecques contre
Xerxès (2).

La Grèce d'Occident, plus heureuse que la Grèce d'Asie, a
donc pu échapper au danger extérieur. Il ne faut cependant
pas s'exagérer cette victoire. Comme en Orient l'hellénisme
a reculé; la Grande Grèce est en décadence et seule la Sicile,
autour de Syracuse, reste prospère et magnifique. Même en
Sicile, l'ennemi est arrêté, mais non défait. Les Grecs n'ont
pas pu et ne pourront jamais éliminer les Carthaginois de
l'île et, à la moindre défaillance des cités grecques, la menace
reparaîtra redoutable.

V

Conséquences de la colonisation grecque.

L'expansion grecque dans tout le bassin méditéranéen ou,
comme on dit, la colonisation grecque est un des grands faits
de l'histoire générale.

Les colonies grecques ont été, pour les pays où elles
s'installaient, des foyers de civilisation. Tandis que les
Phéniciens ne se préoccupaient des indigènes que pour les
exploiter, les Grecs travaillent à les civiliser. Ainsi c'est de
Marseille que les peuples de Gaule reçoivent les premiers
éléments de culture, l'alphabet, l'usage de la monnaie : les
monnaies gauloises copient tant bien que mal les types
monétaires grecs. De même l'Italie centrale subit de très bonne
heure l'influence grecque. La légende du Corinthien
Démaratos, venu s'installer à Tarquinies avec toute une
colonie d'artisans grecs, et de son fils Tarquin, émigré à
Rome dont il devient roi, symbolise à merveille les rapports

_____

(1) **CXXIX**, p. 173 sq ; **CXXXII**, p. 207 sq. — (2) Hdt., VII, 157-166.

de la Grèce archaïque avec l'Étrurie et Rome naissante (1). Les plus anciennes tombes du forum contiennent des vases grecs (2). Les vases noirs d'Étrurie restent pour nous les plus fidèles copies de la vaisselle de bronze ionienne, aujourd'hui disparue (3). Les marchands de blé de Sicile et de Grande Grèce, établis sur l'Aventin, y introduisent le culte de Cérès, qui ne cessera jamais d'y être célébré *more græco*, et contribuent sans doute à l'organisation politique de la plèbe (4). Bien avant la civilisation gréco-romaine de l'époque impériale, commune à tout le monde antique, il y a eu, dès le vɪe siècle, une autre civilisation méditerranéenne, dérivée elle aussi de la civilisation grecque et plus spécialement de la civilisation ionienne.

Mais nous devons ici nous placer surtout au point de vue grec. Pour la Grèce, la colonisation a eu également d'importantes conséquences. Elle a été d'abord un exutoire pour les éléments troubles de la population. Tous ceux qui se trouvaient à l'étroit dans la cité, les pauvres hères sans propriété, les gens plus ou moins hors la loi, trouvent au dehors des conditions d'existence acceptables. Par le départ de ceux que l'organisation politique et sociale pourrait aigrir et révolter, la cité évite les crises révolutionnaires. La colonisation a contribué à la tranquillité intérieure de la cité et la facilité l'évolution pacifique des institutions.

Elle a joué un plus grand rôle encore dans la formation de la nation et du génie grecs. Qu'on jette les yeux sur la Grèce d'Europe du vɪe siècle, Sparte, renfermée et comme isolée dans le Péloponnèse, se raidissant peu à peu dans le conservatisme des peuples insulaires, Athènes, encore tout imprégnée d'archaïsme, n'arrivant qu'à grand'peine à se dégager de ses institutions primitives : tout cela donne l'impression d'un monde aux idées étroites, à l'horizon borné,

(1) **L**, II, p. 418. — (2) Thédenat, *Le forum romain*, p. 8.
(3) **L**, II, p. 319-320. — (4) **CXXXIII**, p. 140-162, 272-274.

ne vivant que pour lui-même, satisfait d'une économie rurale toute rudimentaire. Qu'on se tourne alors vers l'Ionie ou vers la Sicile et tout change : au spectacle de contrées nouvelles et au contact de peuples différemment civilisés, la plus grande Grèce a senti s'éveiller son initiative, a ouvert son esprit aux fécondes influences du dehors et a porté dans tous les domaines une activité presqne fébrile. Tout germe, fleurit et fructifie dans la Grèce coloniale, le grand commerce et la richesse mobilière, les lettres et les arts, la pensée philosophique et scientifique. C'est la Grèce du dehors qui est l'initiatrice de la Grèce métropolitaine.

D'autre part, la colonisation a rapproché et mêlé les peuples de toute la Grèce. Des Achéens, des Doriens, des Ioniens se sont donné la main pour des œuvres communes et ils se sont reconnus comme les membres d'une même famille. Aux Spartiates qui se croient d'une race supérieure et qui se refusent à toute intrusion d'éléments étrangers au risque d'affaiblir progressivement la cité, s'opposent les Ioniens où dans une même population sont venus se confondre et indigènes et Grecs de toute origine. C'est dans les grandes places cosmopolites, à Milet, à Naucratis, à Syracuse qu'a dû se constater la communauté de race, de langue, de croyances, et qu'est née par conséquent l'idée d'une nation grecque.

Mais si la Grèce coloniale a eu une existence brillante, cette splendeur a été brève. Aussi bien en Occident qu'en Orient, l'hellénisme a dû reculer. Du moins la Grèce coloniale avait-elle eu déjà le temps de jeter partout les germes de la civilisation. Si bien que la Grèce d'Europe, la petite Grèce archaïque et étroite, s'éveille, et elle est prête à recueillir l'héritage de la plus grande Grèce. A partir du ve siècle, c'est la Grèce continentale, qui à son tour allume à celui qui va s'éteindre un nouveau flambeau pour poursuivre la marche en avant.

QUATRIÈME PARTIE
L'UNITÉ HELLÉNIQUE

—

CHAPITRE I

L'UNITÉ MORALE

I

Grecs et Barbares.

Dispersés sur tout le pourtour du bassin méditerranéen, les Grecs se reconnaissent partout comme faisant partie d'un même groupe, d'une même famille. Ce sentiment s'est fortifié du fait même de la dispersion. Si les Grecs étaient restés de simples cultivateurs et n'avaient formé que des communautés rurales, isolées les unes des autres et capables de se suffire à elles-mêmes, chaque groupe, sans contact avec ses voisins, eût évolué séparément, eût eu sa langue, ses institutions, ses mœurs propres et eût fini par former une nation nettement différenciée des nations voisines. Au contraire, la dispersion au milieu d'un monde étranger et la faiblesse même de chaque groupe, qui ne peut vivre seul et doit entretenir avec les autres de continuels rapports commerciaux, ont maintenu les liens qui unissaient originairement les Grecs : le marin ou le commerçant de Milet et de Phocée ne prenait jamais mieux conscience de sa nationalité hellénique que lorsqu'il se sentait perdu au milieu des Scythes ou des Ligures. Si les Grecs n'ont pu créer d'États étendus ni réaliser leur unité politique, ils ont du moins gardé tou-

jours la notion de leur commune origine et le sentiment de
l'unité hellénique.

Pour un Grec, l'humanité se divise nettement en deux
groupes, le monde grec et le monde barbare (1) : ce sont les
deux femmes que, dans le songe d'Atossa, Xerxès veut
atteler à son char (2). La formule couramment employée chez
les historiens est ἢ Ἕλληνες, ἢ βάρβαροι (3). Le terme βάρβαρος
ne signifie d'abord rien d'autre que non-grec. On range
parmi les Barbares aussi bien les Perses et les Égyptiens,
c'est-à-dire des peuples de vieille et brillante civilisation,
que les Thraces (4) ou les Sicules (5), peuplades primitives et
sauvages. Mais bien vite les Grecs se considèrent comme
supérieurs aux autres peuples et par orgueil national donnent de plus en plus au mot *barbare* le sens péjoratif que
nous lui connaissons.

Par opposition, les Grecs forment le corps hellénique, τὸ
Ἑλληνικὸν. Nul ne l'a mieux défini qu'Hérodote, lorsqu'il fait
exposer par les Athéniens les raisons qui ne leur permettent
pas de trahir la cause commune : τὸ Ἑλληνικὸν, ἐὸν ὅμαιμον καὶ
ὁμόγλωσσον καὶ θεῶν ἰδρύματά τε κοινὰ, καί θυσίαι ἤθεά τε ὁμότροπα (6).
Communauté de race, communauté de langue, communauté
de religion, communauté de mœurs, voilà ce qui, aux yeux
des anciens, garantit l'unité hellénique. Nous avons déjà vu
ce qu'il faut penser de la race et quelles réserves s'imposent
sur cette question; il nous sera plus facile de suivre sur les
autres points l'opinion ancienne.

II

LA COMMUNAUTÉ DE LANGUE.

Les différences linguistiques sont celles qui avaient le plus
frappé les Grecs. Primitivement, le barbare est celui qui ne

(1) STR., I, 4, 9. — (2) ESCHL., *Pers.*, 181-187.
(3) THC., I, 82, 1 ; VI, 1, 1 ; VI, 18, 2 ; VI, 33, 5; etc. — (4) THC., II, 97, 3.
(5) THC., VI, 2, 6. — (6) HDT., VIII, 144.

parle pas grec. Nombreux sont les textes où se marque de
la façon la plus évidente ce sens du mot (1). Les poèmes
homériques, qui, comme l'avait noté Thucydide (2), ne
connaissent pas plus le terme de *Barbares* que celui d'*Hellènes*,
parlent des Cariens βαρβαρόφωνοι (3). Étymologiquement les
Barbares semblent bien être ceux qui balbutient ou qui
bégaient, selon la sensation habituelle que produit sur ceux
qui l'ignorent toute langue étrangère. Le mot, formé par ono-
matopée, dit Strabon, désigne ceux qui ont un parler rauque,
rugueux, difficile à prononcer (4). Les chevaux qui hen-
nissent (5), les oiseaux qui chantent (6), l'eau même qui
bout (7) parlent « barbare ». Lorsque Hérodote veut expliquer
rationnellement l'histoire, contée à Dodone, d'une colombe
qui se mit à parler comme les hommes, il y reconnaît une
femme barbare qu'on appela colombe parce que son langage
étranger semblait être celui des oiseaux et que l'on jugea
parler d'une manière humaine lorsqu'elle put se faire comprendre des Grecs en grec (8).

Le Grec se distingue donc du Barbare parce qu'il sait parler grec. Sans doute, les différences dialectales sont nombreuses. Aristote comptait plus de deux cents dialectes, et,
pour les linguistes modernes, à l'époque la plus ancienne, il
y a « presque autant de grecs que de textes » (9). Les quatre
grands groupes dialectaux (10) renferment chacun un grand
nombre de parlers locaux qui se différencient par quelque
détail. Les dialectes doriens se distinguent assez les uns des
autres pour que les seules données de la linguistique ne suffisent pas à en établir l'unité (11). Dans une île comme la Crète,
il n'y a pas deux villes qui, dans leurs inscriptions, usent
exactement du même parler (12).

(1) Hdt., II, 57 ; II, 158 ; Thc., II, 68, 5. — (2) Thc., I, 3.
(3) Il., II, 867. — (4) Str., XIV, 2, 28. — (5) Eschl., *Sept.*, 463.
(6) Ar., *Av.*, 199; Soph., *Ant.*, 1002. — (7) Eub., ap. Ath., VI, 229 a.
(8) Hdt., II, 54-57. — (9) **XLV**, p. 66. — (10) Voir plus haut, p. 78-83.
(11) **XLV**, p. 104. — (12) **XLV**, p. 101.

Les diversités de langage sont encore accrues par les diversités d'écriture. Quelle que soit l'origine de l'alphabet grec, il
offre, comme les dialectes, un fonds commun et des différences locales. Les alphabets grecs se classent d'après les signes
employés pour les sons ξ, ψ et χ, en deux grands groupes,

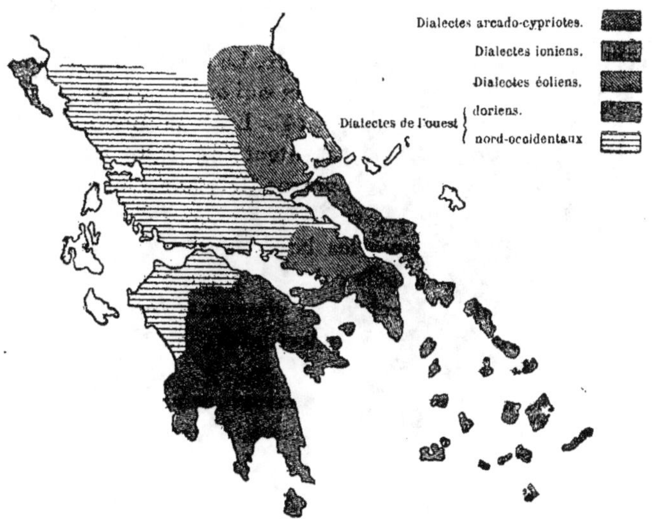

Carte des dialectes.

celui de l'est et celui de l'ouest. Encore faut-il y ajouter quelques
alphabets, comme ceux de Mélos et de Théra, qui n'ont pas les
signes dits « non phéniciens » et mettre à part des alphabets
comme celui de Corinthe, qui, tout en appartenant au groupe
de l'est, use de signes très particuliers. Mais ce qui est notable,
c'est que les différences alphabétiques ne concordent pas avec
les différences dialectales. Les alphabets occidentaux servent à
écrire et l'arcadien, et des parlers ioniens en Eubée, et des
parlers éoliens en Béotie, et des parlers doriens en Laconie.
C'est que l'écriture est indépendante de la langue. La diffusion

des alphabets s'explique par les relations historiques entre les
cités. Tout naturellement les colonies ont le même alphabet,
comme le même dialecte, que leur métropole : Naxos de Sicile,
Catane, Himère, Cumes usent des mêmes lettres que Chalcis (1),
et c'est par l'alphabet chalcidien, transmis aux colonies de

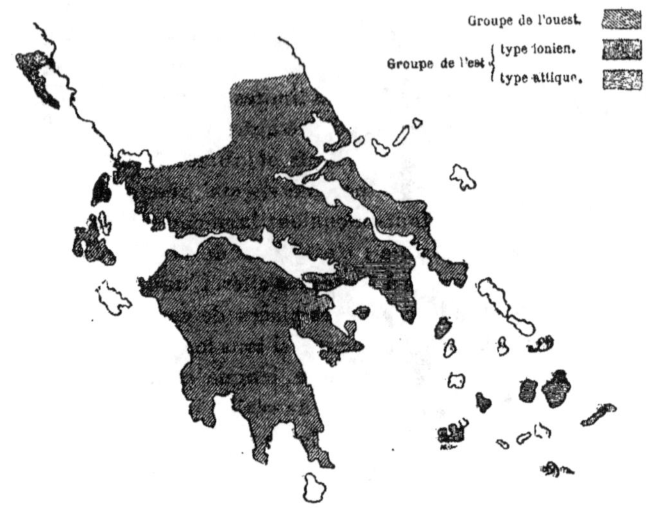

Carte des alphabets.

Grande Grèce, que les alphabets italiotes, étrusque ou latin, se
rattachent à l'alphabet grec (2). Mais l'alphabet est surtout,
comme la monnaie, comme les poids et mesures, un instrument d'échange que les villes commerçantes ont intérêt à
unifier. Il faut qu'une contrée vive tout à fait à l'écart et
comme hors du monde grec pour conserver jusqu'aux temps
classiques un alphabet foncièrement original, comme l'écriture
syllabique chypriote (3).

En dépit de toutes ces diversités, les parlers grecs ont assez

(1) **CXXXVII**, p. 107. — (2) **CXXXVII**, p. 117. — (3) **XLV**, p. 88.

de traits communs pour qu'on y reconnaisse les membres d'une
même famille. Les ressemblances viennent d'abord de ce que
tous dérivent d'une même langue, le grec commun, que nous
reconstituons par conjecture, comme toutes les langues communes indo-européennes (1). Elles résultent plus encore de
l'action que les dialectes n'ont cessé d'exercer les uns sur les
autres. Les grandes familles dialectales n'ont pas de frontières
nettes, chaque parler ayant emprunté quelque chose aux parlers voisins, sans que jamais les limites d'une variation dialectale coïncide avec les limites d'une autre (2). Plus les rapports
entre les peuples étaient fréquents et intimes et plus leurs dialectes se mélangeaient. Dans une région géographiquement
délimitée, où les habitants menaient la même vie, l'unification
linguistique était possible : c'est le cas de la Béotie qui a un
dialecte officiel commun à toutes les cités. L'unité se réalise encore mieux et plus vite dans les places de commerce, où les
affaires se traitent plus facilement si tous les marchands usent
d'un même idiome. Il s'y crée une langue commune, qui n'a
plus d'attaches locales, mais est en réalité une langue de civilisation. Que cette civilisation doive à sa supériorité une extension toujours plus grande, et, avec elle, la langue qui la
représente gagne de proche en proche. C'est ainsi qu'au
vi^e siècle l'ionien commun tend à être la langue de tout le
monde grec, comme l'attique au ve et au ive.

Une autre forme de l'unité linguistique est obtenue par la
création des langues littéraires. A l'époque classique, chaque
genre poétique est doté d'une langue propre, que le poète
emploie nécessairement, quelle que soit sa langue maternelle :
Pindare de Thèbes, qui parlait éolien, n'en écrit pas moins
en dorien ses odes triomphales, et la légende avait eu tort de
faire de Tyrtée un Athénien par le seul motif que ses chants,
composés à Sparte, étaient écrits dans l'ionien de l'élégie.

(1) VENDRYÈS, *Le langage*, 4e part., ch. V. — (2) **XLV**, p. 7, p. 74.

Chaque langue littéraire, pour obscurs qu'en soient pour nous les débuts, semble sortie du dialecte où le genre s'est developpé, mais elle a enrichi le parler régional d'éléments archaïques ou étrangers. Elle est donc une langue artificielle forgée par les poètes et transmise toute fixée des uns aux autres : ainsi la lyrique chorale use d'une langue qui, pour emprunter ses traits caractéristiques aux dialectes doriens, n'est pourtant en réalité le parler d'aucune ville, d'aucune région.

La plus artificielle des langues littéraires est celle de l'épopée (1). Elle a déjà emprunté des formes dialectales à deux types absolument distincts, le type éolien qui lui a fourni un premier fonds et le type ionien qui lui a donné sa couleur dominante. Mais, en outre, les ressemblances entre le vocabulaire homérique et le vocabulaire arcado-chypriote permettent de croire qu'un dialecte plus archaïque encore, le vieil achéen commun, a, soit directement, soit indirectement, fourni des mots aux plus anciens poètes épiques. La langue homérique, une fois établie dans sa forme conventionnelle, s'est conservée dans la corporation des aèdes qui avaient comme le monopole des récitations, avant d'être fixée par l'écriture. Elle est la langue la plus répandue et la mieux connue du monde grec. Toute la poésie grecque découle d'Homère, et les deux poèmes sont à la base de toute éducation : les jeunes Spartiates et les jeunes Athéniens en sont également nourris. Les Pisistratides, qui en introduisent la récitation aux Panathénées, en font établir une édition officielle. Les colonies les plus lointaines, les cités perdues au milieu des barbares montrent pour le texte la même sollicitude : à côté de l'édition d'Athènes, les grammairiens d'Alexandrie connaissaient celles de Marseille et de Sinope (2). Il n'y a rien peut-être qui, autant que les poèmes homériques, ait contribué à l'unité hellénique.

(1) **XLV**, p. 176, 186, 193, 194. — (2) **XLV**, I, p. 419.

Langues communes et langues littéraires habituent les Grecs à se comprendre. Au ve siècle, deux Grecs, qui ne parlent pas le même dialecte, peuvent être un peu étonnés de la prononciation ou embarrassés devant certains mots propres à un parler local, mais en gros ils sont capables de s'entendre. Les Athéniens ne s'embarrassent pas de voir dans la tragédie à l'attique pur du dialogue succéder le dialecte dorisé des chœurs. Les spectateurs d'Aristophane connaissent suffisamment les parlers de la Grèce pour reconnaître à leur langue les personnages étrangers et pour s'amuser de la prononciation et du vocabulaire laconiens de Lampito. Il est exceptionnel qu'un dialecte soit demeuré archaïque ou ait évolué au point de ne plus être reconnu comme grec : le pamphylien est, semble-t-il, seul entre les parlers helléniques à être pris par des Grecs pour une langue barbare (1). Les ressemblances de dialecte à dialecte restaient assez frappantes pour que les Grecs n'aient jamais perdu le sentiment de parler une même langue, alors qu'ils n'ont pas soupçonné la parenté qui existait entre le grec et les langues indo-européennes des peuples les plus voisins, Thraces, Illyriens ou Italiotes.

III

LA COMMUNAUTÉ DE RELIGION.

Comme ils parlent la même langue, les Grecs pratiquent la même religion. Les origines des mythes et des cultes grecs sont enveloppées de mystère. Dans la religion des temps classiques, on retrouve quelques vestiges d'un âge religieux primitif, soit que le culte conserve des rites magiques, soit que les types divins offrent des survivances du fétichisme et de la zoolatrie. Plus difficile encore est d'essayer de reconnaître ce qui reste des religions préhelléniques et ce qui est l'apport religieux des Hellènes. En fait, si haut que nous re-

____

(1) **XLV**, p. 90.

montions dans les temps historiques, nous ne trouvons en Grèce d'autre conception religieuse que l'anthropomorphisme. Une divinité comme la Déméter à tête de jument que l'on honorait à Phigalie (1) apparaît aux Grecs des temps classiques comme une figure monstrueuse et inexplicable. Pour tous les Grecs, les dieux sont des hommes plus grands, plus forts, plus beaux, éternellement jeunes ; ils partagent les pensées, les sentiments, les passions, les vices même des hommes. Le monde divin est une image agrandie mais non épurée de l'humanité.

A l'origine, chaque cité a ses dieux. On a beaucoup, avec Fustel de Coulanges, insisté sur le caractère national de la religion grecque : c'est à la participation obligatoire au culte de la cité, culte exclusif et fermé aux étrangers, que se reconnaît le citoyen ; religion et patriotisme ne font qu'un. Vraie peut-être pour les temps les plus archaïques, cette théorie apparaît de moins en moins exacte à mesure qu'on avance dans les temps classiques. Sans doute la cité se considère sous la protection particulière d'une divinité, à qui elle rend un culte spécial, la divinité poliade. C'est l'image de la divinité poliade qui symbolise la cité sur les monnaies, sur les sceaux publics, sur les en-têtes de décrets et de traités (2). Les fêtes de la divinité poliade sont des fêtes nationales, où l'étranger n'a pas place.

Mais qu'est au juste la divinité poliade ? Il en est sans aucun doute de purement locales, comme cette Damia et cette Auxésia qu'on adorait à Épidaure et qui ne devaient guère être connues au dehors que des peuples les plus voisins (3). Mais c'est là un cas exceptionnel. Le plus souvent le caractère national de la divinité poliade vient de ce que la cité a façonné, si l'on peut dire, son dieu à son image. Telle est bien par exemple Athèna à Athènes. Elle est la déesse guerrière que défend la ville de l'ennemi et se dresse tout armée sur la cita-

(1) Paus., VII, 42, 3-4. — (2) Par ex. **XLIX**, II, fig. 56, 71.
(3) Hdt., V, 83 ; Paus., II 30, 4 ; 32, 2.

10

delle. Mais elle est aussi Athèna Erganè, la déesse pacifique, la bonne ouvrière, comme il convient dans une ville industrielle où le travail manuel est tout spécialement honoré. Elle protège les cultures de l'Attique et en particulier la plus précieuse, l'olivier. Elle préside à la vie politique, inspire la *boulé* et l'assemblée. Elle remplit ce rôle de conseiller parce qu'elle est encore la déesse de la réflexion et de l'intelligence : dans une ville qui devait sa gloire à ses artistes, à ses écrivains, à ses penseurs plus même qu'à ses marchands et à ses artisans, la déesse poliade devait être toute pensée, toute raison, toute sagesse. Mais si Athèna est devenue la personnification idéale de la cité athénienne, elle n'en a pas moins été empruntée au fonds commun des divinités grecques. Peut-être à l'origine les Athèna des différentes cités étaient-elles des déesses absolument dictinctes (1) ; aux temps classiques, il n'y a plus qu'une Athèna honorée également dans un grand nombre de villes.

Il y a donc tout un groupe de dieux qui ont perdu le caractère de divinités locales et sont devenus panhelléniques. Lorsque des divinités locales se ressemblent par leurs caractères, leurs attributs, leurs épithètes, il est naturel qu'elles se confondent en un type commun. C'est ce dieu nouveau, ce dieu connu de tous, qui remplace les anciens dieux trop attachés à un pays déterminé. La substitution d'un dieu à un autre s'exprime dans la légende par le combat des deux adversaires ; l'ancien dieu local, réduit à n'être plus qu'un héros, qu'un mortel ou qu'un monstre, est vaincu et mis à mort par le jeune dieu, qui, en souvenir de sa victoire, prend un surnom ou adopte un attribut emprunté à son prédécesseur. Ainsi, par exemple, Apollon est un dieu multiple, où déjà Cicéron pensait reconnaître quatre personnes différentes (2). On pouvait à l'origine distinguer Apollon Delphinios, dieu préhellénique,

____

(1) **XXXIX**, p. 171. — (2) Cic., *Nat. Deor.*, III, 23.

patron des navigateurs et des émigrants, Apollon Délien, honoré par les insulaires avec sa mère Létô et sa sœur Artémis, Apollon Karneios, dieu péloponnésien de la terre, de la végétation et des morts, Apollon Smintheus, adoré au nord-ouest de l'Asie Mineure sous le même double aspect des divinités chthoniennes, dieu champêtre qui protège les moissons, dieu de la mort qui lance et arrête les épidémies. Apollon n'a pas seulement réuni en un seul les aspects des divers Apollons, il a aussi recueilli l'héritage de dieux locaux plus anciens. A Delphes, il est devenu Apollon Pythien après avoir percé de ses flèches le serpent Python, génie de la terre. A Amyclée, il a pris la place d'Hyakinthos, qu'il passe pour avoir tué accidentellement en lançant le disque. Son oracle a remplacé à Delphes celui de la terre, en Béotie celui d'un génie du Mont Ptoion. En raison de l'importance prise par deux des centres du culte apollinien, Délos et Delphes, les légendes déliennes et delphiques finirent par éliminer les autres et durent se combiner plus ou moins adroitement en un récit unique : l'hymne homérique à Apollon, où les copistes ont juxtaposé deux poèmes, est comme le témoignage matériel de ce travail de combinaison. Apollon, en même temps qu'il acquiert une personnalité unique, devient un dieu universel. Il est si bien panhellénique que les érudits modernes, qui ont voulu le rattacher à tel ou tel groupe grec, sont arrivés, avec une égale vraisemblance à des conclusions diamétralement opposées : K.-O. Müller voit en lui le dieu des Doriens et explique par l'invasion dorienne la diffusion du culte apollinien ; E. Curtius en fait le dieu des Ioniens et le montre conquérant le monde grec à la suite de la colonisation ionienne.

Les cultes panhelléniques ont été répandus par les émigrants et les voyageurs. Les colons emmènent avec eux les dieux de la métropole ou ceux des grands dieux qui leur semblent le plus favorables. Ce sont les marins de Cnossos qui ont amené Apollon à Delphes et ce sont encore les émigrants

qui lui ont dédié les nombreuses Apollonia de la Grèce coloniale. Mais les dieux attirent à eux de tous les points du monde
grec d'autant plus de fidèles qu'ils sont capables de rendre
plus de services à l'homme. Par là s'explique la faveur de ceux
qui dévoilent l'avenir et de ceux qui guérissent les maladies.

Les oracles sont nombreux. Lorsque Crésus veut découvrir
le plus véridique des oracles grecs, il envoie consulter —
outre l'oracle des Branchides en Asie et celui d'Ammon en
Libye — en Grèce Apollon à Delphes et à Abai de Phocide,
Zeus à Dodone, Amphiaraos dans son sanctuaire près d'Oropos
et Trophonios dans son antre voisin de Lebadea (1). Son
enquête était incomplète : il eût pu, par exemple, tout aussi
bien questionner Apollon Ptoios, dont la réputation était
grande au vi^e siècle (2) et qui savait répondre aux Barbares
dans leur propre langue (3). Mais certains oracles sont particulièrement renommés pour leur sagacité. Il n'en est que deux,
Amphiaraos et Apollon Pythien, qui aient su deviner l'extraordinaire cuisine imaginée par Crésus pour les éprouver (4).
Ce sont ceux-là qui attirent, si l'on peut dire, toute la clientèle. Delphes en particulier éclipse à peu près tous ses concurrents. Sur une cinquantaine de prédictions rapportées par
Pausanias, trente-sept proviennent de la Pythie, et, si beaucoup d'entre elles sont apocryphes, leur nombre n'en prouve
pas moins la réputation bien établie de l'oracle. Les consul-
tants sont si nombreux que c'est un avantage autant qu'un
honneur que d'obtenir des Delphiens un tour de faveur,
la προμαντεία. On consulte le dieu sur l'opportunité d'un
mariage, d'un prêt, d'un voyage ; on l'interroge sur les
récoltes, sur les trésors, sur les héritages (5). Xénophon
s'adresse à la Pythie avant de partir en Asie (6) ; Isyllos lui

(1) Hᴅᴛ., I, 46. — (2) XI, XLIV (1920), p. 227 sq.
(3) Hᴅᴛ., VIII, 135; Pᴀᴜs., IX, 23, 6. — (4) Hᴅᴛ., I, 47-49.
(5) Eᴜʀ., *Ion.*, 303; Pʟᴜᴛ., *M.*, 386 c; 408 c; 413 b.
(6) Xᴇɴ., *Anab.*, III, 1, 6.

demande s'il doit faire graver sur la pierre le péan qu'il a com-
posé en l'honneur d'Apollon et d'Asklépios (1). Non moins que
les particuliers, les cités s'empressent autour du trépied
prophétique : la paix et la guerre, les changements constitu-
tionnels, l'envoi de colonies ne sont jamais décidés sans une
consultation du dieu. Reconnaissantes, les cités consacrent
dans le sanctuaire des monuments votifs et, à en dresser la liste,
on passe en revue le monde grec tout entier : de Dion de
Macédoine (2) à Cyrène (3), d'Héraclée du Pont (4) à Marseille (5), le Péloponnèse et la Grèce continentale, les insulaires
de la mer Égée et de la mer Ionienne, les villes d'Asie et de
Grande Grèce ont collaboré à l'embellissement du *hiéron*.
Lorsqu'à deux reprises, au vi^e et au ive siècle, le temple doit
être reconstruit, c'est une souscription panhellénique qui
chaque fois recueille les fonds nécessaires.

Plus encore que de connaître l'avenir, il importe aux
hommes de se débarrasser de leurs infirmités corporelles.
Aussi les dieux et les héros guérisseurs étaient-ils aussi nombreux que les oracles. Mais là aussi certains avaient acquis
une célébrité qui leur amenait des patients de tout le monde
grec. Le plus renommé des dieux médecins est Asklépios. Son
plus ancien sanctuaire est celui de Trikka en Thessalie, que
mentionne déjà l'*Iliade* (6) et que fréquentent encore les
malades aux temps classiques. De Thessalie, avec les migrations, le culte d'Asklépios gagne la Grèce centrale, puis le
Péloponnèse. Bien qu'il soit relativement récent, l'Asklépieion
d'Épidaure tient à l'époque classique le premier rang. Les
malades qui y affluent ne viennent pas suivre un traitement
médical approprié à leurs maux, mais, après avoir passé
une ou plusieurs nuits dans les dortoirs du sanctuaire, ils
attendent du dieu un miracle. Lorsqu'ils partent guéris, ils ne
manquent pas de consacrer un ex-voto pour rappeler leur

(1) II, IV, 950. — (2) Paus., X, 13, 5. — (3) Paus., X, 13, 5 ; X, 15, 6.
(4) Paus., X, 15, 1. — (5) Paus., X, 8, 6 ; X, 18, 7. — (6) Il., IV, 202.

maladie et leur guérison miraculeuse. Les stèles où les prêtres d'Épidaure firent faire d'après les ex-voto un relevé des cas de guérison (1) indiquent assez souvent la nationalité du malade. Il en vient d'un peu partout, surtout du Péloponnèse, mais aussi d'Athènes, des îles, de Thessalie, de Chalcidique, d'Épire. Les villes les plus lointaines mentionnées dans les inscriptions d'Épidaure sont Lampsaque (2) et Métaponte (3). Comme Delphes, c'est bien le monde grec tout entier qui connaît et fréquente Épidaure. Pour juger des relations quasi universelles du sanctuaire, il suffit de parcourir les listes des *théarodoques* (4), chargés de recevoir dans les villes étrangères les ambassadeurs sacrés d'Asklépios.

Pour la diffusion des types divers, il faut faire une place importante aux écrivains et aux artistes. Il n'y avait dans la religion grecque aucun exposé dogmatique, enseigné par un clergé et imposé aux fidèles. De pays à pays, les récits sur la naissance et les aventures des dieux variaient et les exégètes avaient grand'peine à s'y reconnaître (5). Mais tandis que certaines légendes restent purement locales, d'autres se répandent et finissent par être connues et acceptées de tous. Ce travail d'élaboration et de fixation des légendes est pour beaucoup l'œuvre des poètes. Le poème dont la valeur littéraire assure la diffusion impose du même coup à tous les auditeurs le mythe adopté par le poète. Ce sont les poèmes homériques qui, connus de tous, ont fixé pour tous la physionomie, le caractère, les attributs des grands dieux. De même les artistes imposent le type plastique qu'ils ont créé. Si Phidias a puisé dans Homère l'inspiration de son *Zeus* (6), c'est tout aussi bien la statue d'Olympie qui a renouvelé la conception panhellénique de Zeus, non plus l'époux volage d'Héra, dont les mésaventures et les querelles domestiques divertissaient les Olympiens, mais

(1) II, IV, 951, 952, 953.
(2) II, IV, 951, l. 107. — (3) II, IV, 1215. — (4) II, IV, 925, 1504.
(5) Paus., IX, 16, 7. — (6) Str., VIII, 3, 30.

le maître des dieux et des hommes, régulateur du monde
physique et du monde moral, suprême sagesse et suprême
bonté.

La communauté de religion fut longtemps le lien le plus
fort pour unir les hommes. On ne concevait en Grèce aucun
groupement humain, naturel ou artificiel, de la famille à la
ligue de cités, sans un culte commun. Tous les Grecs ayant les
mêmes dieux sont donc membres du même groupe. Lorsque
Aristophane veut prêcher la concorde aux peuples grecs,
il leur rappelle qu'ils « arrosent les autels d'une même eau
lustrale ainsi que des parents » (1).

Par la religion comme par la langue, le Grec se distingue
du barbare. Il admet très bien que celui-ci ait ses dieux
particuliers. Le Grec de Naucratis regarde avec curiosité les
divinités égyptiennes ; il s'étonne un peu du culte rendu aux
animaux, mais pense au contraire reconnaître dans les dieux
à forme humaine ses propres divinités. Comme les Romains,
les Grecs ont une tendance à assimiler et à appeler du même
nom les dieux helléniques et les dieux étrangers. Mais le dieu
étranger qui résiste à cette assimilation ne peut trouver place
dans le panthéon grec. La loi athénienne frappe ceux qui
introduisent des cultes nouveaux sans autorisation de l'État (2).
Le premier prêtre de la Grande Mère, qui voulut initier aux
mystères de Cybèle les femmes athéniennes, fut tué et jeté
dans le Barathron (3). La prêtresse Ninos est punie de mort
pour avoir célébré le culte de Sabazios (4). Phryné est accusée
d'impiété pour avoir introduit dans Athènes le dieu nouveau
Isodaitès (5).

Et pourtant Athènes, accueillante aux étrangers, se montre
également hospitalière envers leurs dieux (6). Dans une

----

(1) Ar., *Lys.*, 1130. — (2) **CXXXVIII**, p. 132.
(3) Jul., V, 159 a-b ; Suid., s. v. Μητραγύρτης.
(4) Jos., *C. Ap.*, II, 37 ; Sch. Dem., 431, 25.
(5) **CXXXVIII**, p. 81-82 ; p. 135-136 ; **XV**, XXVI (1902), p. 216-218.
(6) Str., X, 3, 18.

ville cosmopolite comme le Pirée, les métèques et les étrangers de passage doivent pouvoir célébrer leur culte national, et ils le font avec la permission du conseil et du peuple. Les marchands de Kittion ont obtenu l'autorisation d'acquérir un terrain pour y élever un temple à l'Aphrodite chypriote, comme avant eux les marchands égyptiens avaient fait bâtir un temple d'Isis (1). La déesse thrace Bendis a aussi son temple au Pirée (2), et l'assimilation qu'on a faite de cette déesse avec l'Artémis de Brauron, dont la statue, disait-on, avait été enlevée et transportée à Lemnos par les Pélasges (3), permet de donner aux fêtes de Bendis un caractère officiel (4). Ces dieux étrangers peuvent gagner aussi des fidèles parmi les Athéniens. Malgré les moqueries des comiques, les cultes de Sabazios et d'Adonis font des adeptes (5), en particulier parmi les femmes, plus sensibles à l'attrait des religions orientales, mystérieuses et sensuelles. Les cultes étrangers sont célébrés par des associations religieuses, orgéons ou thiases, qui comprennent aussi bien des étrangers que des citoyens, des esclaves que des hommes libres. Même en gardant un caractère purement privé, ils sont suspectés et mal vus. Un citoyen se déconsidère en y prenant part publiquement : qu'on se rappelle le ton méprisant que prend Démosthène pour décrire les initiations et « les autres jongleries » auxquelles président Eschine et sa mère (6). Pour un pur Athénien, les dieux étrangers ont devant les dieux nationaux la même attitude humiliée et grotesque qu'on prête aux Barbares vis-à-vis des Grecs. Aristophane prend bien des libertés avec Dionysos ou Héraklès, mais jamais il n'a poussé si loin la caricature qu'avec le dieu thrace des *Oiseaux*, ce Triballos, fantoche stupide, inca-

____

(1) **II**, II, 168. — (2) Xen., *Hell*, II, 4, 11.
(3) Ar., ap. Hsch., s. v. Μεγάλη θεός; Plut., *M.*, 247 e.
(4) Plat., *Resp.*, I, 327 a; 328 a; 354 a; II, II, 741.
(5) Ar., *Av.*, 875; *Vesp.*, 9; *Lys.*, 387-390; Plut., *Alc.*, 18.
(6) Dem., *Cor.*, 259-260.

pable d'articuler correctement une phrase grecque, « le plus barbare de tous les dieux » (1).

IV

La communauté de mœurs.

La communauté de mœurs est encore un indice de l'unité hellénique, et par les mœurs aussi les Grecs se distinguent des Barbares. Thucydide, lorsqu'il veut opposer à la façon de vivre de ses contemporains celle des Grecs d'autrefois, ne manque pas de noter tous les cas où ceux-ci se conduisaient « à la manière des barbares » (2).

La famille a partout le même principe et la même organisation. Que nous regardions Athènes ou Sparte — pour prendre les deux cités que l'on a coutume d'opposer l'une à l'autre, — nous retrouvons le même devoir d'assurer par le mariage la perpétuité de la famille, le même souci de la légimité des enfants et l'exclusion du bâtard de la famille et de l'héritage. Ici et là c'est le pouvoir souverain du père de famille qui va jusqu'à lui permettre d'exposer ses enfants. C'est aussi, dans les deux cas, la situation légale de la femme tempérée par les mœurs. La mère de famille, qui ne cesse d'être sous l'autorité d'un tuteur, tient en fait dans la maison une place importante et honorée : elle est maîtresse au logis, dirige le travail des esclaves, surveille les enfants. Bien plus, elle n'hésite pas à conseiller son mari, qui volontiers l'écoute : les Spartiates passent pour se laisser mener par leurs femmes (3) ; Thémistocle s'amuse à montrer sa femme aux ordres de son enfant et lui-même, lui à qui les Athéniens obéissent, soumis aux désirs de sa femme (4). Même organisation également de la propriété familiale, d'où dérivent les mêmes règles successorales : la fille *épipamatide* à Sparte n'a pas plus de droits que la

(1) Ar., *Av.*, 1573. — (2) Thc., I, 5-6. — (3) Arstt., *Pol.*, II, 6, 5-7.
(4) Plut., *M.*, 1 c d.

fille *épiclère* à Athènes (1). La famille grecque s'oppose à la famille barbare : ce sont les Barbares qui acceptent la polygamie (2), se vendent leur femme les uns aux autres (3) et les font travailler comme des esclaves (4).

Comme l'organisation de la famille, celle de la cité s'inspire dans tous les États grecs des mêmes principes. Le Grec est un citoyen qui n'obéit qu'à la loi, et la loi, que la cité soit une aristocratie ou une démocratie, passe pour l'expression de la volonté générale. C'est parce que les lois de la cité lui assurent des droits que le citoyen se reconnaît des devoirs envers elle. Le barbare au contraire est un sujet, qui obéit à un maître. Même lorsque la cité grecque accepte le régime de la tyrannie, le maître qu'elle s'est donné se refuse à considérer ses concitoyens comme des esclaves et, comme Pisistrate, se conduit μᾶλλον πολιτικῶς ἤ τυραννικῶς (5).

L'unité du monde grec se marque encore par la communauté de tendances intellectuelles et de goûts esthétiques. Chez tous les Grecs, la beauté corporelle est prisée au point de mériter les honneurs divins (6). Aussi la nudité n'a-t-elle rien de choquant pour un Grec ; fréquente chez l'artisan, elle est la règle chez l'athlète. Au contraire, le barbare a honte de se montrer nu (7). Si l'école ionienne primitive marque une prédilection pour les figures drapées et « une sorte de répugnance pour le nu » (8), c'est apparemment sous l'influence des idées orientales. L'art est panhellénique ; ni l'architecture, ni la sculpture n'ont d'attaches locales, pas plus que n'en ont la langue et la littérature. Sans doute les Anciens distinguaient deux ordres d'architecture, qui, toute question de lieu d'origine mise à part, semblaient correspondre aux deux grands groupes grecs, dorien et ionien, l'ordre dorique, robuste,

(1) Hdt., VI, 57 ; Arstt., *Pol.*, II, 6, 11 ; Hsch., s. v. ἐπιπαμάτιδα.
(2) Eur., *Andr.*, 177-180 ; 216-217 ; 464-470, — (3) Arstt., *Pol.*, II, 5, 11-12
(4) Plat., *Leg.*, VII, 805 d-e ; Arstt., *Pol.*, I, 1, 5.
(5) Arstt., 'Αθ. πολ., 16, 2. — (6) Hdt., V, 47. — (7) Hdt., I, 10 ; Thc., I, 6.
(8) **XLIX**, I. p. 189-190.

sévère et un peu lourd, l'ordre ionique élégant mais maniéré, l'un évoquant la beauté masculine, l'autre la beauté féminine. Et de même qu'il y a deux ordres d'architecture, il y a pour ainsi dire deux ordres de sculpture, la sculpture dorienne, solidement charpentée, traitant de préférence le type athlétique de l'homme nu ; la sculpture ionienne, facile et riche d'imagination, prenant plus volontiers comme modèle la femme souriante et coquettement parée. Et à l'intérieur de ces grandes divisions, on peut établir des subdivisions. Même dans un art dont les formules semblent presque immuablement fixées, l'architecture dorique, pour qui examine de près les monuments, se révèle variée ; les temples de Sicile cherchent par leurs dimensions colossales et leurs combinaisons inattendues à étonner le spectateur ; le Parthénon teinte son dorique d'ionisme avec toute la mesure et toute la justesse qui caractérisent l'atticisme. A plus forte raison pense-t-on en sculpture reconnaître des écoles. Si les archéologues ont tort de multiplier les écoles et les sous-écoles, que ne séparent plus que des nuances indiscernables, et s'ils sont embarrassés pour leur attribuer sans conteste un domaine géographique, ils ont raison de répartir en groupes les œuvres anonymes qui présentent la même technique et qu'inspire la même conception artistique.

Mais ces écoles, qui sont comme les dialectes de l'art, n'empêchent pas la formation d'une esthétique commune. De l'une à l'autre, les influences s'exercent incessamment. Les artistes voyagent beaucoup. La tradition avait peut-être exagéré les pérégrinations des maîtres crétois Dipoinos et Skyllis, travaillant à Argos, à Sicyone, à Delphes et jusqu'à Ambracie (1) ; mais il y a d'innombrables exemples d'artistes travaillant loin de leur patrie, comme Bathyclès de Magnésie en Laconie (2) ou Alxénor de Naxos en Béotie (3). Dans leurs

______

(1) **XLIX**, I, p. 222 sq. — (2) Paus., III, 18, 9. — (3) **XLIX**, I, p. 255.

voyages, les artistes se rencontrent et collaborent : l'Athénien Calamis et l'Éginète Onatas exécutent en commun le char de Hiéron à Olympie (1). Les grands sanctuaires avec les innombrables monuments qu'avaient fait élever toutes les cités étaient de véritables musées où les œuvres les plus diverses de style voisinaient et qui offraient aux artistes l'occasion de connaître et d'apprécier leurs rivaux. Tout près l'un de l'autre s'opposaient à Delphes, pour ne prendre que trois exemples, la solidité péloponnésienne de Cléobis et Biton, l'abondance et la facilité ionienne de la frise du trésor de Cnide, l'élégante sobriété attique des métopes du trésor des Athéniens. Rien d'étonnant à ce que l'art tende à l'unité. Avant les guerres médiques, c'est l'Ionie qui donne le ton et ce sont les artistes ioniens qui jusque dans le Péloponnèse exercent une profonde influence. Après les guerres médiques, c'est l'école attique qui imprime son caractère à tout l'art grec.

L'unité du monde grec trouve sa plus parfaite expression dans les grandes fêtes panhelléniques, comme les jeux Olympiques. Toutes les cités grecques sont invitées officiellement à y participer et personne ne doit mettre obstacle à cette participation. La trêve sacrée, que proclament les théores, suspend les hostilités dans la Grèce entière de façon que partout les pèlerins puissent se mettre en route sans risquer d'être molestés par des ennemis. Ouverts à tous les Grecs, les jeux sont fermés aux Barbares : être admis à concourir à Olympie est un véritable brevet de naturalisation, et c'est par ce moyen que les rois de Macédoine ont fait reconnaître leur qualité d'Hellènes. La foule, accourue de toutes parts, représente vraiment la Grèce entière : qui rêve de gloire universelle peut profiter de ce concours de peuples. Les artistes exposent leurs œuvres, les musiciens donnent des concerts, les écrivains organisent des lectures publiques et les orateurs des

____

(1) Paus., VI, 12, 1.

conférences. Il se forme même un genre spécial d'éloquence,
le discours olympique, morceau d'apparat sur la politique
générale du monde grec. Nul cependant ne peut prétendre à
une gloire comparable à celle des athlètes vainqueurs. Reçu en
triomphe dans sa ville natale, l'*olympionique* est célébré par
les plus grands poètes qui composent en son honneur le chant
de victoire, et son image est immortalisée par les plus grands
artistes. Son nom est transmis à la postérité ; les listes de
vainqueurs sont dressées avec autant de soin que celles des
magistrats éponymes. Il n'y avait sûrement pas de famille
noble ou royale qui pût atteindre à la renommée de la famille
de Diagoras de Rhodes, où, de génération en génération,
les athlètes accumulaient les couronnes dues à leurs victoires (1).

Ce sont les jeux Olympiques qui donnent l'impression la
plus nette de l'unité hellénique et qui définissent le mieux
la valeur purement morale de cette unité. « Sous les platanes
de l'Altis qui bordaient l'agora d'Olympie, tous les fils
d'Hellen se reconnaissaient dans la bigarrure des costumes et
des dialectes à une même conception du culte, de la vie
sociale, de la patrie commune, de l'art et de la vie » (2).

(1) Paus., VI, 7, 1-3.
(2) Monceaux, *La Grèce avant Alexandre*, p. 194.

CHAPITRE II

LES RELATIONS INTERNATIONALES

I

Le droit international.

Les Grecs ont conscience de faire partie d'un même groupe.
Ce sentiment de solidarité se traduit-il dans les faits ? L'étude
des relations internationales va nous l'apprendre.

Aux yeux des Grecs, les Barbares ne sont pas seulement
des étrangers, mais des êtres inférieurs : entre Grec et Barbare, dit Isocrate, il n'y a pas moins de différence qu'entre
l'homme et l'animal (1). La supériorité des Grecs leur assure
des droits : il est naturel et juste que les Barbares leur
obéissent comme les esclaves aux hommes libres (2). Entre
eux nulle amitié possible, mais au contraire guerre éternelle (3). On ne cherchera donc pas à établir entre eux de
commune mesure : lorsque les Grecs invoquent les lois non
écrites, les lois communes à l'humanité, il ne s'agit évidemment que de l'humanité grecque.

Entre Grecs, la situation n'est plus la même. Sans doute à
l'origine les relations ne sont pas plus amicales. Dans les
poèmes homériques, la piraterie est de droit commun ; elle
n'est condamnable qu'entre citoyens, mais au contraire licite
et même honorable lorsqu'elle vise les étrangers (4) : c'est un

(1) Isocr., XV, 293.
(2) Eur., *I. A.*, 1400-1401 ; *Andr.*, 665-(66 ; Arstt., *Pol.*, I, 1, 5.
(3) Eur., *Hec.*, 1199-1201 ; Tl., XXXI, 29. — (4) Od., I, 398 ; III, 106, etc.

moyen d'existence légitime, ni plus ni moins que la chasse et
la pêche (1). Il n'en est plus de même aux temps classiques.
Dans certains cas sans doute les particuliers se font justice eux
mêmes en s'emparant des biens ou de la personne d'un
étranger, mais ces cas sont réglés par les conventions inter
nationales (2). Lorsqu'un Athénien périt à l'étranger de mort
violente, ses parents peuvent retenir des citoyens de la cité
étrangère jusqu'à ce qu'ils aient obtenu justice (3). Les représailles, σῦλαι, par lesquelles le plaignant, qui n'a pas obtenu
satisfaction d'un tribunal étranger, s'empare d'un gage sur
son adversaire ou, à défaut, sur les concitoyens de celui-ci, est
également une procédure internationale qui requiert l'intervention de l'État (4) : à Athènes, c'est l'assemblée du peuple
qui prononce sur la validité des prises (5). En fait, les représailles le plus souvent précèdent ou provoquent la guerre, et
la pratique en est si courante qu'on ne se représente pas
autrement l'origine des légendaires guerres de Messénie (6).
Une fois la guerre engagée, la course devient un moyen légitime d'atteindre le commerce et le ravitaillement de l'ennemi.
Des corsaires spartiates viennent jusqu'au marché du Pirée
enlever des marchands et des armateurs (7). Mais la piraterie
est jugée comme un crime de droit commun au même titre
que le vol à main armée et le brigandage : ce n'est que chez
des populations à demi barbares, comme les Étoliens et les
Acarnanes, que de telles pratiques subsistent (8) et elles sont
l'objet de la réprobation générale. L'oracle de Delphes, organe
de la conscience hellénique, a condamné les pirates de Skyros
et autorisé les Athéniens à expulser de l'île les Dolopes coupables (9) ; les Méliens ont dû payer une amende de dix
talents pour avoir reçu dans leur port les pirates (10).

(1) ARSTT., *Pol.*, I, 3, 4. — (2) **III**, 322.
(3) **CXL**, p. 281 ; **XXIX**, s. v. *Androlepsia*. — (4) **CXL**, p. 284.
(5) DEM., *Timocr.*, 703. — (6) Ds., VIII, 5.
(7) XEN., *Hell.*, V, 1, 21 ; cf. THC., II, 69. — (8) THC., I, 5.
(9) PLUT., *Cim.*, 8. — (10) DEM., *Theocr.*, 1 39.

Il s'établit donc dans les rapports entre Hellènes des usages, des traditions, qui, pour ne pas être toujours traduits par des textes juridiques ou des instruments diplomatiques, n'en sont pas moins religieusement observés. C'est violer la justice que de transgresser cette « coutume hellénique », τὰ νόμιμα τῶν Ἑλλήνων (1) : ainsi les Mégariens exclus du marché d'Athènes invoquent moins les traités que le droit commun, τὰ κοινὰ δίκαια (2).

II

Le citoyen et l'étranger.

Le droit international règle essentiellement les rapports du citoyen et de l'étranger. Il fut un temps sans doute où entre l'un et l'autre la distinction était « profonde et ineffaçable » (3). Mais cette opposition, qu'on croit fondée sur l'exclusivisme des religions nationales, ne dura guère, et Fustel de Coulanges lui-même est bien obligé de noter que, loin « d'établir un système de vexation contre l'étranger », la cité lui faisait bon accueil et veillait sur lui (4).

En fait, de tout temps, nous voyons des étrangers vivre parmi les citoyens. Dès l'origine, l'étranger, comme le pauvre et le suppliant, est sous la protection des dieux et principalement de Zeus (5) : n'est-ce pas sous la figure d'un étranger que les dieux se plaisent à venir frapper à la porte des humains? Celui qui repousse l'envoyé de Zeus (6) encourt la malédiction divine (7). Les temps classiques, aussi bien que les temps homériques, observent ces règles d'humanité. Les Milésiens établis dans le Pont recueillaient les naufragés et les renvoyaient munis d'un viatique (8). En Crète, dans les repas publics, deux tables sont dressées pour les étran-

(1) Thc., IV, 97; cf. Eur., *Or.*, 495. — (2) Plut., *Per.*, 29.
(3) **XXXIX** p. 228. — (4) **XXXIX**, p. 231.
(5) Od., VII, 165, 181; IX, 270. — (6) Od., VI, 207; XIV, 55-60.
(7) Hes., *O.*, 327. — (8) Herclde., fr. XVIII.

gers, que l'on sert même avant les magistrats (1). La tragédie attique célèbre volontiers l'hospitalité athénienne : les
Suppliantes d'Eschyle, l'*Œdipe à Colone* de Sophocle, les
Héraklides d'Euripide sont des variations sur le même thème,
devenu banal, de l'humanité des Athéniens envers ceux qui
cherchent refuge sur leur sol. Semblablement le gouvernement thébain, après la prise d'Athènes par Lysandre, décide
d'accueillir, malgré Sparte, les Athéniens chassés de leur
patrie, et sa conduite paraît à Plutarque vraiment grecque et
humaine, ἑλληνικὰ καὶ φιλάνθρωπα (2).

L'étranger de passage est en quelque sorte sous la protection spéciale d'un citoyen, son hôte. Aux temps homériques,
les pâtres, non moins que les rois, se piquent de faire bon
accueil à quiconque frappe à leur porte. Ces rencontres, dues
souvent au hasard, créent, entre les deux hommes d'abord,
puis entre les deux familles, des liens qui se perpétuent de
génération en génération. Sur le champ de bataille, Diomède
et Glaukos se reconnaissent comme hôtes et refusent de se
combattre (3). Dès qu'un Grec arrive dans une ville étrangère, il sait où diriger ses pas et va trouver son hôte, lui
présentant, s'il ne le connaît pas encore, les signes de
reconnaissance transmis de père en fils (4). Il trouve là non
seulement un gîte, le feu, souvent la table, mais encore toute
aide et toute protection. L'hospitalité supplée à l'origine au
droit international. Elle s'explique d'ailleurs naturellement
par l'absence de tout établissement ouvert aux voyageurs :
c'est aux Lydiens qu'on attribuait la création des premières
hôtelleries, des caravansérails sur les grandes routes pos-
tales (5). Les villes grecques eurent aussi leurs auberges,
mais ce furent toujours des lieux plus ou moins bien famés, et
l'usage subsista de demander un logement à son hôte. Ainsi
à travers toute la Grèce des liens d'amitié et d'obligeance

(1) Ath., IV, 143 c. — (2) Plut., *Lys.*, 27. — (3) Il., VI, 119-236.
(4) Lys., *Arist.*, 25. — (5) **CXXII**, p. 97-99.

mutuelle se nouent entre familles de ville à ville, en dépit
des rivalités politiques et des guerres : Périclès est, par
naissance, l'hôte du roi de Sparte Archidamos (1), Alcibiade
celui de l'éphore Endios (2).

A côté de l'étranger qui passe, il en est d'autres qui restent
à demeure. Les poèmes homériques connaissent l'exilé, qui,
coupable d'un meurtre, a dû quitter sa patrie et vit en pays
étranger (3), lui aussi sous la protection de son hôte. Plus
tard ce sont des marchands qui finissent par se fixer dans la
ville où les avaient appelés leurs affaires. Ainsi se forme la
classe des étrangers domiciliés. L'intention qu'ils ont d'adopter une nouvelle résidence se prouve par la prolongation du
séjour : une inscription de Locride fixe à un mois le temps
au bout duquel l'étranger n'est plus considéré comme un
voyageur de passage (4). Dès lors, comme dit un scholiaste (5),
tout en gardant beaucoup de l'étranger il a quelque chose du
citoyen.

C'est à Athènes qu'il faut étudier la situation juridique de
l'étranger domicilié, du métèque. A l'origine, il n'était probablement admis dans la cité qu'à condition d'y trouver un
répondant, qui est naturellement son hôte, celui qu'on appelait le prostate. Mais, dès le V⁰ siècle, le prostate n'a plus qu'à
présenter au dème l'étranger qui veut se faire inscrire sur les
registres, sans que cela crée d'obligations ni à l'un ni à l'autre.
C'est qu'aux liens primitivement établis entre des personnes,
la cité athénienne a substitué des obligations ou des droits
juridiques qui mettent en rapports sans aucun intermédiaire
le métèque et l'État. Sans être citoyen, le métèque rentre
cependant dans les cadres de la cité. Il garde de sa condition
première certaines infériorités. Il paie la taxe des métèques,
impôt direct personnel, d'ailleurs très léger. Il acquitte,

(1) PLUT., *Per.*, 33. — (2) THC., VIII, 6.
(3) IL., XXIV, 480-481 ; nombreux exemples dans **CXLVII**, p. 51.
(4) **III**, 322 ; cf. A. BYZ., fr. 51. — (5) **XIX**, XXII (1887), p. 408.

comme les autres étrangers, des droits de marché dont sont
exempts les citoyens. Sa vie semble avoir moins de prix que
celle du citoyen : le meurtrier du métèque est condamné à
l'exil, celui du citoyen à mort. Mais pour l'ensemble des droits
civils, le métèque ne diffère pas de l'Athénien. Les tribunaux
lui assurent bonne justice et le polémarque protège sa famille
et ses biens comme fait l'archonte pour les citoyens. La propriété foncière, il est vrai, à quoi dans la cité antique se
reconnaît le citoyen, lui est interdite : il faut un décret du
peuple pour l'autoriser à acheter une maison ou une terre. En
revanche, toute liberté est laissée à son activité industrielle et
commerciale. Les grosses fortunes mobilières appartiennent
aux métèques, qui monopolisent presque le commerce maritime et le commerce de l'argent. Enfin — et rien ne montre
mieux qu'Athènes les traite moins en étrangers qu'en concitoyens — la cité les admet à ses fêtes religieuses : à la pro-
cession des Panathénées, les métèques prennent rang aux
côtés des citoyens. En reconnaissance de la protection que lui
assure la cité, le métèque contracte envers elle des obligations, qui contribuent elles aussi à effacer toute distinction
entre citoyen et étranger domicilié. Il paie les mêmes impôts
que les citoyens et prend sa part des liturgies. Il doit le service militaire et, selon sa fortune, sert comme hoplite dans les
troupes qui sont réservées à la défense du territoire ou
comme marin sur les trières. Si le rôle des métèques est
modeste dans l'armée de terre, c'est en grande partie sur eux
que repose la puissance navale d'Athènes.

La condition des étrangers domiciliés variait de ville à ville.
Les peuples étaient sans doute par nature plus ou moins
hospitaliers, mais leur attitude à l'égard des étrangers dépen-
dait plus encore de leur développement économique. Dans les
États où l'occupation presque unique ou dominante est l'agriculture, l'étranger trouve difficilement place : il n'est jamais
admis au droit de propriété foncière et il ne retrouve pas à

louer ses bras, soit que la culture des grands domaines soit assurée par une classe de serfs, soit que le petit propriétaire libre cultive lui-même son champ assisté d'un ou deux esclaves. Au contraire, dans les villes marchandes, l'étranger est très bien accueilli : le grand commerce suppose non seulement des échanges de produits, mais des échanges de personnes, et le monde des affaires est essentiellement international. Là le métèque trouvera à s'employer à côté du citoyen, qu'il soit artisan ou mieux encore marchand, du petit revendeur au détail jusqu'au grand négociant qui nolise des flottes et engage ses capitaux sur toutes les places de commerce de la Méditerranée hellénique.

C'est précisément par ces différences économiques que s'explique l'attitude de Sparte et d'Athènes. Sparte passait pour hostile aux étrangers : une loi interdisait aux étrangers de s'établir en Laconie et autorisait les éphores à les expulser (1). Il ne faut pas, il est vrai, prendre ces textes à la lettre. Certaines expulsions étaient des mesures de police parfaitement légitimes (2), et Sparte ne refusait pas d'admettre les étrangers qui lui paraissaient dignes de cette faveur : elle avait fait bon accueil à Tyrtée, à Alcman, à Terpandre, en raison des services que ces musiciens et ces poètes pouvaient rendre à l'État. Mais dans une ville où les citoyens forment une classe absolument fermée et où ils font cultiver leurs terres par des serfs, il n'y a pas besoin de main-d'œuvre étrangère; pour l'industrie et le commerce, dont l'activité ne dépasse pas les limites de la cité, les périèques suffisent. A la misoxénie spartiate s'opposait la philoxénie athénienne. Dès que l'Athènes de Solon tourne son activité vers le dehors, elle reçoit une population étrangère et Clisthène inscrit de nombreux métèques sur les listes de citoyens (3). Si les aristocrates ne regardent pas sans méfiance grandir l'élément

______

(1) Voir plus haut, p. 178. — (2) HDT., III, 148. — (3) ARSTT., *Pol.*, III, 1, 10.

étranger, les démocrates, pour qui le développement de la
marine et du commerce maritime ne se sépare pas du régime
démocratique, Thémistocle (1), aussi bien que Périclès, font
effort pour attirer les étrangers à Athènes. L'opinion publique
est avec eux et entoure de respect les plus illustres métèques.
Képhalos, venu de Syracuse à la prière de Périclès, n'est pas
seulement le gros industriel qui dirige une fabrique d'armes,
le grand négociant dont les fils prennent part à la colonisation de Thourioi ; il est l'ami des plus célèbres personnages
d'Athènes et c'est chez lui que Socrate, au soir des fêtes de
Bendis, trace devant ses amis le tableau de la cité
idéale.

Les cités grecques, même lorsqu'elles se montrent accueillantes aux étrangers, ne vont pas jusqu'à les confondre avec
les citoyens. Elles défendent les mariages entre citoyens et
étrangères. Le principe est de ne reconnaître comme légitime que l'enfant dont le père et la mère ont l'un et l'autre
le droit de cité (2) : c'est la loi à Byzance (3) comme à
Athènes (4). Tout au moins la mère doit-elle appartenir à
une cité qui ait reçu le droit de mariage, l'épigamie, privilège
qu'Athènes n'accorda qu'aux Eubéens et aux Platéens (5).
L'obtention du droit de cité est une faveur exceptionnelle.
Toutefois là encore il faut distinguer entre les villes. Sparte
prétend conserver parfaitement pur le sang des conquérants :
au temps d'Hérodote, deux étrangers seulement y ont reçu
le droit de cité, et la chose a paru si grave qu'on a cru
devoir au préalable consulter l'oracle de Delphes (6). Dans
les cités industrielles et marchandes, qui ont besoin d'une
population plus nombreuse, on se montre moins difficile : les
villes insuffisamment peuplées, dit Aristote, acceptent jus-

---

(1) Ds., XI, 43. — (2) Arstt., *Pol.*, III, 1, 9. — (3) Arstt., *Œc.*, II, 2, 3.
(4) Arstt., 'Aθ. πο)., 42 ; Poll., III, 21 ; cf. Ar., *Av.*, 1652.
(5) Dem., *Neair.*, 1380-1381 ; **XXIX**, s.v. *Matrimonium.*
(6) Hdt., IX, 33-35.

qu'aux fils d'un citoyen et d'une esclave, mais elles sont de
plus en plus sévères à mesure que croît la population (1).
Lorsque Athènes n'est encore qu'une petite ville, elle laisse
Clisthène créer de nouveaux citoyens et elle admet les
mariages mixtes : au VIe siècle, les chefs de parti prennent
femme au dehors, Mégaclès épouse une fille du tyran de
Sicyone (2) et Pisistrate une Argienne (3). Thémistocle,
Cimon ont pour mère une étrangère. Mais, au temps de
Périclès, la cité se ferme : un décret de 451 affirme le principe selon lequel le citoyen doit être né d'un père athénien
et d'une mère athénienne (4). Athènes ne tient plus à augmenter sa population et les citoyens sont peu disposés à partager avec d'autres les avantages de tout ordre que leur vaut
leur qualité. Le naturalisé n'a pas la plénitude des droits
politiques, puisqu'il ne peut prétendre à l'archontat ni aux
sacerdoces, mais, comme les autres citoyens, il touche le
salaire des héliastes, il reçoit le lot de terre des clérouques,
il prend part aux distributions gratuites. C'est à l'occasion
d'un cadeau de blé fait au peuple athénien que, pour assurer
aux seuls citoyens une plus large part, on procède à la revision générale des listes et à l'exclusion de la cité de plus
de 5000 intrus (5). Après Périclès, la cité, troublée par les
luttes extérieures et intérieures, applique moins rigoureusement les lois et elle est obligée de réparer les pertes que lui
ont fait subir et la guerre et la peste. Aussi accorde-t-on le
droit de cité en bloc aux Platéens, aux esclaves qui ont
combattu aux Argynuses ; on est moins strict sur la légiti-
mité des naissances ; le père de Démosthène, comme Timothée, sont nés de l'union d'un citoyen et d'une étrangère.
Des non-citoyens réussissent à se faire inscrire sur les
registres ; « les phratries et les listes civiques, dit Isocrate,

(1) ARSTT., *Pol.*, III, 3, 5. — (2) HDT., VI, 130. — (3) ARSTT., 'Αθ. πολ., 17.
(4) ARSTT., 'Αθ. πολ., 26.
(5) PLUT., *Per.*, 37 ; PHILOCH., ap. SCH. AR., *Vesp.*, 718.

s'emplissent de gens étrangers à la cité » (1). Athènes n'en
fut du moins jamais réduite aux expédients des villes qui,
manquant d'hommes et manquant d'argent, se mirent à vendre
le droit de cité (2).

III

LE DROIT COMMERCIAL.

En temps de paix, les cités ont surtout des relations commerciales.

En principe, le commerce est libre. C'est comme mesure de
guerre que les Argiens et les Éginètes interdisent l'importation des poteries attiques (3). De même le décret qui exclut
les Mégariens des marchés et des ports qui dépendent
d'Athènes est considéré comme une démarche hostile et contraire au droit commercial (4). Les droits qui frappent les
marchandises, aussi bien à la sortie qu'à l'entrée, sont de pures
mesures fiscales et ne visent nullement à établir un régime
protectionniste ou prohibitif. Les seules restrictions apportées
à la liberté du commerce sont, en temps de guerre, la défense
d'exporter tout ce qui peut être utilisé pour la défense nationale et, en tout temps, la surveillance des approvisionne-
ments. Toujours menacées de famine dans un pays qui produit
trop peu, les cités grecques sont obligées de retenir chez elles
les produits de leur sol. Solon ne permet que l'exportation
de l'huile (5); Selymbria interdit celle du blé (6); c'est par
mesure spéciale qu'Athènes permet à Aphytis de s'approvi-
sionner à Athènes (7), à Méthone d'acheter du blé de Byzance (8), à Clazomène de demander des céréales aux

<hr>

(1) ISOCR., VIII, 88. — (2) ARSTT., *Œc.*, II, 2, 3.
(3) HDT., V, 88; ATH., XI, 502 c; *Classical Review*, XII (1898), p. 867.
(4) THC., I, 67; I, 139; AR., *Pax*, 609 ; *Acharn.*, 523 sq.; SCH. AR., *Pax*, 246;
PLUT., *Per.*, 29.
(5) PLUT., *Sol.*, 24. — (6) ARSTT., *Œc.*, II, 2, 17. — (7) II, I, 41.
(8) II, I, 40.

ports voisins (1). Bien plus, les villes cherchent à retenir les blés qui ne feraient que transiter dans leur port : Athènes interdit de réexporter plus du tiers du blé entré au Pirée (2).

Le principe du droit commun est la liberté du commerce, mais cela n'empêche pas les cités de s'assurer des avantages par des conventions particulières. L'homme d'État, dit Aristote (3), doit savoir ce que chaque cité a à exporter ou demande à importer pour conclure des conventions et des arrangements commerciaux. C'est ainsi qu'Athènes se réserve par traité avec Céos le monopole de l'exportation du vermillon (4) ou qu'Amyntas de Macédoine règle avec les villes chalcidiennes l'exportation de la poix et des bois de construction (5). Plus importantes encore sont les conventions qui règlent le trafic des denrées alimentaires; par exemple les accords passés par Athènes avec les princes du Bosphore Cimmérien, qui donnent aux marchands athéniens le droit d'acheter et de charger les premiers et les exemptent des droits de sortie (6).

Le caractère international du commerce entraîne l'internationalisation de tout ce qui sert aux échanges, les poids et mesures et la monnaie. En principe, chaque cité a son système de poids et mesures. Ces mesures publiques, dont l'usage est souvent obligatoire (7), sont conservées par l'État, et, sous la surveillance de magistrats spéciaux, comme les métronomes d'Athènes (8), elles servent d'étalon pour celles qu'emploient les particuliers. La diversité des poids et mesures était une gêne pour le commerce, mais en fait les systèmes se simplifient et finissent par se ramener à deux, le système éginétique et le système euboïque. Encore ce dernier est-il le plus répandu. Lorsque Solon le fait adopter à Athènes, c'est pour mettre les marchands athéniens en rapports plus aisés avec les marchands

(1) **II**, II, 14 b. — (2) Arstt., 'Aθ. πολ., 51. — (3) Arstt., *Rhet.*, I, 4, 11.
(4) **II**, II, 546. — (5) **CXLVI**, n° 107. — (6) Dem., *Lepl.*, 466-467.
(7) Sch. Ar., *Nub.*, 639; **XI**, XXXI (1907), p. 46-47.
(8) Arstt. 'Aθ. πολ., 51.

de Chalcis, d'Érétrie, de Corinthe, et, par les colonies de ces cités, de toute la Grèce siciliote. Les villes concluent entre elles des accords pour l'unification des poids et mesures : Aristophane ne manque pas de nous montrer la jeune cité de Néphélococcygie concluant une entente de ce genre avec les Olophyxiens (1). Lorsqu'une ville exerce l'hégémonie sur tout un groupe, elle a soin d'obtenir de bon gré ou de force l'adoption de ses propres mesures : ainsi le système attique devient celui de toute la confédération maritime.

La monnaie prend de même une valeur internationale. Très vite les Grecs avaient compris les avantages qu'offrait au commerce l'invention des Lydiens. Dès le VIe siècle, l'économie monétaire tend à supplanter l'économie naturelle. Chaque ville a son hôtel des monnaies qui frappe des pièces portant l'emblème de la cité. Mais, comme pour les poids et mesures, l'unification tend à se réaliser ; deux systèmes monétaires se partagent le monde grec, correspondant aux deux systèmes de poids, et des accords particuliers complètent de ville à ville l'unité monétaire : Mitylène et Phocée s'entendent pour émettre des monnaies de même titre et portant les marques des deux villes (2). Et surtout l'importance prise par le commerce de certaines villes et le bon aloi de leurs monnaies assurent sur tous les marchés le cours de certaines pièces. Les monnaies d'Égine, de Corinthe, de Phocée, de Cyzique, de Lampsaque ont une valeur internationale. Athènes met son orgueil à ne frapper avec l'argent du Laurion que des pièces excellentes, dont l'alliage et le poids sont garantis par la minutie scrupuleuse du travail ; d'autre part, le commerce athénien est si développé qu'on est sûr de trouver partout un marchand athénien pour reprendre les monnaies athéniennes (3). Les beaux tétradrachmes, dont le revers s'orne de la chouette d'Athèna, sont par excellence la monnaie panhellénique.

(1) AR., *Av.*, 1040-1041. — (2) I, 150. — (3) XEN., *Vect.*, III, 2.

On pouvait aller plus loin encore. Si l'antiquité grecque n'a pas connu, sauf en temps de crise (1), la monnaie fiduciaire, elle a cherché à supprimer les inconvénients du transport des monnaies et du change. La banque (2) résulte elle aussi du caractère international du commerce. Dans la cité, le changeur, devenu banquier, a continué les opérations qu'on avait vu faire d'abord dans les temples, dépôt et prêt. Mais il étend ses opérations hors de la cité : les grandes banques, comme celle de Pasion à Athènes, ont des succursales ou des agences dans les principales places où commercent les Athéniens. Le banquier devient l'intermédiaire naturel entre les commerçants ; il tient pour ses clients des comptes courants où il inscrit les sommes reçues ou déboursées en leur nom ; il ouvre des crédits qui permettent au voyageur de ne pas s'embarrasser de numéraire : le fils de Sopaios, qui veut éviter les risques d'un transport d'argent entre Héraclée et Athènes, use d'une véritable lettre de change, fortifiée par un aval du banquier Pasion (3).

Par l'extension des relations, il se forme peu à peu, sinon un véritable droit commercial international, du moins des coutumes et des usages qui en tiennent lieu. Ce qu'il importait de régler, c'étaient les contestations judiciaires. Les États concluent entre eux des conventions spéciales pour régler la procédure ; en général le procès est jugé dans la cité du défendeur, mais le demandenr peut interjeter appel devant les tribunaux d'une troisième ville prise pour arbitre : c'est le rôle que joue Mitylène entre Lébédos et Téos (4). Des tribunaux spéciaux jugent les procès entre étrangers ou entre citoyens et étrangers ; on en voit fonctionner à Éphèse, à Mylasa, à Médéon (5). C'est naturellement Athènes qui donne le modèle des tribunaux de commerce. On définit les procès com-

(1) ARSTT., Œc., II, 2, 16. — (2) **XIX**, LV (1920), p. 1.5 sq.
(3) ISOCR., XVIII, 17, 37. — (4) LEBAS-WADDINGTON, 86.
(5) **X**, I, p. 36 ; **XI**, V (1881), p. 102 ; **XI**, V (1881), p. 46.

merciaux, δίκαι ἐμπορικαί, ceux qui s'élèvent entre armateurs ou marchands au sujet de contrats passés par écrit
pour des affaires d'importation ou d'exportation. Le procès
est instruit au ve siècle par des magistrats spéciaux, les *naulodikai*, qui président ensuite le tribunal; au temps de Démosthène, les *naulodikai* sont remplacés par les thesmothètes.
La procédure est faite pour des plaideurs qui ne font dans
la ville que de brefs séjours. Les procès se jugent ns dales
mois d'hiver, alors que le mauvais temps retient les marins
à terre, et ils doivent être tranchés dans le courant du mois
qui suit l'introduction de l'instance. Enfin le jugement devient aussitôt exécutoire. Le perdant doit payer sur-le-champ
ou fournir caution s'il ne veut pas être emprisonné : Athènes,
qui, depuis Solon, ne connaît plus la contrainte par corps, a
maintenu ces précautions contre des gens qui par métier
peuvent du jour au lendemain reprendre la mer et disparaître
avant d'avoir acquitté leurs dettes.

Les relations pacifiques et amicales entre les cités sont ent retenues par l'usage de l'hospitalité publique, de la **proxénie**.
Le proxène est pour l'État étranger ce que l'hôte est pour le
particulier. Il reçoit et loge les ambassadeurs de la cité dont
il est proxène, les introduit devant l'assemblée du peuple ou
devant les magistrats, les met en rapports avec les prêtres et
les dieux. Pour les particuliers, il sert d'hôte à ceux qui n'en
ont pas. Les marchands lui demandent de les aider en justice,
de leur servir de caution, au besoin de recevoir leur argent
en dépôt et de veiller sur leur héritage : le proxène est bien
« le patron de ceux qui naviguent pour le commerce » (1). La
qualité de proxène et les avantages qui y étaient attachés
furent prodigués si largement que la proxénie finit par n'être
plus qu'un titre honorifique. Mais, au ve et au ive siècle, le
proxène a un rôle actif. Il est le défenseur officiel de tous les

(1) **I**, 2060; cf. 2256.

intérêts religieux, financiers ou diplomatiques de l'État qu'il représente (1). Cimon, proxène de Sparte, soutient devant le peuple athénien une politique laconisante (2).

Ainsi le commerce et la navigation rapprochent les cités. Il se forme une classe de marchands qui circulent sans cesse, qui fréquentent toutes les places de commerce de la Grèce, qui acquièrent des habitudes et une mentalité cosmopolites. L'affaire plaidée par le pseudo-Démosthène contre Zénothémis montre l'enchevêtrement du commerce international. Un marchand contracte à Athènes un emprunt pour aller acheter du blé à Syracuse; il le charge sur le vaisseau d'armateurs marseillais qui, gageant sur la cargaison un nouvel emprunt, se hâtent d'envoyer l'argent obtenu à Marseille; les escroqueries que machinent les armateurs mettent en mouvement d'abord les tribunaux de Céphallénie, où le navire a abordé, puis ceux d'Athènes, où l'affaire s'est encore compliquée par le jeu des cours sur le marché aux blés. Rien ne montre mieux comment d'un bout à l'autre du monde grec s'entre-croisent les relations d'affaires, licites ou illicites.

IV

Les lois de la guerre.

Lorsque la guerre éclate, tout ce qui avait pu rapprocher les Grecs est oublié et la barbarie primitive reparaît. Les vieux liens de parenté ethnique n'ont plus de valeur (3). Les règles du juste sont abolies et contre l'ennemi tout est permis (4) : « dès qu'une action est utile à la patrie, dit Agésilas, il est beau de la faire » (5). Il n'y a plus d'autre droit que celui de la force. Les Athéniens en énoncent cyniquement le principe devant les Méliens qu'ils attaquent contre toute équité : lors-

___

(1) Thc., V, 59. — (2) Plut., *Cim.*, 16; Paus., IV, 24, 6; And., *Pax*, 3.
(3) Plut., *Lys.*, VII, 5; Thc. VII, 57. — (4) Plut., *M.*, 223 b.
(5) Plut., *M.*, 210 e.

que les deux partis sont de force égale, on s'en remet à la justice ; mais autrement il est naturel que les plus forts agissent à leur fantaisie et que les plus faibles se résignent (1).

Il est contraire au droit des gens d'attaquer sans déclaration de guerre (2); les hostilités ne s'engagent qu'après une déclaration formelle, qui suit généralement l'envoi d'un ultimatum (3). Les ambassadeurs qui menaient les négociations n'ont qu'un court délai, souvent vingt-quatre heures, pour quitter le pays '(4). En principe, la neutralité est un droit reconnu ; la trêve conclue entre Sparte et Athènes proclame le droit pour les autres villes de se prononcer en toute liberté entre les deux adversaires (5). En fait, les neutres n'échappent pas aux malheurs de la guerre. En principe, une troupe ne doit pas s'engager sur le territoire neutre sans avoir obtenu l'agrément de la cité (6) ; en fait, les belligérants n'hésitent pas à passer à travers les États neutres et à engager la bataille aussi bien sur le territoire de leurs voisins que sur le leur (7). Les Spartiates, lorsqu'ils arrêtent des vaisseaux, ne font aucune distinction entre les alliés des Athéniens et les neutres (8). La neutralité est impossible ; tout conflit aboutit vite à une guerre générale : Athènes met en demeure Mélos d'abandonner la neutralité et de prendre parti contre Sparte (9).

La guerre est implacable. A Platée, Pausanias a donné ordre de ne pas faire de quartier (10), mais il se croit en droit de traiter ainsi des Barbares. C'est malheureusement la même règle qui s'applique aussi bien aux Grecs. Il n'est pas rare de mettre à mort les prisonniers (11) : après Ægos Potamos, 3000 prisonniers athéniens sont massacrés (12). On ne se donne pas la peine de distinguer entre les vaincus (13) : les

(1) Thc., V, 89 ; cf. Plat., *Gorg.*, 483 c-d ; 488 c. — (2) Hdt., V, 81.
(3) Thc., I, 29 ; I, 26 ; VI, 50. — (4) Thc., II, 12. — (5) Thc., I, 35.
(6) Thc., IV, 78 ; V, 47 ; V, 56. — (7) Thc., IV, 92. — (8) Thc., II, 67.
(9) Thc., V, 84-111. — (10) Ds., XI, 32, 5. — (11) Thc., I, 30 ; I, 50 ; II, 5.
(12) Xen., *Hell.*, II, 1, 32 ; Plut., *Lys.*, 13. — (13) Thc., III, 32.

Corinthiens, qui massacrent les Corcyréens, « égorgent même leurs amis sans les connaître » (1). S'ils ont la vie sauve, les prisonniers courent risque d'être maltraités. Les Samiens marquent au front les prisonniers athéniens pour venger leurs concitoyens qui ont subi des Athéniens le même outrage (2). Plus cruels encore, les Athéniens décident de couper la main droite à leurs prisonniers (3). C'est peu que d'être mis aux fers (4), enfermé dans les carrières (5), livré à la faim et à la soif (6). Les prisonniers n'ont d'espoir de salut que dans la cupidité du vainqueur qui préfère s'enrichir en touchant une rançon : au VIᵉ siècle, le taux normal en est de deux mines par tête (7), au IVᵉ d'une mine (8). Ce qui peut encore retenir le vainqueur, c'est la crainte des représailles. Elle mène à échanger, homme pour homme, les prisonniers faits de part et d'autre (9) : la paix de Nicias stipule que l'on se rendra mutuellement les prisonniers (10).

L'antiquité ignore la distinction moderne entre combattants et non-combattants. Les Spartiates, qui arrêtent en mer les marchands athéniens, les mettent à mort comme les prisonniers de guerre (11). Lorsqu'une ville est prise d'assaut ou se rend à merci, tout ce qui s'y trouve, corps et biens, appartient au vainqueur (12). Le plus souvent les hommes sont mis à mort, les femmes et les enfants vendus comme esclaves : c'est le sort que les Spartiates infligent à Platée (13) et les Athéniens à Mélos (14). C'est se montrer clément que de vendre les hommes (15), de les faire travailler dans les mines (16) ou de les garder en prison dans l'espoir d'une rançon. Lorsqu'en 468 Argos détruit Mycènes, elle vend comme esclaves une partie des habitants et expulse les autres qui doivent chercher re-

(1) Thc., I, 50. — (2) Plut., *Per.*, 26 ; El., *V. H.*, II, 9 ; cf. Plut., *Nic.* 29.
(3) Xen., *Hell.*, II, 1, 31 ; cf. El., *V. H.*, II, 9. — (4) Hdt., V, 77.
(5) Xen., *Hell.*, I, 2, 14. — (6) Thc., VII, 8 ; Plut., *Nic.*, 29 ; Ds., XIII, 33.
(7) Hdt., V, 77 ; VI, 77. — (8) Arstt., *Nic.*, 1134 b. — (9) Thc., V, 3.
(10) Thc., V, 18. — (11) Thc., II, 67. — (12) Xen., *Cyr.*, VII, 5, 73.
(13) Thc., III, 68. — (14) Thc., V 116. — (15) Plut., *Ages.*, 9.
(16) Polyen., II 1 26.

fuge à l'étranger (1). Après l'expédition contre Corcyre, les
Corinthiens mettent en vente les esclaves corcyréens, mais
gardent prisonniers les citoyens (2). Quant aux femmes et,
aux enfants, ils ont peu de chances d'échapper à la servitude (3):
Alcibiade a comme esclave une femme de Mélos dont il a
eu un fils. Du moins le massacre de toute la population
est-il exceptionnel et ne paraît légitime que s'il s'agit de barbares : les gens de Byzance et de Chalcedon, vainqueurs des Bi-
thyniens, massacrent femmes et enfants, sans doute parce que,
possédant déjà beaucoup d'esclaves, ils en jugent la vente difficile et peu rémunératrice (4).

La ville sera moins durement traitée si elle a réussi à
signer une capitulation (5). La capitulation de Mitylène
avait stipulé qu'aucun Mitylénien ne serait emprisonné, réduit à l'esclavage ou mis à mort jusqu'au retour des députés envoyés à Athènes (6). Le plus souvent la capitulation
permet aux habitants de se retirer, eux et leurs familles, avec
un ou deux vêtements et une petite somme d'argent pour le
voyage (7). Brasidas se montre plus généreux en autorisant
les Amphipolitains à rester dans leur pays ou à quitter la ville
dans un délai de cinq jours en prenant avec eux ce qui leur
appartenait(8). On disait qu'à la prise de Troie les vainqueurs
avaient eu une attitude digne des Grecs parce qu'ils avaient
permis à chacun des Troyens d'emporter ce qu'il avait de plus
cher (9). La capitulation règle aussi les obligations de l'État
vaincu : Athènes impose à Égine (10), à Thasos (11), d'abattre
leurs murailles, de livrer leurs vaisseaux, de payer une contribution de guerre.

La guerre n'est pas faite seulement aux hommes, mais aussi
aux choses. Toute invasion s'accompagne de pillage et de

---

(1) Ds., XI, 65 ; Paus., II, 16, 5. — (2) Thc., I, 55 ; cf. I, 29.
(3) Thc., III, 36; III, 68; V, 116. — (4) Ds., XII, 82. — (5) Thc. IV, 130.
(6) Thc., III, 28. — (7) Thc., II, 70; Xen., *Hell.*, II, 3, 6.
(8) Thc., IV, 105. — (9) El., *H. V.*, III, 22. — (10) Thc. I, 108.
(11) Thc., I, 101.

dévastation. Les Spartiates ne voient pas d'autre manière de
réduire Athènes que de ravager chaque année le territoire de
l'Attique, d'y brûler les maisons, d'y couper les oliviers et les
vignes (1). Les mercenaires thraces, qu'Athènes a renvoyés sans
solde avec permission de faire du butin sur l'ennemi, mettent à
sac la ville de Mykalessos (2). Les biens, comme les personnes
des vaincus, appartiennent aux vainqueurs. Hiéron de Syracuse, ayant pris Naxos et Catane, en chasse les habitants et
distribue les terres à de nouveaux venus (3). Les Thébains con-
fisquent les terres des Platéens et les afferment pour dix ans au
profit de l'État (4) ; les Athéniens donnent aux Platéeens les
champs de Skioné (5).

La guerre est donc la suspension de toutes les coutumes qui
avaient créé de Grecs à Grecs des liens de fraternité. Toutefois,
le sentiment d'une nationalité commune était déjà assez fort
pour que, même en guerre, les Grecs eussent honte de traiter
d'autres Grecs comme des barbares. Il se forme donc un droit
hellénique de la guerre. Il y a encore peu de conventions
écrites, comme celle par laquelle les villes d'Eubée s'interdisent l'emploi des armes de jet (6). Mais pour n'être que des
usages, les lois de la guerre n'en créent pas moins une obligation morale. Ainsi tous les Grecs reconnaissent un caractère
sacré et inviolable aux hérauts, et cela même s'ils viennent des
barbares : les Spartiates, pour avoir mis à mort les envoyés de
Xerxès, encourent la colère des dieux (7). Les ambassadeurs,
qui n'ont pas de caractère religieux, ne jouissent pas du même
privilège. En temps de paix, ils sont respectés, sauf s'ils intri-
güent contre la cité qui les reçoit (8). En temps de guerre, ils
peuvent, s'ils ne sont pas accompagnés de hérauts, être arrêtés
et exécutés : en 430, les ambassadeurs péloponnésiens, partis

---

(1) Thc., II, 21 et *passim*; cf. Xen., *Hell.*, VI, 5, 37 ; Thc., VI, 94.
(2) Thc., VII, 29. — (3) Ds., XI, 49. — (4) Thc., III, 68.
(5) Thc., V, 32. — (6) Str., X, 1, 12. — (7) Hdt., VII, 133-137. — (8) Xen.,
V, 22.

pour demander au roi de Perse de l'argent et des troupes, sont livrés par un prince thrace aux Athéniens qui les mettent à mort (1). Les ambassadeurs des puissances neutres qui se rendent chez les ennemis ne sont pas maltraités, mais arrêtés dans leur voyage (2).

Les belligérants doivent respecter les sanctuaires et les propriétés des dieux ; le pillage des temples est un acte sacrilège (3). Discutant avec les Athéniens qui se sont installés dans le sanctuaire de Délion, les Béotiens proclament comme une loi reconnue de tous les Grecs l'interdiction de toucher aux sanctuaires et les Athéniens, tout en prétendant pouvoir les occuper, reconnaissent qu'on les doit respecter et n'en pas troubler les cérémonies (4). C'est selon ce principe que les Athéniens, tout en occupant le temple de Zeus Olympien à Syracuse, s'abstiennent de porter la main sur les offrandes et maintiennent comme gardien des richesses du dieu le prêtre syracusain (5). Toutefois ces règles n'étaient pas toujours respectées. Pausanias a pu dresser une liste de statues arrachées aux temples par les vainqueurs (6).

Des scrupules religieux protègent aussi les ennemis morts. Mutiler un cadavre passe pour une pratique barbare indigne des Grecs (7). L'usage est de conclure une trêve pour permettre l'ensevelissement des morts (8). L'armée qui est obligée de demander la trêve reconnaît qu'elle n'est pas maîtresse du champ de bataille et avoue ainsi sa défaite, mais il faut des haines inexpiables entre les combattants pour que le vainqueur repousse la prière du vaincu (9).

Peu à peu la guerre se fait moins cruelle. Platon, dans sa *République*, veut y apporter des adoucissements : il interdit de dévaster les champs et d'incendier les maisons (10). Ce ne

---

(1) Thc., II, 67. — (2) Thc., IV, 50. — (3) Hdt., VI, 75; IX, 120.
(4) Thc., IV, 97-98. — (5) Paus., X, 28, 6. — (6) Paus., VIII, 46, 2.
(7) Hdt., IX 79. — (8) Thc., IV, 90-102; Xen., *Hell.*, III, 5, 23-25.
(9) Ds., XVII, 25, 6. — (10) Plat., *Rsp.*, V, 469 b sq.

sont pas là pures spéculations de philosophe. Les hommes de
guerre du IVe siècle se piquent d'humanité. Agésilas rappelle
à ses soldats que les prisonniers sont des hommes qu'il faut
garder et non des criminels qu'il faut punir (1). Timothée, ayant pris Corcyre, n'exile ni ne fait vendre personne
et va même jusqu'à respecter la constitution de la ville (2).
Pélopidas et Épaminondas s'honorent de n'avoir jamais fait
vendre les habitants des villes conquises et de n'avoir jamais
ordonné de meurtre après la victoire (3). On semble entre-
voir l'idée qu'il y a quelque chose d'impie dans les guerres
entre Grecs : Agis, venu à Olympie pour offrir un sacrifice
et demander à Zeus la victoire, se voit repoussé par les Éléens ;
un usage antique, lui répondent-ils, défend de consulter les
oracles sur l'issue d'une guerre de Grecs contre Grecs (4).

On devait en venir à chercher les moyens d'empêcher la
guerre. Avant le Ve siècle, il arrivait de limiter les hostilités
en confiant à des champions le soin de décider de la victoire (5). Les récits mythiques terminent d'ordinaire la guerre
entre deux peuples par un duel entre les deux chefs (6).
Encore au VIe siècle, lorsque Sparte et Argos se disputent
la Thyréatide, l'amphictyonie péloponnésienne décide de
faire trancher le différend dans un combat où seront engagés
300 guerriers de chaque cité (7). Mardonios à Platée demande
aux Grecs de remettre la décision à un nombre égal de Perses
et de Lacédémoniens (8), et, en 421, les Argiens, invoquant
le précédent du VIe siècle, proposent encore aux Spartiates
de régler le sort de la Cynurie en combat singulier (9). Mais
le jugement de Dieu ne correspondait déjà plus aux idées

---

(1) Xen., *Ages.*, I, 21 ; cf. Xen., *Hell.*, IV, 3, 20. — (2) Xen., *Hell.*, V, 4, 64.
(3) Plut., *Comp. Pel. c. Marc.*, 1. — (4) Xen., *Hell.*, III, 2, 22.
(5) XXIX, s. v. *Monomachia*; XII, XV (1902), p. 463.
(6) Le thème exact des Horaces et des Curiaces est rapporté à une guerre
entre Tégée et Phénée : Plut., *M.*, 300 d.
(7) Hdt., I, 82; Paus., II, 38, 5; X, 9, 12.
(8) Hdt., IX. 48. — (9) Thc., V, 41.

du ve siècle : on ne daigna pas répondre à la demande de Mardonios et les Spartiates jugèrent ridicules les propositions archaïques des Argiens.

La procédure qui gagne du terrain est celle de l'arbitrage. Les Grecs en faisaient remonter l'origine aux temps mythiques et attribuaient à Acrisios, père de Danaé, l'institution du premier tribunal d'arbitrage international (1) ; bien plus, les dieux eux-mêmes, disait-on, en avaient donné l'exemple (2). Les plus anciens arbitrages que l'on citait, celui qu'avaient proposé les Messéniens (3), celui de Samos entre Chalcis et Andros au sujet d'Akanthos de Chalcidique (4), ou celui des Spartiates entre Athènes et Mégare pour la possession de Salamine (5), paraissent dénués de valeur historique et furent imaginés par des écrivains qui ne pouvaient concevoir le passé que sous les apparences du présent. Les premiers cas qui semblent certains nous ramènent à la Grèce d'Asie : après la révolte de l'Ionie, Artapherne oblige les villes grecques à conclure entre elles des conventions en vue de régler juridiquement et pacifiquement les conflits (6). Il est naturel que la procédure d'arbitrage soit née dans la région la plus civilisée et la plus paisible du monde grec. Elle dut gagner de là la Grèce, mais lentement sans doute : Mardonios s'étonnait que les Grecs, qui parlaient la même langue, fussent incapables de s'entendre pour trancher leurs différends par voie diplomatique (7). Pourtant, dès le ve siècle, la procédure arbitrale entre dans les usages et de siècle en siècle les exemples en sont de plus en plus nombreux. Les Corcyréens proposent aux Corinthiens de s'en remettre au jugement d'une ville péloponnésienne ou de l'oracle de Delphes (8). Les Argiens invitent les Spartiates à désigner d'un commun accord un arbitre, soit une cité, soit un particulier, qui pronon-

(1) Str., IX, 3, 7. — (2) Paus., II, 1, 6 ; II, 15, 5 ; II, 80, 6 ; VII, 1, 2.
(3) Paus., IV, 5, 2. — (4) Plut., *M.*, 298 a-b. — (5) Plut., *Sol.*, 10.
(6) Hdt., VI, 12. — (7) Hdt., VII, 9. — (8) Thc., I, 28.

cera sur la question toujours débattue de la Cynurie (1). En
dehors des cas particuliers, on prévoit l'arbitrage permanent
La paix de trente ans (2), la paix de Nicias (3), le traité
de 418 entre Sparte et Argos (4), font aux signataires l'obligation de soumettre tous leurs différends à des tribunaux
arbitraux.

Mais quand, à partir du IIIe siècle, les villes grecques multiplient les accords de ce genre et établissent un régime de
paix garanti par le droit, la Grèce n'est plus que l'ombre
d'elle-même et les cités sont bien incapables de se faire la
guerre. En fait, tant qu'elles ont été libres et puissantes, les
cités grecques ont difficilement accepté une limitation de leur
activité guerrière et, à toutes les procédures pacifiques, elles
ont préféré le recours aux armes. Pour elles, l'ennemi ne
cesse jamais d'être l'ennemi, et il ne peut y avoir avec
l'ennemi qu'un accord momentané. Les armistices doivent
être renouvelés tous les dix jours (5). Les traités de paix, pour
prévoir de plus longs délais, n'en gardent pas moins le
caractère de trèves temporaires. Athènes signe la paix avec
Sparte pour cinq ans (6), puis pour trente ans (7), puis pour
cinquante ans (8). C'est pour cent ans que sont conclues les
alliances entre Élée et Héraia (9), entre Athènes et Argos (10),
entre les Acarnanes et les Ambraciotes (11). Il est tout à fait
exceptionnel de prévoir une alliance perpétuelle, εἰς τὸν ἀεὶ
χρόνον, comme celle qu'en 361 Athènes conclut avec la Thessalie (12). C'est qu'on sait bien que tous ces accords sont pré-
caires. On a beau leur donner toute la publicité désirable en
les affichant dans les grands sanctuaires (13); on a beau les
confirmer par de solennels serments qu'on renouvelle d'année
en année (14). En fait, les signataires sont toujours prêts à

<hr>

(1) Thc., V, 41. — (2) Thc., I, 78; I, 140; I, 145. — (3) Thc., V, 18.
(4) Thc., V, 79. — (5) Thc., V, 26; VI, 7. — (6) Thc., I, 112.
(7) Thc., I, 115. — (8) Thc., V, 18. — (9) **CXLVI**, n° 27. — (10) Thc., V, 47.
(11) Thc., III, 114. — (12) **CXLVI**, n° 176.
(13) Thc., V, 18; Paus., V, 23, 4. — (14) Thc., V, 18.

renier leur signature et les guerres recommencent dès que
les intérêts sont de nouveau en jeu. La paix de trente ans
n'en a pas duré quinze, la paix de cinquante ans n'a même
pas suspendu les hostilités entre les alliés d'Athènes et ceux
de Sparte.

Eirénè est une divinité bienfaisante qui mérite des autels (1).
Elle est, comme Eunomia et Dikè, fille de Zeus et de Thé-
mis (2). Elle a comme compagnes Opora, déesse des moissons et des fruits, et Theoria, déesse des fêtes (3). Elle porte
maternellement sur son bras le jeune Ploutos (4). Mais, par
malheur, elle reste trop souvent prisonnière derrière l'amon-
cellement de rochers que laboureurs et vignerons ont tant de
peine à abattre (5). La paix universelle n'est pour les Grecs
qu'un beau rêve, jamais réalisé. « C'est une loi de nature,
dit Platon, qu'entre toutes les villes la guerre soit continue
et éternelle (6). » Avec l'état de guerre permanent, comment
aurait-on pu réaliser l'unité nationale ?

(1) **XXX**, s. v. *Eirene.* — (2) Hes., *Th.*, 901-903; cf. Pd., *O.*, XIII, 6-8.
(3) Ar., *Pax*, 520-526. — (4) **XLIX**, II, fig. 86.
(5) Ar., *Pax*, 450-520. — (6) Plat., *Leg.*, I, 625 e.

CHAPITRE III

L'UNION NATIONALE

I

Le danger perse.

La communauté des dangers courus, plus tard le souvenir des grandes actions accomplies ensemble, voilà par où d'ordinaire se confirme et s'exalte le sentiment national. C'est en face de l'ennemi que les Grecs vont se reconnaître comme un même peuple. Depuis que Cyrus, vainqueur de la Lydie, avait conquis les villes grecques du littoral, le Grand Roi avait des Hellènes comme sujets. Depuis que Darius, après sa campagne de Scythie, avait annexé la Thrace et placé la Macédoine sous son protectorat, l'empire perse était limitrophe de la Grèce d'Europe. Territoire immense, riche en or et en hommes, il semblait destiné à absorber sans peine les petits États grecs. Dès lors le péril apparaît aux Grecs prochain et redoutable.

Mais qu'avait à craindre précisément la Grèce ? Si nous nous en tenions aux récits grecs, nous nous représenterions les Perses comme des Barbares. Hérodote, il est vrai, n'emploie ce terme qu'au sens d'étrangers de langue non-grecque, mais lorsqu'il décrit l'armée de Xerxès, cette armée qui selon lui comptait beaucoup d'hommes et peu de soldats (1), il se plaît à nous présenter les costumes et l'armement disparates des peuplades les plus étranges, et les

(1) Hᴅᴛ., VII, 210.

Thraces ayant sur la tête des peaux de renard (1), et les troupes
de Colchide coiffées de casques de bois (2), et les Éthiopiens,
le corps teint de blanc et de vermillon, vêtus de peaux de
lions et de léopards et brandissant des javelots armés de cornes
d'antilope (3) : c'est bien pour lui une horde de sauvages
marchant contre une nation civilisée.

Tout autre est la réalité. Les Perses de Darius et de Xerxès
n'étaient nullement des Barbares ; pour différente qu'elle
fût, leur civilisation ne le cédait à celle de la Grèce ni en
éclat, ni en valeur morale. Si, pour la vie matérielle, les
Perses avaient beaucoup emprunté à leurs voisins (4), ils
avaient apporté une religion originale et des croyances élevées, d'où dérivait la plus pure morale, et toute leur conduite
s'inspirait de cette morale qui les faisait tout différents des
autres peuples d'Orient. C'est avec plus d'étonnement encore
que d'admiration que les Grecs signalaient le premier principe
de l'éducation perse : apprendre à l'enfant à ne pas mentir.
Toute bonne action, toute œuvre utile est pour les Perses un
véritable acte de piété, qui avance la loi d'Ormuzd plus que
cent sacrifices ; au contraire, les œuvres de destruction et de
mort font de l'homme un complice coupable de l'esprit du
mal. Ni les guerres, ni les conquêtes ne peuvent faire oublier
la loi religieuse. Tandis que les rois d'Égypte et d'Assyrie
n'avaient marqué leur passage que par la ruine et la dévastation, les rois de Perse prétendent mener la guerre avec
modération et traitent les vaincus avec douceur et bienveillance, leur laissant leur religion, leur langue, leurs lois, leurs
chefs nationaux même. Aux bas-reliefs assyriens qui nous
montrent les soldats coupant au ras du sol les arbres des contrées envahies, il faut opposer l'inscription grecque traduction d'une lettre par laquelle Darius félicite un satrape
d'Asie Mineure d'avoir acclimaté dans sa province de nouvelles

(1) Hdt., VII, 75. — (2) Hdt., VII, 79.
(3) Hdt., VII, 69. — (4) Hdt., I, 134.

espèces d'arbres (1). Ainsi la domination perse est douce et bienfaisante pour les peuples soumis à qui elle apporte la paix et la prospérité.

Vis-à-vis des Grecs en particulier, les Perses n'avaient aucune de ces haines de race qui font les guerres inexpiables. Les rapports entre Grecs et Perses étaient continuels et amicaux. Suse est le rendez-vous de nombreux Grecs. Les exilés politiques viennent y chercher refuge et implorer l'assistance du Grand Roi : le Spartiate Démaratos (2), l'Athénien Hippias (3), le tyran de Zancle Skythès (4) sont accueillis avec faveur par Darius. Les mercenaires grecs, qui n'hésitaient pas à suivre le Pharaon en Haute-Égypte (5) ou, comme le frère d'Alcée, à servir dans l'armée babylonienne (6), venaient aussi mettre leur épée à la disposition des satrapes ou du roi : Cambyse emmène avec lui de nombreux Grecs dans son expédition d'Égypte (7) ; le temps est proche où les Perses ne sauront entreprendre aucune expédition sans troupes grecques (8). Des ouvriers et des artistes grecs, comme Téléphanès de Phocée (9), travaillent aux palais royaux ; les bas-reliefs des temps de Darius et de Xerxès présentent dans le mouvement des draperies une facture et un accent qui révèlent une main grecque (10). Des danseurs et des baladins participent aux fêtes (11). Les médecins grecs sont particulièrement recherchés : Démocédès, dont les villes grecques s'étaient disputé les services et que Polycrate s'était attaché à prix d'or, est, après la mort du tyran, envoyé à la cour de Darius et il y acquiert la plus grande renommée en guérissant la reine Atossa d'une tumeur au sein (12) ; Artaxerxès de même accordera sa confiance à des médecins grecs, Ctésias ou Polycritos de Mendé (13). Enfin l'influence grecque s'exerce encore par

(1) XI, XIII (1889), p. 529 sq. — (2) HDT., VI, 70. — (3) HDT., V, 96.
(4) HDT., VI, 24. — (5) CXXVII, p. 82. — (6) ALC., fr. 67-68.
(7) HDT., III, 139. — (8) XEN., *Cyr.*, VIII, 8, 26.
(9) PLIN., *H. N.*, XXXIV, 68. — (10) XLVII, V, p. 889.
(11) PLUT., *Artax.*, 21. — (12) HDT., III, 129-138 — (13) PLUT., *Artax.*, 21.

les femmes grecques que leur beauté et leur esprit faisaient
rechercher pour les harems du roi et des grands. Après la
répression de la révolte ionienne, les plus belles filles des
villes grecques sont enlevées et envoyées au roi (1). Un capitaine Artaban a auprès de lui une captive d'Érétrie (2) ; un
grand seigneur Pharandate emmène à l'armée une Grecque
qu'il a enlevée de Cos (3). La plus célèbre de ces concubines
est la Phocéenne Milto. Née de parents libres, elle avait reçu
la plus brillante éducation et elle devint la favorite de Cyrus
le Jeune, qui ne craignait pas de la comparer à Aspasie.
Après la bataille de Cunaxa, elle passe dans le harem d'Artaxerxès, se mêle aux intrigues de palais et à la rivalité qui
oppose à Artaxerxès son fils Darius, et elle finit en chaste
prêtresse de la déesse Anaitis (4).

Ainsi entre la civilisation perse et la civilisation grecque il
n'y a pas d'opposition irréductible. Les Perses sauraient traiter aussi doucement qu'ils ont coutume de faire avec leurs
sujets un peuple avec qui ils n'ont que de bonnes relations.
Dans ces conditions, ils pouvaient croire que les États grecs
accepteraient sans répugnance leur protectorat : déjà les
villes grecques d'Asie étaient entrées dans l'empire, par la
force sans doute, mais sans que leur vie municipale ou leur
activité économique aient été gênées par le vainqueur. Comme
elles, la Grèce d'Europe eût pu poursuivre ses destinées sous
la suzeraineté du Grand Roi.

Et pourtant les Perses vont se heurter à une résistance
invincible. C'est qu'il y avait incompatibilité absolue entre
les deux formes de gouvernement, la monarchie orientale et la république grecque. Aristocratique ou démocratique, la cité grecque se gouverne elle-même. Le Grec est

---

(1) HDT., VI, 32. — (2) PLUT., *Them.*, 27.
(3) HDT., IX, 76 ; cf. PLUT., *Them.*, 26 ; XEN., *An.*, I, 10, 3.
(4) XEN., *An.*, I, 10, 2 ; PLUT., *Per.*, 24 ; *Artax.*, 26-27.

fier d'être libre et de n'obéir qu'à la loi (1). C'est pour la
liberté et l'indépendance nationale que les Grecs vont se
battre. La lutte, engagée pour des idées, prend par là-
même une remarquable grandeur. Mais tout le monde n'est pas
capable de se passionner pour un idéal. S'il est des Grecs
moins sensibles aux pures idées, ils accepteront la domination
perse, qui matériellement n'est pas intolérable. L'élan ne sera
pas unanime, comme s'il s'agissait pour tous d'une question
de vie ou de mort.

Aussi les Perses trouveront-ils en Grèce des partisans.
D'abord les tyrans. En Grèce, les tyrans, attaqués partout par
Sparte, ont été chassés ; en Asie, les Perses les maintiennent
et gouvernent par eux. Lorsque les chefs grecs qui gardaient
le pont construit par Darius sur le Danube discutaient le
projet de couper le passage, Histiée de Milet fit valoir que
les tyrans tiraient leur autorité de la Perse et que, Darius
disparu, toutes les cités se hâteraient d'établir la démocratie (2). Rien de surprenant à ce qu'Hippias compte sur le
roi pour restaurer son pouvoir à Athènes. En second lieu,
dans les régions où domine une aristocratie foncière, où la
majorité de la population, travailleurs de la terre soumis aux
grands propriétaires, a peu de part aux affaires publiques,
les Perses peuvent espérer une entente avec les aristocrates
dont ils garantiront l'autorité. Les pays de la Grèce du Nord
et de la Grèce centrale, d'une civilisation moins développée,
se laisseront gagner plus facilement aux avances du Grand
Roi. Seules les cités qui ont atteint leur plein développement et où le civisme et le patriotisme ont pris toute leur
valeur mèneront sans faiblir la résistance, Sparte et Athènes.

(1) HDT., VII, 104 ; cf. III, 80. — (2) HDT., IV, 137.

II

La première guerre médique.

L'unité nationale ne s'est donc pas immédiatement réalisée devant l'ennemi. Les Perses ont profité des discordes des partis et des jalousies des cités. Ce n'est que progressivement que l'union s'est imposée à tous, parce que progressivement le danger s'est aggravé et a menacé tous les Grecs.

Au début, le conflit ne semble pas devoir intéresser l'ensemble du monde grec. La révolte des villes d'Ionie contre la domination perse en 499 n'est qu'un accident local. Elle est due moins à un mouvement national qu'aux ambitions et aux intrigues personnelles des tyrans de Milet, Histiée et Aristagoras (1). Les Ioniens cherchent des alliés sur le continent. Aristagoras vient lui-même à Sparte demander des secours (2). Les Spartiates n'étaient pas en principe hostiles à toute expédition lointaine. Ils avaient déjà été sollicités par Crésus (3), puis par les Grecs d'Asie menacés par Cyrus (4) et ils seraient intervenus si les événements en se précipitant n'avaient rendu inutile leur action. Ils avaient, de concert avec les Corinthiens, mené campagne contre le tyran de Samos Polycrate (5). Mais ils repoussent la demande d'Aristagoras, jugeant sans doute que la révolte n'est qu'une affaire sans portée à régler entre le roi et les tyrans ioniens, hier ses agents, aujourd'hui ses rivaux. Seules répondent à l'appel des révoltés Athènes, qui se dit de même sang que les Ioniens, et Érétrie, pour reconnaître les services que lui a rendus naguère Milet dans la guerre contre Chalcis (6). Encore les secours qu'elles envoient sont bien peu de chose. Les vingt vaisseaux d'Athènes (7) et les cinq d'Érétrie (8)

---

(1) Hdt., V, 30-37. — (2) Hdt., V, 49-51. — (3) Hdt., I, 83.
(4) Hdt., I, 152. — (5) Hdt., III, 46-48 ; 54-56. — (6) Hdt., V, 99.
(7) Hdt., V, 97. — (8) Hdt. V, 99.

font piètre figure auprès des cent navires équipés par
Chios (1). Du moins les troupes de terre devaient-elles renforcer sérieusement les contingents ioniens, de médiocre
valeur militaire : c'est sur les Athéniens et les Érétriéens
que Darius rejeta la responsabilité du raid qui conduisit les
Grecs à Sardes (2). Mais la prise de Sardes fut un succès
sans lendemain : les Grecs, qui n'avaient pu enlever la citadelle, se replièrent précipitamment et ils furent rejoints et
battus par les forces perses à Ephèse. Les Athéniens, aban-
donnant la partie, regagnent la Grèce (3). Les Ioniens, laissés
à eux-mêmes, se sentent incapables de tenir contre l'armée
perse et décident de porter la guerre sur mer (4). Mais ils
sont victimes de leur mollesse et de leur désunion. Trop
amis de leurs aises et de leur repos, ils se refusent à l'effort
qu'exige d'eux leur chef, Dionysios de Phocée (5). A la
bataille de Ladè (494), les Samiens abandonnent le combat,
les Lesbiens et la plupart des Ioniens font de même, et, malgré la résistance des Chiotes, les Perses, qui ont d'ailleurs
une forte supériorité numérique (6), sont victorieux (7). Après
la ruine de la flotte ionienne, il est aisé aux Perses de réduire
les villes soulevées.

La révolte de l'Ionie, facilement réprimée, semble un épisode sans conséquence. Et pourtant elle prépare les guerres
médiques. D'une part, elle est la cause immédiate des projets
de Darius, qui se croit provoqué par les Grecs d'Europe et
qui veut se venger d'Athènes et d'Érétrie. D'autre part,
l'incendie de Sardes imprime à la lutte un caractère implaca-
cable ; Darius y répond par la destruction de Milet. Le sort
réservé aux villes d'Asie est un avertissement pour toutes
les villes grecques.

Cependant, lorsque la menace se précise avec l'expédition

(1) HDT., VI, 8; VI, 15. — (2) HDT., V, 105.
(3) HDT., V, 101-103. — (4) HDT., VI, 7. — (5) HDT., VI, 12.
(6) HDT., VI, 9. — (7) HDT., VI, 13-15.

de Mardonios en Thrace et l'envoi des hérauts de Darius qui
réclament aux villes grecques l'hommage de la terre et de
l'eau, l'accord est loin de se faire entre toutes les cités. C'est
que Darius semble vouloir seulement établir sa suzeraineté
par l'intermédiaire des tyrans et que l'expédition, menée par
mer par Datis et Artapherne, ne menace vraiment que les
cités maritimes et en particulier les villes que vise la colère
du roi, Athènes et Érétrie. Tous les insulaires, qui craignent
la flotte perse, font leur soumission et même plusieurs peuples
du continent (1). A Athènes, le parti des tyrans espère le
retour d'Hippias, qui accompagne l'armée perse et l'aide de
ses conseils (2), et le parti démocratique des Alcméonides a
peut-être songé à demander aux Perses l'appui que le parti
aristocratique obtient des Spartiates (3). A Érétrie, tandis
que les uns songent, comme l'avaient fait les Phocéens, à
prendre le chemin de l'exil, l s autres sont tout prêts à se
rendre et deux aristocrates vont ouvrir à l'ennemi les portes
de la ville (4).

Malgré l'approche de l'ennemi, l'union nationale n'est donc
pas réalisée, et Athènes se trouve seule à supporter le choc :
à Marathon, les troupes athéniennes n'ont à leur côté que le
petit contingent de Platée. La bataille de Marathon (490) fut
un engagement militaire de médiocre importance. Les Athéniens, installés dans un défilé où de faibles contingents suffisaient à arrêter une nombreuse armée, restèrent plusieurs
jours sur la défensive. C'est sans doute lorsqu'il vit les Perses
se rembarquer, que Miltiade décida l'offensive et brusqua
l'attaque. Les hoplites athéniens chargèrent les troupes ennemies plus légèrement armées, culbutèrent les ailes où étaient
les corps les moins solides, et se rabattirent sur le centre, qui
fut rompu à son tour. La cavalerie perse, pour laquelle avait
été précisément choisi l'emplacement de Marathon (5), n'était

(1) HDT., VI, 49. — (2) HDT., VI, 102. — (3) HDT., VI, 115.
(4) HDT., VI, 101. — (5) HDT., VI, 102.

pas intervenue. Les chevaux en étaient probablement déjà remontés sur les transports (1). Le succès était loin d'être décisif; l'armée perse, malgré des pertes sérieuses, n'était pas anéantie; elle avait pu reprendre la mer et la flotte venait croiser devant Phalère. Et pourtant la bataille de Marathon suffisait à mettre fin à la guerre. Les Athéniens, qui s'attendaient à un nouveau débarquement et à une attaque directe contre leur ville, virent avec étonnement la flotte perse virer de bord et reprendre la route de l'Asie. C'est que Marathon avait été une grande victoire morale : une poignée de citoyens résolus à vaincre ou à mourir avait tenu tête à l'immense armée perse et l'avait fait reculer. Les Athéniens, encouragés par le succès, se préparaient avec ardeur à de nouvelles victoires; les Perses, stupéfaits de leur échec, renonçaient à toute initiative et acceptaient la défaite. Marathon avait sauvé la Grèce.

Quelle avait été l'attitude de Sparte ? Comme les Athéniens, les Spartiates avaient rejeté les propositions perses et même les hérauts de Darius avaient été mis à mort (2). Sparte avait promis d'assister Athènes et décidé l'envoi de 2000 hommes. Mais, retenues par des scrupules religieux, les troupes n'avaient pas osé partir avant la pleine lune, si bien qu'elles arrivèrent à Athènes le lendemain de la bataille (3). Lorsque plus tard la rupture fut complète entre Sparte et Athènes, les Athéniens prétendirent que les Spartiates, jaloux d'Athènes, avaient cherché des prétextes pour retarder leur intervention : Platon, un laconisant, tout en voyant une excuse dans la guerre menée par Sparte contre Messène, est bien obligé de faire allusion aux « autres obstacles qu'ils alléguèrent et sur lesquels nous ne savons rien de certain » (4). Mais cette tra-

---

(1) La tradition du rembarquement, au moins partiel, de l'armée dans PLUT., M., 862 d.

(2) HDT., VII, 133-137. — (3) HDT., VI, 106 ; VI, 120.

(4) PLAT., *Leg*. III, 698 e.

dition athénienne n'a pas de base solide. Les Spartiates ne pouvaient pas prévoir le jour de la future bataille pour régler ingénieusement leur marche sur cette date, et le contingent spartiate était arrivé à temps pour renforcer les troupes athéniennes précipitamment revenues, si, comme on s'y attendait, les Perses avaient débarqué à Phalère. Hérodote, qui semble ignorer la tradition antilaconienne, note au contraire la hâte avec laquelle les Spartiates n'avaient mis que trois jours pour couvrir la distance de Sparte à Athènes (1) : à quoi bon retarder le départ si l'on devait ensuite doubler les étapes ? En réalité, Sparte et Athènes ont été d'accord pour combattre, la fortune a favorisé les Athéniens en leur réservant les risques du combat et les honneurs de la victoire.

III

LA SECONDE GUERRE MÉDIQUE.

Darius mourant laissait à son fils Xerxès le soin de venger sa défaite. La seconde guerre médique fut pour la Grèce une épreuve beaucoup plus redoutable, et elle apparut telle dès l'origine. D'abord les préparatifs de Xerxès étaient formidables. Même en jugeant exagéré le chiffre de trois millions d'hommes que consacra la tradition grecque (2), même en tenant compte de ce que l'armée était une cohue de peuples sans cohésion et sans discipline (3), même en notant les défauts qu'Hérodote lui-même a mentionnés, les vêtements mal appropriés au combat, l'armement trop léger (4), l'armée perse n'en semblait pas moins, par sa masse même, capable d'écraser les petites armées grecques : le plus gros effort sera fourni à Platée, où les Grecs mettront en ligne 110000 hommes (5). D'autre part, la guerre change de caractère. Il ne s'agissait plus pour le Grand Roi d'établir

(1) HDT., VI, 120. — (2) HDT., VII, 185 ; VII, 228. — (3) HDT. VII, 211).
(4) HDT., VII, 211 ; IX, 61 ; IX, 62. — (5) HDT., IX, 30.

son protectorat sous le couvert de la tyrannie, mais de tirer vengeance de l'humiliation infligée à son père. Aussi la guerre devient-elle féroce : en Phocide, les Perses, poussés d'ailleurs par leurs alliés de Thessalie, violentent les femmes, coupent les arbres, incendient les villes et les temples (1). Thespies et Platée dénoncées par les Thébains sont rasées (2). Athènes prise est mise à sac et livrée aux flammes : seules avaient été épargnées les quelques maisons qu'avaient occupées les chefs perses (3). Bien que Xerxès prétende ne marcher que contre Athènes, toute la Grèce est menacée (4). Tandis que la flotte suit les côtes, l'armée, qui a pris la voie de terre, arrive par le nord et se prépare à occuper tout le pays. Jamais le danger n'a été plus grand, jamais l'union plus nécessaire.

A l'intérieur des cités, Xerxès compte trouver encore des auxiliaires. Les Pisistratides, les Aleuades de Thessalie ont fait effort pour le décider à la guerre (5). Les traîtres ne manqueront pas : les Thébains donneront à Mardonios le conseil d'acheter les chefs politiques pour semer la division parmi les Grecs (6). Toutefois, dans la plupart des villes l'union des partis se fit devant l'ennemi. Athènes donna l'exemple : dès l'annonce de l'expédition, tous les hommes politiques que l'ostracisme avait éloignés furent rappelés (7) et Aristide collabora loyalement avec Thémistocle.

L'accord, réalisé dans les villes, était plus difficile à établir entre les villes. Ceux qui, selon le mot d'Hérodote (8), étaient animés vis-à-vis de la Grèce des meilleurs sentiments travaillent à faire l'union. Unis par serment contre la Perse (9) ils créent pour la défense nationale un organisme fédéral, le conseil qui siège à l'isthme de Corinthe et où délibèrent les délégués des villes, les « conseillers de l'Hellade » (10) :

---

(1) Hdt., VIII, 32-33. — (2) Hdt., VIII, 50.
(3) Thc., I, 89, 3. — (4) Hdt., VII, 138. — (5) Hdt., VII, 6. — (6) Hdt., IX, 2.
(7) Arstt., 'Αθ. πολ., 22. — (8) Hdt., VII, 145 ; VII, 172.
(9) Hdt., VII, 148. — (10) Hdt., VII, 172.

c'est le conseil de l'isthme qui lance l'appel à la concorde, invite les cités ennemies à se réconcilier et à marcher ensemble contre l'envahisseur, envoie des ambassades dans tout le monde grec, à Corcyre, en Crète et jusqu'à Syracuse (1). Et cependant, malgré le danger, malgré les efforts des patriotes, la Grèce reste divisée. Bien plus, des Grecs servent dans l'armée et dans la flotte du Grand Roi.

Il y a d'abord les Grecs d'Asie, sujets de l'empire perse. Sans doute, ils ne sauraient être des défenseurs bien ardents de la cause perse (2). Cependant, malgré les appels à la désertion (3), ils n'abandonnent pas leur poste : si quelques Ioniens, à Salamine, se battent avec mollesse, l'ensemble fait son devoir (4). Les Grecs d'Asie ne feront défection qu'après la défaite perse, lorsque la flotte grecque victorieuse croise le long des côtes d'Asie Mineure.

Les insulaires, qui, lors de la première guerre, avaient fait leur soumission, se partagent entre les deux camps : Andros, Ténos, Paros tiennent pour les Perses (5), Kythnos, Kéos, Mélos, Siphnos, Sériphos, Égine, l'Eubée pour les Grecs (6). Il n'y a pas d'ailleurs unanimité dans les villes : un vaisseau de Ténos vient apporter des renseignements à Thémistocle à la veille de Salamine (7), de même qu'un vaisseau de Lemnos était passé aux Grecs à la bataille d'Artémision (8); les quatre vaisseaux que Naxos envoyait rejoindre la flotte perse sont emmenés par un de leurs commandants dans les rangs grecs (9). Les villes de Crète, sur une réponse décourageante de l'oracle de Delphes, refusent de participer à la guerre (10) ; s'il se trouve des archers crétois dans l'armée grecque (11), ils servent apparemment comme mercenaires.

La Grèce du Nord et du Centre, pays de paysans où domine l'aristocratie foncière et où la vie de cité est encore rudimen-

(1) Hdt., VII, 145. — (2) Hdt., VIII, 10. — (3) Hdt., VIII, 22.
(4) Hdt., VIII, 85. — (5) Hdt., VIII, 66 ; VIII, 82; VIII, 111-112
(6) Hdt., VIII, 46. — (7) Hdt., VIII, 82. — (8) Hdt., VIII, 11.
(9) Hdt., VIII, 46. — (10) Hdt., VII, 169. — (11) Ctes., *Pers.*, 26.

taire, est prête à accepter la domination perse. Les Thessaliens semblent avoir hésité, mais, après le retrait des troupes
grecques qui découvre leur pays, ils se rendent et deviennent
pour le roi de fidèles alliés (1). Ils servent de guides à l'armée
perse à travers l'Œta et désignent à sa vengeance les peuples
de Phocide (2). Comme les Thessaliens, les peuplades voisines, Dolopes, Magnètes, Achéens de Phtiotide, Perrhèbes, Ainianes, Doriens du Parnasse, marchent avec les Perses (3). Les
Locriens ont tenté de résister : toute l'armée d'Oponte est
aux Thermopyles (4), mais, après la défaite de Léonidas, ils
sont obligés de se soumettre et de se joindre à l'armée perse (5).
Il en est de même des Phocidiens : par haine des Thessaliens
autant que par patriotisme hellénique, ils avaient refusé
de prendre parti pour les Perses (6) ; ils envoient un contingent aux Thermopyles (7), et, même défaits, refusent de
répondre aux sommations des Thessaliens (8). Mais lorsque
leur pays eut été saccagé, ils furent forcés de fournir à
l'armée perse des soldats qui prirent part à la bataille de
Platée (9). Tous ceux du moins qui le purent s'enfuirent dans
la montagne et menèrent une guerre d'escarmouches contre
les troupes de Mardonios (10).

Comme la Thessalie, la Béotie fait cause commune avec la
Perse. De même que les Aleuades de Larisa ont sollicité l'intervention du Grand Roi, de même l'aristocratie de Thèbes,
dans l'espoir d'affermir sa domination, contient les classes
populaires qui voudraient combattre et appelle l'étranger (11).
Dès le début, les Béotiens sont suspects de médisme (12)
et l'on n'ose faire passer chez eux les troupes qu'on envoie à
Tempé (13) ; Léonidas emmène 400 Thébains aux Thermopyles

(1) HDT., VII, 172-174. — (2) HDT., VIII, 31-32.
(3) HDT., VII, 132 ; VIII, 66 ; IX, 31. — (4) HDT., VII, 203.
(5) HDT., VII, 132 ; VIII, 66 ; IX, 31. — (6) HDT., VIII, 30.
(7) HDT., VII, 203. — (8) HDT., VIII, 30-31. — (9) HDT., IX, 17-18 ; IX, 31.
(10) HDT., IX, 31. — (11) THC., III, 62. — (12) HDT., VII, 205.
(13) HDT., VII, 173.

moins comme auxiliaires que comme otages, et, dès que la
défaite des Grecs n'est plus douteuse, le contingent thébain,
qui se battait malgré lui, se hâte de se rendre (1). Les Béotiens font preuve de dévouement à l'égard du roi : c'est un
Béotien, Salganeus, qui sert de pilote à la flotte perse dans
les détroits entre l'Eubée et la Grèce (2) ; ce sont les Thé-

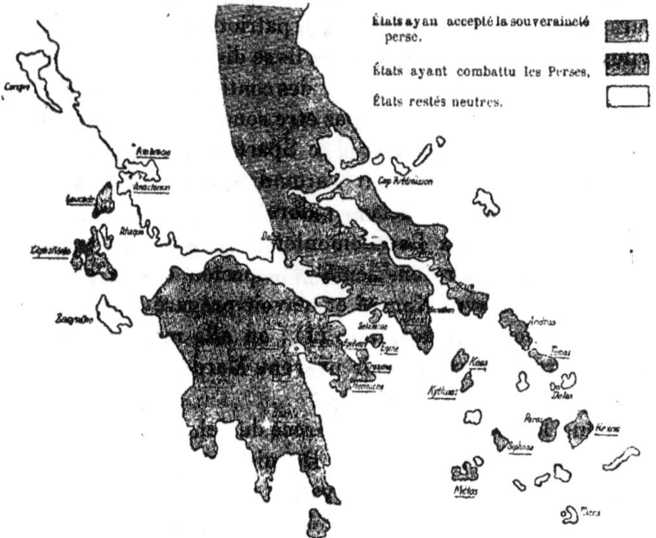

La Grèce aux temps des guerres médiques.

On a souligné les noms des cités inscrits sur l'ex-voto de Platée à Delphes.

bains, dont l'infanterie à Platée résiste avec le plus d'achar-
nement et dont la cavalerie couvre la retraite de l'armée
vaincue (3). Seuls de tous les Béotiens, les Thespiens et les
Platéens combattent dans les rangs des Grecs (4).

Dans le Péloponnèse, tous les peuples étaient alliés

(1) HDT., VII, 205, 222, 233. — (2) STR., IX, 2, 9. — (3) HDT., IX, 67-68.
(4) HDT., VII, 132 ; VII, 222 ; VIII, 66.

de Sparte. Aussi, autour de Sparte, Arcadiens, Éléens, citoyens de Mycènes, de Tirynthe, d'Épidaure, de Phlionte, de Trézène, d'Hermione, de Sicyone, aussi bien que les peuples de l'isthme, Corinthiens et Mégariens, tous, à part quelques défaillances individuelles, feront leur devoir. Il restait cependant un peuple, qui, durant tout le VIᵉ siècle, avait lutté contre Sparte, Argos. La haine que les Argiens nourrissent contre leurs rivaux va l'emporter sur le patriotisme hellénique. Sollicités par l'assemblée de l'isthme, ils se disent prêts à signer une trêve avec Sparte et à envoyer des contingents à l'armée confédérée, mais ils ne veulent pas être sous les ordres d'un Spartiate et prétendent partager avec Sparte le commandement de toutes les troupes. Il fallait s'attendre à un refus des Spartiates ; et les Argiens, déclarant alors qu'ils aiment mieux obéir aux Barbares qu'aux Lacédémoniens, refusent leur concours. L'abstention des Argiens sembla suspecte : on les accusa de s'être entendus avec Xerxès et d'avoir préparé leur refus par des propositions inacceptables (1) ; on alla même jusqu'à les taxer de trahison pour avoir prévenu Mardonios du départ de l'armée de Pausanias (2).

Comme la Grèce propre, la Grèce du dehors avait été appelée au secours de l'hellénisme. Depuis les expéditions de Mégabyze et de Mardonios qui avaient achevé sous Darius l'occupation de la Thrace et de la Macédoine, les cités grecques de ces régions, comme celles d'Asie, étaient sujettes du Grand Roi : Xerxès obtient d'elles des vivres, des soldats, des vaisseaux. Mais, après Salamine, les villes de Chalcidique se soulèvent, Olynthe est prise et rudement châtiée (3), Potidée résiste victorieusement (4) et envoie trois cents hoplites combattre à Platée aux côtés des troupes de Corinthe, sa métropole (5). De l'Adriatique, des secours sont envoyés à la flotte et à l'armée par Céphallénie, par Leucade, par Anaktorion,

____

(1) HDT., VII, 148-152. — (2) HDT., IX, 12. — (3) HDT., VIII, 127.
(4) HDT., VIII, 126-129. — (5) HDT. IX, 28.

par **Ambracie** (1). Mais la cité la plus puissante, Corcyre, s'abstient (2) : sollicitée par le congrès de l'isthme, elle promet bien des troupes et arme une flotte, mais ses vaisseaux se prétendent retenus par des vents contraires sur les côtes occidentales du Péloponnèse et attendent la victoire grecque pour se joindre aux confédérés.

La Grèce de l'Ouest n'est représentée que par un vaisseau de Crotone, qui combat à Salamine (3). Cependant le congrès de l'isthme n'avait pas manqué de demander le concours du grand État de l'Ouest, Syracuse, mais l'ambassade envoyée à Gélon n'obtint pas de réponse favorable. Pour expliquer l'attitude de Gélon, mille bruits coururent en Grèce et Hérodote en a recueilli de sources diverses (4). D'après la tradition la moins favorable, Gélon aurait promis des secours considérables, sous condition d'exercer le commandement en chef et, sur le refus des Spartiates et des Athéniens, qui les uns et les autres éprouvaient pour un tyran la même répulsion, il se serait contenté de surveiller les événements, prêt à se prononcer pour le roi si la victoire favorisait les Perses. Mais une tradition favorable à Gélon attribuait son abstention aux embarras que lui causaient les attaques des Carthaginois. C'est cette explication qui devint vite la version officielle. On ne voulait pas admettre que les Grecs d'Occident se fussent désintéressés du sort de l'hellénisme. On imagina une alliance formelle entre les Perses et les Carthaginois (5) et on fit de la guerre de Gélon et de Carthage un épisode du grand conflit qui, dans toute la Méditerranée, avait mis aux prises tous les Grecs contre tous les Barbares. Par un de ces synchronismes où se plaisait l'ingéniosité des Grecs, la bataille d'Himère fut datée du même jour que la bataille de Salamine (6). Sur les trépieds offerts à Delphes par les tyrans de Syracuse,

(1) HDT., VIII, 47; IX, 28. — (2) HDT., VII, 168; THC., I, 32.
(3) HDT.. VIII, 47. — (4) HDT., VII 157-166.
(5) DS., XI, 1 ; SCH. PD., P., I, 146 ; tradition rejetée par ARSTT., *Poét*, 23, 1459 a.
(6) HDT., VII 166.

leur victoire fut présentée comme une aide apportée à la
Grèce (1), et Pindare réunit dans le même éloge Salamine,
Platée et Himère (2).

Ainsi, à la veille de l'invasion, la Grèce est loin d'être unie.
De nombreux peuples se désintéressent de la lutte, bien plus,
font cause commune avec l'ennemi. Les dieux même semblaient abandonner la cause nationale. Le sanctuaire de
Delphes était trop sous la dépendance des peuples de la
Grèce du Nord pour ne pas s'associer à leur politique :
comme eux, et aussi par crainte du pillage, la Pythie se mit à
médiser. Les réponses décourageantes invitaient à la résignation : Argiens (3), Crétois (4), Spartiates (5), Athéniens (6),
tous entendent la même voix pessimiste. Après la victoire,
les prêtres de Delphes furent embarrassés de l'attitude peu
glorieuse de l'oracle. Ils s'attribuèrent un rôle dans la lutte
en imaginant l'attaque des Perses contre le sanctuaire et
l'intervention miraculeuse du dieu lui-même (7) et signalèrent
leur zèle en faisant mettre à prix par les Amphictyons la
tête du traître Éphialte (8). Les Grecs semblèrent oublier le
passé et les trophées de victoire se dressèrent à Delphes
comme à Olympie, mais l'effacement du sanctuaire delphique
dans la période qui suit les guerres médiques résulte assurément de ce qu'Apollon avait momentanément déserté la
cause nationale.

Entre les Grecs même que groupait le souci de la défense,
l'accord était précaire et les intérêts particuliers venaient
compromettre l'unanimité des efforts. La question du commandement éveillait la jalousie des cités. Il semblait naturel
de l'attribuer à Sparte, qui passait pour la première puissance
militaire de la Grèce. Mais, plutôt que d'obéir à Sparte, Argos
préférait trahir la cause grecque. Les Athéniens, qui fournis-

____

(1) **CXXIX**, p. 184 sq. — (2) PD., *P.*, I, 75-80. — (3) HDT., VII, 148.
(4) HDT., VII, 169, — (5) HDT., VII, 220. — (6) HDT. VII, 140-141.
(7) HDT., VIII, 39. — (8) HDT., VII, 213.

saient à eux seuls plus de la moitié de la flotte, auraient pu réclamer la direction des opérations maritimes, et, dès le début, certains peuples songeaient à la lui accorder ; mais la majorité des alliés penchait pour un commandement unique sur terre et sur mer : pour ne pas compromettre l'entente, Athènes s'efface devant Sparte (1). Le choix de Sparte laisse d'ailleurs place à d'autres rivalités : à la veille de Platée, les Tégéates et les Athéniens se disputent le commandement de l'aile gauche (2).

Plus même que le commandement, le plan de campagne soulevait d'âpres discussions. La plupart des cités ne songeaient qu'à défendre leur propre territoire et étaient prêtes à rappeler en arrière leurs troupes au risque d'abandonner à l'ennemi les peuples exposés les premiers à l'invasion. On avait décidé d'abord de tenir la vallée de Tempé, mais songeait-on à défendre sérieusement la Thessalie, une contrée qu'on considérait à peine comme appartenant à la vraie Grèce ? Au bout de quelques jours, l'ordre de retraite était donné. Ce recul coûtait à la cause grecque l'appui des Thessaliens (3).

La vraie ligne de défense était marquée, à l'entrée de la Grèce centrale, par les montagnes qui ferment au sud la vallée du Spercheios. C'est là que le conseil de l'isthme décide d'organiser la résistance, l'armée de terre tenant le défilé des Thermopyles, la flotte le détroit entre l'Eubée et le continent (4). Cette fois la ligne ne sera pas abandonnée ; mais elle sera forcée par les Perses. La cause en est la mauvaise volonté des Péloponnésiens : dès ce moment leur idée est de se tenir sur la défensive et de couvrir le Péloponnèse en fortifiant l'isthme de Corinthe. Aux Thermopyles, les alliés de Sparte insistent auprès de Léonidas pour revenir en arrière et défendre l'isthme (5). C'est d'ailleurs également la

______

(1) Hdt., VIII, 2-3. — (2) Hdt., IX, 26-28.
(3) Hdt., VII, 172-174. — (4) Hdt., VII, 175. — (5) Hdt., VII, 207.

doctrine spartiate. Sparte n'a pas voulu faire dans la Grèce centrale l'effort nécessaire, car elle garde le gros de ses forces pour sa propre défense. Il n'y a aux Thermopyles que 1000 Laconiens et 300 Spartiates (1), tandis qu'à Platée, Sparte saura mettre en ligne 5 000 citoyens, 5 000 périèques et 35 000 hilotes (2). La trahison d'Éphialte, le recul inconsidéré des Phocidiens livrent le passage ; pour être héroïque, la mort de Léonidas était inutile, les routes de Grèce étaient ouvertes. La situation était la même sur mer. Là aussi les Spartiates veulent se replier ; les Eubéens, qui se voient abandonnés, n'avaient, disait-on, empêché la retraite immédiate qu'en achetant les amiraux spartiate et corinthien (3). Le combat livré au cap Artémision fut une victoire pour les Grecs, mais la flotte grecque avait été fort éprouvée et, la route de terre étant forcée, elle n'avait plus elle-même qu'à se replier.

La mesure était grosse de conséquences. Au lieu de tenir en Béotie, les Péloponnésiens reviennent jusqu'à l'isthme et se mettent à y élever une muraille derrière laquelle ils espèrent arrêter l'invasion (4). C'était abandonner aux Perses toute la Grèce centrale : la Phocide est saccagée, la Béotie se joint à l'ennemi. C'était surtout sacrifier Athènes, Athènes qui dans la première guerre avait à elle seule sauvé la Grèce. Sans perdre courage, les Athéniens envoient les vieillards, les femmes et les enfants à Égine et tous les hommes valides s'embarquent sur la flotte. La ville est prise et incendiée, l'Acropole enlevée, ses défenseurs massacrés, les temples et les offrandes saccagés.

Pour les Athéniens, il ne reste d'autre recours que la guerre maritime. Mais les Spartiates hésitent : plus sûrs d'eux-mêmes sur terre que sur mer et comptant sur les fortifications de l'isthme, ils ne veulent pas risquer d'action navale. Comme

_____
(1) Hdt., VII, 202; Ds., IX, 4. — (2) Hdt., IX, 28.
(3) Hdt., VIII, 4-5. — (4) Hdt., VIII, 40; VIII, 72; Thc., I, 69,5.

à l'Artémision, Eurybiade donne l'ordre de retraite. Il fallut l'énergie et la ruse de Thémistocle pour imposer la rencontre. Xerxès, prévenu par Thémistocle, crut prendre la flotte grecque comme dans un filet ; mais les vaisseaux perses, serrés les uns contre les autres dans le détroit entre Salamine et l'Attique, perdaient l'avantage du nombre ; l'habileté manœuvrière et le courage des Grecs, en particulier des Athéniens et des Éginètes (1), fit de la bataille de Salamine une éclatante victoire pour les Grecs. Pour la seconde fois, la Grèce était sauvée, et, pour la seconde fois, par l'énergie et le courage des Athéniens. Perdant courage, comme Datis après Marathon, Xerxès regagnait la Perse à la hâte en vaincu.

La guerre pourtant n'était pas finie. L'armée perse, avec Mardonios, tenait la Grèce centrale. Les Péloponnésiens ne semblaient plus pressés d'en finir. Sans mériter peut-être l'accusation d'être jaloux des succès athéniens, ils en restaient à leur programme égoïste, tenir dans le Péloponnèse derrière le mur de l'isthme. Une seconde fois, Mardonios pouvait envahir l'Attique et saccager de nouveau Athènes. Il fallut encore l'intervention des Athéniens qui vinrent révéler les avantages promis par les émissaires de Mardonios en échange d'une paix séparée, pour réveiller à Sparte le sentiment de la solidarité hellénique. L'offensive est enfin décidée, et ce sont toutes les forces de la Grèce, sous les ordres du roi de Sparte Pausanias, qui marchent au-devant de l'armée de Mardonios. Les contingents, réunis à Platée, s'élevaient à environ 110 000 hommes. Les Spartiates tenaient la première place avec 10 000 combattants, sans compter les hilotes, mais après eux venaient les Athéniens, 8 000 hoplites, sous le commandement d'Aristide (2). Les Spartiates tenaient l'aile droite, les Athéniens l'aile gauche ; les uns et les autres se couvrirent de gloire, les Spartiates dans la bataille, les Athéniens dans

(1) Pᴅ., *I*, IV, 61. — (2) Hᴅᴛ., IX, 28.

l'assaut et la prise du camp de Mardonios. La bataille de
Platée complétait celle de Salamine. Après la flotte, l'armée
perse était défaite. Ses débris repassèrent à grand'peine les
détroits. Après la prise de Sestos, il ne restait plus un Perse
en Europe.

IV

ATHÈNES ET SPARTE A LA FIN DES GUERRES MÉDIQUES.

Jamais les Grecs n'ont été plus près qu'au lendemain de
Salamine et de Platée de réaliser l'unité nationale. Ils pensent
et agissent en commun. D'abord, ils punissent, comme ils
l'avaient décidé (1), ceux qui ont trahi la cause hellénique :
Thèbes est prise et les Thébains qui avaient fait décider
l'alliance avec le roi mis à mort (2) ; Thémistocle lève des
contributions sur les îles qui ont aidé l'ennemi (3). Puis tous
s'unissent pour remercier les dieux. A Delphes, un *Apollon*
commémore les victoires navales de l'Artémision et de
Salamine (4) ; la dîme du butin de Platée permet d'élever un
Poseidon au sanctuaire de l'Isthme (5), un *Zeus*, œuvre
d'Anaxagoras d'Égine, à Olympie (6), un trépied à Delphes (7).
La dédicace est faite au nom de tous les Grecs qui ont pris
part à la lutte. La concorde est telle qu'on inscrit sur le trépied de Delphes comme sur la base d'Olympie même le nom
des Téniens en mémoire de l'unique vaisseau de Ténos qui,
au matin de Salamine, a quitté la flotte perse pour apporter
des renseignements aux Grecs (8).

Et cependant cet accord est éphémère. Aussitôt le danger
passé, la politique égoïste et jalouse des cités reparaît. La
Grèce d'Europe délivrée, la guerre s'était poursuivie sur

(1) Hdt., VII, 132. — (2) Hdt., IX, 86-88. — (3) Hdt., VIII, 111-112.
(4) Paus., X, 14, 5. — (5) Hdt., IX, 81. — (6) Hdt., IX, 81 ; Paus., V, 23,1-2.
(7) Hdt., IX, 81 ; Paus., X, 13, 9 ; III, 70 ; XVI, I (1886), p. 176.
(8) Hdt., VIII, 82.

mer pour la libération des Grecs d'Asie. Ces expéditions
navales, qui intéressent beaucoup moins les Péloponnésiens,
sont encore menées par des chefs spartiates, mais elles
mettent de plus en plus en valeur Athènes, puissance maritime, qui groupe naturellement autour d'elle ses frères de
langue, les Ioniens des îles et d'Asie. L'orgueil et la bruta-
lité du roi de Sparte, Pausanias, autant que les soupçons qui
pèsent à juste titre sur ses rapports avec le Grand Roi,
irritent les Ioniens au point qu'au siège de Byzance, ils
refusent de lui obéir et défèrent le commandement aux chefs
athéniens. Sparte a beau rappeler Pausanias et le remplacer
par un autre chef, les alliés ne reviennent pas sur leur décision et Sparte doit renoncer au commandement. L'accord
conclu à Byzance entre Athènes et les Ioniens aboutit à la
formation d'une ligue des villes maritimes pour continuer la
guerre et assurer l'indépendance des Grecs d'Asie. C'est un
succès et un réel accroissement de pouvoir pour Athènes qui
dirige la confédération.

C'est en même temps l'effacement, d'ailleurs voulu, de
Sparte. Le gouvernement spartiate n'avait jamais aimé les
expéditions lointaines, qui permettaient aux chefs d'échapper
à la surveillance directe de la cité et qui les mettaient en
contact avec des populations et des civilisations trop étrangères aux rigides vertus spartiates. On venait de voir
Pausanias, grisé par ses victoires, adoptant les mœurs fas-
tueuses et les allures despotiques d'un satrape oriental et se
laissant acheter par le roi de Perse qui lui promet, avec la
main d'une de ses filles, le commandement de la Grèce réduite
en satrapie. La trahison de Pausanias est punie de mort.
Mais Sparte, pour éviter à ses rois et à ses généraux des ten-
tations auxquelles ils ne semblent pas capables de résister, se
refuse dès lors à toute politique qui entraînerait des campagnes lointaines et abandonne à Athènes la direction de la
guerre nationale contre les Perses.

L'abdication de Sparte ne va pas sans rancœur ni sans jalousie. Les Spartiates avaient déjà vu d'un mauvais œil Athènes se relever rapidement de ses ruines et reconstruire ses murailles. Plus pénible encore était le spectacle d'une Athènes glorieuse, obéie de tous et déjà, par la ligue de Délos, maîtresse de la mer Égée. Sparte répondait avec mauvaise humeur aux démarches amicales d'Athènes : lorsqu'en 464 Cimon, partisan d'une alliance étroite entre les deux villes, fait décider l'envoi de troupes athéniennes pour aider les Spartiates à triompher de la révolte des Hilotes, les Spartiates, humiliés de cette intervention, renvoient le contingent athénien. L'affront est vivement ressenti à Athènes : Cimon est ostracisé et le parti antilaconien reprend l'avantage. Les querelles incessantes des peuples grecs entraînent par le jeu des alliances la guerre entre Sparte et Athènes. Vaincus à Tanagra, les Athéniens rappellent Cimon, qui négocie une trêve de cinq ans.

Athènes peut alors reprendre la lutte nationale contre la Perse, et, grâce aux campagnes victorieuses de Cimon dans les eaux d'Asie, clore les guerres médiques. Qu'ils aient ou non signé un traité formel, les Perses renoncent à toute entreprise contre l'indépendance des Grecs d'Asie et retiennent loin des côtes d'Asie Mineure leur armée et leur flotte. Mais, après la mort de Cimon, la guerre se rallume entre Sparte et Athènes : après une lutte indécise, les deux villes se décident à conclure une trêve de trente ans.

V

LA POLITIQUE PANHELLÉNIQUE DE PÉRICLÈS.

Athènes apparaît comme la première cité de la Grèce. Lorsque Hérodote affirme que les Athéniens ont sauvé la Grèce (1), lorsque Pindare célèbre « la puissante cité, au front

(1) HDT., VII, 139.

couronné de violettes, la glorieuse Athènes, rempart de la
Grèce, ville illustre et vraiment divine » (1), ils ne font
que traduire la pensée de tous les Grecs de bonne foi.
Marathon et Salamine, victoires essentiellement athéniennes,
ont à deux reprises arrêté l'invasion, et elles ont donné aux
Athéniens conscience de leur valeur et de leur force. Un
légitime orgueil inspire aux Athéniens le désir d'entreprendre
de grandes choses. Capitale artistique et littéraire, centre de
vie commerciale et industrielle, Athènes peut prétendre à être
la capitale politique de la Grèce et à réaliser, sous sa direction et à son profit, l'unité nationale. Déjà elle règne sans
conteste sur mer: la ligue de Délos est devenue un empire
athénien, les flottes athéniennes font la police des mers et
tiennent en respect les Perses. Dans ses guerres contre
Sparte, Athènes a voulu plus encore, étendre sur les cités
continentales la prépondérance qu'elle a sur les cités maritimes. Mais la trêve de trente ans marque un arrêt et établit
une sorte de partage du monde grec. Athènes maintient son
empire maritime, mais elle s'interdit toute intrusion dans les
affaires continentales et laisse Sparte, son égale, commander
aux Péloponnésiens.

Ce compromis, sage et modéré, semble bien être l'œuvre de
Périclès, dont la politique triomphe définitivement en 445 avec
l'ostracisme de Thucydide, fils de Mélésias, chef du parti aristocratique. De 444 à 431, Périclès est maître d'Athènes, et
par son ascendant personnel, et par l'autorité que lui donne
légalement la charge de stratège renouvelée chaque année.
C'est sans contredit le plus grand homme d'État qu'ait eu la
Grèce. Élève d'Anaxagore, qui n'avait d'autre passion que la
recherche désintéressée de la vérité (2), il domine par l'intelligence. Il garde les allures un peu hautaines d'un aristocrate
qui ne consent pas à flatter la foule, mais prétend la conduire
par la raison. Son éloquence ne connaît ni les grands gestes,

(1) Pd., fr. 47. — (2) CXXIV, p. 275.

ni les éclats de voix qui parlent aux sens ; elle ne dit rien de plus qu'il ne faut pour démontrer, mais elle sait élever le débat au-dessus des incidents journaliers en posant en des sentences concises les règles de la politique et de la morale. Démocrate convaincu, il ne recule pas devant les conséquences logiques de ses principes, mais, homme de gouvernement, il sait se montrer vis-à-vis de ses adversaires juste et modéré. Il achève de donner au peuple le pouvoir politique en faisant accorder une indemnité à quiconque donne son temps à la chose publique : l'institution des μισθοί enlève à ceux qui ont des loisirs le monopole du gouvernement. Mais en même temps il maintient la paix intérieure en obtenant des riches leur participation financière aux charges de l'État et en assurant aux pauvres des moyens d'existence, soit par la création de clérouquies, soit par les grands travaux, qui tout en embellissant la ville donnent de l'ouvrage à tous les artisans. Pendant longtemps Athènes ignorera les luttes violentes qui, dans de nombreuses cités grecques, dressent les unes contre les autres pauvres et riches. La sagesse de Périclès a su réaliser l'équilibre social : l'aristocrate Thucydide, au temps des Cléon et des Hyperbolos, fera l'éloge du démocrate à qui la cité avait dû la primauté au dehors et la paix au-dedans.

Mais ce qui met Périclès vraiment hors de pair, c'est qu'il étend ses vues bien au delà du cadre étroit de la cité. Certes il est d'abord patriote athénien, mais il est aussi patriote hellène, et à l'œuvre d'Athènes il veut associer la Grèce. A un moment où Athènes était en paix avec tous les peuples grecs, sans doute vers 448, Périclès lance un appel à toutes les cités et les invite à envoyer des délégués à Athènes. Ce congrès de tous les Grecs d'Europe et d'Asie voterait les mesures nécessaires pour restaurer les sanctuaires détruits par les Perses et pour remplir les promesses faites aux dieux pendant la guerre ; de plus, il examinerait les moyens d'assurer la sécurité de la navigation et la

paix des mers (1). Périclès espère ainsi poursuivre la politique
des guerres médiques ; il fonde l'union de tous sur les souvenirs de l'invasion et sur les efforts communs pour maintenir
les résultats acquis, c'est-à-dire écarter des mers grecques les
Perses ou quiconque voudrait comme eux y gêner la navigation.
La police de l'Archipel avait été la raison d'être de la ligue de
Délos et restait pour Athènes un prétexte à maintenir son empire sur les villes maritimes : c'était une pensée vraiment libé-
rale que d'associer toutes les cités à l'œuvre jusque-là réservée à
Athènes seule.

Pour les Grecs, il n'est pas d'association réelle sans communauté de religion et de culte. Puisque Athènes doit être la capitale de la confédération hellénique, Périclès veut grouper tous
les Grecs autour d'un sanctuaire de l'Attique. Le culte de
Déméter, dont originairement une famille d'Éleusis avait eu
la propriété, était entré, après la réunion d'Éleusis à Athènes,
dans la religion officielle des Athéniens. Mais Déméter, symbole de la terre nourricière et cultivée, Déméter à qui les hommes
devaient le blé et l'agriculture, pouvait facilement prendre rang
parmi les grands dieux à qui s'adressent des hommages uni-
versels. Profitant de l'influence qu'Athènes exerçait momentanément sur Delphes, Périclès réussit à associer à ses projets
l'oracle pythique : les Athéniens reçurent d'Apollon l'ordre de
sacrifier à Déméter au nom de tous les Grecs, les Grecs d'envoyer à Éleusis les prémices de leurs récoltes (2). Une légende
naquit qui rejeta aux temps mythiques, à la suite d'une famine
générale, l'origine de ces obligations, et ce fut pour les orateurs
attiques du IVe siècle un lieu commun que de rappeler comment
les Athéniens avaient enseigné aux autres hommes l'art de
l'agriculture, qu'ils avaient eux-mêmes appris de Déméter, et
comment les Grecs, reconnaissants de ce bienfait, avaient con-
senti l'envoi des prémices (3).

(1) Plut., *Per.*, 17. — (2) II, I suppl., p. 59, n° 27ᵇ.
(3) Isocr., *Pan.*, 28-31.

Enfin l'union, voulue par Périclès, doit aboutir à la reprise de l'expansion hellénique. C'est là ce que vise la création de Thourioi. Depuis la destruction de leur ville, les Sybarites avaient une première fois, mais en vain, essayé de la relever. Ils renouvellent leur tentative en demandant le concours de la Grèce propre. Accueillis froidement à Sparte, ils trouvent à Athènes l'appui de Périclès (1). Mais celui-ci ne se contente pas de faire décider l'envoi de colons athéniens (2). Il fait annoncer partout la fondation de la nouvelle ville et invite tous les Grecs à collaborer à l'entreprise. Pour remplacer Sybaris, une nouvelle cité grecque, Thourioi, s'élève qui reçoit une population mélangée. C'est un Athénien, le devin Lampon, qui préside aux cérémonies religieuses de la fondation (3), mais c'est un Milésien, Hippodamos, qui dresse le plan de la ville et, selon sa méthode géométrique, trace de larges voies se coupant à angles droits (4). En même temps qu'Hérodote d'Halicarnasse (5), partent pour Thourioi les fils de Képhalos de Syracuse, Lysias et Polémarchos (6). L'origine panhellénique de Thourioi se traduisait dans les noms donnés aux dix tribus de la cité, dont chacune était désignée par l'ethnique d'un peuple grec (7).

Les projets de Périclès ne réussirent pas. Le congrès qu'il avait convoqué ne put se réunir, les Péloponnésiens, sous la pression de Sparte, ayant refusé d'y prendre part (8). Seules les villes soumises à Athènes acceptèrent de consacrer à Déméter les prémices de leurs récoltes, de même qu'elles apportaient leurs hommages à Athéna lors des Panathénées. Bien que l'initiation aux mystères fût ouverte à tous les Grecs, Éleusis resta toujours un sanctuaire spécialement athénien. Même à Thourioi, où la politique de Périclès avait eu plus de succès, la dis-

----

(1) Ds., XII, 10. — (2) PLUT., *Per.*, 11. — (3) SCH. AR., *Nub.*, 332; *Av.*, 521.
(4) HSCH., s. v. Ἱπποδάμου νέμησις.
(5) STR., XIV, 2, 16; PLUT., *M.*, 604 f; 868 a.
(6) PLUT., *M.*, 835 d. Le père du général spartiate Gylippos citoyen de Thourioi : THC., VI, 104.
(7) Ds., XII, 11. — (8) PLUT., *Per.*, 17.

corde ne tardait pas à s'élever entre les diverses fractions de la
population, et, oubliant le rôle de Périclès, l'oracle de Delphes
ordonnait de reconnaître comme fondateur de la cité Apollon
lui-même (1).

Tous ces échecs étaient dus à la jalousie des cités. Les rivales
d Athènes, et, en première ligne, Sparte, comprenaient que
l'union rêvée par Périclès ferait d'Athènes sans conteste la capitale morale du monde grec. De même que les Athéniens reconnaissaient l'ascendant de Périclès, les cités grecques auraient dû
reconnaître l'ascendant d'Athènes. Elles ne le voulaient pas.
Et cependant Périclès n'obéissait pas à des mobiles égoïstes :
s'il voulait Athènes glorieuse, il voulait aussi la Grèce unie
et puissante. Par sa compréhension des intérêts de l'hellénisme, par sa largeur de vues qui embrassait le monde grec
tout entier, il était digne de réaliser l'unité de la Grèce, si cette
unité avait été possible.

(1) Ds.. XII, 35.

CHAPITRE IV

L'ESPRIT PARTICULARISTE

I

Jamais, dans le demi-siècle qui sépare les guerres médiques
de la guerre du Péloponnèse, la Grèce n'avait été aussi près
de faire son unité. Jamais non plus on ne vit mieux que cette
unité ne serait jamais réalisée. L'histoire grecque, de Périclès
à Philippe, va nous montrer la Grèce incapable de se dégager du système de la cité et de constituer par l'union des
petits États un grand État.

En dehors du passé trop lointain, où il n'y avait pas d'autre
unité sociale que la famille isolée (1), le plus ancien groupement qu'ait connu la Grèce est la κώμη, la bourgade réunissant plusieurs familles qui gardent le souvenir confus de
leur commune origine (2). Les habitations se sont élevées de
préférence au voisinage d'un site naturel facile à défendre :
c'est là qu'on dresse les murailles épaisses de la forteresse pour
servir de refuge en cas de danger. Tout autour ont été dé-
frichés les champs qui doivent fournir les vivres nécessaires,
et, au delà, les terrains vagues, fréquentés des troupeaux,
marquent les limites où s'arrête l'activité des habitants de la
κώμη. Ces groupes de début, « restreints, embarrassés dans
leurs mouvements » (3), se rendent bientôt compte de la né-

(1) Arstt., *Pol.*, I, 1, 6. — (2) Arstt., *Pol.*, I, 1, 7 ; Thc., I, 5.
(3) Vidal-Lablache, *Ann. de géo.*, VII (1898), p. 109 ; cf. XI (1902), p. 15.

cessité de ne pas rester isolés. Il est bien rare qu'ils aient sur
place tout ce qu'il leur faut, bien rare aussi que pour certaines denrées ils n'aient pas du superflu : de là les premiers
échanges avec les bourgades voisines. Au pied de la forteresse
la mieux défendue ou en un point central d'accès facile, s'installe le marché que fréquentent les paysans des bourgs voisins.
Les relations commerciales créent des liens nouveaux : c'est
sur la place du marché que se réunissent les campagnards
pour débattre les questions d'intérêt commun; c'est là qu'ils
viennent soumettre leurs différends à des arbitres ou à des
juges ; c'est là encore qu'ils célèbrent ensemble les fêtes
religieuses. Ainsi naît la cité, formée par la réunion des
κῶμαι (1), avec une capitale qui grandit autour de ce qui sera
toujours regardé comme l'élément caractéristique de la cité
grecque, l'*agora*. L'histoire du mot πόλις reflète cette évolution (2). C'est, au début et étymologiquement, la citadelle :
jusqu'en 386, l'Acropole d'Athènes ne porte pas officiellement d'autre nom que celui de πόλις (3). Mais, comme
la citadelle ou ses abords immédiats deviennent le centre religieux et politique, le mot prend peu à peu le sens de « ville »,
et, comme la ville est la capitale de l'État, πόλις finit par désigner la cité.

La confusion est d'autant plus facile que la cité grecque est
urbaine, qu'elle est essentiellement une ville et sa banlieue.
La croissance de la cité par agglomération de bourgades s'arrête
aussitôt que le territoire offre à ses habitants tout ce qui est
nécessaire à leur existence, tout ce qui leur permet de vivre
« dans le loisir d'hommes libres et sobres » (4). La cité doit
être enfermée dans de justes limites : trop petite, elle ne peut
se suffire à elle-même; trop grande, elle ne peut plus être bien
gouvernée (5). Le nombre des citoyens doit être assez res-

---

(1) ARSTT., *Pol.*, I, 1, 8. — (2) **XLV**, p. 115. — (3) **CXXXV**, p. 10.
(4) ARSTT., *Pol.*. VII, 5, 1 ; cf. VII, 4, 7.
(5) ARSTT., *Pol.* VII, 4, 5; VII, 4, 7.

treint pour que chacun soit sous la surveillance de tous et qu'aucun étranger ne puisse se glisser dans les rangs des citoyens sans être reconnu (1). Le chiffre de 10 000 citoyens adultes semble être, pour les théoriciens politiques, le maximum que ne doit pas dépasser la cité idéale (2).

On s'est demandé souvent pourquoi les Grecs s'en sont tenus à ce type de la cité et n'ont jamais conçu ou réalisé le grand État territorial. S'il est vrai qu'entre ces deux formes, État territorial et État urbain, il y ait opposition de politique intérieure — le premier étant plus généralement une monarchie, le second une république — et de politique extérieure — le premier ayant une politique offensive et expansive, le second une politique défensive (3), — c'est toute l'histoire de la Grèce qui se trouve impliquée dans cette question. Il ne suffit pas d'invoquer le sens de la mesure comme trait caractéristique de l'esprit grec (4); il faut voir les raisons données pour expliquer le cas particulier de l'organisation politique.

Nous avons déjà rencontré le problème et certaines des solutions proposées (5). Il faut tenir compte sans doute des conditions géographiques. La compartimentation en petites plaines fermées trace les frontières naturelles de petits États bien délimités. Plus encore, le caractère sporadique des cultures oblige les hommes à se grouper dans des sortes d'oasis, isolées les unes des autres au milieu de régions incultes. Que les influences du milieu aient agi à l'origine, la chose semble certaine, mais il ne faut pas que le déterminisme géographique fasse oublier la réaction de l'homme sur la nature. Nulle part en Grèce, les montagnes ne sont une barrière capable d'empêcher toute communication d'une plaine à l'autre, et de même il n'y a pas de cité grecque qui puisse se contenter des produits de

---

(1) ARSTT., *Pol.* VII, 4, 7.
(2) ARSTT., *Pol.*, II, 5, 2; cf. Ds., XII, 59. *Myriandros* de Cilicie : XBN., *An.*, I., 4, 6; STR. XIV, 5, 19. — (3) CL, p. 283-234.
(4) Voir plus haut, p. 46-47. — (5) Voir plus haut, p. 19-23,53.

son « oasis » et qui ne demande au dehors une partie de son alimentation. En fait, les États grecs ne coïncident jamais exactement avec une unité géographique. Les conditions naturelles, si elles favorisaient la naissance de petites cités, n'étaient pas un obstacle infranchissable à la formation ultérieure de grands États.

Pour les théoriciens de l'antiquité, la limitation de la cité est une condition essentielle du bon gouvernement (1). C'est que, pour eux, il n'est pas d'autre mode de gouvernement que le gouvernement direct, c'est-à-dire celui où tous les citoyens peuvent prendre part personnellement aux affaires publiques. Le peuple délègue ses pouvoirs à des magistrats : mais les fonctions ne pourront être utilement réparties selon les mérites de chacun, que si les candidats sont connus et appréciés personnellement de tous les citoyens (2). Le peuple rend la justice : mais les jurés ne pourront bien juger les affaires litigieuses que s'ils connaissent personnellement et la moralité des plaideurs et les circonstances de la cause (3). Le peuple décide toutes les affaires dans l'assemblée : mais comment la discussion serait-elle possible et utile devant une foule innombrable, et même comment pourrait-on matériellement assurer la tenue de l'assemblée; où trouverait-on, dit Aristote, le Stentor capable de remplir les fonctions de héraut et de se faire entendre de la multitude (4)? Le gouvernement direct n'apparaît donc comme possible qu'avec un nombre limité de citoyens; il fallait ou bien se contenter de la petite cité ou bien renoncer à la souveraineté populaire : les États territorialement étendus sont des monarchies, aussi bien l'immense empire perse que le royaume, pourtant réduit, de Macédoine.

On ne pouvait sortir de ce dilemme qu'en passant du gouvernement direct au gouvernement représentatif. La délé-

----

(1) Voir les textes précédemment cités d'Aristote.
(2) ARSTT., *Pol.*, VII, 4, 5. — (3) ARSTT., *Pol.*, VII, 4, 7.
(4) ARSTT., *Pol.*, VII, 4, 7.

gation des pouvoirs populaires à des représentants élus, dont
les décisions font la loi, a été ignorée de l'antiquité. Le seul
cas où l'on puisse reconnaître quelque chose d'analogue est
l'élection à deux degrés des magistrats de Mantinée, qui sont
nommés par des électeurs pris eux-mêmes, par élection, dans
l'ensemble des citoyens (1). Encore cette double opération ne
diffère-t-elle pas beaucoup du système athénien où l'ensemble
des citoyens dresse la liste des candidats entre lesquels le
sort désigne les archontes (2). Mais nulle part il n'y a trace
d'assemblée de représentants, de « parlement ». La *boulè*
athénienne ou la *gérousia* spartiate, quels qu'en soient le
mode de nomination et l'étendue des pouvoirs, ne sont que
des commissions exécutives émanées du peuple pour expédier
les affaires courantes et préparer le travail législatif de
l'assemblée.

Pourtant, dans les relations internationales, les cités ne
peuvent agir que par représentants : les ambassadeurs ont
plein pouvoir pour négocier avec les peuples auprès desquels
ils sont accrédités (3). C'est la forme de congrès diplomatique
que prennent les assemblées fédérales. La procédure suivie
en 432 par les membres de la ligue péloponnésienne met en
lumière le rôle confié aux délégués des cités : une première
assemblée fédérale met en discussion les relations avec Athènes,
puis l'assemblée du peuple spartiate de son côté délibère et se
prononce pour la guerre ; les députés des villes reviennent
ensuite dans leur patrie pour rendre compte de ce qui s'est
dit et fait, et c'est seulement dans une seconde assemblée
fédérale, que, mandatés par leurs gouvernements, ils votent
définitivement la guerre (4). Il n'y a pas là une « chambre
des représentants », mais une réunion de délégués *ad audien-
dum et referendum*. La décision, comme la ratification des
traités, appartient aux peuples.

(1) ARSTT., *Pol.*, VI, 2, 12. — (2) ARSTT., 'Αθ. πολ., 8.
(3) **CXLIII**, p. 36-37. — (4) THC., I, 67; I, 79; I, 87; I, 119.

Il est vrai que beaucoup d'assemblées représentatives n'ont
à l'origine été, comme celle-là, qu'un congrès d'ambassadeurs
parlant chacun au nom d'un groupe déterminé. Mais le monde
grec n'a jamais dépassé ce premier stade. Cela tient sans doute
à la haute valeur accordée à l'individu. Il semble impossible aux
Grecs qu'un homme raisonnable puisse abdiquer sa personnalité au profit d'un autre, qu'un citoyen se résigne à n'avoir
part à la direction des affaires que par personne interposée.
Le clérouque athénien trouve plus naturel de renoncer à
toute action sur le gouvernement lorsqu'il réside dans sa
clérouchie, que d'être privé d'assister en personne aux délibérations de l'assemblée lorsqu'il se trouve par hasard à
Athènes. Tous les citoyens sont jugés susceptibles de remplir
toutes les fonctions civiques : tout Athénien peut prendre la parole
devant le peuple et, sous les conditions fixées par la loi, présenter un projet ; tout Athénien peut être désigné par le sort
comme bouleute ou comme héliaste ; tout Athénien peut soutenir l'accusation devant les tribunaux et est cru capable de
présenter lui-même sa défense. La valeur absolue accordée à
la personne humaine semble avoir été le plus grand obstacle
à la conception même du système représentatif.

Il est évident que dans de telles conditions le régime de la
cité était le seul possible : le gouvernement direct suppose un
État d'étendue limitée et une population restreinte. L'unité du
monde grec ne pouvait se faire par une fusion des différents
États en un seul ; elle devait respecter l'indépendance et
l'autonomie des petits États et ne pouvait se présenter que
sous la forme fédérative.

II

LE SYSTÈME FÉDÉRATIF.

L'organisation fédérale n'est pas exclusive de l'unité nationale. Les confédérations grecques ont été des essais d'uni-

fication partielle ; mais tantôt le lien fédéral est si lâche qu'il
laisse subsister l'isolement des cités ; tantôt l'union, imposée
par la force, se brise dès que les pe its États pensent échapper à l'emprise du grand État qui les domine.

Les plus anciennes confédérations furent celles qui grou-
paient les peuples autour d'un sanctuaire pour un culte commun, les *amphictyonies*, telle la fédération des villes du
golfe Saronique autour du sanctuaire de Poseidon à Calaurie(1)
ou celle des villes d'Ionie autour du sanctuaire de Poseidon
au cap Mycale (2). La plus illustre est celle qui, après avoir
réuni les peuples de la Grèce centrale et septentrionale autour
du sanctuaire de Déméter aux Thermopyles, étendit son
action sur celui d'Apollon à Delphes. Mais les amphictyonies
n'ont eu qu'exceptionnellement un rôle politique (3) ; elles
ont tout au plus aidé les peuples à prendre conscience de leur
unité morale et facilité les accords diplomatiques.

Ce sont les alliances politiques, d'abord temporaires, puis
permanentes, qui ont donné naissance aux ligues et aux fédérations.

Sparte a eu d'abord une politique conquérante ; mais,
à la fin du VIe siècle, renonçant à des annexions nouvelles,
elle se contente de faire reconnaître son autorité par les peuples
voisins. Après ses victoires sur les Tégéates, elle impose à
Tégée une sorte de protectorat ; elle intervient en Élide où
elle se pose en protectrice du sanctuaire d'Olympie : la tradition antidatait les prétentions spartiates en attribuant au
temps de Lycurgue un traité entre Élis et Sparte pour garan-
tir la neutralité du sanctuaire et imposer le respect de la trêve
sacrée (4). Ainsi se forme, autour de Sparte, la ligue péloponnésienne qui comprend tous les États du Péloponnèse, sauf
l'Argolide et l'Achaïe.

Les cités, petites ou grandes, sont indépendantes, auto-

(1) STR., VIII, 6, 14. — (2) STR., XVI, 1, 20. — (3) HDT., VI, 7.
(4) **XXIX**, s. v. *Olympia*.

nomes (1), exemptes de tout tribut (2). L'assemblée fédérale
n'a pas de sessions régulières ; elle se réunit, généralement à
Sparte (3), à la demande d'un des alliés (4). Chaque cité
dispose d'une voix, et les décisions, prises à la majorité des
suffrages (5), engagent tous les alliés, sauf si certains invoquent,
pour garder leur liberté d'action, des empêchements religieux (6) ou les stipulations contraires de traités antérieurs (7).
En cas de guerre, l'assemblée fixe les contingents à lever ou
les sommes à payer en rachat du service militaire et édicte
des amendes pour les défaillants (8). Dans l'assemblée, Sparte
n'a qu'une voix comme les autres, mais les délibérations du
peuple spartiate influent sur les décisions des alliés (9).

Une fois la guerre décidée, Sparte prend le commandement
de toutes les forces alliées ; elle l'exerce même sur mer, malgré les prétentions des cités maritimes comme Corinthe (10).
Elle décide la portion du contingent à appeler et le lieu de
rassemblement (11). Elle met à la tête des troupes alliées des
ξεναγοί spartiates qui commandent conjointement avec les
officiers des cités (12). Elle dresse le plan des opérations sans
en discuter avec les alliés et ne le leur communique même
pas à l'entrée en campagne (13). Bien plus, elle mène seule les
négociations pendant la guerre (14) et en arrivera à prétendre
déclarer la guerre sans même consulter les alliés (15).

Malgré l'autorité exercée par Sparte, les confédérés ne sont
unis que par des liens assez lâches. L'alliance a un objet
limité, purement défensif (16). Les villes n'ont pas seulement
la libre direction de leurs affaires intérieures, mais elles

---

(1) **Cf.** les traités avec Argos, THC., V, 77 ; V, 79. — (2) THC., I, 19.
(3) Assemblée à Corinthe en 413, THC., VIII, 8. — (4) THC., I, 67.
(5) THC., I, 119 ; I, 125 ; V, 30. — (6) THC., V, 30 ; XEN., *Hell.*, IV, 2, 16.
(7) XEN., *Hell.*, II, 4, 30. — (8) XEN., *Hell.*, V, 2, 1-22.
(9) Voir, sur la procédure des assemblées de 432, p. 358 et les textes cités
de Thucydide.
(10) THC., VIII, 9. — (11) THC., II, 10 ; III, 15 ; XEN., *Hell.*, III, 4, 3.
(12) **XXIX**, s. v. *Xenagoi.* — (13) THC., V, 54 ; XEN., *Hell.*, VI, 3, 7.
(14) THC., V, 60. — (15) XEN., *Hell.*, VI, 3, 8. — (16) THC., V, 77.

peuvent encore, sans manquer à leurs obligations et sans engager la ligue, avoir une politique étrangère indépendante, traiter et même se battre avec des cités étrangères. L'alliance ne les empêche même pas de se faire entre elles la guerre (1). Comme l'autorité de Sparte n'est pas oppressive, l'accord se maintient plus facilement, mais l'indépendance des villes fait la faiblesse de la ligue, qui perd son temps en débats interminables et laisse les décisions en suspens (2). Elle ne saurait réaliser l'unité du Péloponnèse.

Tout autre est la confédération maritime athénienne. Elle a une politique franchement unitaire, mais l'unité, faite au seul profit d'Athènes, est, par là même, fragile et éphémère. C'est l'exemple de l'empire athénien qui révèle le mieux les faiblesses du système fédératif grec.

Au lendemain des victoires de Salamine et de Mycale, les Grecs d'Asie avaient déféré aux chefs athéniens le commandement des forces navales et conclu avec Athènes une série d'accords qui sont la base de la ligue maritime. Cette ligue, dont l'objet est de libérer les Grecs encore sujets de la Perse et de défendre la Grèce asiatique et insulaire de toute nouvelle entreprise du Grand Roi (3), adopte comme centre politique et religieux l'île sainte entre toutes aux yeux des Ioniens, Délos : c'est dans le sanctuaire d'Apollon que se réunissent les délégués des villes et qu'est conservé le trésor (4), « les richesses communes des Grecs » (5). Toutes les cités sont indépendantes et égales entre elles. Dans l'assemblée fédérale, petites ou grandes disposent du même nombre de suffrages (6). Toutes contribuent, proportionnellement à leurs ressources, aux levées de troupes, à l'équipement des flottes, aux dépenses fédérales. Athènes n'a que la présidence. Elle commande les forces de terre et de mer : le Pirée est le quartier général de

(1) Thc., I, 103; IV, 134. — (2) Thc., I, 141. — (3) Thc., III, 10; VI, 76.
(4) Thc., I, 96. — (5) Ds., XII, 54; Plut., *Per.*, 12.
(6) Thc., I, 97; III, 10; III, 11.

la flotte fédérale (1). Elle surveille la gestion financière : les « trésoriers des Grecs », les *hellénotames*, sont toujours des citoyens d'Athènes désignés par le peuple athénien.

Mais peu à peu cette fédération de cités libres et égales va se transformer en un empire athénien. La plupart des villes particulièrement en Ionie, déshabituées du service militaire' demandèrent à ne plus fournir ni soldats, ni vaisseaux et à se racheter de leurs obligations militaires par des contributions en argent. Athènes accepta volontiers cette transformation : bientôt la flotte fédérale ne compte plus, à l'exception de quelques vaisseaux de Chios et de Lesbos (2), que des trières athéniennes. Les alliés ne s'étaient pas aperçus que par là ils préparaient eux-mêmes leur sujétion. Athènes trouve dans les contributions des villes le moyen d'accroître ses forces et, restée la seule puissance militaire de la ligue, elle peut imposer ses volontés (3). Sous prétexte que le trésor est à Délos exposé à un coup de main des Perses, elle en fait décider le transfert à Athènes, et dès lors, forte de ses vaisseaux et maîtresse du trésor, elle néglige de convoquer l'assemblée fédérale. L'ἡγημονία (4) athénienne devient une ἀρχή (5). Les cités de l'empire athénien continuent à être officiellement appelées « les alliés », οἱ σύμμαχοι, ou « les villes », αἱ πόλεις (6), mais, dans l'usage courant, elles sont désignées sous le nom qui exprime le mieux leur nouvelle situation, « les sujets », ὑπήκοοι (7).

C'est qu'en effet elles sont maintenant assujetties à de multiples obligations. Théoriquement les villes sont autonomes, mais en fait il en est bien peu à qui Athènes laisse le choix de leur organisation intérieure (8). Les alliés doivent prêter serment de fidélité à Athènes (9) et modifier leur constitution en

---

(1) AND., *Pax*, 38. — (2) THC., I, 19; VI, 85.
(3) THC., I, 99; VI, 76; PLUT., *Cim.*, 11. — (4) THC., I, 96.
(5) THC., I, 97; I, 118. — (6) II, I, 9, 57, 40. — (7) THC., I, 117; VII, 57.
(8) II, I, suppl. 61 a, l. 5-6. — (9) II, I, 9; I, 13; I, suppl., 27 a.

s'inspirant des préférences politiques des Athéniens. Peu à peu les gouvernements aristocratiques, tolérés d'abord (1), font place à des gouvernements démocratiques. Certaines cités se laissent persuader de faire elles-mêmes les changements nécessaires (2), mais Athènes n'y met pas toujours tant de formes : un décret du peuple athénien donne à Érythrée une constitution calquée sur celle d'Athènes (3). Des ἐπίσκοποι athéniens sont envoyés dans les villes pour y surveiller les gouvernements (4), et, au besoin, une garnison athénienne met la force au service des fonctionnaires athéniens installés chez les alliés (5).

Les alliés sont soumis au tribut (6). Ce tribut n'est plus réglé par des accords internationaux, comme ceux qu'avait conclus à l'origine Aristide. Il est fixé tous les quatre ans par la *boulè* athénienne. Il est exceptionnel que les cités se taxent elles-mêmes; tout au plus peuvent-elles présenter leurs observations et en appeler de la décision de la *boulè* devant le tribunal des héliastes athéniens (7). Le tribut, perçu par des fonctionnaires alliés, est apporté à Athènes aux fêtes des Grandes Dionysies (8) et versé aux hellénotames sous le contrôle de la *boulè*. Si les villes sont en retard pour leurs versements, Athènes leur envoie des percepteurs, dont les réclamations sont appuyées par une flotte de guerre (9).

En matière religieuse, les alliés doivent participer aux fêtes des divinités athéniennes (10). En matière judiciaire, les tribunaux locaux ne conservent que les petits procès; toutes les causes importantes, celles par exemple qui entraînent des condamnations à l'atimie, à l'exil où à la peine capitale sont

(1) Thc., I, 115; III, 27. — (2) Isocr., XII, 54; cf. IV, 104; XII, 68.
(3) II, I, 9, l. 7-28. — (4) II, I, 9; Ar., *Av.*, 1022 et Sch. ; Harp., s. v. ἐπίσκοπος.
(5) II, I, 9; I, suppl., 22 a; Thc. I, 115; Sch. Ar., *Pax*, 1176; Ar., *Av.*, 1050 ; etc.
(6) II, I, 37; I, 38. — (7) II, I, 87, l. 42; Xen., *Ath.*, III, 5.
(8) Ar., *Ach.*, 502-503; Sch. Ar., *Ach.*, 378, 504.
(9) Thc., II, 69; III, 19; IV, 50. — (10) II, I, 9, l. 2-7.

réservées aux tribunaux athéniens (1). De toute façon, Athènes est toute-puissante dans l'empire.

La domination athénienne travaille à l'unification de la Grèce insulaire et asiatique. Athènes établit, avec des régimes politiques analogues, une certaine unité de législation (2). Les marchands alliés adoptent les poids et mesures aussi bien que la monnaie d'Athènes (3). La nécessité pour les alliés de plaider devant les tribunaux athéniens les oblige à se familiariser avec la langue attique, qui gagne sur les dialectes locaux. Mais le défaut de l'empire est d'être organisé au profit exclusif d'Athènes. Les obligations des alliés sont avant tout une source de bénéfices pécuniaires pour les Athéniens. Le trésor public s'enrichit des amendes prononcées par les tribunaux et les dépenses faites par les plaideurs durant leur séjour profitent aux marchands athéniens (4). Et surtout, le peuple athénien puise sans scrupule, pour ses propres besoins, dans le trésor d'empire : c'est le tribut qui paie la construction des grands monuments, c'est le tribut qui solde les multiples dépenses occasionnées par le régime démocratique. Périclès lui-même a exposé la théorie des finances fédérales. Athènes, dit-il, a reçu de la ligue de Délos la mission [de protéger les villes grecques contre toute entreprise de la Perse. Du moment qu'elle assure la liberté des mers et la tranquilité de la Grèce d'Asie, elle remplit ses engagements et les alliés doivent se déclarer satisfaits : ils n'ont pas à savoir comment Athènes emploie l'argent qu'ils lui versent pour leur sécurité (5).

Les villes prétendues alliées n'ont plus aucune liberté, pas même celle de se retirer de la ligue. Toute ville qui rompt l'alliance est coupable de trahison : Naxos (6), Thasos (7),

---

(1) II, I, 9, l. 25 sq.; I suppl. 27 a, l. 70 sq.; ANT., V, 47; XEN., *Hell.*, I, 5, 19; ATH., IX, 407 b.
(2) ISOCR., IV, 104.
(3) II, XII, 5, n° 480; XEN., *Vect.*, III, 2; cf. AR., *Av.*, 1040.
(4) XEN., *Ath.*, I, 16-18. — (5) PLUT., *Per.*, 12. — (6) THC., I, 98.
(7) THC., I, 101.

Samos (1) savent avec quelle rigueur les Athéniens punissent
les défections. Bien plus, puisque toutes les villes maritimes
bénéficient de la protection des flottes athéniennes, toutes,
disent les Athéniens, doivent contribuer aux frais de l'entreprise, c'est-à-dire doivent faire partie de l'empire. Athènes se
laisse entraîner à une politique de conquêtes que rien ne jus-
tifie, sinon la raison du plus fort. Mais cette politique
oppressive et brutale réveille chez les alliés l'esprit séparatiste :
les villes, qui à l'origine avaient accepté volontiers la protection et l'hégémonie d'Athènes, n'ont plus que de la haine
pour leur ancienne alliée (2) et guettent l'occasion favorable
pour échapper à la tyrannie d'Athènes. Le désastre de Sicile
sera immédiatement suivi du soulèvement général des alliés
et de l'effondrement de l'empire athénien.

Le système appliqué par Athènes sera repris par les cités
qui, après elle, obtiendront l'hégémonie. Sparte, elle aussi, va
imposer aux cités des gouvernements de son choix et installer dans les villes des fonctionnaires et des garnisons, et,
après Sparte, Thèbes agira de même. Toutes ces dominations
pouvaient prétendre unifier le monde grec; toutes ont échoué.
C'est que toutes, en effet, sont formées au profit d'une cité plus
puissante et au détriment des cités plus faibles. Il ne peut y
avoir de solides alliances, remarque Thucydide (3), qu'entre
peuples également forts et redoutables, parce qu'alors aucun
d'eux n'ose opprimer les autres alliés. Mais lorsque les alliés
sont en réalité des sujets, l'union, imposée par la force, ne
dure qu'autant que la force elle-même peut s'exercer. Bien
loin de rapprocher les peuples, l'empire tyrannique d'une
cité ne peut que faire naître entre les villes grecques des haines,
des conflits et des guerres.

(1) Thc., I, 115-117. — (2) Thc., III, 10. — (3) Thc., III, 11.

III

LES PARTIS POLITIQUES ET L'ÉTRANGER.

La cité qui a l'hégémonie pense affermir son pouvoir en intervenant sans cesse dans les affaires intérieures des cités sujettes et en y soutenant le parti favorable à ses doctrines politiques. La conduite habile de Brasidas, qui, à Akanthos, respecte l'ancienne constitution démocratique (1), est singulière et remarquable. La règle est que la cité maîtresse impose à ses sujets une constitution semblable à la sienne (2). Athènes soutient partout la démocratie (3). Sparte, au VIe siècle, mène partout la lutte contre les tyrans (4), et prend, au ve, la défense des oligarchies (5). Constamment, la politique intérieure et la politique extérieure agissent l'une sur l'autre. Les alliances se nouent lorsque les cités sont gouvernées par le même parti. Les Mégariens et les Béotiens ne veulent pas s'allier à Argos, parce que leur gouvernement aristocratique s'accorde mieux avec l'oligarchie spartiate qu'avec la démocratie argienne (6). D'autre part, dans chaque ville, les partis ne se font aucun scrupule de faire appel à l'étranger et même de lui livrer leur patrie pour s'y rendre eux-mêmes les maîtres (7). Les démocrates de Mégare, qui craignent le retour des aristocrates bannis, offrent aux Athéniens de leur livrer la ville (8). Les citoyens exilés de Rhegion excitent les Locriens contre leur patrie (9). Les Thébains tentent leur coup de main sur Platée à l'instigation de Platéens qui veulent s'emparer du pouvoir (10).

(1) THC., IV, 85. — (2) ARSTT., *Pol.*, IV, 9. 11.
(3) ISOCR., *Pan.*, 105; ARSTT., *Pol.*, V, 6, 9. Par exemple, intervention à Thespies, THC., VI, 95.
(4) ARSTT., *Pol.*, V, 8, 18; PLUT., *M.*, 859 c-d.
(5) ARSTT., *Pol.*, V, 6, 9. Par exemple, intervention à Sicyone et à Argos THC., V, 81.
(6) THC., V., 31. — (7) THC., III, 82. — (8) THC., IV, 66. — (9) THC., IV, 1
(10) THC., II, 2; III, 65.

L'histoire du parti aristocratique à Athènes, de Périclès à Thrasybule, fournit le meilleur exemple des liaisons nécessaires entre les événements du dedans et ceux du dehors. La démocratie tempérée qu'avait établie Périclès lui avait rallié les aristocrates modérés, mais la guerre du Péloponnèse oppose à nouveau les partis. Tandis que les démocrates veulent l'extension de l'empire maritime et la guerre à outrance, les aristocrates s'opposent à toute politique agressive et conquérante et veulent rétablir et maintenir la paix avec Sparte. C'est que les charges de la guerre pèsent surtout sur les riches. Ceux-ci acceptent de mettre leur fortune au service de l'État : ils acquittent les liturgies, paient l'impôt sur le capital, levé pour la première fois en 428. Mais le principe où Périclès avait vu un élément de la paix sociale va être faussé par les démagogues : la guerre accroissant les besoins et diminuant les ressources, ils pensent trouver dans les biens des riches de quoi soutenir le budget de l'État. On voit s'organiser alors une véritable chasse aux riches, traînés par les sycophantes devant les jurys populaires, qui, passionnés et incompétents, sont toujours prêts à condamner ceux qu'on leur représente comme des ennemis politiques. La guerre aggrave donc pour les riches les charges et les dangers, au moment même où ils se voient refuser la part d'influence qui eût compensé leurs sacrifices. Dans les deux partis, les modérés sont dépassés ; les partisans de l'oligarchie extrême s'organisent en sociétés secrètes, d'abord pour se défendre contre les attaques judiciaires et intervenir dans le choix des magistrats (1), puis pour préparer le mouvement révolutionnaire qui abolira la constitution démocratique.

La crise politique est le contre-coup des défaites. L'écroulement de l'empire maritime enlève à la démocratie ses ressources financières et sa principale force morale. La situation

---

(1) Thc., VIII, 54.

troublée favorise les intrigues d'Alcibiade. Vaniteux et égoïste,
ne songeant qu'à satisfaire ses passions et se croyant orgueilleu-
sement au-dessus de toutes les lois, Alcibiade suit une politique
toute personnelle. Il n'a pas hésité à trahir sa patrie pour
Sparte, puis, brouillé avec les Spartiates, il s'est retiré auprès
du satrape perse Tissapherne. Il voudrait maintenant rentrer
à Athènes et il cherche pour cela à se faire passer pour l'intermédiaire nécessaire entre la Perse e les Athéniens : il
fait savoir à Athènes que le roi accorderait volontiers son appui à un gouvernement aristocratique. Cette déclaration ral-
lie aux aristocrates tous ceux qui, par patriotisme, acceptent
de sacrifier leur préférences politiques pour assurer à Athènes
l'alliance et l'or de la Perse. Dans l'été de 411, une assemblée
extraordinaire procède à la revision de la constitution, ramène
le nombre des citoyens à cinq mille et organise un gouvernement aristocratique, dirigé par les riches et appuyé sur la
classe moyenne (1).

Mais l'armée et les équipages de la flotte, rassemblés à Samos, se prononcent contre le nouveau régime et, par un en-
gouement inexplicable, se donnent pour chef Alcibiade lui-
même (2). Cette péripétie inattendue précipite les événements
à Athènes. Deux politiques divisent les aristocrates. L'une,
intransigeante, est représentée par Antiphon, doctrinaire fana-
tique, qui sacrifie tout à ses haines politiques et préfère ruiner la cité plutôt que de reconnaître la démocratie ; l'autre,
conciliante, par Théramène qui, plaçant la patrie au-dessus
des partis, se refuse à livrer Athènes à Sparte (3) et aime
mieux chercher un accord avec les démocrates modérés. Antiphon négocie avec Sparte, sans l'assentiment des cinq mille
citoyens ; Théramène, s'appuyant sur la classe moyenne, prend
l'avantage et fait condamner Antiphon à mort (4). Mais le parti
aristocratique, discrédité par les échecs dont on le rend res-

____

(1) Thc., VIII, 63-67 ; Arstt., 'Αθ. πολ., 29-32.
(2) Thc., VIII, 74-77. 81-82. — (3) Thc., VIII, 68. — (4) Thc., VIII, 69-91.

ponsable (1) et surtout par les tractations d'Antiphon avec Sparte, est obligé de laisser restaurer l'ancienne constitution.

La défaite définitive d'Athènes ramène au pouvoir les aristocrates. La démocratie, qui a tenté les dernières résistances, est condamnée par le vainqueur : Sparte impose un gouvernement oligarchique, où tout le pouvoir appartient en fait et sans contrôle à trente citoyens. La réaction de 404 répète, avec plus de violence, celle de 411 : mêmes origines, mêmes luttes intérieures, mêmes problèmes extérieurs, même échec. Les aristocrates extrêmes, groupés autour de Critias, homme intelligent et cultivé, mais sans conviction ni moralité, exercent une véritable tyrannie, multiplient les arrestations et les exécutions illégales, persécutent les métèques, autant pour s'emparer de leurs richesses que pour les punir de leur attachement à la démocratie. Sans souci de l'honneur national, ils font appel à Sparte, sollicitent son concours financier et installent une garnison spartiate sur l'Acropole. Les modérés, qui retrouvent dans Théramène un chef, veulent revenir à un régime régulier, blâment les mesures prises contre les métèques qui peuvent compromettre le développement économique de la ville et prétendent garder en face de Sparte une attitude réservée et digne. Cette fois, les violents l'emportent et Théramène boit la ciguë (2). Mais les Trente se perdent par leurs excès. Les démocrates, sous la conduite d'un modéré, Thrasybule, rentrent en Attique. Après la mort de Critias, les deux partis, à peu près d'égale force, sont obligés de s'en remettre à l'arbitrage de Sparte. Une armée spartiate vient rétablir l'ordre et la paix en Attique : l'ancienne constitution est restaurée et les démocrates assurent leur victoire par leur modération, proclament une amnistie générale et acceptent même de payer les dettes du régime déchu (3).

(1) Thc., VIII, 95-96 ; Arstt., 'Aθ. πολ., 33.
(2) Xen., *Hell.*, II, 3 ; Arstt., 'Aθ. πολ., 34-36.
(3) Xen., *Hell.*, II, 4 ; Arstt., 'Aθ. πολ., 37-40.

L'exemple d'Athènes montre bien comment, par delà les frontières, les partis politiques se donneut la main et sollicitent les interventions étrangères, d'où peuvent sortir de nouvelles guerres. D'autre part, les luttes des partis sont plus âpres et plus féroces que la guerre étrangère. De citoyen à citoyen, toutes les injustices, toutes les violences, tous les crimes semblent légitimes. A Épidamne, les riches, chassés de la ville, se font brigands et pirates pour molester, avec le concours des barbares, leurs concitoyens (1). A Mégare, les exilés, après avoir promis une complète amnistie, font mettre à mort leurs ennemis, dès qu'ils sont maîtres du gouvernement (2). La confiscation, l'exil sont les peines les plus douces; on ne semble plus connaître d'autre moyen de se défaire de ses adversaires politiques que de les faire assassiner (3) ou massacrer (4). Il faut lire dans Thucydide (5) le récit des troubles de Corcyre, les massacres succédant aux massacres, les débiteurs se débarrassant de leurs créanciers et les particuliers assouvissant leurs rancunes privées sous couvert des exécutions politiques, les suppliants arrachés des temples et les pères assassinant leurs fils, pour se rendre compte à quel degré d'atrocité atteignaient les luttes civiles par l'effet de haines inexpiables entre concitoyens.

Ainsi trop nombreuses sont les raisons qui peuvent mettre aux prises les cités grecques : opposition d'intérêts due souvent à de simples rapports de voisinage, ressentiment des petits États contre la grande puissance, qui, sous couleur d'alliance, les exploite et les tyrannise, luttes intérieures entre démocrates et aristocrates, entre pauvres et riches, qui, les uns et les autres, réclament l'intervention étrangère. Il y a sans doute en Grèce quelques âmes nobles qui souhaitent la concorde. Toute l'œuvre d'Aristophane est un appel à la paix.

(1) Thc., I, 24. — (2) Thc., IV, 74. — (3) Thc., VIII, 65; VIII, 73; VIII, 92.
(4) Xen., *Hell.*, IV, 4, 2 ; Ds., XIV, 34; XIV, 86; XV, 40; XV, 58.
(5) Thc., III, 70-85 ; IV, 47-48.

A Géla, Hermocrate conseille aux cités siciliennes de se réconcilier et de s'unir (1). A Olympie, Lysias prêche l'union
de tous les Grecs, comme le fera plus tard Isocrate. La récon-
ciliation des cités entre elles, des concitoyens entre eux est un
beau projet capable d'assurer la gloire et la prééminence à la
cité qui l'aura réalisé (2). Mais toutes ces voix sont isolées.
L'histoire de la Grèce du vᵉ et du ivᵉ siècle n'est faite que des
luttes entre les cités. Le sanctuaire de Delphes va se remplir
des ex-voto commémorant les victoires des Grecs sur des
Grecs, que le bon Plutarque ne pourra voir sans indignation
ni sans tristesse (3).

(1) Thc., IV, 53-64. — (2) Xen., *Vect.*, 5. — (3) Plut., *M.*, 401 c-d.

# CHAPITRE V

LES LUTTES DES CITÉS

Lorsque, dans l'été de 431, les Athéniens, voyant les hostilités engagées, firent reconduire à la frontière, sans l'entendre, le parlementaire envoyé par le roi Archidamos, ce Spartiate, au moment de se séparer de son escorte, déclara : « Ce jour-ci sera pour les Grecs l'origine de grands malheurs » (1). La rupture des accords de 446 ouvre en effet une période de guerres ininterrompues, où s'épuiseront les unes après les autres les cités grecques. La Grèce ne connaîtra, pour ainsi dire, plus la paix jusqu'au jour où elle lui sera imposée par le conquérant macédonien. Comment s'engagea la lutte et quels en furent les responsables ? La question des origines d'une guerre est toujours délicate et toujours controversée. Les belligérants avaient intérêt à ne pas préciser qui avait commencé (2). Thucydide estime que la guerre était inévitable et que la raison en fut la grandeur croissante d'Athènes et les sentiments de jalousie ou de terreur qu'elle inspirait aux autres cités, en particulier à Sparte (3).

Sparte, cité militaire, n'est cependant pas un État belliqueux. Restée en armes pour maintenir son autorité sur ses sujets et sur ses voisins du Péloponnèse, elle n'est pas orga-

_____

(1) Thc., II, 12. — (2) Thc., IV, 20. — (3) Thc., I, 23 ; I, 68.

nisée pour les guerres longues et lointaines. Elle a une forte armée, mais elle la garde jalousement ; elle dispose d'effectifs trop faibles pour pouvoir les risquer dans des opérations coûteuses : l'affaire de Sphactérie — moins de deux cents Spartiates hors de combat — apparaît comme une catastrophe (1). Elle a encore moins de ressources en argent qu'en hommes. Étrangère, ou peu s'en faut, à l'économie monétaire, elle n'a pas de réserve dans le trésor public et ne peut pas compter sur la richesse des particuliers (2). Elle ne lève pas de tributs chez ses alliés (3). Pour la guerre contre Athènes, elle espère pouvoir puiser dans les trésors des sanctuaires soumis à son influence, Delphes et Olympie (4), et elle se résigne à solliciter les secours financiers de qui voudra bien les lui acccorder, fût-ce des barbares (5). Dès le début de la guerre, les Spartiates entrent en négociations avec le roi de Perse (6) et c'est l'argent des satrapes d'Asie Mineure qui permettra les victoires de Lysandre.

D'autre part, le gouvernement spartiate désire d'autant moins la guerre qu'il en craint le contre-coup sur la vie intérieure de la cité. La guerre sert la cause des classes inférieures. Moins les citoyens sont nombreux et plus il faut enrôler de périèques et même d'hilotes. Combattants aux côtés des Spartiates, périèques et hilotes se sentent les égaux de leurs maîtres et ils peuvent à juste titre réclamer une place dans la cité qu'ils contribuent à défendre. C'est pendant la guerre qu'on est obligé de ménager les hilotes et aussi qu'on les craint le plus (7). Après les échecs de 425-424, Sparte vit dans la terreur d'un soulèvement d'hilotes et d'une crise intérieure, comme celle qu'avait provoquée le cataclysme de 464 (8).

Mais, plus encore peut-être que sur les classes inférieures,

(1) Thc., IV, 38. — (2) Thc., I, 80 ; I, 141 ; Arstt., *Pol.*, II, 6, 23.
(3) Thc., I, 19. — (4) Thc., I, 121. — (5) Thc., I, 8?.
(6) Thc., II, 67 ; Ds. XII, 41. — (7) Thc., IV, 80. — (8) Thc., IV, 55.

le gouvernement spartiate craint l'action de la guerre sur les
Égaux. L'esprit militaire et conservateur, la simplicité
archaïque et les « vertus » spartiates se maintiennent par
l'isolement de la cité. Déjà les vieux règlements n'ont pu
empêcher la richesse d'apparaître à Sparte et avec elle l'inégalité (1) : un roi, comme Pleistoanax, est assez fortuné
pour qu'en 445 on le juge capable de payer une amende de
quinze talents (2). La guerre accélère l'évolution. Les
citoyens, non moins que les hilotes, s'enrichissent par le
butin (3) et, mis en contact avec d'autres peuples et d'autres
civilisations, ils oublient les austères traditions [des ancêtres
et prennent goût au luxe et aux jouissances d'une vie plus
raffinée. La contagion est plus à redouter encore pour les
chefs. Plus qu'aux simples citoyens, il leur est facile de
s'enrichir par des moyens licites ou illicites. L'or — l'or,
métal rare à Sparte — éveille chez eux la cupidité, cette
πλεονεξία qui paraîtra l'un des défauts caractéristiques des
Spartiates (4). De même que les Spartiates sont accusés
d'avoir les premiers cherché à acheter l'ennemi (5) et même
à corrompre à prix d'argent la Pythie delphique (6), de
même les chefs spartiates passent pour facilement accessibles
aux propositions de qui veut les payer. Les accusations de
corruption, justifiées ou injustifiées, se multiplient (7). Après
Platée, Léotychidas, menant campagne en Thessalie, se
laisse acheter par les Aleuades et est pris en flagrant délit
assis sur un sac d'or (8). En même temps l'habitude du commandement et l'orgueil de la victoire incitent le chef, qui se
croit au-dessus des lois, à étendre à la cité entière le pouvoir
absolu qu'il exerce à l'armée; comme il est sûr de rencontrer
l'hostilité des Égaux, il songe naturellement à s'appuyer sur

(1) Hdt., VII, 134. — (2) Sch. Ar., *Nub.*, 859. — (3) Hdt., IX, 80.
(4) Hdt., VII, 149; Paus., IV, 5, 3. — (5) Paus., IV, 17, 2.
(6) Hdt., VI, 66; cf. Thc., V, 16.
(7) Hdt., VI, 82; VIII, 5; Plut., *Them.*, 19; *Per.*, 22; Thc., II, 21.
(8) Hdt., VI, 72; Paus., III, 7, 9.

les classes opprimées. Pausanias, qui joue au satrape, veut lier partie avec les hilotes pour réaliser ses rêves ambitieux (1). Comme toujours, l'entente du général victorieux et des partis populaires aboutirait au pouvoir personnel, à la tyrannie.

Ainsi donc le gouvernement spartiate, et par juste appréciation des faiblesses de la cité et par crainte des répercussions sur la politique intérieure, évite le plus possible toute démarche belliqueuse. Chaque fois que la guerre menace, les Spartiates hésitent, se consultent, retardent le plus longtemps possible la décision. Ils sauront à la rigueur agir vite contre leurs tout proches voisins, mais toute expédition au delà de l'isthme leur semble la plus aventureuse entreprise. Qu'il s'agisse de secourir Crésus ou de collaborer avec les Grecs d'Asie, de se défendre de Xerxès ou d'attaquer Athènes, ce sont la même lenteur et les mêmes tergiversations. Le discours que Thucydide prête au roi Archidamos (2) traduit les sentiments de nombreux Spartiates, et sans doute de tous les *gérontes* qui dirigent l'État.

Sparte est pacifique, mais elle n'est pas seule dans la ligue péloponnésienne. Parmi les cités alliées, il en est une toute différente, dont le rôle égale celui de Sparte, Corinthe. Corinthe a l'esprit d'initiative et la hardiesse des villes marchandes. Elle ne limite pas son horizon aux pays doriens du voisinage ; sa politique, comme ses intérêts, embrasse tout le monde grec. Elle se fait écouter des alliés et de Sparte elle-même, parce qu'elle leur apporte deux choses qui leur manquent et qui leur sont indispensables, une flotte (3) et de l'argent. Si Thucydide réduit aux seuls discours des Corinthiens (4) l'intervention des alliés, ce n'est pas seulement par souci littéraire de simplification classique, c'est pour bien marquer le rôle prépondérant de Corinthe dans les assemblées qui vont décider la guerre.

(1) Thc., I, 132. — (2) Thc., I, 80-85. — (3) Thc., I, 120.
(4) Thc., I, 68-71 ; 120-124.

Les griefs que Corinthe a contre Athènes sont d'ordre commercial et économique. Depuis les guerres médiques, Athènes, maîtresse de la mer Égée, ne souffre plus aucune concurrence des anciennes places de commerce du golfe Saronique. Égine est sous sa domination. Mégare, prise entre Corinthe et Athènes, n'a pas un sort meilleur ; Athènes a, depuis 445, retiré ses garnisons de la Mégaride, mais elle prétend limiter à son gré l'activité économique de sa voisine: elle ose, sous des prétextes dont il nous est difficile d'apprécier la valeur, interdire par décret aux Mégariens l'accès des marchés et en Attique et dans tout l'empire athénien (1). Corinthe, plus puissante, peut résister plus facilement à l'emprise athénienne, mais elle aussi se sent menacée par la concurrence d'Athènes.

Des trois greniers de la Méditerranée hellénique, Scythie méridionale, Égypte et Sicile, d'où Athènes peut tirer de quoi compléter ses récoltes déficitaires, l'un, la Sicile, intéresse spécialement Corinthe. Placée au point où les routes maritimes de l'Ouest, par le golfe de Corinthe, viennent aboutir et se relier à celles de la mer Égée, métropole de colonies prospères sur les côtes d'Épire, d'Illyrie et de Sicile, Corinthe peut prétendre au monopole du commerce avec la Grèce de l'Ouest. Jusqu'aux guerres médiques, les Athéniens ont peu fréquenté les mers occidentales. Même lorsque la céramique attique élimine du marché étrusque celle de l'Ionie ou de la Corinthie, elle y est apportée par des intermédiaires. Encore au temps d'Alcibiade, bien des Athéniens ne se font que des idées vagues de la Sicile et des pays voisins. Cependant, dès Thémistocle, s'ébauche à Athènes une politique occidentale : Thémistocle, qui a nommé deux de ses filles Italia et Sybaris (2), se concilie les bonnes grâces des Corcyréens (3), s'oc-

(1) Thc., I, 42; I, 67; I, 139; I, 144; Ar., *Ach.*, 515, 530 sq. ; Ds., XII, 39; Plut., *Per.*, 29.
(2) Plut., *Them.*, 32. — (3) Thc., I, 13 ; Plut , *Them.*, 24.

cupe des affaires d'Épire (1) et entre peut-être même en relation avec les tyrans de Syracuse (2). Lorsque la guerre éclate entre Sparte et Athènes, les opérations menées de 460 à 453 montrent bien que l'attention d'Athènes se porte vers l'ouest : l'établissement des Messéniens à Naupacte, l'occupation de la Mégaride, les expéditions de Tolmidès dans la mer Ionienne, de Périclès à Sicyone et à Oiniadai ont pour objet de placer sous le contrôle athénien le golfe de Corinthe et les routes vers l'Italie et la Sicile. Or c'est là que doivent nécessairement se heurter la marine corinthienne et la marine athénienne.

Corinthe, qui ne peut méconnaître la puissance d'Athènes et son légitime besoin d'expansion, est prête à des concessions et, pour sauvegarder sa position privilégiée dans les pays de l'Ouest, elle accepterait de laisser à Athènes la maîtrise de la mer Égée. C'est sur cette base qu'est conclu l'accord de 446 qui repose sur un partage du monde grec : à Sparte le Péloponnèse, à Corinthe les mers et le commerce de l'Ouest, à Athènes la mer Égée et le commerce du Nord. En rendant la liberté à Mégare, en évacuant Nisaia sur le golfe Saronique et Pégai sur le golfe de Corinthe, en renonçant à l'Achaïe (3), les Athéniens prouvent qu'ils abandonnent toute visée sur l'Ouest. De son côté, Corinthe reconnaît l'empire athénien : lorsque Samos se soulève, les Corinthiens font repousser par la ligue péloponnésienne la demande d'intervention présentée par les Samiens (4).

Mais les cités sauraient-elles se renfermer chacune dans leur zone d'action ? Corinthe a des intérêts en Chalcidique où Potidée se trouve dans la situation équivoque de recevoir des magistrats de Corinthe sa métropole et de payer tribut à Athènes comme membre de la confédération athénienne (5). D'autre part, si Périclès dirige l'activité athénienne vers le nord, en

(1) Thc., I, 136 ; Plut., *Them.*, 24. — (2) Plut., *Them.*, 24-25.
(3) Thc., I, 115 ; IV, 21. — (4) Thc., I, 40. — (5) Thc., I, 56.

Thrace, dans les détroits, sur les rives du Pont (1), il ne peut
s'interdire tout regard vers l'ouest. La fondation de Thourioi a
un caractère panhellénique (2), mais les traités avec Leontini
et avec Rhégion (3), comme le traité antérieur avec Ségeste (4), montrent qu'Athènes entend ne pas rester étrangère
à la Grèce d'Occident.

Le conflit éclate avec l'affaire de Corcyre. Perpétuellement
en lutte avec Corinthe sa métropole, Corcyre sollicite l'alliance
athénienne. Elle fait valoir qu'elle commande le passage de
Grèce en Italie et en Sicile (5), et cet argument suffit à décider
les Athéniens en faveur des Corcyréens (6). C'était du même
coup rompre avec Corinthe qui est en danger d'être coupée de
ses colonies de l'Ouest. Ce sont donc les Corinthiens qui, dans
l'assemblée des alliés, se font les interprètes de tous les mécon-
tents et ajoutent à leurs propres griefs ceux des Mégariens (7),
qui se plaignent des décrets d'exclusion, et ceux des Éginètes,
qui n'osent former des vœux qu'en secret (8). Par fidélité à ses
alliances, Sparte se laisse entraîner à la guerre.

Athènes voyait venir la guerre sans trop la désirer. Sans
doute elle eût pu l'éviter en n'inquiétant pas Corinthe par sa
politique d'expansion. Du moins voulut-elle dans la forme
rejeter sur ses adversaires l'odieux de l'agression. Lorsqu'elle
répond à l'appel des Corcyréens, elle rappelle que le traité
de 446 permet une alliance avec Corcyre (9), qui jusque-là est
restée en dehors des deux groupements opposés (10), et elle spécifie bien que l'alliance est purement défensive (11) : la flotte
athénienne a ordre de ne pas combattre à moins que les Corinthiens n'attaquent les Corcyréens (12). A plusieurs reprises,
comme l'avaient déjà fait les Corcyréens (13), Athènes demande

<hr>

(1) **XXXVII**, II, 1, p. 198. — (2) Voir plus haut, p. 351-352.
(3) **II**, I, 33; *suppl.* I, 33 a ; THC., III, 86.
(4) **II**, I, suppl. I, 22 k; THC., VI, 6.
(5) THC., I, 36 ; XEN., *Hell.*, VI, 2, 9 ; DS., XII, 54, 2.
(6) THC., I, 44. — (7) THC., I, 42. — (8) THC., I, 67. — (9) THC., I, 36 ; I, 40.
(10) THC., I, 32. — (11) THC., I, 44. — (12) THC., I, 45. — (13) THC., I, 28.

que, conformément au traité, tous les litiges soient réglés par arbitrage (1). Les Spartiates, au contraire, se refusaient aux procédures juridiques et n'engageaient de négociations que pour gagner du temps. Chaque ambassade lacédémonienne formulait des exigences nouvelles, demandant d'abord l'expulsion des sacrilèges, c'est-à-dire de l'alcméonide Périclès (2), puis réclamant la levée du siège de Potidée, le rappel des décrets contre Mégare, l'indépendance d'Égine (3), enfin exigeant l'autonomie de toutes les cités, c'est-à-dire la dislocation de l'empire athénien (4). Périclès avait beau jeu pour dire la guerre inévitable et affirmer que toute concession serait suivie aussitôt de réclamations nouvelles (5). Enfin l'attaque brusquée de Thèbes contre Platée, en violation du traité de 446, devait entraîner fatalement, avec l'intervention d'Athènes, la guerre générale (6). Les Spartiates reconnurent eux-mêmes plus tard que le coup de main thébain en pleine paix et le refus de recourir à l'arbitrage faisaient d'eux et de leurs alliés les agresseurs responsables de la guerre (7).

II

La guerre du Péloponnèse.

Sparte comptait sur sa supériorité militaire. Elle espérait, en envahissant l'Attique à chaque printemps et en ravageant le pays, ruiner l'État athénien et le contraindre à céder (8). C'était oublier qu'Athènes, maîtresse des mers, pouvait recevoir du dehors de quoi subvenir à ses besoins. Renfermés derrière les Longs Murs comme dans une île, les paysans athéniens pouvaient regretter la vie rurale et pleurer sur leurs olivettes et leurs vignobles dévastés, mais ils ne manquaient ni de vivres, ni de métal pour les armes des hoplites, ni de bois de

(1) Thc., I, 78, 140, 144, 145. — (2) Thc., I, 126-127. — (3) Thc., I, 139.
(4) Thc., I, 139. — (5) Thc., I, 140. — (6) Ds., XII, 42. — (7) Thc., VII, 18.
(8) Thc., V, 14.

construction pour les trières. Bien plus, la flotte athénienne, sûre de sa force, bloquait les côtes du Péloponnèse, prête à porter à son tour les ravages de la guerre où bon lui semblait. Comme toujours, la guerre entre un État continental, qui n'a que des troupes de terre, et un État maritime, qui n'a

La Grèce au temps de la guerre du Péloponnèse.

que des forces navales, devait traîner en longueur. La décision ne devait pas dépendre d'une bataille rangée, que refusaient prudemment les Athéniens. La paix, à moins d'événements imprévus, ne pouvait venir que de la lassitude d'un des adversaires.

Or les ressources d'Athènes étaient considérables (1), et Sparte fut la première à se fatiguer. La prise de Sphactérie, où un concours heureux de circonstances livre aux Athéniens près de trois cents prisonniers (2), l'occupation de Cythère d'où

(1) Thc., II, 13. — (2) Thc., IV, 38.

l'on peut faire des incursions en Laconie même (1), jettent le
découragement parmi les Spartiates. L'initiative hardie de Brasidas, qui cherche à frapper Athènes dans ses possessions du
nord et à la priver de ressources nécessaires à sa flotte (2),
n'est pas secondée par le gouvernement spartiate, qui tout
de suite s'inquiète de la gloire de son général et de l'accueil
empressé qu'il trouve dans les villes de Chalcidique (3). Le
gouvernement spartiate se hâte de profiter de succès qui effacent les revers de 425-424 pour entamer des négociations.
Malgré les partisans de la guerre, la paix est signée au printemps de 421 sur la base du *statu quo*.

Cette paix sans vainqueurs peut suffire à Sparte, qui s'était
trouvée en guerre presque malgré elle, mais elle ne peut satisfaire
les alliés, car les questions qui étaient à leurs yeux les raisons
de la guerre, ne sont pas tranchées et les ambitions d'Athènes
dans les pays de l'Ouest restent pour eux aussi menaçantes. Les
Athéniens conservent toujours Naupacte comme base d'opérations à l'entrée du golfe de Corinthe; ils n'ont pas restitué
aux Corinthiens les places qu'ils leur ont enlevées et qu'ils ont
livrées aux Acarnaniens (4). Les expéditions et les croi-
sières athéniennes en Arcananie, en Étolie, dans les îles
ioniennes (5), témoignent de l'importance qu'attache Athènes
à toutes les régions qui commandent les routes de l'Ouest. Bien
plus, à l'appel de Léontini, les Athéniens sont passés en Sicile,
attirés par les richesses agricoles du pays et soucieux d'empêcher
les expéditions de blé aux Péloponnésiens (6). Lorsqu'en 424
les villes siciliennes ont eu la sagesse de conclure une paix
générale, les généraux athéniens ont encouru une condam-
nation pour n'avoir pas su placer la Sicile sous la domination
athénienne (7), et lorque la guerre se rallume en Sicile, les

(1) Thc., IV, 53-57. — (2) Thc., IV, 108. — (3) Thc., IV, 108.
(4) Thc., II, 30; IV, 49; V, 30.
(5) Acarnanie : Thc., II, 68, 80, 85, 102-103; III, 7, 105-114; IV, 49 ; Étolie :
Thc., I , 94-96 ; 100-102 ; Corcyre et îles Ioniennes : Thc., II, 30 ; III, 69, 85;
IV, 46-48. — (6) Thc., III, 86; Ds., XII, 53-54. — (7) Thc., IV, 65.

Athéniens se hâtent d'envoyer des ambassadeurs conclure de nouvelles alliances avec les villes de Sicile et de Grande Grèce (1).

La politique athénienne n'est donc pas faite pour calmer les inquiétudes de Corinthe, qui, pas plus que Mégare et la Béotie, n'accepte la paix : puisque Sparte abandonne la lutte et va jusqu'à signer avec Athènes un pacte d'alliance (2), Corinthe déçue travaille à reformer en dehors de Sparte une ligne péloponnésienne dont Argos prendrait le commandement (3). Argos avait gardé la neutralité : elle se laisse séduire par l'idée de supplanter Sparte. La rentrée en scène d'Argos, qui est par tradition l'ennemie de Sparte et l'alliée d'Athènes, ne peut que réveiller les vieilles rivalités et les vieilles querelles dans le Péloponnèse que la guerre avait momentanément uni autour de Sparte : les conflits surgissent de tous côtés, Parrhasiens contre Mantinéens (4), Lacédémoniens contre Éléens (5), Argiens contre Épidauriens (6). Il était inévitable que les complications de la politique péloponnésienne fussent exploitées par les partisans de la guerre, restés nombreux à Sparte (7) aussi bien qu'à Athènes (8). Déjà on se plaignait de part et d'autre que le traité ne fût pas exécuté. Les Spartiates n'avaient pas voulu ou pu rendre Amphipolis aux Athéniens (9) ; les Béotiens se refusaient à évacuer Panakton et démantelaient la forteresse (10) ; les Athéniens gardaient Pylos et y réinstallaient les Messéniens et les Hilotes momentanément écartés (11). Le négociateur athénien de la paix, Nicias, devait reconnaître lui-même la fragilité des accords (12). Son adversaire politique, Alcibiade, en faisant voter l'alliance d'Athènes et d'Argos (13), — ce qui rejetait aussitôt Corinthe vers Sparte (14), — pensait bien du même coup décider la

(1) Thc., V, 4-5. — (2) Thc., V, 23-24. — (3) Thc., V, 27.
(4) Thc., V, 33. — (5) Thc., V, 49-50. — (6) Thc., V, 53.
(7) Thc., V, 36-37. — (8) Thc., V, 43. — (9) Thc., V, 21 ; V, 35.
(10) Thc., V, 39. — (11) Thc., V, 35 ; V, 56. — (12) Thc., VI, 10.
(13) Thc., V, 42-47. — (14) Thc., V, 48.

reprise de la guerre. Lorsque les Mantinéens entraînent leurs alliés contre leurs éternels ennemis les Tégéates et que ceux-ci appellent à l'aide leurs vieux alliés de Laconie, la lutte met aux prises sur le champ de bataille de Mantinée (418) 4000 hoplites laconiens et 1000 hoplites athéniens (1). En fait, les deux cités sont en guerre. Dès 418, Alcibiade a fait inscrire, sur la stèle qui porte le traité, que les Lacédémoniens ont violé leurs serments (2). Athéniens et Spartiates jugent de bonne prise le butin fait sur l'adversaire (3). C'est une pure fiction juridique qui fait rejeter la reprise de la guerre jusqu'en 414, c'est-à-dire au jour où, pour la première fois depuis 421, les Athéniens font une incursion sur le propre territoire des Spartiates (4).

D'un autre côté Athènes est obligée de mener une politique impérialiste qui, elle aussi, compromet la paix. L'empire maritime est nécessaire à Athènes parce que, depuis longtemps, c'est le trésor des alliés qui subvient aux frais multiples du régime démocratique. Or la guerre a accru les dépenses. Le siège de Potidée, par exemple, a coûté 2000 talents (5) et l'entretien d'une flotte qui comprend jusqu'à 250 trières exige un gros effort financier (6). Comme on a la sagesse de ne pas toucher aux réserves (7), il faut bien trouver de l'argent. On en demande aux citoyens : en 428 est levée la première contribution, la première εἰσφορά (8). On en demande aux alliés : de 431 à 421, le tribut est doublé (9), et la charge s'aggrave pour les cités tributaires du fait que déjà les villes éloignées de Carie ou de Lycie cherchent à se libérer de l'alliance d'Athènes et ne se résignent à payer que sous la pression des escadres athéniennes (10). Le sort d'Athènes est donc, par ses besoins financiers, lié à l'empire. Aucune défection ne peut être tolérée : tout le monde est d'accord que la révolte de Mitylène mérite un châtiment exemplaire, et l'on ne diffère que sur le mode d'exé-

(1) Thc., V, 68; V, 71. — (2) Thc., V, 56. — (3) Thc., V, 115.
(4) Thc., VI, 105; VII, 18; cf. V, 25.
(5) Thc., II, 70; III, 17. — (6) Thc., III, 17. — (7) Thc., II, 13.
(8) Thc., III, 19. — (9) Plut., Arist., 24. — (10) Thc., II, 69; cf. III, 19; IV, 75.

cution (1). Bien plus, il faut étendre le plus possible l'empire. Mélos, qui prétend rester neutre, est menacée une première fois en 426 (2), et, de nouveau, en 416 sommée de se joindre aux Athéniens : sur le refus des Méliens, les Athéniens proclamant cyniquement le droit de la force, s'emparent de l'île et y installent des *clérouques* athéniens (3). La nécessité d'accroître avec l'empire les ressources d'Athènes fait reprendre les projets sur la Sicile, souvent débattus, jusqu'alors écartés. En 415, Alcibiade fait décider une formidable expédition : il ne s'agit plus seulement d'intervenir dans les querelles des cités siciliennes, mais de commencer la conquête de l'île, prélude de conquêtes plus étendues, et de s'assurer la possession des régions d'Occident capables de fournir ce que réclame Athènes, des céréales, du bois pour la flotte, de l'argent (4).

L'expédition de Sicile a pour conséquence immédiate la reprise de la guerre. Plus intéressée que toute autre cité à arrêter l'expansion athénienne, Corinthe, qui n'a jamais signé la paix, répond aussitôt à l'appel de Syracuse (5). Sparte, sollicitée de faire une diversion en Attique, se contente d'abord d'envoyer un général aux Syracusains, mais, poussée par Alcibiade et le parti de la guerre, elle se déclare, à la suite d'un coup de main comme on en avait vu bien des fois depuis 421, en état de légitime défense (6) : au printemps de 413, l'armée spartiate de nouveau envahit l'Attique et s'y installe à demeure en occupant et fortifiant Décélie (7). Les dernières hésitations des Spartiates avaient été levées par les nouvelles reçues de Sicile. L'armée athénienne s'épuisait devant Syracuse sans pouvoir forcer la décision ; l'honnête mais timoré Nicias ne cessait d'envoyer à Athènes des rapports pessimistes et des demandes de renforts. L'armée de secours fut incapable de

---

(1) Thc., III, 36-50. — (2) Thc., III, 91. — (3) Thc., V, 84-114 ; 116.
(4) Thc., IV, 90. — (5) Thc., VI, 88. — (6) Thc., VI, 88-93, 150 ; VII, 18.
(7) Thc., VII, 19.

13

sauver l'expédition : le siège est levé et la retraite s'achève en désastre.

Dès que les alliés virent les forces d'Athènes brisées, ils osèrent songer à la défection et se hâtèrent d'appeler les Spartiates (1). Sparte mit longtemps à comprendre que le meilleur moyen de frapper Athènes était de soulever contre elle l'empire athénien. Elle avait refusé, au début de la guerre, de recevoir Lesbos dans l'alliance péloponnésienne (2). Elle n'avait pas écouté les Ioniens, qui conseillaient à la flotte, arrivée trop tard pour sauver Mitylène, de s'emparer d'une ville d'Asie et d'appeler à la révolte les sujets d'Athènes (3). Elle n'avait pas appuyé la politique habile de Brasidas, se présentant aux villes de Chalcidique et de Thrace en libérateur respectueux de toutes les constitutions (4). En 412 encore, elle hésite, par appréhension des campagnes lointaines et par crainte de voir une ville maritime, c'est-à-dire Corinthe, prendre, comme jadis Athènes, la direction de la guerre (5). Il fallut qu'Alcibiade forçât la main en quelque sorte au gouvernement spartiate en partant lui-même pour l'Ionie (6). Le succès fut rapide et éclatant : à l'arrivée de la flotte péloponnésienne, les villes d'Ionie d'abord, de l'Hellespont ensuite font défection. L'empire athénien s'effondre.

C'est l'annonce de la défaite. Athènes n'a plus assez d'hommes, ni d'argent. Il est difficile de croire que les quelques années de paix relative qui ont suivi le traité de 421 aient suffi à combler les vides causés par la peste de 430 à 427 (7) et par les dix années de guerre (8). C'est très imparfaitement refaite qu'Athènes s'était lancée dans une coûteuse entreprise : le désastre de Sicile épuise irrémédiablement la population. Les efforts qu'Athènes fait courageusement pour maintenir dans les mers d'Ionie des forces militaires et navales rendent

(1) Thc., VIII, 5-8. — (2) Thc., III, 2. — (3) Thc., III, 31.
(4) Thc., IV, 86 ; IV, 108. — (5) Thc., VIII, 9. — (6) Thc., VIII, 12. —
(7) Thc., III, 87. — (8) Thc., VI, 12.

de jour en jour plus aiguë la crise des effectifs : sur la flotte qui remportera la victoire des Argynuses, on embarque tout ce qui reste d'hommes valides, citoyens, métèques, esclaves (1). De même l'expédition de Sicile a presque vidé le trésor, qui ne reçoit plus ni les apports des alliés ni le produit des mines du Laurion, dont l'exploitation est gênée par l'occupation de Décélie (2). Vainement cherche-t-on des ressources : en 413, on remplace le tribut par un droit du vingtième sur le commerce maritime que l'on espère plus productif (3) ; en 410, on établit à Chrysopolis des vaisseaux de garde pour percevoir un droit de passage sur les bâtiments qui traversent les détroits (4). Il faut se décider à toucher aux réserves (5), bien plus à envoyer à la fonte les offrandes d'or de l'Acropole (6). Au moment où Athènes tarde à payer la solde des rameurs et où les désertions obligent Conon à désarmer trente trières (7), les Spartiates obtiennent de Cyrus le Jeune de quoi entretenir leur flotte (8). Entre Athènes épuisée et Sparte soutenue par les contingents de ses alliés et l'or de la Perse, la décision n'était plus douteuse. Tôt ou tard Athènes serait vaincue. Il suffisait d'une bataille malheureuse pour achever sa ruine : la défaite d'Aigos Potamos la livre à la discrétion du vainqueur (405).

III

L'HÉGÉMONIE SPARTIATE ET L'HÉGÉMONIE THÉBAINE.

Sparte sort victorieuse d'une guerre où les événements l'ont entraînée plus encore que sa volonté. Que va-t-elle faire de sa victoire ? Veut-elle recueillir l'héritage d'Athènes et avec les cités libérées reconstituer sur les mêmes bases un empire

(1) Xen., *Hell.*, I, 6, 24 ; Ds. XIII, 197 ; Ar., *Ran.*, 33. 190, 693 et Sch.
(2) Thc., VI, 91 ; cf. VII, 27. — (3) Thc., VII, 28. — (4) Xen., *Hell.*, I, 1, 22.
(5) Thc., VIII, 15. — (6) XI, XII (1888) p. 283 sq. ; Sch. Ar., *Ran.*, 720.
(7) Xen., *Hell.*, I 5,4 I, 5, 20. — (8) Xen., *Hell*, I, 5,6-7.

spartiate ? C'est ce que conseille Lysandre, le vainqueur d'Aigos Potamos, le seul grand politique qu'ait jamais eu Sparte.
Du Spartiate d'autrefois il a gardé toutes les vertus. Malgré les
adulations des Ioniens qui lui dédient fêtes et autels (1), il ne
change rien à la simplicité de sa vie, et, au milieu des délices des
villes asiatiques, il reste sobre, tempérant, dédaigneux de tous
les plaisirs (2). Il est d'une intégrité scrupuleuse (3) dans une
cité où les magistrats se laissent corrompre au vu et su de tous (4) :
il renvoie à Sparte le reliquat des subsides perses — 470 talents — sans en distraire une obole (5). Élevé dans la pauvreté, il meurt pauvre, si pauvre que ses filles, orphelines et sans
dot, se voient cyniquement abandonnées de leurs fiancés (6).
Mais ce Spartiate à la Lycurgue n'a ni la timidité, ni l'étroi-
tesse d'esprit de ses compatriotes. Il comprend qu'un État ne
peut sans abdiquer se désintéresser de ce qui se passe au delà
de ses frontières. Il sait qu'Athènes a pu prétendre à l'hégémonie parce qu'elle a accepté la mission nationale de défendre
les Grecs contre les Barbares, et que Sparte peut espérer les
mêmes avantages de la même politique large et généreuse. Il
comprend aussi que Sparte ne peut modifier sa politique extérieure sans adapter aux conditions nouvelles son organisation
intérieure : la réforme de la royauté spartiate, dont le projet fut
retrouvé dans les papiers de Lysandre (7), n'était probablement
que le point de départ d'une grande réforme constitutionnelle.

Vainqueur, Lysandre veut substituer Sparte à Athènes à la
tête de la Grèce insulaire et asiatique. Dans les villes libérées,
il installe un régime qui reprend au profit de Sparte l'organisation antérieure. Il remplace par un *harmoste* lacédémonien
répiscopos athénien (8). Il substitue au régime démocratique

(1) PLUT., *Lys.*, 18. — (2) ATH., XII, 543 b. — (3) PLUT., *Lys.*, 2.
(4) ARSTT., *Rhet.*, III, 18, 6 ; PAUS., IV, 5, 4.
(5) XEN., *Hell.*, II, 3, 8, — (6) PLUT., *Lys.*, 2 ; 30.
(7) PLUT., *Lys.*, 24-26 ; 30.
(8) Comparaison déjà indiquée par les historiens grecs : HARP., s.
v. ἐπίσκοπος.

établi par Athènes un gouvernement oligarchique où le pouvoir est confié à dix citoyens (1). Les villes paient le tribut à
Sparte comme elles faisaient auparavant à Athènes (2). C'est
encore l'empire maritime, mais un empire spartiate. Et naturellement cet empire doit être, comme auparavant, protégé
contre toute tentative de la Perse. Or la Perse a profité de la
guerre du Péloponnèse pour rentrer en scène, espérant bien
que l'effacement d'Athènes lui permettrait de reprendre les
villes d'Asie. Elle s'est rapprochée de Sparte (3) et, après la
politique de bascule pratiquée par les satrapes Tissapherne et
Pharnabaze pour neutraliser l'un par l'autre les deux adversaires, Cyrus le Jeune a adopté une politique d'alliance franche
et ferme avec Sparte : Lysandre lui est en grande partie redevable de ses victoires. Mais ni Cyrus, qui veut le concours
de Sparte pour l'expédition qu'il projette déjà contre son frère,
ni Lysandre, qui ne renonce pas à l'empire maritime pour
Sparte, ne soulèvent la question des Grecs d'Asie, qui, posée
nettement, empêcherait l'accord. Bien plus, Cyrus protège les
villes grecques contre les entreprises de Tissapherne (4) et
gagne ainsi les sympathies des Grecs et l'appui officiel de
Sparte (5). La défaite de Cunaxa et la mort de Cyrus met fin
à ce qu'il y avait d'équivoque dans l'entente entre Perses et
Spartiates. Tissapherne, rétabli comme satrape, prétend replacer tout de suite sous l'autorité du roi les villes grecques
d'Asie et celles-ci adressent un pressant appel aux Spartiates
« protecteurs de toute la Grèce » (6). Lysandre fait décider la
guerre : ses amis et ses officiers, Thibron, Dercyllidas, son
protégé Agésilas sont chargés des opérations en Asie Mineure. Protection des Grecs d'Asie (7), qu'on s'efforce de traiter avec ménagement et avec justice (8), et guerre contre la

---

(1) Xen., *Hell.*, II, 3, 6-8; Plut., *Lys.*, 13. — (2) Ds., XIV, 10.
(3) Thc., VIII, 18; VIII, 37; VIII, 58-59. — (4) Xen., *An.*, I, 1.
(5) Xen., *Hell.*, III, 1, 1 ; Xen., *An.*, I, 9, 9. — (6) Xen., *Hell.*, III, 1, 3
(7) Xen., *Hell.*, III, 2, 20. — (8) Xen., III, 1, 8 ; III, 2, 6.

Perse, c'est la grande politique nationale, reprise, sur les conseils de Lysandre, au profit de Sparte.

Et pourtant cette politique est si peu conforme à l'esprit spartiate, qu'elle rencontre dès l'origine (1) de l'opposition à Sparte même. Le gouvernement spartiate a toujours la même crainte des répercussions de la politique extérieure sur la situation intérieure. La population a encore diminué. La propriété tend à se concentrer en un petit nombre de mains (2), d'autant qu'une décision de l'éphore Épitadeus a autorisé le testament et la donation entre vifs (3). L'inégalité des fortunes s'accroît. Les chefs sont, non sans raison, soupçonnés de se corrompre à l'étranger. Gylippos, le sauveur de Syracuse, vole l'État (4). L'irréprochable Lysandre passe pour un nouveau Pausanias ; le gouvernement spartiate ne veut voir en lui qu'un ambitieux vulgaire, et Agésilas se charge de le faire rentrer dans le rang. La décadence de la cité spartiate, dira-t-on, commence avec sa victoire sur Athènes (5).

Ainsi les grands projets d'empire, soutenus par Lysandre, ne sont pas compris. Les Spartiates conservateurs s'en tiennent à une politique qu'ils jugent presque trop hardie, puisqu'elle dépasse les frontières du Péloponnèse : maintenir la prépondérance de Sparte en imposant aux cités de la Grèce d'Europe des gouvernements oligarchiques et appuyer au besoin par des garnisons lacédémoniennes les aristocraties laconisantes. Mais cette politique, menée avec une raideur et une maladresse de soldats, suscite à Sparte dans toutes les cités des adversaires. La Perse, qui veut écarter définitivement de l'Orient les troupes spartiates, met à profit le mécontentement général et groupe contre Sparte Athènes qui veut se relever et les États grecs qui supportent avec peine le joug spartiate (6). Le gouvernement spartiate est par là encore ramené à la politique tout euro-

______

(1) Plut., *Lys.*, 19. — (2) Plat., *Alc.*, 122 d-123 a ; Arstt., *Pol.*, II, 6, 10-11, (3) Plut., *Agis*, 5. — (4) Ds., XIII, 106 ; Plut., *Lys.*, 16 ; Ath., VI, 234 a. (5) Plut., *Agis*, 5 ; cf. *Lyc.*, 30. — (6) Xen., *Hell.*, IV, 2, 17.

péenne à laquelle il était déjà enclin : pour reprendre l'avantage en Europe, il renonce à l'Asie. Dans les négociations que mène à Suse Antalcidas, Sparte reconnaît l'autorité du roi sur les Grecs d'Asie, mais obtient, par l'interdiction de tout groupement des cités, le maintien de son hégémonie (1). La « paix du Roi » (2), où les générations suivantes, plus que les contemporains (3), virent la grande trahison des Spartiates, marque le terme de la grande politique à Sparte : à l'empire maritime, héritage d'Athènes, Sparte préfère décidément l'hégémonie en Grèce. Mais, pour avoir vu Athènes se relever et les villes échapper presque à son autorité, elle croit utile d'appliquer plus durement sa méthode d'intervention, et les généraux spartiates outrepassent encore les instructions de leur gouvernement, sûrs de ne pas être désavoués s'ils réussissent (4). De plus en plus agressive et brutale, la politique spartiate avive les haines : il suffit d'un incident pour que, malgré la paix du Roi, la Grèce de nouveau se soulève.

C'est la Béotie qui donne le signal de la révolte. Là comme ailleurs, Sparte comptait sur les divisions des cités et sur les luttes des partis : elle avait imposé, conformément à la paix du Roi, la dissolution de la confédération béotienne ; elle avait, avec le concours des aristocrates, établi une garnison dans la forteresse de Thèbes. Mais, au moment où elle pouvait se croire maîtresse de la Grèce (5), les démocrates thébains, par un coup de main heureux, rentraient dans leur patrie et en chassaient la garnison spartiate. Une telle révolution était un événement assez commun dans la vie des cités grecques, et bien des fois déjà Sparte avait su intervenir et imposer le régime de son choix. Cette fois les conséquences de l'incident allaient dépasser les prévisions. Les démocrates thébains re-

(1) Xen., *Hell.*, V, 1, 31. — (2) **II**, II, 51, 1. 22.
(3) Comparer le jugement de Xénophon, *Hell.*, V, 35-36, et ceux d'Isocrate, XII, 103-107 et de Plutarque, *Ages.*, 23, *Artax.*, 21.
(4) Xen., *Hell.* V, 2, 32 ; V, 4, 20-33. — (5) Xen., *Hell.*, V, 3, 27.

constituaient la confédération béotienne, obtenaient, par la maladresse même des Spartiates, le concours d'Athènes et se sentaient assez forts pour adopter une politique indépendante même de leurs alliés. Sparte voulut frapper un grand coup et s'imposer par une victoire, mais elle avait compté sans la valeur des soldats thébains et le génie militaire de leur général Épaminondas. A Leuctres, l'invincible armée spartiate était défaite en rase campagne, et avec le prestige militaire de Sparte tombait du même coup sa prépondérance politique. Thèbes à son tour se trouvait par cette seule victoire portée à la tête des cités grecques.

Thèbes étend son action dans tout le monde grec. Elle intervient dans le Péloponnèse, aide les Arcadiens à s'organiser et affranchit les Messéniens : Mégalopolis et Messène s'élèvent pour surveiller Sparte. Elle se mêle aux affaires de la Grèce du Nord, envoie des armées en Thessalie, se pose en médiatrice entre les prétendants au trône de Macédoine. Elle a même des visées sur la Grèce maritime. Athènes, qui avait profité de l'alliance thébaine pour reconstituer très prudemment une nouvelle ligue, se laisse, avec les premiers succès, entraîner à reprendre les pratiques de l'ancien empire maritime, et lorsqu'elle voit Thèbes triomphante, elle se rapproche de Sparte. Épaminondas, pour punir l'alliée infidèle, arme une flotte, croise dans la mer Égée et pousse jusqu'à Byzance pour provoquer la défection des alliés athéniens. Le prestige de Thèbes est tel que le Grand Roi accueille Pélopidas à sa cour avec la bienveillance qu'il accordait naguère et qu'il refuse maintenant à Antalcidas (1).

Mais Thèbes était-elle capable de tenir le rôle où déjà Athènes et Sparte avaient échoué ? En Béotie même, elle avait peine à réaliser l'unité et n'obtenait l'obéissance qu'en brisant impitoyablement les résistances d'Orchomène et de Platée. Dans le Péloponnèse, libéré de Sparte mais livré à

(1) Xen., *Hell.*, VII, 1, 33-38 ; Plut., *Artax.*, 22.

l'anarchie, elle avait dû intervenir dans les luttes politiques
et établir des harmostes et des garnisons pour contenir les
partis hostiles (1). Elle se heurtait aux mêmes difficultés et
rencontrait les mêmes haines que Sparte avant elle : l'arres-
tation inopinée des députés d'Arcadie par le commandant
thébain (2) rappelait trop le coup de main de Phébidas sur la
Cadmée. Thèbes, comme Sparte, se fiait à sa force militaire,
mais l'armée, obligée de combattre partout et sans cesse,
s'épuisait. En réalité la supériorité de Thèbes résultait de la
supériorité personnelle de ses deux chefs Pélopidas et Épaminondas. Formé par les philosophes à une vie simple et presque
ascétique, habile aux exercices du corps et passionné de culture intellectuelle, grand orateur et grand capitaine, plus
remarquable encore par ses qualités morales, modestie,
loyauté, humanité, Épaminondas a mérité d'être tenu par les
Anciens pour le plus beau type du génie grec (3). Mais lorsque
Pélopidas eut été tué dans la campagne de Thessalie en 364 et
qu'Épaminondas fut tombé en pleine victoire à Mantinée en 362,
personne ne se trouva plus à Thèbes 'pour continuer leur
œuvre et maintenir la cité au degré élevé où ils l'avaient portée.

IV

La conquête macédonienne.

Après Mantinée, la lassitude générale décide les cités à
rétablir la paix. Elles se sont toutes ruinées, sans qu'aucune ait
pu jamais maintenir son hégémonie et réaliser à son profit,
même sous une forme imparfaite, l'unité de la Grèce. Il n'y
en a plus qui puisse même rêver l'empire. Athènes, la moins
éprouvée, se contente de jouir de la prospérité matérielle que
lui vaut son commerce et, pour ce commerce même, n'aspire
plus qu'à la paix. Les vieux États ont usé leurs forces ; il n'y a
d'avenir que pour les États jeunes qui jusqu'alors sont restés

(1) Xen., *Hell.*, VII, 1, 43, — (2) Xen., *Hell.*, VII, 4, 40.
(3) Cic., *Tusc.*, I, 2, 4.

à l'écart des affaires de la Grèce. Après Mantinée, ce sont les États du Nord qui entrent en scène. Déjà Jason de Phères a voulu créer en Thessalie un État unifié et fort, grouper sous sa direction, autour du sanctuaire de Delphes, toute la Grèce centrale (1) et conduire les forces grecques à l'attaque de l'empire perse (2). Ce sont les projets que vont reprendre et réaliser les rois de Macédoine.

La Thessalie, puis la Macédoine prennent ainsi rang parmi les puissances grecques ; et cependant elles sont et restent des États à demi grecs seulement. Les Grecs ne considéraient pas les Macédoniens comme un peuple purement hellénique. Les généalogies mythiques par lesquelles ils exprimaient leurs théories ethniques n'étaient pas d'accord sur les ancêtres de Makedon, l'éponyme imaginaire : pour les uns, il est petit-fils de Pélasgos (3) ; pour d'autres, fils d'Aiolos (4) ou frère de Magnès (5). Ce qui est certain, c'est qu'au temps de la guerre du Péloponnèse les Macédoniens étaient tenus pour barbares (6). Ses rois seuls étaient considérés comme des Grecs régnant sur un peuple étranger (7). Encore la prétention des rois d'être de race hellénique (8), bien que reconnue par les *hellanodices* d'Olympie (9), reposait-elle sur une généalogie aussi fantaisiste que celle qui rattachait les princes d'Orestide à Oreste et ceux de Lynkestide aux Bacchiades (10) : les Argéades n'étaient pas des Héraclides de l'Argos péloponné-sienne, mais tiraient leur origine de l'Argos d'Orestide (11).

Si les Macédoniens étaient considérés comme barbares, c'est que les Grecs ne comprenaient pas leur langue. Malheureusement il ne reste rien du macédonien qui nous permette de le comparer aux dialectes helléniques. Le grec fut de si bonne heure la langue de l'aristocratie et de la cour que le macé-

---

(1) Xen., *Hell.*, 4, 28-32. — (2) Xen., *Hell.*, VI, 1, 12.
(3) Apd., III, 8, 1 ; El., *N. A.*, X, 48. — (4) Hellanic., fr. 46.
(5) Hes., fr. 26. — (6) Thc., II, 80-81 ; cf. II, 29 ; Isocr., V, 108.
(7) Hdt., V, 20 ; Isocr., V, 108. — (8) Hdt., IX, 45. — (9) Hdt., V, 22.
(10) Str., VII, 7, 8. — (11) App., *Syr.*, 63 ; **XXX**, s. v. *Argeaden*.

donien, parlé par le peuple, ne fut jamais écrit, et les modernes,
qui n'en possèdent pas une ligne, ne peuvent même pas con-
jecturer s'il était « un dialecte grec très aberrant ou une
langue indo-européenne tout à fait distincte » (1). Il est bien
probable que le peuple macédonien était né du mélange de
tribus hétérogènes, qu'à une population « pélasgique », c'est-à-
dire préhellénique, étaient venus se mêler des Thraces et des
Illyriens, et que peut-être même des éléments grecs y avaient
pénétré (2) bien avant que les colons de Chalcis et de Corinthe
n'eussent hellénisé les côtes.

Rien en Macédoine ne rappelait la Grèce. Le pays comprend
deux régions, la plaine de Basse-Macédoine, entre la montagne
et le golfe Thermaïque, aux embouchures de l'Axios et de
l'Haliacmon, et les cantons montagneux de Haute-Macédoine,
bassins fermés, encadrés de montagnes boisées et mis en communication par les fleuves, au nord la Lynkestide, arrosée
par l'Érigon, au centre l'Orestide, autour du lac de Keletron,
au sud l'Élimiotide sur le cours moyen de l'Haliacmon. Les
terres limoneuses, dépôts lacustres ou alluvions fluviales, sont
fertiles et donnent de belles récoltes ; les fleuves assurent l'humidité aux pâturages où paissent les troupeaux de chevaux. Les
côtes, envasées par les apports des fleuves, sont basses et maré-
cageuses. Le climat est plus continental et plus humide ; si elle
cultive la vigne, la Macédoine ignore l'olivier. C'est seulement
en Chalcidique — les colons grecs ne s'y sont pas trompés — que
l'on retrouve, avec les côtes rocheuses et découpées, le maquis
et les olivettes, le paysage et les cultures de la Méditerranée.

Plus encore que le pays, la vie sociale et politique de la
Macédoine l'oppose à la Grèce. La population, composée de
paysans, pâtres ou cultivateurs, habite des bourgades ouvertes (3) et ignore la vie urbaine. Même les capitales, comme
Aigai ou Pella, ne sont pas des villes à la mode hellénique,

(1) **XLV**, p. 53-54, 272.
(2) Hdt., I, 56 ; VIII, 43. — (3) Thc., II, 100 ; IV, 124.

car elles n'ont pas d'organisation politique. C'est qu'en effet
la Macédoine n'est pas un groupement de cités, mais une
monarchie. Toutefois le roi n'est pas un despote à l'orientale :
ses sujets sont des hommes libres que le sentiment monar-
chique groupe en un corps de nation autour du souverain (1).
Au-dessous du roi, la noblesse jouit d'une grande influence
qu'elle doit à ses immenses propriétés (2). Les nobles macédoniens mènent dans leurs domaines une vie active, mais
quelque peu grossière ; ils aiment avec passion l'équitation
et la chasse et ne connaissent d'autres délassements à ces
exercices violents que les grands festins et les beuveries interminables. Brutaux et batailleurs, ils font volontiers la guerre :
la cavalerie, montée par les nobles, forme le noyau de
l'armée (3) et ne connaît pas d'égale (4). Appuyée sur les
paysans qui cultivent ses terres, la noblesse macédonienne est
presque indépendante du roi. Les pays montagneux de la
Haute-Macédoine, en particulier, forment comme des principautés féodales, plus ou moins rattachées au royaume (5), mais
conservant leurs chefs nationaux (6).

L'État macédonien est une création de la dynastie royale
des Argéades. De bonne heure gagnés à la culture hellénique,
les rois ont travaillé à civiliser leur peuple et à doter leur
royaume d'institutions solides à l'imitation des États grecs.
L'œuvre fut activement menée à la fin du ve siècle par Archélaos (7), qui, fit construire des routes, éleva des forteresses,
organisa l'armée, en même temps qu'il se faisait, comme un
véritable Hellène, le protecteur des lettres et des arts, l'hôte
d'Euripide et de Zeuxis. Mais c'est seulement avec Philippe
que la Macédoine achève de s'organiser. Philippe unit en lui
le Grec et le Barbare : il séduisait les Grecs par son éloquence
et ses manières affables, il plaisait aux Macédoniens par sa

---

(1) XI, XXI (1907), p. 97-98. — (2) Thpp., ap. Ath., VI, 261 a.
(3) Thc., IV, 124. — (4) Thc., II, 100 ; Xen., *Hell.*, V, 2, 41-43.
(5) Thc., II, 99. — (6) Thc. II, 80 ; Xen., *Hell.*, V, 2, 38. — (7) Thc., II, 100.

bravoure, sa vigueur et son endurance, sa passion pour la chasse et le vin. Il a l'esprit perspicace. Il sait reconnaître le fort et le faible de ses adversaires. Il sait apprécier les hommes et il s'entoure d'excellents collaborateurs. Il montre une activité inlassable, que ne décourage aucun échec, mais une activité réfléchie, qui sait attendre l'occasion, tourner les obstacles qui ne se peuvent aborder de front, allier à la force la ruse et même la séduction de l'or. Il organisa les forces militaires de l'État macédonien en créant, à côté de la cavalerie, une forte infanterie ; l'armée nationale groupe d'une façon permanente autour du roi, chef de guerre, toutes les classes de la population, aussi bien les paysans qui servent dans la phalange que les nobles qui continuent à fournir la cavalerie. Il impose son autorité à la noblesse en l'attachant à son service personnel : les enfants nobles servent comme pages et les commandements sont réservés aux nobles qui, vivant à la cour, se font connaître personnellement du souverain. Enfin il réalise plus fortement l'unité du royaume en ramenant à l'obéissance les cantons à demi indépendants : les anciennes principautés féodales ne sont plus que des circonscriptions territoriales pour l'administration et le recrutement. Par ses réformes intérieures, Philippe est le vrai fondateur de l'État macédonien ; par sa politique extérieure, il va le placer à la tête du monde grec.

Pour la postérité, la lutte entre Athènes et la Macédoine a pris les allures d'une tragédie classique : deux personnages de premier plan, Philippe et Démosthène, incarnant l'un et l'autre des passions et des idées éternellement humaines, l'un tourmenté du désir de dominer, l'autre sacrifiant tout à la patrie et à l'honneur ; une action une et simple, où les événements sont dirigés par les protagonistes, où les péripéties naissent du choc des caractères, où le dénouement inspire pour l'héroïque vaincu notre admiration et notre pitié. Cette vision des derniers jours glorieux d'Athènes, c'est l'éloquence de Démosthène qui nous l'a imposée. La politique des deux adversaires est en réalité plus complexe et plus réaliste.

Philippe est avant tout un souverain macédonien, préoccupé des intérêts de la Macédoine. Assurément il est ambitieux et son ambition ira croissant. Dès qu'un État grec a conscience de sa force, il vise à l'hégémonie et tout naturellement reprend la politique de celui qui précédemment détenait l'empire. De même qu'Épaminondas, qu'il a étudié de près pendant ses trois ans de séjour à Thèbes comme otage, Philippe intervient en Thessalie et se fait dans le Péloponnèse le protecteur des villes ennemies de Sparte. Mais les affaires de Grèce, si elles peuvent servir sa politique, n'en sont pas la raison première. Cette politique résulte des conditions que la nature et les hommes ont faites à l'État macédodonien. La Macédoine est née à l'intérieur du continent, dans les hautes vallées des cours d'eau qui vont au golfe Thermaïque : la famille royale sort de l'Orestide. Pour grandir, l'État macédonien doit sortir de ces bassins fermés et descendre dans la plaine maritime ; il ne peut prétendre être grec, s'il n'a pas de débouché sur la mer. Sur ses frontières terrestres d'autre part, il est exposé aux incursions des Barbares. Vers l'est, le royaume des Odryses s'étend du Strymon à la Propontide, et, en dépit des crises intérieures et des querelles de succession, il est pour la Macédoine un ennemi redoutable : les Macédoniens doivent refouler toujours plus loin les Thraces et ils vont ainsi atteindre les détroits. Là ils se heurtent au domaine perse et le Roi ne peut voir sans inquiétude une grande puissance s'installer trop près des côtes d'Asie. Dès que Philippe voudra reprendre, comme les autres puissances, le protectorat des Grecs d'Asie, il devra s'assurer le libre passage d'Europe en Asie par les détroits. Partout où l'entraîne l'expansion macédonienne, Philippe rencontre les Athéniens : sur le golfe Thermaïque, en Chalcidique, les colonies athéniennes ou les villes amies d'Athènes lui ferment la mer ; en Thrace, les souverains odryses sont inféodés à la politique athénienne ; enfin

Athènes ne peut admettre qu'un État s'empare des détroits
Philippe se trouve donc en conflit avec Athènes sans quitter
les confins de la Macédoine.

La politique de Démosthène n'est pas non plus une politique
de pur sentiment. Certes l'orateur est sincère lorsqu'il exprime
magnifiquement les idées qui ennoblissent son action, l'amour
de la liberté et le sentiment de l'honneur. Mais il n'oublie pas
pour cela les intérêts matériels d'Athènes. Sa politique vise
presque exclusivement les pays du Nord. Il se rattache de
naissance à la Scythie : son grand-père, Athénien établi à
Nymphaion en Crimée, a épousé une femme du pays (1). Il
est par tradition de famille l'ami personnel des souverains de
Crimée, les « archontes du Bosphore », si bien que ses ennemis l'accusent d'être vendu à des « tyrans » (2). Il sait l'importance des céréales de Scythie pour le ravitaillement
d'Athènes (3) et la nécessité de maintenir libre la voie qui
vient du Pont-Euxin (4). Aussi suit-il avec une extrême
attention la moindre intrigue à la cour des rois odryses, la
moindre expédition de mercenaires dans la région thrace, et
les badauds d'Athènes s'étonnent de le voir se passionner
pour des villages ou des fortins dont ils ignorent même le
nom (5). Il est hostile à Philippe parce que celui-ci menace les
communications d'Athènes et du Nord (6), et contre la
Macédoine il est prêt à accepter de servir les intérêts de la
Perse (7). La Grèce, dans les préoccupations de Démosthène,
reste au second plan. Il pourra y chercher le moyen d'immobi-
liser son adversaire, mais pour lui la question qui importe, c'est
la suprématie dans la mer de Thrace et la possession des détroits.

Ainsi, pour les deux adversaires, la Grèce est une pièce du
jeu diplomatique, elle n'est pas l'enjeu de la partie engagée.
Mais l'enchevêtrement de la politique grecque entraîne Philippe, comme Thèbes, comme Sparte, à intervenir dans toutes

(1) Eschn., *Ctes.*, 171-172. — (2) Dinarq., *Dem.*, 43. — (3) Dem., *Lept.*, 467.
(4) Dem., *Cor.*, 326. — (5) Eschn., *Ctes.*, 82.
(6) Dem., *Cor.*, 248, 254-255, 307. — (7) CLVII, p. 92-154.

les affaires intérieures et extérieures, et, comme ses prédécesseurs, il ne peut s'arrêter qu'après avoir étendu son autorité sur la Grèce entière. Il se crée la façade maritime dont la Macédoine a besoin en s'emparant des villes grecques de la côte : Amphipolis, les colonies athéniennes, Olynthe tombent sans qu'Athènes ait su ou pu intervenir en temps utile. Puis, tandis que la guerre sacrée détourne sur la Phocide l'attention générale, Philippe réduit les Odryses et soumet l'allié d'Athènes Kersebleptes. Enfin il cherche à mettre la main sur les détroits où Démosthène a su regagner l'amitié des villes riveraines. Il assiège Byzance et, sans déclaration de guerre, il enlève les vaisseaux marchands athéniens, réunis comme de coutume à Hiéron pour former le convoi de blé vers Athènes (1). Cette violation du droit des gens provoque l'indignation des Athéniens, qui se décident à faire un sérieux effort. Leur intervention sauve Byzance. Mais Philippe, pour avoir les mains libres dans le Nord, suscite une diversion dans la Grèce centrale. Il s'est, par une très habile campagne diplomatique, assuré des appuis même chez ses victimes les Phocidiens (2). Il en profite pour s'installer inopinément dans Élatée. Le danger réunit Thébains et Athéniens. Mais, comme à Aigos Potamos, comme à Leuctres, le problème de l'hégémonie devait se résoudre sur le champ de bataille : à Chéronée, l'armée macédonienne assure le triomphe de Philippe (338).

La partie était perdue pour Athènes et, en même temps, la Grèce reconnaissait l'hégémonie de Philippe. Il avait déjà, après la première guerre sacrée, reçu, à titre personnel, deux voix dans le conseil des Amphictyons et pris rang ainsi parmi les puissances de la Grèce centrale. Un an après Chéronée, le congrès des villes grecques, réuni à Corinthe, offre à Philippe la présidence de la nouvelle ligue et le commandement de toutes les forces de la Grèce. Une nouvelle période de l'histoire grecque commence.

(1) **CXXXV**, p. 37. — (2) **CLVIII**, p. 533 sq.

CONCLUSION

/ L'État urbain — les cités grecques — a été vaincu par
l'État territorial — le royaume de Macédoine. Mais le régime
de la cité avait en Grèce de trop profondes racines pour pouvoir en être brusquement extirpé. Au moment où le roi Philippe a, peut-on dire, réalisé à son profit l'unité de la Grèce
d'Europe, et Alexandre y joindra bientôt la Grèce d'Asie, il
faut voir ce qu'est cette unité, ce qu'elle garde du passé, ce
qu'elle prépare pour l'avenir.

Philippe a étendu la Macédoine vers la mer, vers la Thrace,
vers les régions barbares de l'intérieur, mais, vainqueur de
la Grèce, il s'est refusé de ce côté à toute annexion. Même
en Thessalie, où il est tout-puissant, il s'est contenté d'imposer son protectorat aux villes et aux tétrarchies, qui ont
accepté de mettre à leur tête ses partisans les plus dévoués (1).
A plus forte raison, la Grèce n'est-elle pas réduite en province macédonienne. Le congrès, qui, dans l'automne de 337,
se réunit à Corinthe, organise une ligue qui, à première vue,
ne diffère pas beaucoup des anciennes confédérations, qui
ressemble plus même à la ligue péloponnésienne qu'à l'empire
athénien, c'est-à-dire à celle des deux grandes confédérations
où les liens fédéraux étaient le plus lâches. Les cités, petites
ou grandes, gardent toute liberté de régler comme elles
l'entendent leurs affaires intérieures ; elles ne paient pas de
tribut ; elles ont part égale aux décisions prises par l'assemblée fédérale. Philippe, à son tour, n'a que l'hégémonie (2) : il

(1) **CLVIII**, p. 542-543. — (2) Ds., XVI, 91.

est le président de la ligue, et, avant tout, le chef militaire,
le généralissime des troupes grecques, στράτηγος αὐτοχράτωρ
τῆς ῾Ελλάδος (1). Et cependant la ligue de Corinthe n'est
qu'un pâle reflet des ligues anciennes. C'est que, épuisées et
ruinées, les cités sont dans l'incapacité de résister, si peu que
ce soit, aux volontés de Philippe. L'autonomie de la cité
subsiste, mais l'assemblée du peuple n'a plus à s'occuper de
politique extérieure et délibère seulement sur d'infimes
questions d'administration municipale. La cité, comme organisme politique, se meurt. Platon et Aristote ne connaissent
encore d'autre idéal politique que la cité, mais déjà les nouvelles écoles proclament que l'homme trouve une patrie partout où il peut remplir ses obligations morales et que le sage est
citoyen du monde.

En fait, le Grec se détache de plus en plus de sa petite
patrie ; du mélange de tous les peuples helléniques naît une
population cosmopolite. De tout temps, les Grecs ont beaucoup voyagé et toutes les grandes villes abritaient une nombreuse colonie étrangère, mais le va-et-vient est plus actif
encore après Philippe. La paix macédonienne favorise la circulation des hommes et des marchandises. Les plaidoyers
civils mis sous le nom de Démosthène témoignent de l'enchevêtrement des relations commerciales, de la Sicile au
Pont-Euxin, de Marseille à Rhodes et en Égypte. A ceux qui
fréquentent les marchés étrangers pour leur commerce s'ajoutent ceux que la curiosité et le désir de s'instruire attirent
dans les capitales intellectuelles : Aristote de Stagire vient
se fixer à Athènes et il y aura comme successeur dans son
enseignement Théophraste d'Érésos, qui ne saura jamais se
débarrasser de son accent étranger. Enfin la population cosmopolite s'accroît, durant tout le IVe siècle, de tous ceux que
les révolutions et les guerres civiles ont chassés de leur patrie

______

(1) Ds., XVI, 89 ; même titre donné à Alexandre, Ds., XVII, 4.

les bannis qui mènent à l'étranger une vie errante et misérable. Leur nombre augmente au point de préoccuper les hommes d'Etat qui projettent la reprise de la colonisation et l'établissement de villes nouvelles en Thrace ou en Asie (1). Lorsqu'en 324 Alexandre rouvre aux exilés les portes de leur ville, il s'en trouve plus de vingt mille rassemblés aux jeux Olympiques où se fait la proclamation de la lettre royale (2).

C'est parmi ces errants, ces sans-patrie, ἀπόλιδες, que se recrutent les bandes de mercenaires (3). Le développement du mercénariat est le trait caractéristique de l'histoire militaire du ive siècle et qui montre le mieux le déclin des sentiments civiques et le progrès du cosmopolitisme. L'armée des Dix Mille est un ensemble des plus bigarrés : elle compte surtout des Péloponnésiens (4), et les Achéens et les Arcadiens à eux seuls forment plus de la moitié du contingent (5) ; mais il y a aussi des hoplites de Mégare, de Béotie, de Locride, de Thessalie, d'Athènes, des peltastes dolopes, ainianes, olynthiens, thraces, des archers crétois, des frondeurs rhodiens, des cavaliers thraces ; il est venu des recrues d'Asie et même des parages lointains de la Grèce de l'Ouest, de Thourioi et de Syracuse. Chaque chef a recruté, comme il l'entendait, ses hommes, sans se soucier de lever un corps homogène parmi ses concitoyens : l'Acarnane Aischinès commande les troupes légères du Spartiate Cheirisophos (6). Lorsque les soldats se donnent de nouveaux chefs, ils ne tiennent pas compte des nationalités : l'Achéen Philésios succède au Thessalien Ménon, Timasion de Dardanos à Cléarchos de Sparte (7). Toutes les bandes de mercenaires offrent la même variété. Si Athènes (8) demande moins de soldats au Péloponnèse, elle en enrôle davantage dans les îles et en

(1) Isocr., V, 120; VIII, 24. — (2) Ds., XVIII, 8.
(3) Isocr. V, 96; VIII, 44. — (4) Xen., *An.*, I, 1, 6.
(5) Xen., *An.*, VI, 2, 10. — (6) Xen., *An.*, IV, 3, 22.
(7) Xen., *An.*, III, 1, 47. — (8) II, II, 963.

Asie. Ces bandes se groupent autour d'un chef, dont la renommée attire les recrues et qui traite au nom de tous avec les cités ou les princes. Au temps des Dix Mille, Koiratadès de Thèbes parcourt la Grèce, cherchant la ville qui a besoin d'un général (1). A la fin du siècle, le type accompli du condottiere est Charidémos d'Oréos : de naissance illégitime, n'ayant même pas le droit de cité dans sa patrie, il se fait connaître comme chef de bande, se met indifféremment au service des Athéniens, des rois odryses ou des satrapes perses, passe sans scrupule, lui et ses hommes, d'un camp à l'autre et finit par devenir gendre de Kersebleptes et citoyen d'Athènes (2).

Par le contact et le mélange de Grecs venus de partout, marchands, voyageurs, exilés, mercenaires, se forme une civilisation commune. Ce n'est pas là non plus chose nouvelle et nous avons déjà étudié les éléments dont se faisait, dès le vie siècle, l'unité morale du monde grec. La formation de l'hellénisme s'achève au ive siècle. L'indice le plus net en est l'apparition d'une langue commune. La multiplicité des dialectes correspondait à la multiplicité des cités. Lorsqu'un système politique plus étendu se constitue, fédération ou empire, on y voit se former une unité linguistique ; le béotien ou l'attique, par exemple, ont eu une aire plus étendue que tel dialecte dorien parlé par une cité repliée sur elle-même. Maintenant la cité a perdu toute importance : la langue de la cité n'est donc plus qu'un parler local, qui se maintient difficilement en face d'une langue internationale. Langue littéraire et sociale, là κοινή est écrite par tous les prosateurs comme par toutes les administrations publiques ; grammaticalement fixée, elle s'enseigne à quiconque veut être cultivé (3). Comme les prosateurs athéniens ont eu la primauté littéraire, la κοινή a pour premier fonds le dialecte attique, mais comme elle est parlée

(1) XEN.. An., VII, 1, 33. — (2) DEM., Arist., passim.
(3) **XLV**, p. 262, 267.

sur toutes les côtes de la mer Égée et qu'elle y est la langue
des gens d'affaires autant que la langue des écrivains, le fonds
attique a été modifié par des apports ioniens (1). La κοινή
dérive ainsi des deux langues de civilisation qui l'ont précédée, l'ionien du VIᵉ siècle, l'attique du Vᵉ et du IVᵉ. Les
parlers locaux, même lorsque les cités les maintiennent officiellement pour soutenir leurs dernières prétentions à l'indépendance, ne peuvent échapper à l'influence de la κοινή et
peu à peu ils disparaissent (2).

L'unité linguistique traduit le fait que l'unité hellénique est
une unité de civilisation. Et ainsi se continue et s'achève
l'évolution dès longtemps commencée. Jamais les Grecs
n'auront réussi à faire leur unité politique. Il y aura toujours
en Grèce de petits États, même lorsque les cités ont cessé toute vie
politique et ne sont plus que de petites villes de province endor-
mies dans le fonctionnement désuet de leurs institutions muni-
cipales. Mais l'unité morale, déjà constatée au VIᵉ siècle, s'est
affirmée de plus en plus, à mesure que les différences locales se fondaient dans une civilisation commune, de même
que les peuples grecs se mélangeaient pour former un peuple
grec. « Il y a beaucoup de cités, dit au IIIᵉ siècle Poseidip-
pos, mais il n'y a qu'une Grèce, Ἑλλὰς μέν ἐστι μία, πόλεις δὲ
πλείονες (3). » Longtemps le Grec s'est reconnu à la langue qu'il
parlait; maintenant on le définit d'après sa civilisation. Il
faut appeler Grecs, dit Isocrate (4), « ceux qui participent à
notre culture plutôt que ceux qui partagent notre origine ».
L'unité du peuple grec n'est donc pas une unité en quelque
sorte naturelle. Elle ne dépend ni du milieu géographique, ni
de la race. De même que la nation n'a pas d'autre réalité que
la volonté de ceux qui la composent, l'unité du peuple grec,
sous quelque nom qu'on essaie de la désigner, est un pro-

(1) **XLV**, p. 275. — (2) **XLV**, p. 349, 353.
(3) *Ap.* DICEARQ., F. II., G., II, p. 264. — (4) ISOCR., IV, 50.

duit de la libre volonté de ceux qui ont adopté une même civilisation.

Mais si l'hellénisme est uniquement un état de civilisation, que devient la vieille distinction de l'Hellène et du Barbare ? Le peuple grec ne doit-il pas admettre dans son sein les « Gentils » ? Un sentiment national s'était éveillé en Grèce avec la guerre contre la Perse pour le salut commun. On pourrait croire, à lire les discours d'Isocrate, que c'est encore là le sentiment qui groupe les Grecs autour d'un chef contre les mêmes ennemis. Mais ces discours, où le balancement des périodes ne vise qu'à plaire à l'oreille, où les arguments sont indifféremment empruntés aux temps les plus mythiques ou à l'époque contemporaine, où Héraklès (1) et Agamemnon (2) voisinent, comme champions du panhellénisme, avec Jason de Phères et Philippe de Macédoine, sont des œuvres de pure rhétorique, qui ne semblent pas être sorties d'un cercle restreint de lettrés et dont on a grandpeine à retrouver l'influence sur la politique contemporaine.

Depuis longtemps le roi de Perse n'est plus l'ennemi héréditaire, mais le dispensateur des subsides et l'arbitre entre les cités. Philippe lui-même n'a pas eu dès le début envers lui une politique agressive. Après qu'Artaxerxès Ochos a reconstitué la puissance perse, Philippe, qui veut avoir les mains libres en Thrace et en Grèce, signe un traité d'alliance avec le Grand Roi (3). Le conflit naît des prétentions du roi de Macédoine sur les détroits, aux confins de l'empire perse ; lorsque Philippe fait passer sa flotte dans l'Hellespont et vient assiéger Périnthe, Ochos donne aux satrapes l'ordre de secourir les Périnthiens (4), et, après la délivrance de Périnthe, envoie des troupes en Thrace (5). A cette intervention, Philippe, vainqueur des Grecs qu'Ochos n'a pas su ou pu aider, répond

---

(1) Isocr., V, 76, 111, 112, 114. — (2) Isocr., XII, 76-77.
(3) Arr., An., II, 14, 2 ; cf. Dem., *Phil.*, 54.
(4) Ds., XVI, 75 ; Arr., An., II, 14, 5. — (5) Arr., An., II, 14, 5.

par une attaque de l'Asie Mineure. Sans doute les Grecs ont
décidé à Corinthe la guerre d'Asie ; mais les Grecs qui suivent
Alexandre, comme ceux qui suivaient Cyrus le Jeune, sont
moins enflammés d'ardeur patriotique que tentés par les
aventures et séduits par le renom fabuleux des trésors perses
dont ils rêvent le pillage. En face d'eux, les soldats d'Alexandre
rencontreront vingt mille autres Grecs, qui servent fidèlement
la cause du Grand Roi. Dans la formation de l'unité hellénique,
le sentiment national a donc cessé de jouer un rôle notable.
Sans doute c'est Aristote qui formule le plus nettement le
principe de l'infériorité naturelle du barbare, mais c'est Aristote aussi qui fait la théorie de la cité, c'est-à-dire d'une forme
déjà disparue.

L'unité du monde hellénique ne s'est donc pas affirmée,
comme si souvent la nationalité, par opposition à l'étranger, à
l'ennemi. Elle est comme l'accord fait sur une même civilisation jugée supérieure. Or la civilisation est transmissible : le
barbare hellénisé peut trouver place dans le monde hellénique agrandi. Ainsi, au moment où le peuple grec achève sa
formation et atteint à l'unité morale, il est tout prêt à recevoir
des éléments étrangers. Du contact de la Grèce et de l'Orient
— contact aussi fécond au IIIe siècle qu'il l'avait été au VIe —
va sortir un monde nouveau, la Grèce hellénistique.

BIBLIOGRAPHIE

N.-B. — On ne saurait avoir la prétention de dresser en quelques pages une bibliographie complète de l'histoire grecque. Nous n'avons cité ici que les ouvrages généraux, où l'on retrouvera facilement l'indication des études particulières, ou, parmi celles-ci, celles que nous avons eu occasion d'utiliser et de citer.

I. — SOURCES

1º LES SOURCES LITTÉRAIRES.

Pour les renvois aux textes grecs, nous avons adopté les abréviations du Dictionnaire grec-français d'A. Bailly, que nous supposons entre les mains de quiconque s'intéresse aux études grecques.

A ajouter les abréviations suivantes pour les auteurs latins :

A. GEL.	*N. A.*	Aulu Gelle,	*Noctes Atticæ.*
CIC.	*Fat.*	Cicéron,	*De fato.*
—	*Nat. Deor.*	—	*De natura deorum.*
—	*Tusc.*	—	*Tusculanes.*
—	*Verr.*	—	*Verrines.*
PLIN.	*H. N.*	Pline l'ancien,	*Histoire naturelle.*
SEN.	*Q. N.*	Sénèque,	*Questions naturelles.*
TL.		Tite-Live.	
VARR.	*Agr.*	Varron,	*De agricultura.*

2º LES SOURCES ÉPIGRAPHIQUES.

Corpus inscriptionum Græcarum, 1828-1877 . . . . **I**

Inscriptiones græcæ, editæ consilio et auctoritate Academiæ regiæ Borussicæ . . . . **II**

ROEHL (H.), *Inscriptiones græcæ antiquissimæ præter Atticas in Attica repertas,* 1882 . . . . **III**

BOURGUET et COLIN, *Fouilles de Delphes, Épigraphie,* Paris, 1910-1913 . . . . **IV**

HILLER VON GÆRTRINGEN (F.), *Die Inschriften von Priene,* Paris, 1906. **V**

KERN (O.), *Die Inschriften von Magnesia am Maiandros,* Berlin, 1900. . . . . **VI**

Fraenkel (M.), Fabricius (E.), Schuchhardt (C.), *Die Inschriften von Pergamon*, Berlin, 1890-1895...............................   VII

Dittenberger (W.) et Purgold (K.), *Die Inschriften von Olympia*, Berlin, 1896...   VIIbis

Latyschev (B.), *Inscriptiones antiquæ oræ septentrionalis Ponti Euxini græcæ et latinæ*, Petrograd, 1885-1901...............   VIII

Collitz (H.), Bechtel (F.) et Hoffmann (O.), *Sammlung der griechischen Dialektinschriften*, Gœttingen, 1883-1905...........   IX

Dareste (R.), Haussoullier (B.) et Reinach (Th.), *Recueil des inscriptions juridiques grecques*, Paris, 1891-1905..............   X

II. — PÉRIODIQUES

Bulletin de correspondance hellénique, Athènes, 1876 et suiv...   XI

Revue des études grecques, Paris, 1888 et suiv...............   XII

Revue des études anciennes, Bordeaux, 1897 et suiv...........   XIII

Revue archéologique, Paris, 1844 et suiv.....................   XIV

Revue de philologie, de littérature et d'histoire anciennes, Paris, 1877 et suiv..   XV

Jahrbuch des deutschen archäologischen Instituts, Berlin, 1886 et suiv..   XVI

Mitteilungen des deutschen archäologischen Instituts: Athenische Abteilung, Athènes, 1876 et suiv........................   XVII

Klio, Beiträge zur Alten Geschichte, Leipzig, 1902 et suiv........   XVIII

Hermes, Berlin, 1866 et suiv.................................   XIX

Rheinisches Museum für Philologie, Francfort-sur-le-Main, 1828 et suiv..   XX

Neue Jahrbücher für das classische Altertum, Leipzig, 1898 et suiv..   XXI

Philologus, Stolberg, 1846 et suiv...........................   XXII

Jahreshefte des œsterreichischen archäologischen Instituts, Vienne, 1898 et suiv...   XXIII

Wiener Studien, Vienne, 1879 et suiv.........................   XXIV

Journal of hellenic studies, Londres, 1880 et suiv...............   XXV

American Journal of Archæology, Baltimore, 1885 et suiv........   XXVI

Rivista di Storia antica, Padoue, 1896 et suiv..................   XXVII

Ἐφημερίς Ἀρχαιολογική, Athènes, 1883 et suiv..................   XXVIII

III. — OUVRAGES GÉNÉRAUX

Daremberg et Saglio, *Dictionnaire des antiquités grecques et romaines*, Paris, 1877-1918.................................   XXIX

Pauly-Wissowa, *Real Encyclopädie der klassischen Altertumswissenschaft*, Stuttgart, 1894 et suiv......................   XXX

Philippson (A.), *Das Mittelmeergebiet*. 2ᵉ édit., Leipzig, 1907......   XXXI

Neumann et Partsch, *Physikalische Geographie von Griechenland*, Berlin, 1885......................................   XXXII

Philippson (A.), *Land und See der Griechen* (Deutsche Rundschau, XXXI, 1905, p. 365 sq.).............................   XXXIII

Meyer (E.), *Geschichte des Altertums*, 3° édit., Stuttgart, 1913.... **XXXIV**
Curtius, *Griechische Geschichte*, 6° édit., Berlin, 1887-1889..... **XXXV**
Busolt, *Griechische Geschichte*, 2° édit., Gotha, 1893-1904....... **XXXVI**
Beloch (J.), *Griechische Geschichte*, 2° édit., Strasbourg, 1912... **XXXVII**
Bury, *History of Greece to the death of Alexander the Great*,
    Londres, 1900.. **XXXVIII**
Fustel de Coulanges, *La cité antique*, 7° édit., Paris, 1878........ **XXXIX**
Burckhardt, *Griechische Kulturgeschichte*, Berlin, 1898.......... **XL**
Zimmern, *The greek commonwealth*, Oxford, 1911................ **XLI**
Beloch (J.), *Die Bevölkerung der griechisch-römischen Welt*,
    Leipzig, 1886... **XLII**
Roscher, *Ausführliches Lexicon der griechischen und römischen
    Mythologie*, Leipzig, 1884 et suiv............................. **XLIII**
Croiset (M. et A.), *Histoire de la littérature grecque*, Paris, 1887-
    1899... **XLIV**
Meillet (A.), *Aperçu d'une histoire de la langue grecque*,
    2° édit., Paris, 1920.. **XLV**
Taine, *Philosophie de l'art en Grèce*, Paris, 1869............... **XLVI**
Perrot et Chipiez, *Histoire de l'art dans l'antiquité*, Paris, 1882-
    1914... **XLVII**
Lechat (H.), *Le temple grec*, Paris, 1902...................... **XLVIII**
Collignon (M.), *Histoire de la sculpture grecque*, Paris, 1892-
    1897... **XLIX**
Pottier (E.), *Musée du Louvre, Catalogue des vases antiques de
    terre cuite*, Paris, 1896-1906................................. **L**
Heuzey (L.), *Musée du Louvre, Figurines antiques de terre
    cuite*, Paris, 1891.. **LI**

IV. — TRAVAUX PARTICULIERS

Philippson (A.), *La tectonique de l'Égéide* (Annales de géogra-
    phie, VII, 1898, p. 112 sq.)................................... **LII**
Deprat, *[Note sur la géologie du massif du Pélion et sur l'in-
    fluence exercée par les massifs archéens sur la tectonique de
    l'Égéide* (Bull. de la Société géologique de France, 4° série,
    IV, 1904, p. 299 sq.).. **LIII**
Cayeux, *Les transformations du massif des Cyclades à la fin des
    temps tertiaires et au commencement de l'époque quaternaire*
    (Comptes rendus de l'Académie des sciences, CLII, 1911,
    p. 1796 sq.).. **LIV**
Cayeux, *Découverte de l'Elephas antiquus à l'île de Délos*
    (Comptes rendus de l'Académie des sciences, CXLVII, 1908,
    p. 1089).. **LV**
Cayeux, *Description physique de l'île de Délos*, Paris, 1911....... **LVI**
Fouqué, *Santorin et ses éruptions*, Paris, 1879.................. **LVII**
Gilbert (O.), *Die meteorologischen Theorien des griechischen
    Altertums*, Leipzig, 1907..................................... **LVIII**
Schellenberg, *Studien zur Klimatologie Griechenlands (Tempe-
    ratur, Niederschläge, Bewölkung)*, Leipzig, 1908.............. **LIX**
Raulin, *Die Regenverteilung auf der Balkan lbinsel (Meteoro-*

logische Zeitschrift, XII, 1895, p. 426 sq.) LX

Eginitis (D.), *Annales de l'observatoire national d'Athènes*, Athènes, 1896-1905 LXI

Kraus, *Sumpf und Seebildungen in Griechenland* (Mitteilungen der geographischen Gesellschaft in Wien, XXXVII, 1892, p. 373 sq.) LXII

Sidéridès, *Les kalavothres de Grèce* (Spelunca, bulletin et mémoires de la Société de spéléologie, VIII, 1911, n°s 63-64) LXIII

Fraas, *Synopsis plantarum floræ classicæ*, Munich, 1845 LXIV

Schreiber, *Die hellenistischen Reliefbilder*, Leipzig, 1894 LXV

Chloros, *Die Waldverhältnisse Griechenlands*, Munich, 1884 LXVI

Instructions nautiques. Bassin oriental de la Méditerranée, n°s 957 et 967, Paris, 1912-1913 LXVII

Instructions nautiques, n° 778 .... LXVIIbis

Negris (P.), *Vestiges antiques submergés* (Athenische Mitteilungen, XXVIII, 1904, p. 340 sq.) LXVIII

Negris (P.), *Délos et la transgression actuelle des mers*, Athènes, 1907 LXIX

Cayeux, *Fixité du niveau de la Méditerranée à l'époque historique* (Annales de géographie, XVI, 1907, p. 97 sq.) LXX

Wilski, *Die Durchsichtigkeit der Luft über dem Ægäischen Meer*, Rostock, 1902 LXXI

Stange, *Versuch einer Darstellung der griechischen Windverhältnisse und ihrer Wirkungsweise (nach alten und neueren Quellen)*, Leipzig, 1910 LXXII

Berthelot, *La chimie au moyen âge*, Paris, 1893 LXXIII

Decasos, *Die Landwirthschaft im heutigen Griechenland*, Leipzig, 1904 LXXIV

Struck, *Zum Landeskunde von Griechenland, Kulturgeschichtliches und Wirtschaftliches*, Francfort-sur-le-Main, 1912 LXXV

Evangélidis, Πραγματεία περὶ σίτου καὶ ὄψου ἤτοι περὶ τροφῆς παρὰ τοῖς ἀρχαίοις Ἕλλησι μετά τινων συγκρισέω ν πρὸς τὰ παρὰ τοῖς νῦν, 1890 LXXVI

Götz, *Die Verkehrswege im Dienst das Welthandels, eine geschichtlich-geographische Untersuchung*, Stuttgart, 1888 LXXVII

Meillet (A.), *Les dialectes grecs* (Journal des savants, 1910, p. 60 sq.) LXXVIII

Foucart (P.), *Le culte des héros chez les Grecs* (Mémoires de l'Académie des inscriptions et belles-lettres, XLII, 1918) LXXIX

Bérard (V.), *Les Phéniciens et l'Odyssée*, Paris, 1902-1903 LXXX

Fick (A.), *Vorgriechische Ortsnamen als Quelle für die Vorgeschichte Griechenlands*, Gœttingen, 1905 LXXXI

Pernier, *Scavi della missione italiana a Phæstos*, 1902-1903 (Monumenti antichi, 1905, p. 314 sq.) LXXXII

Hall, *The oldest civilisation in Greece*, Londres, 1901 LXXXIII

Leroux, *Les origines de l'édifice hypostyle en Grèce, en Orient et chez les Romains*, Paris, 1913 LXXXIV

Boule (M.), *Les hommes fossiles*, Paris, 1921 LXXXV

Stéphanos (K.), *Grèce* (Dechambre, Dictionnaire encyclopédique des sciences médicales, X, p. 452) LXXXVI

Fouillée, *Le peuple grec* (Revue des Deux Mondes, 1er mai 1898). LXXXVII

Virchow, *Alttrojanische Gräber und Schädel*, (Abhandlungen
der Akademie der Wissenschaften zu Berlin, 1882, II, p. 1 sq.).   **LXXXVIII**
Virchow, *Ueber griechische Schädel aus alter und neuer Zeit und
über einen Schädel von Menidi der für den Sophokles
gehalten ist* (Sitzungsberichte der Akademie der Wissenschaf-
ten zu Berlin, 1893, p. 677 sq.)..................................   **LXXXIX**
Stephanos (K.), *Les tombeaux prémycéniens de Naxos* (Comptes
rendus du congrès international d'archéologie, Athènes, 1905).   **XC**
Heuzey (L.), *Le Mont Olympe et l'Acarnanie*, Paris, 1860........   **XCI**
Wace et Thompson, *Prehistoric Thessaly*, Cambridge, 1912......   **XCII**
Philippson (A.), *Bericht über eine Reise durch Nord-und Mittel-
griechenland* (Zeitschrift der Gesellschaft für Erdkunde zu
Berlin, XXV, 1890, p. 331 sq.)...............................   **XCIII**
Philippson (A.), *Der Kopaïssee in Griechenland und seine Umge-
bung* (Zeitschrift der Gesellschaft für Erdkunde zu Berlin,
XXXIX, 1894, p. 1 sq.)......................................   **XCIV**
Kambanis (M.), *Le desséchement du lac Kopaïs par les Anciens* (Bul-
letin de correspondance hellénique, XVI, 1892, p. 121 sq.).......   **XCV**
Bulle, *Orchomenos*, Munich, 1907.............................   **XCVI**
Curtius, *Die Deichbauten der Minyer* (Sitzungsberichte der
Akademie der Wissenschaften zu Berlin, 1892, p. 1181 sq.).....   **XCVII**
Rhys Roberts (W.), *The ancient Bœotians, their caracter and
culture and their reputation*, Cambridge, 1895...............   **XCVIII**
Wilisch, *Altkorinthische Thonindustrie*, Leipzig, 1892..........   **XCIX**
Bérard, *De l'origine des cultes arcadiens*, Paris, 1894..........   **C**
Fougères, *Mantinée et l'Arcadie orientale*, Paris, 1898.........   **CI**
Fustel de Coulanges, *Étude sur la propriété à Sparte* (Nouvelles
recherches sur quelques problèmes d'histoire, p. 52 sq., Paris,
1891)..   **CII**
Cavaignac (E.), *Sparte* (Revue de Paris, septembre 1912)........   **CIII**
Cavaignac (E.), *La population du Péloponnèse aux* v^e *et* ive *siècles*
(Klio, XII, 1912, p. 261 sq.)................................   **CIV**
Beloch (J.), *Griechische Aufgebote* (Klio, VI, 1906, p. 34 sq.)....   **CV**
Heldreich, *L'Attique au point de vue des caractères de la végé-
tation*, Paris, 1880...   **CVI**
Scherling, *Quibus rebus singulorum Atticæ pagorum incolæ
operam dederint* (Leipziger Studien, XVIII, 1897, p. 1 sq.)...   **CVII**
Ardaillon, *Les mines du Laurion dans l'antiquité*, Paris, 1897..   **CVIII**
Gernet, *L'approvisionnement d'Athènes en blé au* v^e *et au* ive *siècle*
(Mélanges d'histoire ancienne, Bibliothèque de la Faculté des
lettres de l'Université de Paris, p. 268 sq., Paris, 1909).......   **CIX**
Judeich, *Topographie von Athen*, Munich, 1905................   **CX**
Milchhöfer, *Attika und seine heutigen Bewohner* (Deutsche
Rundschau, LXIX, 1891, p. 257 sq.).........................   **CXI**
Hækl, *Merkantile Inschriften auf attischen Vasen* (Münchner
archäologische Studien dem Andenken Ad. Furtwänglers
gewidmet, 1909) ....   **CXII**
Sanctis (G. de), Ἀτθίς, 2e édit., 1912.......................   **CXIII**
Wilamowitz-Möllendorf, *Aristoteles und Athen*, 1893..........   **CXIV**
Gilliard, *Quelques réformes de Solon*, Lausanne, 1907..........   **CXV**
Francotte, *La Polis grecque*, Paderborn, 1907................   **CXVI**

Foucart, *Les grands mystères d'Éleusis, Personnel, cérémonies* (Mémoires de l'Académie des inscriptions et belles-lettres, XXXVII, 1900, p. 1 sq.)..................................... CXVII

Chapot (V.), Colin (G.), etc., *L'hellénisation du monde antique*, Paris, 1914.................................... CXVIII

Foucart, *Mémoire sur les colonies athéniennes au v⁰ et au iv⁰ siècle* (Mémoires de l'Académie des inscriptions et belles-lettres, IX, p. 323 sq.)................................. CXIX

Fredrich, *Lemnos* (Athenische Mitteilungen, XXXI, 1906, p. 241 sq.)..................................... CXX

Radet, *Ephesiaca*, Bordeaux-Paris, 1908 CXXI

Radet, *La Lydie et le monde grec au temps des Mermnades*, Paris, 1892..................................... CXXII

Milhaud, *Leçons sur les origines de la science grecque*, Paris, 1893..................................... CXXIII

Tannery (P.), *Pour l'histoire de la science hellène*, Paris, 1883... CXXIV

Darmesteter, *Essais orientaux*, Paris, 1883..................... CXXV

Maspéro, *Histoire ancienne des peuples de l'Orient*, Paris, 1895-1899..................................... CXXVI

Mallet (D.), *Les premiers établissements des Grecs en Égypte* (Mémoires de la Mission archéologique du Caire, XII, 1893).... CXXVII

Mallet (D.), *Le culte de Neit à Saïs*, Paris, 1888............... CXXVIII

Pareti (L.), *Studi siciliani e italioti*, Florence, 1914........... CXXIX

Columba, *Il mare e le relazione marittime tra la Grecia e la Sicilia nell'antichita* (Archivio storico siciliano, XIV, 1889, p. 315 sq.)..................................... CXXX

Koldewey et Puchstein, *Die griechischen Tempel in Unteritalien und Sicilien*, Berlin, 1899.................................. CXXXI

Homolle (Th.), *Les offrandes delphiques des fils de Deinoménès et l'épigramme de Simonide* (Mélanges Weil, p. 207 sq., Paris, 1898)..................................... CXXXII

Merlin (A.), *L'Aventin dans l'antiquité*, Paris, 1901............. CXXXIII

Foucart, *Étude sur Didymos d'après un papyrus de Berlin* (Mémoires de l'Académie des inscriptions et belles-lettres, XXXVIII, 1909, p. 27 sq.)................................. CXXXIV

Foucart, *Les Athéniens dans la Chersonèse de Thrace au iv⁰ siècle* (Mémoires de l'Académie des inscriptions et belles-lettres, XXXVIII, 1909, p. 83 sq.)....................... CXXXV

Eichhorn, Βάρβαρος *quid significaverit*, Leipzig, 1904........... CXXXVI

Kirchhoff, *Geschichte des griechischen Alphabets*, 3⁰ édit., Berlin, 1877..................................... CXXXVII

Foucart, *Des associations religieuses chez les Grecs*, Paris, 1873. CXXXVIII

Phillipson, *The international Law and Custom of ancient Greece and Rome*, Londres, 1911................................. CXXXIX

Lécrivain, *Le droit de se faire justice soi-même et les représailles dans les relations internationales de la Grèce* (Mémoires de l'Académie de Toulouse, IX, 5897, p. 277 sq.)................ CXL

Clerc (M.), *Les métèques athéniens*, Paris, 1893................. CXLI

Monceaux (P.), *Les proxénies grecques*, Paris, 1886............. CXLII

Poland, *De legationibus Græcorum publicis*, Leipzig, 1885....... CXLIII

Ræder, *L'arbitrage international chez les Hellènes* (Publications de l'Institut Nobel norvégien I, 1912)....................... CXLIV

Tod, *International arbitration among the Greeks*, Oxford, 1913..   **CXLV**
Von Scala, *Staatsverträge des Altertums*, Leipzig, 1898..........   **CXLVI**
Glotz, *La solidarité familiale dans le droit grec*, Paris, 1904...   **CXLVII**
Grundy, *The great persian war and its preliminaries*, Londres,
    1901.......................... ....   **CXLVIII**
Grundy, *Thucydides and the history of this age*, Londres, 1911.   **CXLIX**
Körnemann, *Stadtstaat und Flächenstaat des Altertums in ihren
    Wechselbeziehungen* (Neue Jahrbücher für das klassische Alter-
    tum, 1908, p. 233 sq.)...................................   **CL**
Busolt, *Die Lakedaimonier und ihre Bundesgenossen*, Leipzig,
    1878...   **CLI**
Guiraud, *De la condition des alliés pendant la première confédé-
    ration athénienne* (Annales de la Faculté des lettres de l'Uni-
    versité de Bordeaux, V, p. 168 sq.).......................   **CLII**
Cavaignac, *Études sur l'histoire financière d'Athènes au v° siècle :
    le trésor d'Athènes de 480 à 404*, Paris 1908.................   **CLIII**
Beloch, *Die attische Politik seit Perikles*, Leipzig, 1884........   **CLIV**
Von Stern, *Geschichte der Spartanischen und Thebanischen
    Hegemonie von Königsfrieden bis zur Schlacht bei Mantineia.*
    Dorpat, 1884..   **CLV**
Judeich (W.), *Kleinasiatische Studien. Untersuchungen zur grie-
    chisch-persischen Geschichte des iv^en Jahrhunderts*, Marbourg,
    1892...   **CLVI**
Kahrstedt (U.), *Forschungen zur Geschichte des ausgehenden
    fünften und des vierten Jahrhunderts*, Berlin, 1910...........   **CLVII**
Glotz, *Philippe et la surprise d'Élatée* (Bulletin de correspon-
    dance hellénique, XXXIII, 1909, p. 526 sq.).................   **CLVIII**
Kessler (J.), *Isokrates und die panhellenische Idee*, Paderborn,
    1910...   **CLIX**
Schæfer (A.), *Demosthenes und seine Zeit*, 2° édit., Leipzig,
    1885-1886..   **CLX**

INDEX

Académie, 35.
ACARNANIE, 101.
ACHAIE, 96, 262.
ACHÉENS, 78, 97-8, 111, 121, 153, 221-2, 230, 262, 280.
ACOUSILAOS, 74.
ADONIS, 296.
AGAMEMNON, 75, 106, 116.
AGÉSILAS, 21, 153, 175, 322, 389.
AGIS, 161, 173, 322.
Agora, 355.
Agriculture, 52-63, 108, 118, 164, 185, 195, 226, 259, 265.
ALCIBIADE, 2.
ALCMAN, 178.
Alphabet, 208, 215, 254.
Amphictyons, 401 ; *amphictyonies*, 360.
AMYCLÉES, 158.
ANAXAGORE, 349.
ANACHARSIS, 252-3.
ANAXIMANDRE, 242.
ANAXIMÈNE, 243.
ANTIOCHOS, 244, 269.
APHRODITE, 119, 130, 296.
APOLLON, 75, 104 (Thermios), 114 (de Delphes), 119, 130, 150, 178, 218, 236, 240, 252, 290-3, 346.

Arbitrage, 323, 380.
ARCADIE, 126, 140.
ARCHÉLAOS, 396.
Archéologie, 83-90.
Architecture, 49, 184 (ses matériaux) ; 177 (Sparte) ; 240 (Ionie) ; 268-9, 298.
Archonte, 200.
ARGOS, 75, 106, 126, 147-8, 208, 322, 324, 340, 342, 361, 367.
ARISTARQUE, 106.
ARISTIDE, 336.
Aristocratie, 131 (Corinthe), 180, 195, 333, 367-369.
ARISTOPHANE, 370.
ARISTOTE, 73, 155, 172, 176, 179, 216, 357, 401, 407.
Armistice, 324.
Art, 49, 135, 177, 192, 209, 211, 240-2, 255, 257, 269, 298, 328, 346.
ARTAPHERNE, 323.
ARTÉMIS, 296.
ARTAXERXÈS, 328-9.
ASIE, 230, 333, 347.
ASKLÉPIOS, 293.
ATHÈNA, 186, 204, 219 256, 259, 289.
ATHÈNES, 6, 49, 67, 73, 99, 179-210, 295-7, 308, 317, 346-9, 350-1,

353, 359, 363-5, 367-8, 373-400.
Atimie, 158, 364.
Atthidographes, 179.
Atticisme, 211.
ATTIQUE, 60, 62, 75, 89, 181.
AUXÉSIA, 289.

BABELON, 259.
BALKANS, 25, 82.
Banquiers, 314.
Barbares, 281-3, 295, 297, 302, 326, 395, 406-7.
BARTHOLDY, 32.
BENDIS, 296, 309.
BÉOTIE, 18-9, 115, 193, 208, 231, 286, 367.
RION, 248.
Boulè, 358, 364.
BRASIDAS, 367, 381, 386.
BRUNHES, 3, 24.
BULLE, 88.
BYZANCE, 65, 69, 81, 309, 347, 400.

CARIE, 240.
CARTHAGINOIS, 274, 341.
Catavothres, 30.
Céramique, 89, 134-5, 197, 204, 211, 257, 259, 279, 311.

14

CHATEAUBRIAND, 24.
CHÉRONÉE, 400.
CHYPRE, 25, 68, 79, 81, 96. 215, 220, 253.
CIMON, 348.
Cité, 1-5, 99, 304-11, 312, 354-68, 402-3, 407. Voir *Citoyen*.
CITHÉRON, 36.
Citoyen, 304-11, 314. Voir *Cité*.
Civilisation, 15, 97, 278.
Clérouquie, 228, 350, 359, 385.
Climat, 24-8, 108.
CLISTHÈNE, 180, 205-6, 208.
Colonisation, 133, 213, 217-24, 249, 252.
Commerce, 133, 216, 225-7, 272.
CORCYRE, 2, 219-20, 227, 323, 341, 371, 379.
CORINNE, 120.
CORINTHE, 104-5, 128, 203, 208, 219, 263, 267, 361, 376-7, 401-2 (Congrès).
CRÈTE, 68, 80-1, 91, 95-6, 215, 241, 259, 283, 299, 304. *Égéo-Crétois*.
CRITIAS, 370.
CROTONE, 262, 269, 270.
Cryptie, 169.
CURTIUS (E.), 291.
CYBÈLE, 295.
CYCLADES, 9, 25, 89, 91, 122, 188.
CYRÉNAIQUE, 258.
CYRÈNE, 224, 259.
CYRUS, 389.

DAMIA, 289.
DANAOS, 126, 147.
Danse, 269.
DARIUS, 328, 332.
DÉLOS, 240, 362-3, 365 (ligue).
DELPHES. 14, 16, 26,

44, 50, 75, 113, 218, 236, 240, 246, 256, 258-9, 292, 303, 323, 342, 351, 353, 372.
Déluge, 10.
Dème, 205.
DÉMÉTER, 265, 351.
Démocratie, 172, 180, 198 201, 233, 333, 367, 369-370.
DÉMOSTHÈNE, 397.
DEUCALION, 10.
DIACRIENS, 196-7, 203.

Dieux, 74, 113-4, 243 288-296.
DIONYSIOS, 272.
DIONYSOS, 113-4, 186, 265, 296.
DIDONE, 101.
DORIENS, 75, 78, 89, 97-9, 107, 111, 127-8, 131, 147, 149, 154, 193, 210-1, 221, 230, 232, 234, 248, 268, 280, 291.
DRACON, 180.
Droit, 302 (international). 311 (commercial).

Économiques (Conditions), 200-4, 225-9, 265-7, 307, 311, 374, 387.
Écriture, 284-5.
Éducation, 160, 177.
Égaux, 158-9, 174.
ÉGÉE, 9, 40, 43, 65, 96, 237, 249.
ÉGÉENS, 65, 86.
ÉGÉO-CRÉTOIS, 87, 95, 97, 261.
ÉGÉIDE, 9-10.
ÉGYPTIENS, 95, 127, 215, 226, 241-2, 255, 266.
ÉLÉE (École d'), 248.
ÉLÉENS, 128.
ÉLEUSIS, 351.
Élevage, 38, 108 (cheval), 195, 259.
ÉLIDE, 145.

Embatérion, 177.
EMPÉDOCLE, 271.
ÉOLIENS, 231, 233, 243.
ÉPAMINONDAS, 2, 119, 322, 393.
ÉPHÈSE, 239.
Éphores, 172, 175.
ÉPICHARME, 248, 269.
ÉPIDAURE, 145, 289, 293-4.
Épire, 41, 101.
Épiscopos, 364.
ÉRYMANTHE, 16.
ESCHYLE, 305.
Esclaves. Voir *Hilotes* 253, 298.
État, 1-5, 20, 23, 24, 58, 75, 160, 172, 229, 304, 312, 356.
ÉTOLIE, 101.
Étrangers, 295, 302, 304-10, 314.
ÉTRUSQUES, 274.
EUPATRIDES, 195, 201.
EURIPIDE, 27, 76, 103, 151, 255, 305.
EVANS, 85.

Famille, 225, 297, 309.
Faune, 37-8.
Fédérations, 40, 148, 358-66.
Femmes, 130, 136, 160, 210, 239, 241, 257, 297, 319, 329.
Fêtes, 300.
FISCHER (Th.), 25.
Fleuves, 22, 28-34.
Flore, 34-8, 58-61, 108.
Forêts, 34-8, 57.
Frontières, 18-22, 101.
Funéraires (Rites), 193.
FUSTEL DE COULANGES, 289.

GALTON, 4.
GÉLON, 341.
GENNEP (VAN), 76.
Génos, 194, 198, 222.

Gérousia, 172, 174-6, 358, 376.
Gouvernement, 357-9.
·*GRÈCE(GRANDE-)*, 44, 81, 203, 220, 222, 239, 248, 263, 265 sq.
Guerre, 160-3, 303, 316-325, 326-71 (contre les Barbares), 373-400 (entre cités grecques).
GYLIPPOS, 352.

HÉLICON, 16, 113.
HELLADE, 96, 106.
Hellanikos, 244.
HELLEN, 74, 76, 283.
HÉPHAISTOS, 204.
HÉRACLIDES, 127.
HÉRACLITE, 243.
HÉRAKLÈS, 28, 37, 75, 146, 217, 271.
HÉRODOTE, 79, 98, 151, 155, 178, 181, 234-5, 240, 258, 283, 326, 335.
Héros, 74-5, 77.
HÉSIODE, 44, 74, 120.
Hilotes, 158-9, 167-170, 224, 374-6.
HIPPIAS, 333.
HIPPOCRATE, 244.
HITTITES, 131, 255.
HIMÈRE, 341.
HOMÈRE, 55, 57, 73-4, 106, 131, 243, 287, 294, 306.
Hospitalité, 305, 315.

ILLYRIENS, 101, 103.
Industrie, 134, 170, 197, 201, 225, 266.
Institutions, 172.
IONIE, 6, 323, 331-2.
IONIENS, 98-9, 191, 208, 210-1, 221, 233 sq., 269, 280, 291, 331.
ISOCRATE, 189, 310, 372, 391, 405.
ITALIE, 261 sq., 276.

JASON, 258.

Jeux, 300-1.

Kômè, 354.

LACONIE, 153, 262.
LARISA, 94, 110.
LÉONIDAS, 344.
LIBYE, 259.
Linguistique, 78-83, 214, 231, 237, 244, 258, 282-8, 404.
Littérature, 243, 269.
LOCRES, 225, 367.
Luxe, 171, 267, 270.
Lycie, 16, 35, 142.
LYCURGUE, 146, 150, 155, 171, 174, 388.
LYDIENS, 233, 236, 240, 245-6, 305.
LYSANDRE, 388.
LYSIAS, 371.

MACÉDOINE, 101, 112, 394.
MANTINÉE, 144, 358.
MARATHON, 333.
Marbres, 49.
MARDONIOS, 322-3, 333, 336, 345.
Mariage, 309.
MARSEILLE, 273, 293.
MÉGARE, 367, 371, 377.
Mégaron, 87, 97, 191.
MÉNARD (L.), 73.
Mer, 40-6.
Mer (Peuples de la), 95-6.
MESSÉNIE, 147-8, 170, 224.
MÉTAPONTE, 262.
Métaux, 50-1, 87, 107, 171, 183, 226, 241.
Métèques, 306-7.
MILET, 238, 245-7, 251, 252, 255, 331.
MILTIADE, 333.
MILTO, 329.
Mines, 183, 204, 250.
MINYENS, 121.
Monarchie, 357.
MONCEAUX, 301.

Monnaies, 171, 202, 266, 313.
Montagnes, 15-6, 53, 102, 182.
MONTESQUIEU, 170.
MULLER (K.-O.), 291.
Muses, 33, 92, 177.
Musique, 177.
MYCÉNIENS, 75, 85, 87, 91, 127, 147, 190-2, 234, 241.
Mythes, 75-8.

NAUCRATIS, 257.
Navigation, 44, 65-9, 129, 132-3, 137, 187, 196, 213-15, 272-3, 315-6.
NAXOS, 261.
Némésis, 247.
Néodamodes, 169.
NICIAS, 2, 385.
Nymphes, 33, 113.

Oligarchie, Voir *Aristocratie*.
OLYMPE, 16, 113.
OLYMPIE, 49, 75, 146, 259, 268, 294, 300-1 (jeux), 372.
OPONTE, 220.
ORCHOMÈNE, 88, 121, 143.
ORIENT, 237, 240, 242-3.
Ornementation, 87, 241.

Paix, 324-5, 370.
PANATHÉNÉES, 209.
PARALIENS, 197, 201, 206.
PARNASSE, 15-6, 21, 36, 113.
PARTHÉNON, 49, 211, 299.
Patriotisme, 23.
PAUSANIAS, 21, 76, 347, 376.
Pêche, 64-5.
PÉDIÉENS, 195, 206.
Pelagos, 63.
PÉLASGES, 94-5, 106, 126, 190, 296, 395.

14.

PÉLASGOS, 77, 141.
PÉLOPIDAS, 322.
PÉLOPONNÈSE(Guerre du), 2, 11, 99, 105, 260, 262, 345, 368, 380-400. (presqu'île). — 16, 41, 75, 96, 125.
PÉNESTES, 109.
PENTÉLIQUE, 49.
PÉRIANDRE, 136.
PÉRICLÈS, 189, 306, 310, 349-53, 368.
Périèques, 158-9, 170, 224, 374.
Périoikis, 157, 167, 170.
PERSES, 247, 326, 389, 391, 407.
Phalange, 162.
PHALÈRE, 188.
PHÉNICIENS, 215-6, 220, 275.
PHIDIAS, 294.
PHILIPPE, 397.
Philosophie, 242-3, 248, 269-71.
PHOCÉE, 227, 239, 272.
PHOCIDE, 18.
PHOCYLIDE, 56.
PHRYNÉ, 295.
PINDARE, 120, 342, 348.
PIRÉE, 69, 184, 187-8, 206.
PISISTRATE, 203-4, 209.
PLATÉE, 335, 342, 344-5, 367.
PLATON, 55, 57, 69, 151, 172, 221, 321, 325.
PLUTARQUE, 150, 305, 372, 392.
Poésie, 178, 209-11, 243-4, 248.
Polis, 355.
POLYCRATE, 247.
PONT-EUXIN, 43, 226-7, 249.
Pontos, 63.

Population, 61, 155-7 (dépopulation de Sparte), 267.
POSEIDON, 14, 44, 123, 268.
PRAXITÈLE, 119.
PRIÈNE, 219, 221.
PROCLUS, 270.
Propriété, 157, 167-8, 222, 225, 229.
PROPYLÉES, 49.
Proxénie, 315.
PYTHAGORE, 248, 269, 270.

Races, 4, 73, 78, 90-100).
Religion, 113-5 (Delphes), 219, 256, 268, 288-296, 327.
RENAN, 24.
RHÉGION, 367.
RHODES, 257, 264.
Routes, 16-8.
Royauté, 172, 259.

SABASIOS, 295-6.
SALAMINE, 11, 85, 340-1, 345.
SAMOS, 247.
SAPHO, 92, 244.
SCHLIEMANN, 85.
Sculpture, 49, 209, 211, 257, 299.
SCYTHIE, 399.
Serfs, 201.
SICILE, 252, 261, 276, 366, 385.
SICYONE, 138, 148, 367.
SOCRATE, 309.
SOLON, 85, 180-1, 186, 201-3, 216, 259.
SOPHOCLE, 211, 305.
Sources, 32-4.
SPARTE, 2, 10, 14, 99-127, 150-178, 224, 262, 297, 308, 317, 334, 346-9, 360-2, 366, 373-400.

SPHACTÉRIE, 374, 381.
SPORADES, 14.
STRABON, 80, 113, 283.
SYBARIS, 262, 265, 267, 270, 352.
Synécisme, 19, 75, 199.
SYRACUSE, 266, 277, 280, 309, 321, 341.

TANAGRA, 19, 74, 115, 120.
TARENTE, 262, 266.
TÉGÉE, 144.
TEMPÉ, 10, 107, 343.
TERPANDRE, 178.
THALÈS, 242, 245.
THALÉTAS, 178.
THÈBES, 123, 346, 366, 392.
THÉMISTOCLE, 310, 336, 345, 377.
THÉOPHRASTE, 25, 54.
THÉRAMÈNE, 370.
THERMOPYLES, 41, 343.
THÉSÉE, 180, 199.
Thesmia, 179.
THESSALIE, 25, 85, 105, 231.
Thètes, 195.
THOURIOI, 352.
THRACE, 250.
THRASYBULE, 368.
THUCYDIDE, 2, 11, 73, 85, 103, 131, 151, 176, 181, 189, 350, 361, 366, 371, 374.
TIMOTHÉE, 322.
TOPINARD, 93.
Tribunaux, 303, 306-7, 314, 359, 364.
TROIE, 85, 243.
TYNDARE, 153.
Tyrannie, 204, 210, 233, 267, 298, 330-1, 333, 376.
TYRTÉE, 178.

ULYSSE, 213, 271.
UTIQUE, 275.
Volcaniques   (Phéno-
   mènes), 10-1.

XÉNOPHANE, 239, 243,
   248, 269.
XÉNOPHON,   2,   151,
   180, 391.

XERXÈS, 336, 340, 345.
ZEUS, 76, 101, 150, 268,
   294, 304, 345.

TABLE DES CARTES

La Terre grecque... 8-9
L'expansion grecque.. 223
La Grande Grèce et la Sicile............................... 263
Carte des dialectes.. 284
Carte des alphabets.. 285
La Grèce au temps des guerres médiques..................... 339
La Grèce au temps de la guerre du Peloponnèse.............. 381

TABLE DES MATIÈRES

Introduction   1

PREMIÈRE PARTIE

LE PAYS

Chapitre premier. — La terre   9

1. La formation du sol, 9. — 2. Les caractères de la montagne grecque, 15. — 3. Le morcellement géographique et les frontières politiques, 18.

Chapitre II. — Les eaux   24

1. Le climat, 24. — 2. Les eaux courantes et la circulation souterraine, 28. — 3. La végétation, 34.

Chapitre III. — La mer   40

1. Les côtes et les îles, 40. — 2. Les courants et les vents.

Chapitre IV. — Le travail humain   48

1. L'exploitation du sous-sol, 48. — 2. La mise en valeur du sol, 52. — 3. Le travail agricole, 56. — 4. L'exploitation de la mer, 63. — 5. La nature de l'effort humain, 69.

DEUXIÈME PARTIE

LES PEUPLES

Chapitre premier. — Les races et les peuples   73

1. Les données légendaires, 73. — 2. Les données linguistiques, 78. — 3. Les données archéologiques, 83. — 4. Les données anthropologiques, 90. — 5. Les origines grecques, 93.

Chapitre II. — Les frontières de la Grèce propre   101

1. L'Épire, l'Étolie et l'Acarnanie, 101. — 2. La Thessalie, 105.

Chapitre III. — La Grèce centrale   113

1. Le Parnasse et le sanctuaire de Delphes, 113. — 2. La Béotie, 115. — 3. Les peuples et les côtes de Béotie.

Chapitre IV. — Le Péloponnèse...................................... 125

1. Le pays et les habitants, 125. — 2. Corinthe, 128. — 3. Les villes
maritimes, 137. — 4. L'Arcadie, 140. — 5. Les pays de collines et les
pays de plaine, 145.

Chapitre V. — Sparte.. 150

1. Les sources de l'histoire de Sparte, 150. — 2. La population et les
forces militaires de Sparte, 153. — 3. La vie économique et les classes
sociales, 163. — 4. Les institutions politiques et la vie spartiate, 172.

Chapitre VI. — Athènes... 179

1. Les sources de l'histoire athénienne, 179. — 2. Les régions naturelles
de l'Attique, 181. — 3. Les populations et les genres de vie, 189. —
4. L'évolution vers la démocratie, 198. — 5. Les influences étrangères
et l'atticisme, 207.

TROISIÈME PARTIE

L'EXPANSION HELLÉNIQUE

Chapitre premier. — La colonisation........................ 213

1. Les premières explorations : Grecs et Phéniciens, 213. — 2. La colonie et la métropole, 217. — 3. De la colonie à l'empire colonial, 221.

Chapitre II. — La Grèce d'Asie.............................. 230

1. Les cités grecques d'Asie, 230. — 2. L'Ionie, 233. — 3. La civilisation ionienne, 238. — 4. La conquête de la Grèce asiatique et ses conséquences, 244.

Chapitre III. — L'expansion grecque dans la Méditerranée orientale.. 249

1. Les colonies du Pont-Euxin, 249. — 2. Chypre et le monde sémitique, 253. — 3. Les Grecs en Égypte, 255. — 4. La Cyrénaïque, 258.

Chapitre IV. — L'expansion grecque dans la Méditerranée occidentale.. 261

1. Les Grecs en Italie et en Sicile, 261. — 2. La civilisation de la Grèce
sicilienne et italique, 265. — 3. L'Extrême-Ouest, 271. — 4. Grecs,
Étrusques et Carthaginois, 274. — 5. Conséquences de la colonisation
grecque, 278.

QUATRIÈME PARTIE

L'UNITÉ HELLÉNIQUE

Chapitre premier. — L'unité morale....................... 281

1. Grecs et Barbares, 281. — 2. La communauté de langue, 282. — 3. La communauté de religion, 288. — 4. La communauté de mœurs, 297.

Chapitre II. — Les relations internationales 302

1. Le droit international, 302. — 2. Le citoyen et l'étranger, 304. — 3. Le droit commercial, 311. — 4. Les lois de la guerre, 316.

Chapitre III. — L'union nationale 326

1. Le danger perse, 326. — 2. La première guerre médique, 331. — 3. La seconde guerre médique, 335. — 4. Athènes et Sparte à la fin des guerres médiques, 346. — 5. La politique panhellénique de Périclès, 348.

Chapitre IV. — L'esprit particulariste..... 354

1. L'État urbain et le gouvernement direct, 354. — 2. Le système fédératif, 359. — 3. Les partis politiques et l'étranger, 367.

Chapitre V. — Les luttes des cités.......................... 373

1. La rupture entre Athènes et Sparte, 373. — 2. La guerre du Péloponnèse, 380. — 3. L'hégémonie spartiate et l'hégémonie thébaine, 387. — 4. La conquête macédonienne, 393.

Conclusion.. 406

Bibliographie... 407

Index.. 415

8037-22 — CORBEIL. — IMPRIMERIE CRÉTÉ

L'ÉVOLUTION DE L'HUMANITÉ

PREMIÈRE SECTION

Introduction (Préhistoire, Protohistoire) ; Antiquité.

* Vol. 1. — **La Terre avant l'Histoire** (*Les origines de la Vie et de l'Homme*), par Edmond PERRIER.

* Vol. 2. — **L'Humanité préhistorique** (*Esquisse de Préhistoire générale*), par Jacques DE MORGAN.

* Vol. 3. — **Le Langage** (*Introduction linguistique à l'Histoire*), par J. VENDRYES.

* Vol. 4. — **La Terre et l'Évolution humaine** (*Introduction géographique à l'Histoire*), par Lucien FEBVRE, *avec le concours de* L. BATAILLON.

Vol. 5. — **Les Races et l'Histoire** (*Introduction ethnographique à l'Histoire*), par Eugène PITTARD.

* Vol. 6. — **Des Clans aux Empires** (*L'organisation sociale chez les primitifs et dans l'Orient ancien*), par A. MORET et G. DAVY.

Vol. 7. — **Le Nil et la Civilisation égyptienne**, par A. MORET.

* Vol. 8. — **La Mésopotamie et les Civilisations babylonienne et assyrienne**, par L. DELAPORTE.

Vol. 9. — **La Civilisation égéenne**, par G. GLOTZ.

* Vol. 10. — **La Formation du Peuple grec**, par A. JARDÉ.

Vol. 11. — **Le Génie grec dans la Religion**, par C. SOURDILLE.

Vol. 12. — **L'Art en Grèce**, par A. DE RIDDER et W. DEONNA.

Vol. 13. — **La Pensée grecque et les origines de l'Esprit scientifique**, par L. ROBIN.

Vol. 14. — **La Cité grecque** (*Le développement des Institutions*), par G. GLOTZ.

Vol. 15. — **L'Impérialisme macédonien et l'Hellénisation de l'Orient**, par P. JOUGUET.

Vol. 16. — **L'Italie primitive et les débuts de l'Impérialisme romain**, par Léon HOMO.

Vol. 17. — **Rome et la Grèce** (*Le Génie romain dans la Religion, la Littérature et l'Art*), par Albert GRENIER.

Vol. 18. — **Les Institutions politiques romaines : République et Césarisme**, par Léon HOMO.

Vol. 19. — **Rome et l'organisation du Droit**, par J. DECLAREUIL.

Vol. 20. — **L'Économie antique**, par J. TOUTAIN.

Vol. 21. — **Les Celtes**, par Henri HUBERT.

Vol. 22. — **L'Empire romain**, par Victor CHAPOT.

Vol. 23. — **La Germanie**, par Henri HUBERT.

Vol. 24. — **La Perse**, par Clément HUART.

Vol. 25. — **La Chine et l'Asie centrale**, par Marcel GRANET.

Vol. 26. — **L'Inde**, sous la direction de Sylvain LÉVI et A. FOUCHER, par J. BACOT, A. BASTON, J. BLOCH et P. MASSON-OURSEL.

* Volumes parus.

CORBEIL. — IMPRIMERIE CRÉTÉ.